CALIFÓRNIA GULAG

CALIFÓRNIA GULAG

PRISÕES, CRISE DO CAPITALISMO E ABOLICIONISMO PENAL

RUTH WILSON GILMORE

IGRA KNIGA
ИГРА КНИГА

2024

Título original: *Golden gulag: prisons, surplus, crisis, and opposition in globalizing California.*

Autora: Ruth Wilson Gilmore, 1950–.

Publicado mediante acordo com a University of California Press.

EDIÇÃO **Bruno Xavier, Allan de Campos Silva e Guilherme Estevão**

TRADUÇÃO **Bruno Xavier**

ILUSTRAÇÃO **REVISTACOMANDO**

REVISÃO E PREPARAÇÃO **Allan de Campos Silva,**
Guilherme Estevão e Bruno Xavier

REVISÃO FINAL **Helena Barbosa**

REVISÃO DE PROVA **Danielle Sales**

PROJETO GRÁFICO, CAPA E DIAGRAMAÇÃO **Gabriel Kerhart**

NOTA DA AUTORA À EDIÇÃO BRASILEIRA **Ruth Wilson Gilmore**

PREFÁCIO **Dudu Ribeiro**

ORELHA **Maria Luisa Mendonça**

COORDENADOR DA COLEÇÃO "RAÇA E CAPITALISMO" **Bruno Xavier**

AGRADECIMENTOS ESPECIAIS

AMPARAR, Diego Polachini, Iniciativa Negra por uma Nova Política sobre Drogas, Traduções Abolicionistas, Vera Malaguti

[2024]

EDITORA IGRÁ KNIGA

São Paulo - SP

https://www.igrakniga.com/

igrakniga@gmail.com

@igrakniga

igrakniga.ik.5

twitter.com/k_igra

CALIFÓRNIA GULAG

PRISÕES, CRISE DO CAPITALISMO E ABOLICIONISMO PENAL

RUTH WILSON GILMORE

TRADUÇÃO **BRUNO XAVIER**

À minha mãe, Ruth Isabel Herb Wilson,
e à memória de meu amado pai, Courtland Seymour Wilson

SUMÁRIO

PARA A CRÍTICA DA ECONOMIA POLÍTICA DAS PRISÕES

Bruno Xavier

Parecia ter havido uma confusão naquela rua, e uma multidão ainda estava presente. Eu caminhava por lá quando, de repente, levei um soco na cabeça e caí no chão. Fui algemado e me colocaram no banco de trás de um táxi amarelo. Quando o taxista e o passageiro, sentado ao meu lado, começaram a me questionar sobre o que eu tinha feito foi que me dei conta de que o táxi, na verdade, era da polícia. Muitos deles rodavam por aí com os policiais à paisana nos bancos do motorista e do passageiro, vigiando a cidade. Ninguém sabia direito o que tinha acontecido, nem eu nem eles.

A primeira noite foi agitada. Não parava de entrar gente. Estávamos numa delegacia de bairro, e a cela ficava no mesmo ambiente da repartição. Eles tiraram da gente não apenas os cintos e os cadarços, mas também os casacos, e deixaram as janelas basculantes abertas. Passamos a noite esfregando as mãos no corpo para tentar nos aquecer. Era quase natal e o inverno de Nova York já tinha chegado com força. Bem agasalhado, um dos policiais que me prendeu passou a madrugada no computador redigindo relatórios e textos que depois iriam para os tabloides policiais locais. Dava para vê-lo olhando para dentro da cela, lembrando de cada incidente e recebendo, por meio da imagem dos presentes, sua inspiração literária. Ele tinha um certo gozo naquilo. Durante a noite, ele falou um pouco com cada um. Para mim, ele chegou perto da grade e perguntou: “Você sabe que não te batemos, certo?”. O soco tinha vindo pelas costas e pegado entre a nuca, a orelha e a parte de trás da mandíbula. A boca não fechava e o lado direito do rosto estava visivelmente inchado. Eu fiquei sem saber o que dizer ali naquela hora, e ele voltou para a mesa para continuar escrevendo. Na manhã seguinte, alguns foram liberados e eu fui colocado numa fila com os demais, todos acorrentados uns aos outros pelas mãos e pelos pés.

Uma van chegou para nos tirar dali. Deixamos para trás a 6ª Delegacia e seguimos em direção ao Central Booking, em Chinatown, mais conhecido como Tumbas. O fluxo mais intenso de carros e pessoas tinha como destino Wall Street. A Freedom Tower reinava ao fundo durante todo o trajeto. Eram sete horas da manhã.

Apesar da fachada imponente do edifício, os guardas nos direcionaram para uma porta discreta na rua lateral. Entramos e começamos a descer. O apelido do Complexo de Detenção de Nova York, onde agora estávamos, vinha do estilo de sua primeira construção, de 1838, que lembrava um mausoléu egípcio. Para mim, no entanto, chegando ali quase dois séculos depois, em dezembro de 2015, e após inúmeras sobreposições históricas em sua construção, as Tumbas não ganharam significado por seu estilo arquitetônico. Foram os corredores e escadas descendentes que me fizeram *sentir* que eu estava nas Tumbas. Como um formigueiro, a prisão escavava o subsolo da cidade de Nova York, formando imensas galerias subterrâneas de celas e burocracias penais do estado.

Depois de muito tempo de caminhadas, esperas, fichas e exames corporais, fomos finalmente soltos uns dos outros e colocados numa cela. Ela era retangular, estreita e funda. Tinha bancos metálicos nas paredes laterais, um orelhão na frente e uma latrina no fundo. Ficava num corredor com celas iguais, todas superlotadas. Havia uma divisão clara entre as pessoas lá dentro. À frente, junto às grades, ficavam homens jovens, cheios de energia, que frequentemente entravam em atrito entre si, com os guardas que passavam pelo corredor e com outros jovens de outras celas. Ao fundo, estavam homens mais velhos e de meia-idade, mais resignados com a espera. Eu fiquei na fronteira entre um espaço e outro, e a mistura das euforias e turbulências da frente com o silêncio, o cansaço e a tristeza que tomavam conta do fundo parecia sintetizar a cidade de Nova York.

Muita coisa aconteceu durante os dias que passei nas Tumbas. Mr. Jason, um morador em situação de rua, tinha percorrido todo o caminho comigo até ali. Ele vestia uma calça com bolsos laterais na altura dos joelhos e, quando foi se deitar no chão da cela, deixou cair uma infinidade de moedas, todas de 50 centavos. Recolheu tudo, virou para o lado e dormiu. Mais tarde, ele se sentou ao lado do orelhão, que só aceitava moedas desse valor, e começou a vendê-las por 1 dólar cada. Mr. Jason me disse que aquele era o bolso "das Tumbas", onde ele acumulava as moedas de 50 centavos que conseguia na superfície da cidade para fazer um dinheirinho durante os períodos em que estivesse submerso sob as botas de Wall Street. Quando fui tentar descansar, bem ao meu lado, havia outro senhor. Ele passou o tempo todo deitado, sem falar com ninguém e com os olhos fechados. Em certo momento, me perguntou:

"Que horas são?"

"Dez."

"Da manhã ou da noite?"

"São dez da noite", respondi. Ele encostou a cabeça no braço e voltou a dormir. Muito tempo depois, ele me perguntou novamente:

"Que horas são?"

"São oito e meia da manhã."

"Da sexta, do sábado ou do domingo?". Dessa vez eu já não soube responder.

Finalmente chamaram meu nome. Saí da cela, subi vários lances de escadas, fui conduzido para uma sala e colocado diante de um defensor público. Ele me deu duas opções. Eu me declararia culpado, pagaria uma multa, sairia naquele exato momento e prestaria serviços para a cidade; ou eu não declararia culpa e voltaria para as Tumbas sem nenhuma garantia do que poderia acontecer. Não tive dúvidas. Fui ao juiz, disse "sim" e, condenado, me vi livre para deixar a corte.

Durante os dias seguintes, em companhia de outros, fui ao Departamento Sanitário de Nova York pagar a parte da pena em serviços comunitários. Eles nos deram vassoura, pá e latão, e saímos varrendo as ruas de Chinatown e Wall Street vestidos com os coletes do serviço de limpeza da municipalidade. Pouco a pouco fui entendendo que a limpeza da cidade *dependia* do trabalho de pessoas que haviam passado pelas Tumbas e que, portanto, a sujeira das ruas gerava uma demanda municipal por pessoas condenadas. A massa rotativa, gigantesca e escondida de pessoas no subsolo da cidade parecia dar lastro e sustentação ao funcionamento cotidiano em sua superfície. As Tumbas são o inconsciente da cidade de Nova York, a parte fora de quadro que guia e determina aquilo que está em nosso campo de visão. Fazer tudo isso com a Freedom Tower imponente no horizonte durante todo o tempo foi só o golpe de escárnio com que a cidade teve o prazer de nos brindar.

Um mausoléu recolhe os despojos de uma ou mais pessoas importantes de uma sociedade. De certa maneira, as Tumbas também fazem isso para a cidade de Nova York. Mas, sendo uma sociedade autofágica e necrófila, transforma aqueles que quer aniquilar em sua centralidade máxima. A morte, o descarte e o isolamento foram, ao longo do tempo, se concretizando em uma geografia macabra, uma geografia carcerária. O exemplo da cidade de Nova York é a metonímia da forma como a sociedade estadunidense se estruturou. Alicerçada sobre as prisões, sobretudo a partir das décadas de 1970 e 1980, como mostra *Califórnia Gulag: prisões, crise do capitalismo e abolicionismo penal*, ela não possui hoje relações sociais, políticas ou econômicas independentes, em maior ou menor medida, da existência, do funcionamento ou da expansão de prisões e espaços carcerários.

***

Menos de uma semana depois, lá estava eu novamente no grupo de pesquisa que frequentei durante parte do meu mestrado. O grupo ficava no Center for Place, Culture and Politics (CPCP), na Center University of New York. Era a última reunião antes de eu voltar para o Brasil e justamente aquela em que eu apresentaria meu artigo ao grupo. Ao final da discussão, contei aos presentes o que tinha ocorrido. Após uma escuta atenta de todos, Ruth Wilson Gilmore pediu a palavra e disse: "Você não foi pra prisão, você foi pra cadeia". Com acolhida carinhosa e rigor conceitual, ela me fez perceber que eu não havia conhecido as estruturas torturantes do sistema prisional, senão a sua porta de entrada. Mas depois, em outras conversas com ela, me dei conta também de que tudo aquilo muito provavelmente tinha acontecido porque a minha branquitude formada no contexto do racismo brasileiro operava com sinais trocados em território estadunidense, dando a mim, naquele local, a vulnerabilidade de quem possui uma branquitude que não é branca. A raça é uma construção histórica e social, e sua relação flexível com o capitalismo carrega sempre a necessidade da manutenção das hierarquias raciais existentes em cada território.

Ruthie (como é carinhosamente chamada) é diretora desse centro de pesquisa. Durante os seis meses que passei lá, participei, toda quarta-feira, das discussões promovidas no CPCP. Sentávamos todos ao redor de uma mesa e também a geografia dessa mesa me chamou atenção. Numa ponta, Ruth W. Gilmore encampava a tradição do pensamento radical negro estadunidense, internacionalista, fortemente influenciado pelas lutas do Sul Global contra o abandono organizado produzido pelo capitalismo em sua versão neoliberal. No meio, de ambos os lados, pesquisadores do mundo todo. Na outra ponta, David Harvey. Fui pra lá orientado por este e atento às suas palavras. No entanto, pouco a pouco, minha atenção e interesse foram migrando para o outro lado da mesa, o que representou para mim uma mudança nas formas de pensar. Como um bom intelectual de esquerda, Harvey sempre se posicionava criticamente frente às desigualdades produzidas pelo capitalismo estadunidense e, então, chegava à crítica do racismo e do encarceramento em massa. A grande lição que Ruthie nos dá é que não se chega a esses problemas. Numa sociedade de base escravocrata, como a dos Estados Unidos e do Brasil, se parte deles. É uma questão de método. E tal método leva, necessariamente, a reflexões teóricas e posicionamentos práticos que escapam aos debates mais tradicionais sobre o capitalismo. Para ela, não há capitalismo que não seja racial e, portanto, capitalismo racial deveria ser o nome pelo qual o próprio capitalismo é hoje conhecido.

Mesmo sendo hoje uma das principais referências sobre o assunto nos Estados Unidos, a presente publicação de *Califórnia Gulag* é a primeira tradução de um livro da Ruthie em todo o mundo. As sutis diferenças que o embate naquela mesa de discussões expõe – entre um intelectual branco, europeu, geógrafo e marxista e uma intelectual negra, estadunidense, geógrafa e marxista – representam o impasse das escolhas editoriais, que é também uma das portas práticas do racismo. O fato de termos todos os textos de David Harvey traduzidos e publicados com prontidão e uma demora de décadas para a "descoberta" de Ruth W. Gilmore no Brasil e no mundo revela que o pensamento radical sobre o capitalismo vindo de uma mulher negra enfrenta barreiras que a própria crítica radical ao capitalismo ainda não conseguiu superar. A não tradução desses textos impede que a quase totalidade de um território não anglófono tenha acesso a um conhecimento específico e, no fim das contas, a diferentes formas de exercitar a imaginação sobre um mundo novo.

Esta obra conta a história, a geografia e a economia política do "maior plano de construção prisional da história mundial", que se deu a partir de uma reestruturação dos excedentes de capital financeiro, terra, população e capacidade estatal tornados ociosos durante a crise dos anos 1970. Os motivos pelos quais isso ocorreu no estado da Califórnia estão detalhadamente explicados por ela neste livro, e foram, na presente edição, cuidadosamente tratados para que cumprissem os desejos da autora. Sua vontade é que esta seja uma obra útil, presente nas pesquisas acadêmicas e também nas rodas de conversa de movimentos sociais que lutam contra o abandono organizado do estado. Escrita, acima de tudo, com a intencionalidade de ser uma obra em movimento, o fato de seu estudo de caso ser a Califórnia não restringe o seu alcance ou importância. Ao contrário, isso a conecta com as muitas lutas, estruturas e instituições produzidas no e pelo capitalismo carcerário contemporâneo tanto em outras partes dos Estados Unidos como também no estado da

Bahia, de São Paulo e de todas as outras espacialidades que aderem com prontidão ao uso genérico das prisões, da polícia e do punitivismo para resolver todo e qualquer problema social, político e econômico.

Relendo recentemente *Cidade de Quartzo*, de Mike Davis, amigo e parceiro intelectual de Ruth W. Gilmore, eu me deparei com uma passagem que ajuda a vislumbrar os processos descritos pela autora. No prólogo "A visão dos futuros no passado", Mike fala que a melhor forma de analisar a Los Angeles desse milênio é a partir das ruínas realmente existentes de seu futuro alternativo – a cidade socialista de Llano del Rio, fundada no deserto em 1914 e destruída em 1918 pelo assédio dos fazendeiros conservadores, pelo *Los Angeles Times*, pelo recrutamento militar e pela sanha expansionista do mercado imobiliário. Relativamente próximas a Los Angeles e com vistas para as gigantescas estruturas de produção bélica da era do keynesianismo militar dos Estados Unidos (algumas ainda ativas), que teve no estado da Califórnia a sua principal residência, Mike um dia foi ao local e encontrou dois jovens trabalhadores salvadorenhos. Eles viviam acampados entre as ruínas das antigas construções de pedra do período utópico da cidade socialista e circulavam pelo estado como os heróis vagabundos dos romances de Jack London em busca de trabalhos. Itinerantes, o que eles encontraram, para além do desemprego das regiões desindustrializadas, foram alguns bicos no setor da expansão imobiliária e um lugar de vulnerabilidade, subalternidade e invisibilidade nessa estrutura marcada pelo abandono organizado do estado. Como metáfora do próprio capitalismo, ou melhor, do capitalismo racial, a cidade de Los Angeles, que diz ter a vocação de ser uma cidade sem fronteiras, de crescimento infinito, encontra nas restrições do deserto ao seu redor o seu único lugar possível de expansão. Ela é a maior produtora dos prisioneiros da Califórnia e a grande promotora da construção de prédios prisionais em todo o estado, avançando, como o capitalismo racial, de forma centrífuga e avassaladora, mas criando, em seu interior, as fissuras dissidentes que apontam para outros horizontes. Em determinado momento, um deles compara Los Angeles a um vulcão que cospe destroços e desejos por todos os lados e a uma distância cada vez maior sobre uma terra desnudada – a forma da terra neoliberal. A atual sociedade produtora e dependente de prisões foi construída sobre os alicerces que se fundaram sobre os antigos sonhos. O que *Califórnia Gulag* faz é expor à frente dos olhos esses destroços do capitalismo contemporâneo para poder fundar sobre eles as bases de uma sociedade onde as prisões se tornem, elas sim, supérfluas, excedentes inúteis em uma nova configuração de mundo. De forma muito prática, Ruth W. Gilmore propõe colocar sonhos em movimento para promover a passagem da macabra geografia carcerária para a geografia da abolição.

PREFÁCIO

Dudu Ribeiro[1]

Foi num tempo de parca dignidade
Sem comida, num barraco, esquecida à margem
Zero oportunidade ou vantagem
Alfabetizada pela metade.

— Lucas de Matos,
Preto Ozado (2022)[2]

Em pouco menos de três meses, viria ao mundo o meu primeiro filho. Eu voltava para casa depois de um dia de trabalho, e já quase chegava quando passei em frente ao Complexo Penitenciário da Mata Escura, na cidade de Salvador (BA), onde estão a Cadeia Pública, a Penitenciária Lemos de Brito, o Conjunto Penal Feminino, o Presídio de Salvador, o Conjunto Penal Masculino, além da Casa do Albergado e Egresso, o Centro de Observação Penal e a Central Médica Penitenciária. Era véspera de dia de visita e uma fila de mulheres negras se preparava para enfrentar a madrugada, com algumas sacolas, cobertores, cadeiras plásticas e algo para comer. Não havia nenhum homem na fila. Apenas mulheres, de várias idades, todas negras – mães, filhas e esposas, que se acomodavam para aguardar o dia chegar e poder encontrar seus entes queridos que estavam do outro lado do muro. O Complexo Penitenciário da cidade, com todos esses equipamentos, está situado em um bairro popular, de maioria negra, divide parede com uma escola pública e fica numa região que sofre com todas as carências que são produzidas pelo abandono organizado pelo Estado, que se faz presente, entretanto, para além dos momentos eleitorais, quando ocorre

1. Dudu Ribeiro é cofundador e coordenador executivo da Iniciativa Negra por uma Nova Política sobre Drogas.

2. Matos, Lucas de. *Preto Ozado*. São Paulo: Editora Principis, 2022.

algum distúrbio na vida intramuros ou nas operações rotineiras e violentas das polícias na região. Operações cada vez mais frequentes e letais, espalhadas também em diversas outras regiões da cidade, e que, a muito custo, nos conduzirão a quatro anos depois daquele dia. Quando me levantei para descer do ônibus, um pensamento súbito me paralisou por alguns instantes: eu não posso morrer. Ou ser preso. Vou ser pai.

* * *

Para a cosmovisão africana ubuntu, *eu sou porque pertenço.* Portanto, cada bala, cada dor, cada trajetória que se torna um dado de violência nos afeta em coletividade e em um sentido que a cosmovisão ocidental branca não consegue alcançar, pois está baseada na ideia do "eu". Quando as luzes se apagam, as portas se fecham, as escolas param de funcionar, os postos de saúde não abrem, os ônibus deixam de transitar, o anúncio do terror é evidenciado. Exatamente como naquela segunda-feira de agosto.

Um dia antes, havia sido um domingo de celebração na comunidade de Cosme de Farias, em Salvador, próxima ao centro da cidade, mas distante dos pontos turísticos e mais distante ainda dos benefícios econômicos produzidos em uma cidade onde 83% da população se autodeclara negra. O festival de rap "Batalha De La Rua", reuniu naquela tarde ensolarada dezenas de pessoas de todas as idades para ações comunitárias e artísticas, no meio da rua, em frente a um modesto bar e protegido apenas por um toldo de 3m x 3m e alguns paletes de madeira. Foi uma maneira que a comunidade encontrou para fazer justiça à memória de Victória Stephanie, a MC De La Rua, assassinada três anos antes durante uma batalha. Diversos artistas subiram "ao palco" naquele domingo. Na tarde do dia seguinte, uma operação policial entrou na mesma comunidade e executou 4 jovens negros.

No mês em que eu desenvolvia este texto (julho de 2023), a cidade mais negra fora do continente africano passava pelo seu período mais sangrento desde que começamos a monitorar a ocorrência de tiroteios em todos os bairros de Salvador e da região metropolitana, em uma parceria entre a Iniciativa Negra por uma Nova Política sobre Drogas e o Instituto Fogo Cruzado. Foram 178 episódios de tiroteios que deixaram 151 pessoas mortas naquele mês. Destas, 64 óbitos foram registrados durante operações policiais. Neste mesmo período, as polícias da Bahia, Rio de Janeiro e São Paulo produziram, juntas, 45 mortes em apenas 5 dias. E eu, que tinha passado a tarde de domingo com a comunidade de Cosme de Farias produzindo arte e fazendo ações comunitárias para se lembrar de quem se foi, mas permitindo aos que estavam outras possibilidades de vida, tive que digerir muita coisa para retomar, não sem lágrimas, a escrita deste texto.

O ponto de partida na análise de *Califórnia Gulag*, e sua importância para os estudos prisionais, é o amplo repertório analítico introduzido a partir das questões espaciais para pensar o fenômeno da prisão. Segundo a autora, "as prisões são soluções geográficas parciais para as crises econômica e política, organizadas por um estado que se encontra ele próprio em crise".[3]

A condução de Ruth Wilson Gilmore é original ao propor o diálogo de autores consagrados na chamada sociologia da punição, como Foucault e Garland, por exemplo, com categorias elaboradas por autores como Mike Davis e David Harvey. Ao revisitar os principais dilemas da expansão carcerária na Califórnia, a partir de uma densa pesquisa documental, Gilmore nos aponta em que condições se deram as construções de novas unidades prisionais ao longo de duas décadas, nos oportunizando olhar para o terreno das disputas de direitos (encaradas muitas vezes longe de seus muros, mas também, e fundamentalmente, no seu entorno), da financeirização da liberdade, do papel das agências e das organizações anticárcere, e do manejo da desigualdade a partir dos olhares sobre crime e punição. No centro de sua abordagem está a busca por pensar as motivações (políticas, econômicas, sociais) do revigoramento penal bem como os processos político-jurídicos que permitiram a construção de novas

3. Ver página 80 desta edição.

unidades prisionais, *cenarizando* essa expansão na paisagem dos pequenos municípios das regiões rurais do estado.

Ao apontar as limitações das teses tradicionais sobre o funcionamento da instituição prisão, Gilmore contribui de forma definitiva para se pensar uma outra economia política da pena. Primeiro era preciso evidenciar ao menos três grandes teses que buscaram justificar a expansão prisional californiana: a ideia de que os "crimes aumentaram, nós reprimimos, o crime diminuiu"; a ideia de que haveria uma suposta "epidemia de drogas" na sociedade estadunidense, iniciada nos anos 1980; e uma terceira tese que postulava a relação do desemprego e do engajamento em atividades informais e ilícitas com o crescimento de crimes contra o patrimônio e, assim, com o encarceramento.

Em seguida, antes da proposição de sua tese original, Gilmore conversa com as chamadas contraexplicações [*counterexplanations*], presentes no debate sobre prisões nos Estados Unidos. Seriam elas o elemento racial, já que as prisões capturam jovens negros e atualizam processos históricos de segregação; a incidência de empresas privadas a partir de *lobbies* pela expansão prisional com interesses de mercado; a crise econômica de municípios do interior e a busca por uma solução dessa crise; e uma perspectiva mais ampla que busca concectar as alterações legislativas, as identidades políticas e as alterações no ambiente prisional, propondo como as sensibilidades culturais influenciam na formulação de dispositivos punitivos. Desenhada essa paisagem contraexplicativa, a autora segue para apresentar sua contribuição na análise da expansão prisional na Califórnia a partir de seu entendimento sobre o conceito de crise, elemento central da tese apresentada na obra.

A partir do diálogo com autores como Stuart Hall, David Harvey, Mike Davis e Karl Marx, a crise, para a autora, se constitui como um impasse em que o sistema político e produtivo não encontra condições de se reproduzir. Assim: numa economia capitalista, o processo produtivo caminha no sentido de concentrar os meios de produção e de aumentar a produtividade. Por outro lado, a redução de salários, otimiza os lucros.

No entanto, baixos salários podem inviabilizar a manutenção de um padrão de consumo que sustenta o modelo produtivo. Aqui, o poder público age muitas vezes na balança, introduzindo recursos através de medidas que equilibram essa relação, seja por meio de investimentos ou da redistribuição de renda. Quando esse processo, por um ou mais motivos, não consegue regular e gerir as pressões, se configura, segundo Gilmore, uma crise de excedentes. E foi na expansão prisional que a autora entende que se desenvolveu a solução política e econômica utilizada para contornar a crise de excedentes em que se encontrava a Califórnia no final dos anos 1960.

Ao olhar para a história do capitalismo, o geógrafo baiano Milton Santos, afirma que podemos dividi-la em períodos – pedaços de tempo marcados por uma certa coerência entre suas variáveis significativas, que evoluem diferentemente, mas dentro de um sistema. As crises antecedem e sucedem o que ele chama de períodos. Caracterizam-se por "momentos em que a ordem estabelecida entre as variáveis é comprometida", tornando-se impossível harmonizá-las. A interação crise-território é a chave que nos interessa. O primeiro elemento, caracterizado pelos desequilíbrios que se traduzem em recessões e depressões econômicas, se desenvolve no campo do segundo, como meio físico das relações sociais, econômicas e políticas.[4]

Esta interação é fundamental para todo o percurso da obra de Gilmore que temos em mãos. A expansão prisional californiana surgiu dos escombros de uma crise, onde os cortes de investimento em setores militares, a destruição de milhares de vagas de empregos e o alargamento das desigualdades sócio-raciais concorriam em pleno período das lutas por direitos civis no país. Período este que se sobrepõe e sucede justamente a uma crise de excedentes (capital financeiro excedente; terra excedente; população excedente relativa; capacidade estatal excedente) que são resultantes dos anos de ouro dos investimentos bélicos, tecnológicos e educacionais, alta concentração de terra e crescimento

---

4. Santos, Milton. "A normalidade da crise". *Folha de São Paulo*, 26 de setembro de 1999, p. 3.

da produção agrícola. O revigoramento penal da Califórnia se deu justamente na superposição período-crise, onde estruturas estabelecidas em ciclos e crises anteriores, em determinado sistema, por estarem comprometidas, inviabilizaram a capacidade do Estado de compensar a própria crise.

Se não era verdade, portanto, a tese de que "aumentou o crime; nós reprimimos; o crime diminuiu", desmontada por estatísticas oficiais que revelam que os crimes na Califórnia já estavam em queda antes mesmo do *boom* das prisões e que os crimes não decrescem durante os períodos de expansão prisional, o que explicaria, da perspectiva do crime, o fenômeno abordado na obra? Encontramos no cenário brasileiro percursos que nos permitem aproximações com essas mesmas questões, haja visto o incremento do encarceramento no Brasil nos últimos 20 anos?

A distribuição da morte como exercício organizado do poder de Estado, as topografias militarizadas onde se desenvolve parte da economia das drogas e do conflito, onde gerações passaram a ser socializadas pela experiência do enterro precoce de seus pares, o vocabulário do homicídio e da chacina na formação da experiência negra desde a infância em territórios de guerra é o resultado mais contundente do que costumamos chamar de guerra às drogas no Brasil.

O sequestro de vultosos recursos para uma engrenagem bélica e prisional, que incentiva ciclos de violência intermináveis, corrói o tecido social e promove uma altíssima polarização dentro de comunidades negras espalhadas por todo o território nacional. É incontornável observar que o aumento significativo da violência e da capacidade de organização dos grupos ligados aos ilegalismos na economia das drogas está diretamente relacionado ao cárcere: de um lado, a expansão prisional, com a criação de unidades especiais federais, concentra lideranças de organizações de todos as partes; de outro, o recrudescimento da violência e uma gestão espacial dos conflitos composta pelo Estado e pelas organizações criminais não apenas permite, como também promove e empurra, a arregimentação de novos indivíduos dentro do próprio sistema.

De acordo com os dados do Levantamento Nacional de Informações Penitenciárias (INFOPEN), entre 2006 e 2014, completada quase uma década da atual lei de drogas, a população carcerária brasileira dobrou e atingiu mais de 600 mil pessoas. No mesmo período, as prisões por tráfico de drogas aumentaram 344%, contribuindo para cerca de 27% do conjunto dos crimes que levavam as pessoas para o cárcere. Entre as mulheres, a prisão por drogas passou a representar 63% do total.

Segundo dados publicados pela Secretaria de Assuntos Estratégicos da Presidência da República, os custos econômicos da "criminalidade" passaram, entre 1996 e 2015, de cerca de R$113 bilhões para R$285 bilhões, um incremento real médio de cerca de 4,5% ao ano. Somando componentes como segurança pública e privada, seguros e perdas materiais, custos judiciais, perda de capacidade produtiva, encarceramento e custos dos serviços médicos e terapêuticos, o montante alcançou 4,38% da renda nacional.[5] Hoje, o Brasil investe quatro vezes mais recursos no sistema prisional do que com a educação básica.[6]

Se uma suposta "epidemia das drogas" na sociedade estadunidense, iniciada nos anos 1980, foi utilizada como justificativa para a expansão prisional, no Brasil o modelo de guerra às drogas também se apoia na estigmatização para reforçar formas de controle. Gilmore cita a ideia dos "poucos" cuja diferença pode irromper de "forma horrorosa". A ideia aqui é sobrevalorizar e reforçar, permanentemente, especialmente na mídia, imagens que sugiram uma espécie de "degradação" ocasionada pelo uso descontrolado de alguma substância tornada ilícita. A espetacularização midiática ajuda a produzir o cenário que fortalece o apelo social que autoriza a criminalização.

Os estigmas produzidos por esse modelo estão conectados com a distribuição desigual de "humanidade", ou seja, guardam proporções particulares para cada população afetada. O

5. Secretaria de Assuntos Estratégicos da Presidência da República. *Custos econômicos da criminalidade no Brasil*, 2018.

6. Conselho Nacional de Justiça. *Calculando custos prisionais: panorama nacional e avanços necessários*, 2021.

pensador camaronês Achille Mbembe, em sua obra *Políticas da inimizade*,[7] afirma que o princípio da segregação estava na gênese do empreendimento colonial. Em grande medida, para ele, colonizar consistia num trabalho permanente de separação – de um lado, meu corpo vivo, e do outro, todos esses corpos-coisas que o rodeiam; de um lado, minha carne humana, em função da qual todas essas carnes-coisas e carnes-comidas existem para mim. Um sujeito coletivo construído de modo subalterno por práticas políticas e discursivas, como nos aponta a pensadora Juliana Borges.[8] Neste sentido, afeta o corpo não apenas biológico, mas o religioso, moral, a classe, o gênero, etc. O corpo, portanto, como espaço de ideologia.

Com uma dedicação intelectual minuciosa, sofisticada, mas ao mesmo tempo conectada com o "chão da fábrica" das comunidades negras organizadas da Grande Los Angeles, Gilmore explora o conceito de "população excedente relativa", nos permitindo o encontro com os processos decorrentes, em termos sociológicos, da união fatal entre poder e diferença, que se resolve parcialmente de acordo com hierarquias raciais que são internamente dinâmicas, mas estruturalmente estáticas.

É possível enxergar, a partir da obra de Gilmore, que há uma conjunção de fatores comuns que nos permite pensar como o paradigma da guerra às drogas, mesmo que parta de modelos de justiça criminal distintos, percursos próprios de expansão dos processos de controle, economias políticas diferentes, e seus movimentos particulares, compõe uma engrenagem transnacional, que financia e colabora com o genocídio negro na diáspora?

Aqui, o sentido das prisões e seu papel, elaborados na obra, encontra seu ponto de contato em um país antinegro: a neutralização. O Estado brasileiro tem minado e sabotado a existência negra há séculos. Em princípio no regime escravista e no pós-abolição formal da escravização, naquilo que Sueli Carneiro nos ajuda a entender, a partir do conceito foucaultiano de "dispositivos", para pensar o racismo também como uma rede de

---

7. Achille, Mbembe. *Políticas da inimizade.* São Paulo: N-1 Edições, 2021.

8. Borges, Juliana. *Encarceramento em massa.* São Paulo: Pólen Livros, 2019.

instituições, discursos e leis, e como todos esses fatores se "articulam e se realimentam ou se realinham para cumprir um determinado objetivo estratégico".[9] A neutralização, para Gilmore, a menos ambiciosa e a mais simplória das teorias que explicam o sentido da existência das prisões, afirma, simplesmente, que aqueles que estão presos [mas também mortos] não poderão causar problemas fora da prisão.

Um desafio que encontramos ao nos depararmos com a elaboração de Gilmore, que, como escrito no seu prólogo, não é "uma boa teoria apenas na teoria, mas também na prática",[10] é o de conectar experiências raciais afro-diaspóricas capazes de produzir possibilidades de sínteses que subsidiem ações conjuntas em rede. As respostas produzidas pelos diversos conjuntos de pessoas, organizações da sociedade civil e movimentos sociais deverão estar conectadas com espectros e condições particulares de seus territórios.

O momento que o mundo atravessa aponta para um percurso cada vez mais precarizador da vida, de empobrecimento das populações, altas taxas de desemprego, além das marcas profundas deixadas nas pessoas, famílias e comunidades pelas perdas humanas orquestradas, financiadas e produzidas pelo Estado, seja por suas ações ou omissões. O esfacelamento das redes de proteção social e o avanço do maior plano de construção prisional da história mundial estão intimamente ligados na história, na geografia e na economia política da Califórnia. A autora percorre todo esse caminho com excelência.

A concentração da riqueza e qualidade de vida nunca esteve tão flagrantemente desfavorável para grande parte da população do globo, em benefício de um pequeno número de países, e nestes, para um grupo restrito de empresas e pessoas. É possível que em nenhum outro momento da história, aquilo que poderíamos chamar de sociedade internacional apresentou-se tão

---

9. Carneiro, Sueli. *Dispositivo de racialidade: a construção do outro como não ser como fundamento do ser.* Rio de Janeiro: Zahar, 2023, p. 39.

10. Ver página 59 desta edição.

hierarquizada e excludente quanto nos dias atuais, como afirma o historiador Muniz Gonçalves.[11]

Num contexto global em que episódios violentos inspirados pelo racismo ocorrem constantemente, o grande desafio é tornar o sofrimento local relevante (Dara e Silva, 2015).[12] As práticas do genocídio negro fazem parte de um *continuum* que marca as nações da diáspora negra. Nega-se aos membros das comunidades negras na diáspora o direito de sobreviverem plenamente como cidadãos ou seres humanos – o genocídio como um fato constitui o sustentáculo, a base sobre a qual as variadas manifestações de negritude que definem a diáspora são construídas.[13]

O nosso encontro com o trabalho desta autora pode nos ajudar a criar um campo de entendimento, articulação e enfrentamento que impulsione novas reflexões, mas sobretudo, novas práticas. A experiência da Mothers ROC [*Mothers Reclaiming Our Children* – Mães Recuperando Nossos Filhos] e os primeiros encontros que produziram e foram ampliando as reflexões desenroladas nesta obra (largamente descritos no capítulo cinco) são a parte motora fundamental das mudanças que precisamos produzir para a necessária superação das prisões.

Antes de criar o conhecido Teatro Experimental do Negro, o intelectual brasileiro Abdias Nascimento criou o Teatro do Sentenciado – T.S. –, assim nomeado no intuito de descrever experiências de encenação desenvolvidas no interior da unidade prisional em que esteve encarcerado em São Paulo.[14] Isso

11. Ferreira, Muniz Gonçalves. "A engenharia da subordinação: os Estados Unidos e o subdesenvolvimento africano das décadas de 80 e 90." *Caderno Centro de Recursos Humanos (CRH)/UFBA*, vol. 1, 2001.

12. Dara, Danilo e Silva, Débora Maria da. "Mães e familiares de vítimas do Estado: a luta autônoma de quem sente na pele a violência policial". In. *Bala Perdida.* São Paulo: Boitempo, 2015.

13. Vargas, João H. Costa. "A diáspora negra como genocídio: Brasil, Estados Unidos ou uma geografia supranacional da morte e suas alternativas". *Revista da ABPN*, vol. 1, n. 2, jul-out de 2010.

14. Narvaes, Viviane Becker. *O teatro do sentenciado de Abdias Nascimento: classe e raça na modernização do teatro brasileiro.* São Paulo: tese de doutorado, USP, 2020.

ocorreu na década de 1940 e durou cerca de um ano, quando diversas obras foram produzidas e encenadas dentro do sistema prisional brasileiro.

As histórias contadas sobre, para e com as pessoas encarceradas, mas também o estudo da prisão, nos ajuda a compreender a superposição período e crise, e a crise do sistema penal como parte de seu próprio funcionamento. O mau funcionamento é estruturante, o que quer dizer que só funciona se não funcionar.

As minhas próprias histórias aqui narradas são registros de processos que comprometem de forma permanente, reiterada, os percursos de vidas de pessoas negras no Brasil. Se hoje o meu filho, que estava sendo gestado nas primeiras linhas deste texto, chegou à infância, os meus solavancos no transporte público não me deixam esquecer nem por um minuto que a máquina do massacre racial brasileiro, que também é transnacional, segue em diligência em nossos bairros e comunidades.

O chamamento ao final de *Califórnia Gulag* é também o eco das ruas de Cosme de Farias ou da fila de mulheres negras na Mata Escura. É o movimento dos povos, em uma perspectiva ubuntu, que permite a produção destas conexões transnacionais, em uma necessária confluência de esforços dentro de um contexto de uma economia global, empresas e capitais transnacionais, que produzem em nossos territórios as fissuras e os despejos.

Cosme de Farias, que hoje dá nome a um bairro negro na cidade mais negra fora do continente africano, e que havia feito apenas o curso primário na Salvador escravista do final do século XIX, queixava-se das injustiças do cárcere, e dizia que a cadeia era lugar apenas para os "desprotegidos". Desafiou: "Faça um teste (...) Anote a situação de cada preso e veja depois a proporção entre pobres e ricos, entre esclarecidos e analfabetos".[15] Abriu escolas, distribuiu cartilhas de formação, tornou-se rábula, ofereceu apoio jurídico gratuito a quem não podia pagar.

Califórnia Gulag pode ser uma das mais importantes obras recentes para os estudos prisionais no Brasil. Não apenas pela

15. Coelho, Carlos & Hamilton Ribeiro. "O Quitandeiro da Liberdade". *Revista Realidade*, n. 61, abril de 1971.

sua sofisticada elaboração teórica, dedicada construção empírica e perspicaz capacidade de análise, mas por reconhecer a importância do processo de construção da luta coletiva, particularmente de mulheres negras, mas de familiares em geral, que empurram a produção de novas tecnologias, constrangem a ampliação de antigos aparatos de controle e vigilância, e permitem a construção de horizontes para além do muros.

NOTA DA AUTORA À EDIÇÃO BRASILEIRA[1]

Ruth Wilson Gilmore

No ano de 2011, quatro anos após a primeira publicação deste livro, milhões de pessoas foram surpreendidas pela manutenção de uma decisão da Suprema Corte dos Estados Unidos. A decisão declarava que a Califórnia não poderia construir mais prisões para fugir da difícil situação que havia tornado o imenso sistema prisional californiano tão mortal a ponto de ao menos uma pessoa por semana, durante décadas, morrer prematuramente por negligência médica. Morte prematura vem de causas que podem ser tratadas, mas não são. O abandono organizado de pessoas presas pelo Departamento de Correções da Califórnia provocou um difícil percurso jurídico nos tribunais.

A Califórnia inaugurou uma nova e gigantesca prisão todos os anos, durante 23 anos. O que realmente interrompeu esse *boom* da construção prisional? Os meios de comunicação (tanto o *mainstream* quanto as redes sociais) se mantiveram focados nas ações de cima para baixo, como na decisão da Suprema Corte, e ignoraram o que vinha acontecendo nas bases durante todos esses anos. Dentro da geografia carcerária da Califórnia, que há muito se adensava, a política dos movimentos sociais de base havia mudado e, assim, produzido uma mudança dentro dessa mesma geografia, permitindo que geografias da abolição provisórias se desenvolvessem por todo o estado.

As pessoas que organizavam esses movimentos se debruçaram sobre muitos tipos de questões – algumas exploradas neste livro. Elas aprenderam como fazer o que fizeram lutando contra a guerra, o imperialismo, o roubo de salários, a fome, o colonialismo, o racismo, o sexismo e o *apartheid*, fazendo-o por meio da participação em organizações comunistas, de libertação

---

1. Nota da Edição: esse texto, que foi escrito pela autora especialmente para a edição brasileira deste livro, teve a tradução revisada por Amós Caldeira, que é um abolicionista mineiro e idealizador do projeto Traduções Abolicionistas.

negra, antiguerra, sindicais, anti-imperialistas, entre outras. Com o objetivo de levantar barreiras contra a expansão prisional, essas organizadoras e organizadores combinaram a luta política e jurídica com esforços trabalhistas, ambientais, de gênero e na esfera da municipalidade. Por meio da criação e, por tentativa e erro, da sequência dada em campanhas intensivas, as pessoas descobriram como irradiar consciência e estratégia, mudando significativamente o senso comum sobre como, o quê e onde lutar. Muitas pessoas aprenderam a partir da pesquisa presente em *Califórnia Gulag: prisões, crise do capitalismo e abolicionismo penal* e também participaram na divulgação do seu conhecimento, que a partir daí tem circulado em reuniões, palestras, artigos, entrevistas, vídeos e neste livro. Ao mesmo tempo, como poderão ver, a investigação tomou forma, em primeiro lugar, por meu envolvimento político na organização, na luta, no debate e na negociação. Eu não fiz o que fiz sozinha, numa escrivaninha confortável, embora tenha me beneficiado do acesso a mesas e livros e do tempo para pensar e escrever para que todas e todos pudessem também se beneficiar de uma aprendizagem conjunta que tornasse o nosso trabalho político mais potente.

Meus métodos de pensar e escrever devem muito aos meus companheiros – muitos dos quais foram citados nos *Agradecimentos* que fiz para a publicação original deste livro nos EUA –, aos quais agora incluo Bruno Xavier, que trabalhou incansavelmente para traduzir este livro para o português para que mais pessoas pudessem utilizá-lo. O meu trabalho provém também da amplitude e inspiração prática de pessoas notáveis como Harriet Tubman e Amílcar Cabral. Embora os problemas do século XXI sejam ao mesmo tempo únicos e profundamente diferenciados, a análise materialista histórico-geográfica nos permite identificar e dar algum sentido às dinâmicas contraditórias da realidade social nas diferentes escalas. Tubman e Cabral consideraram profundamente o que as pessoas já se entendiam ser, em toda a nossa complexidade. Inabaláveis ante o terror ou a bajulação, eles estudaram a terra repetidas vezes – por estarem em contato direto com ela e pelo que puderam aprender com outras pessoas. Planejaram a partir das bases, conscientes das possibilidades elaboradas que moldam a cultura e a consciência, a determinação e a solidariedade. A espiã e assaltante armada Tubman disse: "continue andando!". O agrônomo e revolucionário anticolonial Cabral advertiu: "Não reivindique nenhuma vitória fácil! Retome os caminhos ascendentes!" E Cabral também reconheceu a coconstituição muito prática da consciência, da observação e da aprendizagem inventiva quando argumentou que "o nosso povo são as nossas montanhas".

Em meados do século XX, mudanças profundas na densidade, no controle e na finalidade do dinheiro e de outros capitais – privado, público ou uma combinação dos dois – puseram em movimento uma nova organização espacial do capitalismo. A globalização aprofundou o subdesenvolvimento. Crises extensivas e intensivas obrigaram todos os tipos de pessoas a aplicar o que já sabiam fazer em novos problemas, a aprender novas formas de resolver velhos problemas e a fazer combinações de ambos. *Califórnia Gulag* analisa detalhadamente como isso aconteceu, a fim de permitir que pessoas em diferentes lugares descubram como estudar algumas condições objetivas ou estruturais e as respostas subjetivas à crise.

As geografias carcerárias desenvolveram-se deliberadamente, embora não inevitavelmente. Elas estão onde os resultados do abandono organizado encontram as forças opulentas da violência organizada. Se o "ajuste prisional" (como veremos no capítulo 3 deste livro) é uma solução espacial para problemas sociais, econômicos e políticos, ele é necessariamente um indicativo de lugares, de poder e de processos para muito além de qualquer conjunto de edifícios rodeados por muros ou cercas elétricas. Portanto, os desafios espaciais consistem não apenas em tentar descobrir os alvos de poder dentro das várias jurisdições, mas também em identificar poderosas esferas de ações territoriais para a *criação* de poder.

O abolicionismo prático demanda atenção constante às interações voláteis entre subjetividade e estrutura, tendo sempre em conta o capitalismo racial como o inimigo persistente e escorregadio que sempre foi. Como veremos neste livro, as pessoas que se organizam em brechas instáveis promovem a criação de poder a partir da criação de conexões – o que poderíamos chamar de uma frente popular abolicionista – estabelecidas na busca militantemente prática de objetivos de transição.

Desde que terminei este livro, há quase duas décadas, continuo a aprender com muitas outras pessoas ao redor do mundo a impressionante variedade de formas como as pessoas promovem a criação de poder a partir da criação de conexões. A maior lição para mim foi reconhecer que esse processo acontece por conta da forma como as pessoas colocam energia nas relações sociais. A energia das relações sociais – cuja forma pode se dar em partidos, movimentos, sindicatos, comunidades religiosas, grupos de prisioneiros, grupos familiares, justiça ambiental ou outras organizações – alcança uma direção particular a partir da consciência social que a orienta. Não há garantias, mas, sem essa energia, construída a partir da aprendizagem e do trabalho, do estudo e da luta, não há mudança.

A abolição é um processo cujo objetivo não é mudar o status, mas sim mudar a realidade social na qual certos tipos de status tomam forma. Mudar a realidade social significa tentar e tentar novamente, vivificando as percepções do estudo e da luta, da aprendizagem e do trabalho, em direção a objetivos práticos. Isso significa que a abolição também está sempre em ensaio. Eu costumava dizer que ela é "a vida em ensaio", mas ultimamente penso que uma forma de focar na transição em curso da abolição é ser amplamente específico e dizer essas palavras de uma forma diferente: *abolição é emancipação em ensaio. A abolição* abrange todas as pessoas que lutam contra o imperialismo, o colonialismo, o racismo e o capitalismo para alcançar o bem-estar abundante que a terra pode sustentar.

Por que é que "vejo" a abolição em tantos exemplos, incluindo em locais onde as pessoas que fazem o trabalho podem não dizer que o que estão fazendo é abolição? A combinação entre abandono organizado e violência organizada, na conjuntura atual, mostra as extremidades sempre sangrentas do capitalismo que salva o capitalismo do próprio capitalismo. Essa implacabilidade que se beneficia da guerra e da fome, dos deslocamentos e das mudanças climáticas, mostra que nada é estável e que as fronteiras mudam.

As vulnerabilidades marcadas do abandono organizado, contra as quais tantos lutam e às vezes geram mudanças provisórias – como mostram vividamente os exemplos do MST no Brasil, de Abahlali na África do Sul e de Kerala na Índia –, também marcam a vulnerabilidade que a violência organizada arma e exacerba para conter essas mesmas mudanças. Levando isso um pouco mais adiante, os passos viscerais e metódicos que o abandono organizado estabelece (os quais podem ser estudados em suas especificidades, em vez de todos seguirem um plano homogêneo) despertam a imaginação política das pessoas, e elas agem com agressão criativa e desencadeiam sucessos coletivos a partir dessa fagulha. Todo mundo está dentro da história aqui.

— Ruth Wilson Gilmore, cidade de Nova York, novembro de 2023

LISTA DE IMAGENS

FIGURAS

MAPA

LISTA DE TABELAS

TABELAS

AGRADECIMENTOS

Califórnia Gulag é um primeiro livro tardio – tardio em minha vida, tardio no mercado editorial e tão tardio no século XX que acabou chegando no século XXI. De certa forma, os conteúdos são notícias antigas, mas, infelizmente, não antigas o suficiente a ponto de se tornarem somente memórias ruins ou material a partir do qual aprendemos a história. Ao longo dos anos, enquanto eu lutava com as questões e evidências que deram forma ao livro, tive tanta ajuda, de tantas pessoas, que esta seção da obra deveria, por direito, ser mais longa do que qualquer capítulo e conter muito mais referências que a bibliografia. No entanto, na minha segunda metade de século neste planeta conturbado, ando tão em dívida quanto esquecida – e esperançosa de que, se você não encontrar seu nome aqui, vai me perdoar pelo descuido. Torço para que todas e todos, nomeados ou não, me desculpem pelos erros.

Pobre Neil Smith. Como chefe do Departamento de Geografia da Rutgers, ele generosamente aceitou uma ativista mal-humorada de meia-idade para ser sua estudante de doutorado. Eu vinha com uma cabeça cheia de teoria social e alguns diplomas de dramaturgia. Em troca, ele recebeu muito drama. Ele também me fez pensar sistematicamente sobre a sociedade e o espaço, aceitou minha formulação para o que aconteceu, por que e com que fim – e então me fez provar isso a ele em minha dissertação, revisão após revisão. Brigamos muito. Também celebramos com frequência. E sou grata a Neil e Cindi Katz por acolherem os Gilmore logo que chegamos a New Brunswick, por nos chamarem para beber e jantar, por darem festas para nós durante quatro anos e por fazerem de mim uma *pesquisadora*-ativista.

Na Rutgers, as professoras Leela Fernandes, Dorothy Sue Cobble, Ann Markusen, Susan Fainstein e Caridad Souza e os professores Bob Lake e John Gillis me ensinaram a trabalhar na intersecção das disciplinas; Leela, em particular, dá forma à coragem analítica que a interdisciplinaridade exige. Espero que Susan aceite este livro no lugar do artigo que devo a ela.

Quando parti para Rutgers, minhas *compañeras* de Los Angeles na Mothers Reclaiming Our Children [Mothers ROC] – em especial Theresa Allison, Geri Silva, Pauline Milner e Donna Warren – me desejaram felicidades e nunca deixaram de me acolher quando voltava – sempre esperando de mim que trouxesse conhecimento útil *e* que ajudasse a tornar útil o conhecimento delas.

Uma coalizão que se iniciou com a Mothers ROC e a Families to Amend California's Three Strikes (FACTS) espalhou-se por todo o estado [da Califórnia] graças à energia implacável de Geri Silva, Gail Blackwell, Barbara Brooks, Sue Rheams, Claudia Marriott, Julia Gonzales, Mary Avanti, Doug Kieso, Dennis Duncan, Carmen Ewell e Christy Johnson, entre tantas outras pessoas incansáveis.

Devo minha capacidade de pensar teoricamente, mas falar de forma prática, à firme e fraternal tutela de minhas mentoras do Wages for Housework, Margaret Prescod e Selma James.

Sem Mike Davis não haveria *Califórnia Gulag*. Ele compartilhou suas ideias, pesquisas e fontes, me indicou a Mothers ROC e a Corcoran, fez um monte de ótimas perguntas, leu o manuscrito cuidadosamente e também me mostrou as conexões práticas entre criatividade analítica, política e pedagógica. Anos atrás, quando nenhum de nós tinha um emprego decente, balançávamos nossas cabeças grisalhas, desanimados com um futuro de eternos adjuntos. Agora nós dois temos empregos estáveis; quem diria?

George Lipsitz, Dave Roediger, Robin D. G. Kelley, Don Mitchell, Beth Richie, Ed Soja, Audrey Kobayashi, Andrea Smith, Lauren Berlant, Lakshman Yapa, Cindi Katz, Greg Hooks, Amy Kaplan, George Sánchez, Chris Newfield, Fred Moten, Devra Weber, Barbara Christian, Bruce Franklin, Angela Y. Davis, Wendy Brown, Cathy Cohen, Judith Butler, Wahneema Lubiano, Steve Martinot, Joy James, Linda Evans, Cheryl Harris, Joan Dayan, Mike Merrill, Paul Gilroy, Vron Ware,

Peter Linebaugh, Bobby Wilson, Cedric Robinson, Elizabeth Robinson, Agnes Moreland Jackson, Sue E. Houchins, Deborah Santana (que chamou minha atenção para o título com que eu vinha trabalhando, "*Sunshine Gulag*" [Gulag Ensolarado], e sugeriu "*Golden*" [Dourado] para ninguém pensar que o livro seria sobre a Flórida) e, mais do que qualquer um, A. Sivanandan *e* Stuart Hall influenciaram permanentemente como eu penso: cada uma e cada um demonstra ardentemente como aprender bem é uma arte generosa.

Durante a pós-graduação, nós, estudantes – Laura Liu, Rachel Herzing, John Antranig Kasbarian, Curtis Frietag, Melina Patterson, Lisa Lynch, Alex Weheliye (que me fez pensar sobre a terra!), Yong-Sook Lee, Marlen Llanes, Nicole Cousino e Ralph Saunders –, formamos *communities of purpose* [comunidades de propósito] que ainda nos conectam em nosso compromisso de viver a mudança.

Eu nunca teria passado um minuto, muito menos seis anos, em Berkeley se não fossem as intervenções, o encorajamento, a amizade e a orientação de Dick Walker, Gill Hart e Carol Stack. Também tive a sorte de compartilhar o trabalho em andamento com colegas incríveis – Jean Lave, Pedro Noguera, Dan Perlstein, Barrie Thorne, Harley Shaiken, Allan Pred, Evelyn Nakano Glenn, Elaine Kim, Michael Omi, Pat Hilden, José David Saldívar, Jeff Romm, John Hurst, Caren Kaplan e meu querido amigo Cal Kurt Cuffey. Delores Dillard, Jahleezah Eskew, Nat Vonnegut, Carol Page e Dan Plumlee facilitaram a vida desta que tem sérios problemas com a burocracia e, junto com Don Bain e Darin Jensen, provam que as funcionárias e os funcionários são a espinha dorsal e a consciência da academia.

As alunas e os alunos de Geografias Carcerárias em Berkeley estudaram o manuscrito com zelo e, integrando suas leituras com trabalhos de campo ambiciosos, concluíram todos os semestres de outono com projetos de pesquisa em grupos recheados de excelentes evidências e descobertas surpreendentes.

As tantas e tantos estudantes maravilhosos de pós-graduação de Berkeley que me inspiraram e me desafiaram em muitas mesas de seminário incluem Clem Lai, Dylan Rodriguez, Frank Wilderson, Micia Mosely, Judith Kafka, Sora Han, Sara Clarke Kaplan, Mark Hunter, Priya Kandaswamy, Nari Rhee, Jenna Loyd, Ethan Johnson, Chris Neidt, Wendy Cheng, Kysa Nygreen, Juan DeLara, Judy Han, Trevor Paglen, Jen Casolo, Brinda Sarathy, Joe Bryan, Sylvia Chan, Amanda LaShaw, Kiko Casique e Kirstie Dorr.

Com paciência, brilhantismo e competência, quatro assistentes de pesquisa – Nari Rhee, Dana Kaplan, Ari Wohlfeiler, Pete Spannagle – elevaram o trabalho a outro patamar.

Muitas pessoas excelentes tornaram a pesquisa possível, especialmente os bibliotecários de pesquisa da Alexander Library na Rutgers e da University Research Library na UCLA. Dois jornalistas da imprensa escrita, Dan Morain, do *Los Angeles Times*, e Jeannette Todd, do *Corcoran Journal*, me forneceram tempo e descobertas; o trabalho exemplar de Morain nas prisões da Califórnia é um ponto de partida para qualquer estudante que pretenda tratar seriamente do assunto, assim como a reportagem investigativa de Mark Arax e Mark Gladstone. Os servidores públicos Don Pauley, de Corcoran, Melissa Harriman, de Avenal, Ed Tewes, de Modesto, e Bernie Orozco, do agora extinto Joint Legislative Committee on Prison Construction and Operation, forneceram, sem hesitação, orientação crucial. Paula Burbach, do California Department of Corrections, respondeu com entusiasmo às perguntas feitas.

Algumas das pesquisas para este livro receberam apoio de uma bolsa de pós-graduação do Center for the Critical Analysis of Contemporary Culture; uma de dissertação, da Ford; uma de pós-doutorado, da reitoria da University of California, em Berkeley; e bolsas do University of California Humanities Research Institute e do Open Society Institute.

No University of California Humanities Research Institute, Angela Y. Davis, Gina Dent, David Theo Goldberg, Sandra Baringer, Nancy Scheper-Hughes e Avery Gordon se engajaram de corpo e alma em estudos e trabalhos de campo colaborativos; temos um livro para fazer a partir dessa experiência.

Trabalhar com Estudos Americanos e Étnicos na University of Southern California é um emprego dos sonhos. Sou especialmente grata a George Sánchez, Laura Pulido e Fred Moten pela amizade e orientação, a todas e todos os meus colegas pela confiança, e a Sonia Rodriguez, Kitty Lai e Sandra Jones – junto com Billie Shotlow e Onita Morgan-Edwards, da Geografia – pela equipe habilidosa e bem-humorada.

Graças ao apoio de instituições financiadoras, pude compartilhar partes deste trabalho com muitas e muitos estudiosos cujos comentários precisos aprimoraram rapidamente minhas ideias. Agradeço à National University of Singapore, University of Washington, University of Chicago, University of Texas em Austin, Johns Hopkins, Claremont Colleges, Scripps College, Queens University (CAN), UC Irvine, Society for Cultural Anthropology, University of Wisconsin, Harry Frank Guggenheim Foundation, Social Science Research Council, New York University, City University of New York, UCLA, Brecht Forum, Brown e Yale.

E, por fim, há a generosidade das e dos ativistas – uma preocupação constante em fazer as coisas certas e bem feitas. As principais organizações em que trabalho e das quais dependo são o California Prison Moratorium Project, a Critical Resistance e a Central California Environmental Justice Network. Nesses e em outros grupos, meu muito obrigada a Tom Quinn, Catherine Campbell, ao falecido Holbrook Teter, Michelle Foy, Sarah Jarmon, Ellen Barry, Bo Brown, Karen Shain, Peter Wagner, Brigette Sarabi, Tracy Huling, Kevin Pranis, Dorsey Nunn, Eddie Ellis, Naomi Swinton, Joe Kaye, Ajulo Othow, Naneen Karraker, Laura Magnani, Jason Ziedenberg, Deborah Peterson Small, Jonathan Wilson, Lois Ahrens, John Mataka, Rosenda Mataka, Sandra Meraz, Yedithza Vianey Nuñez, Joe Morales, Luke Cole, Bradley Angel, Jason Glick, Amy Vanderwarker, Lani Riccobuono, Debbie Reyes, Leonel Flores, Dana Kaplan, Ari Wohlfeiler, Rachel Herzing e a ativista das ativistas, Rose Braz.

Na editora da University of California, Linda Norton e Monica McCormick fizeram tudo o que era possível para que este livro fosse impresso... e Niels Hooper fez o impossível. Suzanne Knott e Peter Dreyer são editores pacientes e cuidadosos que me ensinaram muito sobre como escrever para ser lida.

Meus irmãos Courtland, Peter e Jon e suas famílias, assim como meus amigos que, de tão próximos, mais parecem nossos agregados, mal puderam esperar: Howard Singerman, Janet Ray, Brackette Williams, Allen Feldman, Barbara Harlow, Sid Lemelle, Salima Lemelle, Salim Lemelle, o falecido e sempre saudoso Glen Thompson, Rachel Herzing, Avery Gordon, Chris Newfield, Laura Liu, Clyde Woods, Mike Murashige, Laura Pulido, Julia Gonzales, Annie Blum e Rose Braz me ajudaram a desenvolver minhas capacidades enquanto me diziam, individualmente e em coro: "Escreve isso e envia!"

Meu maior lamento é que meu falecido pai, Courtland Seymour Wilson – ativista incansável, intelectual autodidata da classe trabalhadora, homem honesto –, não terá este livro em sua pilha de próximas leituras; ele e minha linda mãe, Ruth Isabel Herb Wilson, me enviaram ainda jovem para integrar atividades antirracistas, me deixaram ser uma leitora e sonhadora e sempre acolheram sua filha pródiga em casa. Finalmente, meu marido e melhor amigo, Craig Gilmore, deveria ser incluído como coautor deste livro; muito do pensamento, e mais da metade do sofrimento, foi dele.

LISTA DE ABREVIAÇÕES

AICCU	Associação de Faculdades e Universidades Independentes da Califórnia [*Association of Independent California Colleges and Universities*]
BJS	Escritório de Estatísticas da Justiça [*Bureau of Justice Statistics*]
BPP	Partido dos Panteras Negras [*Black Panther Party*]
BRC	Comissão Blue Ribbon da Califórnia sobre a Gerência e a População Presa [*California Blue Ribbon Commission on Inmate Population and Management*]
CCPOA	Sindicato dos Agentes Penitenciários da Califórnia [*California Correctional Peace Officers Association*]
CDC	Departamento de Correções da Califórnia [*California Department of Corrections*]
CDF	Departamento de Finanças da Califórnia [*California Department of Finance*]
CDF-CEI	Departamento de Finanças da Califórnia, Indicadores Econômicos da Califórnia [*California Department of Finance, California Economic Indicators*]
CEZ	Zona Empresarial da Califórnia [*California Enterprise zone*]
CO	guardas prisionais [*corrections officer; prison guard*]
DOD	Departamento de Defesa [*Department of Defense*]
EDD	Departamento de Desenvolvimento de Emprego da Califórnia [*California Employment Development Department*]
ERC	Congresso dos Direitos Iguais [*Equal Rights Congress*]

FACTS	Famílias para Alterar a Lei *Three Strikes* da Califórnia [*Families to Amend California's Three Strikes*]
FIRE	setor de finança, seguro e imobiliário [*finance, insurance, and real estate sector*]
GOB	título da dívida municipal [*general obligation bonds*]
GSP	gross state product
JfJ	Justiça para Zeladores [*Justice for Janitors*]
JLCPCO	Comissão Legislativa Mista de Construção e Operações Prisionais [*Joint Legislative Committee on Prison Construction and Operations*]
LAO	Gabinete do Analista do Legislativo [*California Legislative Analyst's Office*]
LAPD	Departamento de Polícia de Los Angeles [*Los Angeles Police Department*]
LRB	título de receita de concessão [*lease revenue bond*]
LULUs	usos da terra localmente indesejados [*locally unwanted land uses*]
MAPA	Aliança Política Mexicano-Estadunidense [*Mexican American Political Alliance*]
Mothers ROC	Mães Recuperando Nossos Filhos [*Mothers Reclaiming Our Children*]
NAIRU	Taxa de desemprego não aceleradora da inflação [*non-accelerating inflation rate of unemployment*]
NIMBY	não em meu quintal [*not in my back yard*]
PIA	Autoridade da Indústria Prisional (da Califórnia) [*(California) Prison Industry Authority*]
PRCC	Comitê da Conferência pela Reforma Prisional (da Califórnia) [*(California) Prison Reform Conference Committee*]
ROC	Mães Recuperando Nossos Filhos [*Mothers Reclaiming Our Children*]
SPWB	Conselho de Obras Públicas do Estado da Califórnia [*California State Public Works Board*]
UFW	Sindicato dos Trabalhadores Agrícolas [*United Farm Workers*]

PRÓLOGO **O ÔNIBUS**

À meia-noite, em meados de abril, no fim do século XX, um ônibus partiu do estacionamento da Igreja Metodista Holman. Depois de percorrer um curto trajeto pela fronteira norte do centro-sul de Los Angeles, o ônibus subiu em uma rampa para entrar na rede de rodovias federais e estaduais que conecta as diversas paisagens industriais, agrícolas e recreacionais da Califórnia à quinta maior economia do mundo. No ônibus, quarenta mulheres, homens e crianças se acomodaram para a jornada de sete horas rumo ao norte até a capital Sacramento e o Capitólio do estado.

Uma multidão de sonhos viajava pela liberdade: vermelhos, negros, marrons, amarelos e brancos; mães, pais, avôs, irmãs, irmãos, crianças, namorados e amigos; gays e lésbicas; famílias inter-raciais; pessoas que falavam inglês, espanhol, filipino, árabe, polonês e hebraico; católicos, protestantes, judeus, muçulmanos, cristãos ortodoxos e quacres. A diversidade deles encarnava cerca de 150 anos da história da Califórnia e mais de 300 anos de ansiedades e antagonismos nacionais. Mas os viajantes não se preocuparam com isso; eles embarcaram no ônibus por causa de suas semelhanças: trabalhadores empregados, pessoas com necessidades especiais ou aposentados, com pouca ou nenhuma renda, cujo objetivo era a liberdade para seus parentes que cumpriam longas penas atrás das grades.

Os viajantes sonhadores foram convocados por um pesadelo que se tornou palpável pelo número assustador de presidiários e prisões produzidas durante a geração anterior, enquanto estávamos todos, em tese, acordados. Tão real quanto foi o crescente ativismo de movimentos sociais de base contra a expansão do uso da criminalização e das celas como soluções genéricas para os problemas sociais.

Com o objetivo de concretizar os sonhos de justiça para seus casos individuais, os viajantes decidiram – por meio da luta, do debate, do fracasso e da renovação – que deveriam buscar a liberdade geral, para todos, de um sistema no qual a punição se tornou tão industrializada quanto a produção de carros, roupas, mísseis ou o cultivo de algodão. Contrariando todas as estatísticas, eles chegaram ao ativismo – atuando, nos detalhes das práticas modestas, com a crença de que *"we shall overcome"* ["nós *devemos* superar"] as cisões profundas tão enraizadas no *apartheid* estadunidense. Em outras palavras, eles compartilhavam mais do que um interesse: um propósito os uniu nessa jornada.

Alguns cochilavam. Outros jogavam cartas. Outros falavam sobre quem se juntaria a eles nas escadas da Câmara estadual, quem se sentaria com eles na sala de audiência do Comitê de Segurança Pública do Senado e qual seria a melhor estratégia para persuadir o comitê legislativo, bastante hostil aos presos, a alterar a lei da Califórnia "*three strikes and you're out*"[1]. Alguns olhavam pela janela com uma intensidade que sugeria que a noite revelaria uma resposta. Mas, em vez disso, viram paisagens de trabalho, moradia e lazer que se estendiam para além do horizonte. Ao deixar Los Angeles, o ônibus subiu a grande artéria central do antigo corredor industrial. Embora a cidade ainda seja a capital industrial dos Estados Unidos, a composição e a remuneração dos empregos no setor da produção mudou drasticamente nos últimos vinte anos. A produção primária do aço e de automóveis praticamente acabou, sendo substituída pela de vestuário e ferragens para construção.

1. Nota da Tradução (N.T.): A expressão, que em tradução literal para o português é "três faltas e você está fora", vem da regra do basebol que estabelece que o rebatedor tem três tentativas para atingir a bola, sob pena de ser eliminado do jogo após a última. Cada uma das chances perdidas é chamada de *strike*. A lei da Califórnia apelidada de "*three strikes and you're out*" (e que foi aplicada também em diversos outros estados dos Estados Unidos) surgiu na década de 1990 e tem o pressuposto de que os indivíduos condenados pela terceira vez não são passíveis de reabilitação e, por isso, devem ser excluídos do convívio social por longo período de tempo. As "*three-strikes laws*" ("leis dos três *strikes*" ou "leis das três infrações"), portanto, estabelecem prisão perpétua para o indivíduo que receber a terceira condenação, cumprindo ao menos vinte e cinco anos da pena em regime fechado.

Na Interestadual 5, a grande rodovia que atravessa as Montanhas Tehachapi, o ônibus passou por inúmeros empreendimentos residenciais e placas anunciando regiões "amigáveis aos negócios" no limite norte do Condado de Los Angeles, antes de entrar na escuridão da Floresta Nacional de Angeles. As rodovias federais interestaduais permitiram a suburbanização das moradias e da indústria e ajudaram a assegurar o domínio histórico da Califórnia no complexo militar-industrial. De fato, para a maioria das famílias no ônibus, as guerras declaradas – a Segunda Guerra Mundial, a da Coreia e do Vietnã – e as lutas não declaradas – o *Jim Crow*[2] no Mississippi e na Louisiana – foram as forças que as levaram ao sul da Califórnia para que refizessem suas vidas, tal como devem fazer os imigrantes que vêm de longe.

Descendo a longa encosta até o Grande Vale Central, alguns dos viajantes especularam sobre o gigantesco sistema de bombeamento que impulsiona a água coletada das regiões norte e leste do estado por cima das montanhas para matar a sede da Grande Los Angeles[3]. E, embora a água siga para fora do vale, ainda sobra muito para irrigar a imensidão agrícola do estado. Na verdade, mesmo que a agricultura represente apenas 3% do

---

2. N.T.: As leis *Jim Crow* são o resultado do conflito político que seguiu existindo após o fim da escravidão e da Guerra Civil dos Estados Unidos (1861–1865). Depois de perder o direito de escravizar a população negra com o final da guerra, e depois também da retirada das forças militares federais pró-unificação, os Estados Confederados do Sul instituíram uma série de leis locais que tinham por objetivo restringir os direitos dessa população. O impedimento do direito ao voto, a restrição da mobilidade entre cidades e estados e a separação de negros e brancos em estabelecimentos públicos são parte do processo de segregação racial que as leis *Jim Crow* tornaram legais. Essas leis só caíram com a conquista da Lei dos Direitos Civis e a Lei dos Direitos de Voto, em 1964 e 1965, respectivamente.

3. N.T.: Grande Los Angeles, ou *Southland*, refere-se à extensa região urbanizada ao redor do Condado de Los Angeles. Além deste, e tendo este como referência, estão também incluídos na denominação o Condado de Ventura (a oeste), os Condados de San Bernardino e Riverside (a leste) e o Condado de Orange (a sudoeste).

produto interno bruto (PIB) do estado, a Califórnia ocupa o primeiro lugar na produção agrícola dos Estados Unidos.

Eles pararam em Bakersfield para embarcar mais gente: um trabalhador rural, um jornalista desempregado, algumas mães de presidiários que haviam tirado um dia de folga não remunerada do trabalho e que contribuíram com seus salários magros para o custo de US$1.000,00 pelo aluguel do ônibus.

Fora de Bakersfield, a escuridão envolveu novamente o ônibus escolar amarelo. Um pequeno grupo de viajantes sentados no fundo começou a contar pontos de intensas luzes douradas que penetravam assustadoramente na escuridão profunda. Essas concentrações de luz em terras agrícolas são as tantas novas prisões da Califórnia: cidades de homens, e às vezes de mulheres, que ficam próximas aos municípios sombrios que as hospedam. Alguns passageiros sussurravam, e suas palavras ficavam gravadas nos vidros com o vapor da respiração: "O Donny tá ali". "Olá, Richard". "Será que o Angel está dormindo? Eu disse pra ele que a gente passaria na frente". As gotículas no vidro se dissipavam à medida que o ônibus avançava.

Outros ônibus fazem essa mesma jornada todos os dias partindo do centro de Los Angeles, não de igrejas, mas de tribunais e cadeias. Seus destinos são as antigas ou as novas prisões – aquelas que se apinham ao longo da Rodovia 99, transformando-a num corredor de prisões, e outras mais distantes, que vão desde os sólidos perímetros fortificados ao longo da fronteira sul entre Califórnia e México até o território indígena, mais ao norte, em Susanville e Crescent City, no caminho para Oregon. Mais de 1.400 quilômetros de prisões: um arquipélago de celas de concreto e aço, 33 grandes prisões (veja o mapa na página 10), mais 57 prisões e centros de detenção de menor porte, dos quais 43 foram construídos a partir de 1984.

Chegando na capital do estado, Sacramento, os viajantes se juntaram a seus aliados de outras partes do estado para uma oração matinal e um comício nos degraus do Capitólio. Começou, então, a atividade principal do dia: a longa sessão do comitê. Eles tentariam, mais uma vez, persuadir pessoas sedentas por reeleição, responsáveis por revisar e aprovar novas leis penais, três horas por semana, toda semana, a revogar parte de uma lei, muito embora o sindicato de guardas prisionais, importante colaborador da campanha, tivesse convocado uma linha de frente de lobistas para se opor a qualquer reforma. Por um instante, pouco antes de o grupo entrar, os sempre pálidos edifícios do estado ganharam um tom amarelado que refletia o caloroso nascer do sol – uma sensação bem recebida por alguns dos passageiros mais velhos, sempre alertas aos sinais de esperança. Talvez nessa viagem eles consigam derrubar um tijolo dos quilômetros e quilômetros das paredes prisionais do *gulag* californiano.

UM **INTRODUÇÃO**

O problema

Este é um livro sobre o espantoso crescimento do sistema prisional do estado da Califórnia a partir de 1982 e sobre a oposição popular ao uso cada vez maior de prisões como soluções genéricas aos problemas sociais. Ele questiona como, por que, onde e com qual propósito uma das economias políticas mais ricas e diversas do planeta organizou e executou um plano de construção e suprimento de prisões que analistas políticos chamaram de "o maior... da história mundial" (Rudman e Berthelsen, 1991). Ao responder essas perguntas, o livro também mapeia as mudanças na estrutura do estado, nas economias locais e regionais e nas identidades sociais. *Califórnia Gulag*[4] é

4. N.T.: Cabe aqui uma contextualização sobre a origem do nome do livro em inglês e em português. A tese de Ruth W. Gilmore que deu origem ao livro chama-se "*From military keynesianism to post-keynesian militarism: prisons, surplus, crisis, and opposition in California*" [Do keynesianismo militar ao militarismo pós-keynesiano: prisões, excedente, crise e oposição na Califórnia]. No entanto, segundo a própria autora, ninguém publicaria um livro com um título tão obscuro. Por volta dessa mesma época, seu amigo e parceiro intelectual Mike Davis estava dando um curso chamado "*Sunshine Gulag*" [Gulag Ensolarado]. Ela gostou da junção contraditória dessas duas palavras para pensar a questão prisional no estado onde se inseria sua pesquisa e, como Mike nunca desenvolveu a ideia, sugeriu à UC Press (editora que publicou o livro nos Estados Unidos) que a transformasse em seu título. Em tempo, porém, foi alertada por sua colega Deborah Santana de que a utilização de *Sunshine* poderia se confundir com o estado da Flórida, também conhecido como *Sunshine State* [estado ensolarado]. Foi nesse momento que ela se deu conta de que a ideia contida no apelido do estado da Califórnia, *Golden State* [estado dourado], levaria a uma solução ainda melhor. *Golden Gulag* [Gulag dourado], o título do livro em inglês, combinou o sonho "dourado" da própria Califórnia com o horror de seu projeto de expansão prisional. Já no português, a tradução literal desse título não faria sentido. Chamá-lo de "Gulag Dourado", ou algo similar, deixaria de lado a especificidade geográfica que o *Golden* presta como apelido ao estado da Califórnia. Resolvemos, então, manter o "Gulag" e substituir o apelido do estado (que não diz muito para os brasileiros) por seu nome próprio. Assim surge o nome "Califórnia Gulag", um clássico da literatura estadunidense que conta a história, a geografia e a formação social e política do estado responsável pelo maior plano de construção prisional de todos os tempos.

uma narrativa de coletividades fraturadas – economias, governos, cidades, comunidades e famílias – e suas tentativas intermitentes de se reconstruírem.

O livro surgiu a partir de dois modestos projetos de pesquisa realizados em Los Angeles nos anos de 1992 e 1994 em nome de um grupo de mães de maioria afro-estadunidense, muitas das quais mais tarde estariam no ônibus descrito no Prólogo. Todas tinham o desejo de entender o texto e a intenção de duas leis da Califórnia – a Lei de Aplicação e Prevenção do Terrorismo nas Ruas [*Street Terrorism Enforcement and Prevention Act* – STEP], de 1988, e a Proposição 184 [*Proposition 184*], conhecida como a lei "*three strikes and you're out*"[5], de 1994. Elas pediram a mim, uma ativista que não é advogada mas que possui habilidades de pesquisa, acesso a bibliotecas universitárias e a um grande vocabulário para ajudá-las. Os relatórios orais e os resumos escritos que apresentei nas oficinas aos sábados fracassaram em produzir o que esperávamos: pistas sobre como os réus, de forma individual, poderiam obter melhores resultados em seus casos. Em vez disso, o que aprendemos repetidamente foi o seguinte: as leis do código penal produziram torções incrivelmente cruéis no significado e na prática da justiça.

Por que tais descobertas surpreenderiam pessoas para quem o racismo e as dificuldades econômicas são aspectos persistentes da experiência cotidiana e responsáveis pelo encurtamento das suas vidas? Talvez porque, desde o início dos anos 1990, a experiência cotidiana passou a incorporar – para um número crescente de pessoas – a familiaridade com as rotinas da polícia, prisões, advogados, negociações penais e julgamentos. O repertório da justiça criminal, via de regra, parecia reiteradamente injusto, com todos atuando em papéis bastante previsíveis, enquanto o diabo (ou a absolvição) estava sempre nos detalhes. Mas, ao invés de apontar como se tornar um especialista num par de leis, o estudo em grupo mudou nossa perspectiva, forçando-nos a fazer perguntas mais gerais e, por isso, para frustração geral, mais abstratas: por que prisões? Por que agora? Por que

5. Nota da Edição (N.E.): Ver nota 1 do Prólogo.

para tantas pessoas – especialmente para pessoas de cor?[6] E por que elas estavam localizadas tão longe da casa dos prisioneiros?

A complexa investigação que acidentalmente estabelecemos para nós mesmas acabou definindo o escopo deste livro, cuja narrativa se desdobra em quatro momentos: em todo o estado; no Capitólio; na zona rural de Corcoran; e no centro-sul de Los Angeles. Trabalhar com o crescimento prisional da Califórnia a partir desses vários "cortes" revelará as dinâmicas das intersecções sociais e espaciais nas quais a expansão emergiu. Há uma

6. N.E.: "Pessoas de cor" é a tradução literal para o termo em inglês "*people of color*", empregado em contextos antirracistas anglófonos, especialmente no estadunidense, para se referir a pessoas indígenas, negras, caribenhas, asiáticas, nativas das ilhas do Pacífico, do Oriente Médio, latinas, romani, muçulmanas, judias, de mais de uma origem racial e/ou étnica, entre outras. A tradução para "*people of color*" não é consensual no Brasil, sendo muitas vezes adotada a expressão "pessoas não brancas". Ao optar por "pessoas de cor" para traduzir "*people of color*" na edição desta coleção, seguimos, na esteira dos debates feministas decoloniais, a escolha de tradutoras brasileiras como Tatiana Nascimento e Stephanie Borges, assim como de outras tradutoras latino-americanas que têm utilizado a expressão "*personas de color*". Entendemos que, desse modo, sinalizamos, por um lado, um processo de inversão valorativa do termo no inglês (semelhante ao que ocorreu com o adjetivo "preta/o" no português brasileiro, deslocado por ativistas e militantes de movimentos negros do seu emprego racista para adquirir conotação política afirmativa) e, por outro, justamente por meio do estranhamento que o termo pode causar nas leitoras e leitores brasileiros (para quem o termo "pessoas de cor" possui conotação historicamente racista), indicamos uma manifestação linguística derivada de experiências políticas antirracistas próprias de culturas anglófonas, neste caso, especificamente a estadunidense. Assim, embora o termo "pessoas de cor" não tenha no Brasil o mesmo lastro político de "*people of color*" nos Estados Unidos (onde seu significado também não é estanque), entendemos que seu emprego pode colaborar com os debates linguísticos, políticos e históricos antirracistas no país. Vale destacar ainda que "*people of color*" é uma espécie de "termo guarda-chuva", que abriga inúmeros grupos étnicos-raciais que também podem ser, posteriormente, reunidos em outras categorias mais "específicas", como as de "*black people*" [lit. pessoas negras], "*brown people*" [lit. pessoas marrons] ou "red people" [lit. pessoas vermelhas]. Por fim, é preciso ter em mente que a própria Ruth Gilmore, de origem afro-estadunidense, é parte do grupo das "*people of color* " e, assim, se insere no histórico ativismo negro e abolicionista dos Estados Unidos.

razão política para que as coisas sejam feitas dessa maneira. Esta não é uma boa teoria apenas na teoria, mas também na prática, para que pessoas engajadas no espectro das lutas por justiça social descubram locais inesperados onde suas agendas se alinham com as de outras pessoas. Nós podemos fazer isso observando como as mudanças gerais se conectam com as experiências concretas – tal como as mães fizeram em nossos grupos de estudos.

A população carcerária do estado da Califórnia cresceu aproximadamente 500% entre 1982 e 2000, ainda que a taxa de crimes tenha atingido seu pico em 1980 e diminuído a partir daí, de forma irregular, mas decisiva (veja figuras 1 e 2). Afro-estadunidenses e latinos representam dois terços dos 160.000 prisioneiros do estado; quase 7% são mulheres de todas as raças; 25% não são cidadãos nacionais. A maior parte dos prisioneiros vem dos centros urbanos do estado – particularmente de Los Angeles e dos condados próximos ao sul. Mais da metade dos prisioneiros tinha empregos estáveis antes do encarceramento, enquanto mais de 80% foram, em algum momento de seu caso, representados por defensores públicos nomeados pelo estado para atender pessoas vulneráveis. Em suma, como classe, os condenados são desempregados ou trabalhadores pobres das cidades desindustrializadas.

Desde 1984, a Califórnia completou a construção de 23 novas grandes prisões (ver mapa) a um custo de US$280–US$350 milhões cada uma. Anteriormente, entre 1852 e 1964, o estado havia construído apenas doze prisões. As novas estruturas gigantescas de concreto armado surgem à beira de cidades pequenas, localizadas nas áreas rurais, etnicamente diversas e que sofrem com dificuldades econômicas. A Califórnia *também* somou ao seu inventário anterior a 1984, em locais similares, treze pequenas instalações correcionais comunitárias [*community corrections facilities*][7] (500 vagas), cinco acampamentos prisionais de

7. N.E.: As "instalações correcionais comunitárias" ganharam maior evidência a partir da década de 1960, em todo os Estados Unidos, como resposta à crise do sistema prisional e como alternativa às prisões tradicionais e suas sanções baseadas na neutralização. Mesmo tendo sua operação independente das outras instituições correcionais (como cadeia, prisão etc), elas são geridas pelas autoridades da justiça criminal local, estadual

conservação [*prison camps*][8] e cinco centros para mães presidiárias. Em 2005, a vigésima quarta nova prisão, fortemente contestada, desenhada para enclausurar 5.160 homens, elevaria para noventa – caso inaugurada – o número de carceragens estaduais para homens e mulheres adultos.[9] Com exceção de algumas

---

ou federal. Nela, os infratores, geralmente em liberdade condicional ou condenados por infrações intermediárias e não violentas, recebem ampla vigilância, tratamento multidimensional (apoio educacional, vocacional e psicológico), residem num ambiente "livre" de perímetros de segurança, são atendidos por funcionários especializados que não realizam o controle físico-corporal e gozam da permissão para trabalhar e estudar fora. O governo e alguns institutos de pesquisa veem com bons olhos as instalações correcionais comunitárias, pois estudos asseguram que esses estabelecimentos são responsáveis por reduzir consideravelmente o número de reincidentes, além de serem menos custosos que os métodos convencionais de encarceramento. Ver mais em: https://www.ojp.gov/pdffiles1/Digitization/144054NCJRS.pdf (acessado em janeiro de 2023).

8. N.E.: O que Gilmore chama de *prison camp* [lit. acampamento prisional], em uma evidente alusão ao *gulag*, parece se assemelhar a uma forma também não convencional de cárcere conhecida como "acampamento prisional de conservação". Essas instalações executam um programa em que sentenciados voluntários e interessados na progressão da pena recebem treinamento e são alocados para a realização de serviços públicos. Tais serviços vão desde o combate aos incêndios florestais e missões de salvamento até a conservação de locais públicos como praias, parques e praças. Na Califórnia, cerca de 27% dos bombeiros são detentos. Estima-se que o estado economiza cerca de US$100 milhões anualmente com o recrutamento destes que recebem cerca de US$4 por dia ou US$1 por hora quando acionados em situação de emergência.

9. O número total de cadeias para adultos flutuou nos últimos cinco anos ou mais. O Departamento de Correções da Califórnia [*California Department of Corrections* – CDC] construiu vinte e quatro novas prisões, mas, em 2003, fechou uma prisão feminina com 800 vagas em Stockton. O CDC quis reabrir o edifício como prisão masculina, mas se deparou com uma forte oposição local. Um total de 16 instalações correcionais comunitárias foi aberto nos últimos quinze anos; porém, frente a uma forte oposição à privatização feita pelo Sindicato dos Agentes Penitenciários da Califórnia [*California Correctional Peace Officers Association* – CCPOA], o número caiu. Entretanto, mesmo com os fechamentos, o número total de adultos na prisão não diminuiu. E tanto advogados de dentro do CDC quanto do *lobby* do setor privado trabalharam duro para reabrir as instalações. A tendência é colocar o maior número possível de pessoas

instalações com 500 vagas administradas pela iniciativa privada, essas prisões são totalmente públicas: de propriedade do estado da Califórnia, financiadas por dívidas do Conselho de Obras Públicas do Estado da Califórnia [*California State Public Works Board* – SPWB] e operadas pelo Departamento de Correções da Califórnia [*California Department of Correction* – CDC]. O fundo público do estado cobre 100% dos custos anuais de todo o sistema prisional. As despesas dispararam de 2% do fundo público em 1982 para quase 8% hoje. O Departamento de Correções se tornou a maior agência do estado, empregando uma força de trabalho heterogênea de 54.000 pessoas.

Esses fatos alarmantes trazem à tona muitas questões urgentes envolvendo dinheiro, renda, emprego, raça e etnia, gênero, legislação, agências estatais e políticas públicas que as impulsionam a agir, comunidades rurais, bairros urbanos, desenvolvimento desigual, migração e globalização, esperança e desespero. Tal amplitude de questões desmente o senso comum de que as prisões ocupam um lugar à margem dos espaços sociais, das regiões econômicas, dos territórios políticos e das lutas por direitos. Essa aparente marginalidade é uma ilusão de perspectiva, pois, como bem sabem geógrafas e geógrafos, as margens são também interfaces. Por exemplo, ainda que as fronteiras reforcem a distinção entre os lugares, elas também conectam os lugares com espaços não contíguos e com os espaços que se relacionam entre si. O mesmo ocorre com as prisões: a dispersão organizada e financiada pelo governo de pessoas marginalizadas das zonas urbanas para as zonas rurais sugere que os problemas se estendem pelo espaço de forma conectada e que os campos de atuação do ativismo são menos segregados do que parecem. Posto dessa forma, vemos como "a prisão" é, de fato, o ponto nevrálgico para todos os trabalhadores com baixa escolaridade e suas comunidades – que constituem a maior parte das pessoas do mundo – no início do século XXI.

---

nas maiores prisões. Por fim, no dia 5 de janeiro de 2006, o governador Arnold Schwarzenegger propôs duas novas prisões em seu estado: https://www.governors.library.ca.gov/addresses/s_38-schwarzenegger3.html (acessado em janeiro de 2023).

Departamento de Justiça da Califórnia • Divisão de Serviços de Informações da Justiça Criminal • Procurador-Geral: Daniel E. Lungren

Crime e delinquência na Califórnia, 1995

Publicação antecipada

Índice de crimes da Califórnia, 1952–1995
Por categoria
Taxa por 100.000 habitantes

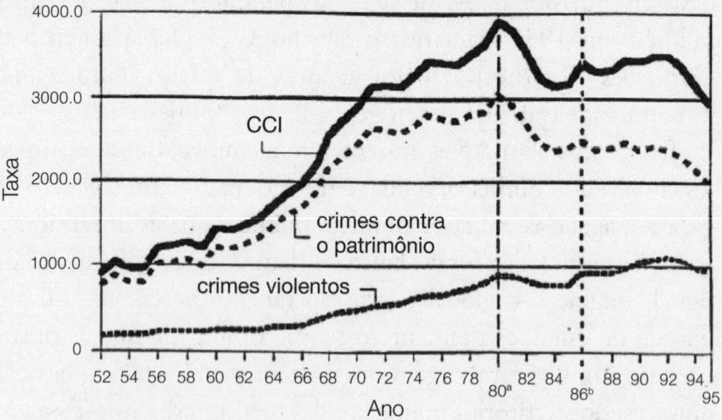

[a] O ano de 1980 marcou o pico do CCI, servindo-nos de comparação com 1995, ano desta publicação.

[b] A taxa de crimes violentos cresceu 7,2% desde 1980. Parte desse crescimento se deve a uma alteração legal de 1986, que passou a exigir que a violência doméstica fosse denunciada como conduta criminosa. Isso resultou em um incremento na categoria de crime de lesão corporal de natureza grave.

De 1994 a 1995:

- o índice de crimes da Califórnia caiu 7%;
- a taxa de crimes violentos caiu 4,2%;
- a taxa de crimes contra o patrimônio caiu 8,3%.

FIGURA 1. Índice de crimes da Califórnia (*California crime index* – CCI) por categoria, 1952–1995. Fonte: California Department of Justice, Criminal Justice Information Services Division.

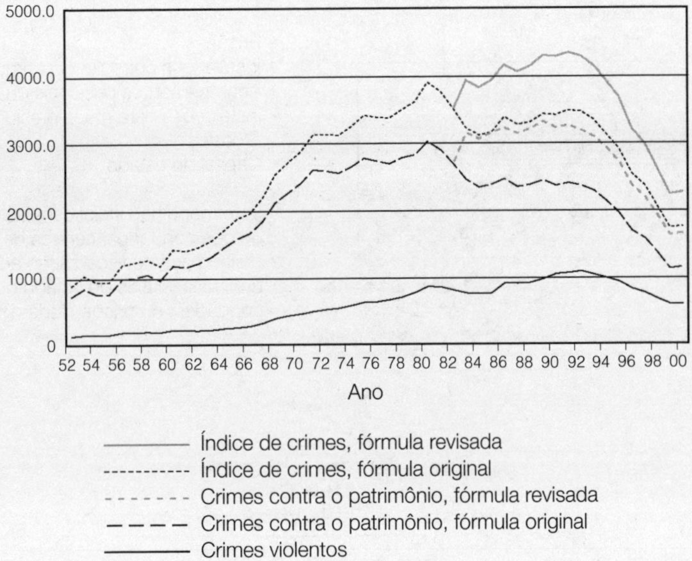

FIGURA 2. Índice de crimes da Califórnia (CCI) revisado, 1952–2000. Fonte: California Department of Justice, Criminal Justice Information Services Division. Observação: ao longo do seu desenvolvimento, este livro usou o método nacionalmente aceito para medir a criminalidade, exposta no CCI de 1995 pelo procurador-geral do estado (ver Figura 1). Em 2003, "para dar uma descrição mais representativa do crime na Califórnia", outro procurador-geral adicionou – retroativamente, desde 1983 – "furto acima de US$400,00" ao CCI. Quaisquer que tenham sido suas motivações, o efeito mostrado no gráfico turvou o entendimento sobre quando a taxa de crimes começou a diminuir na Califórnia e, em consequência, sobre qual foi o papel desempenhado pelo crescimento do número de prisões e de pessoas presas nelas. Após essa revisão, "o Índice de crimes da Califórnia foi temporariamente suspenso com o objetivo de seguir redefinindo essas medições". Crime e delinquência na Califórnia (1952–2003), tabela 1, Departamento de Justiça da Califórnia, Divisão de Serviços de Informações da Justiça Criminal, Gabinete do Procurador-Geral. https://oag.ca.gov/sites/all/files/agweb/pdfs/cjsc/publications/candd/cd00-full-report.pdf (acessado em janeiro de 2023).

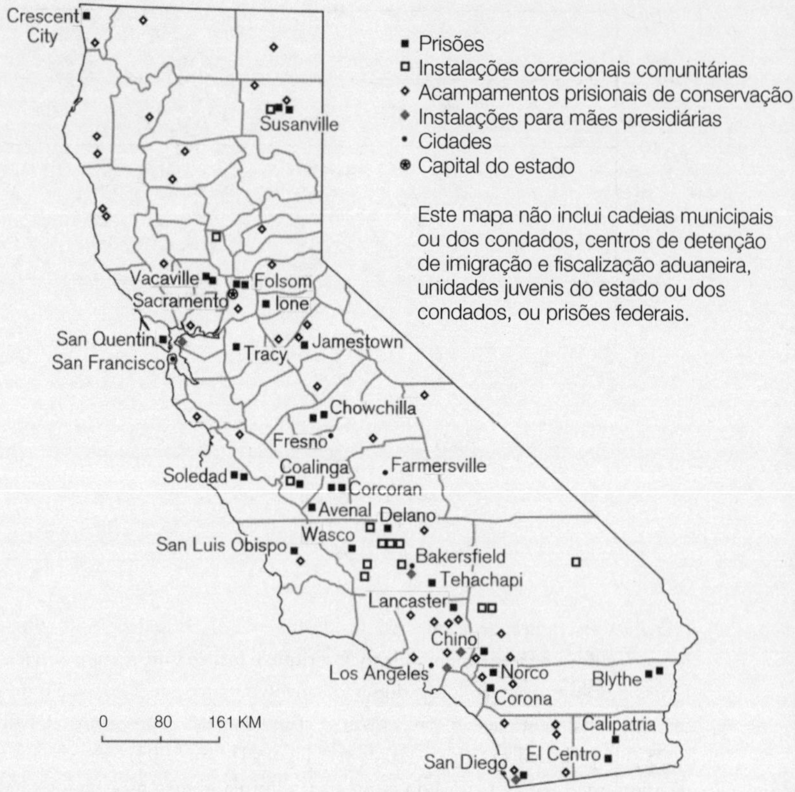

Prisões para adultos no estado da Califórnia. Adaptação de um mapa de Craig Gilmore.

O que se espera que as prisões façam e por quê?

A prática de colocar pessoas dentro de celas, por parte ou pela totalidade de suas vidas, é um aspecto central no desenvolvimento do estado laico, da democracia participativa, dos direitos individuais e das noções contemporâneas de liberdade. Essas instituições da modernidade, moldadas pelo rápido crescimento das cidades e da produção industrial, enfrentaram o desafio – principalmente onde o capitalismo floresceu sem amarras – de produzir estabilidade a partir da "acumulação e da gestão útil" de pessoas que estão na "sociedade como um estranho" (Foucault, 2014, p. 298). As prisões despersonalizaram o controle social tanto para que este pudesse ser administrado burocraticamente através do tempo e do espaço quanto para que satisfizesse as demandas dos reformistas que se colocavam amplamente contrários à punição corporal, a qual, não obstante, se mantém na pena de morte e em muitas outras condições torturantes de confinamento. Curiosamente, então, a ascensão das prisões está associada a duas grandes agitações sociais – o surgimento da palavra *liberdade* para representar aquilo que é desejável e o aparecimento de ativistas civis na luta em defesa dos despossuídos.

A relação entre prisão e despossessão tem sido bastante estudada. Cunhada entre a lei e a ética, a justificativa para colocar pessoas atrás das grades repousa na premissa de que algumas delas devem, como consequência de certas ações, perder toda a liberdade (que podemos definir, neste caso, como controle sobre seus hábitos corporais, passatempos, relacionamentos e mobilidade). É preciso grande força política para realizar a despossessão em larga escala de pessoas que possuem direitos formais. E, historicamente, aqueles que ocupam as prisões carecem coletivamente de uma influência política compatível com o poder teórico que os direitos sugerem (ver, por exemplo, Dayan, 1999). Em contraste, durante a maior parte da história moderna das prisões, aqueles que eram oficialmente desprovidos de direitos – como, por exemplo, homens e mulheres escravizados, indígenas, novos imigrantes ou mulheres brancas casadas – poucas vezes viram o lado de dentro de uma cela, pois a sua não liberdade estava assegurada de outras formas (Christianson, 1998; E. B. Freedman, 1996).

Mas e o crime? A prisão não existe porque existem criminosos? Sim e não. Apesar de o senso comum sugerir uma conexão natural entre "crime" e "prisão", o que é considerado crime, na verdade, muda, e o que acontece com as pessoas condenadas por crimes não resulta, em todos os lugares e situações, em sentenças de prisão. Definido em termos simples do estado laico, crime significa uma violação da lei. Em uma ordem social, as leis mudam de acordo com o que se entende por estabilidade e com quem precisa ser controlado. Vejamos uma série de exemplos. Depois da Guerra Civil, uma investida de manobras legais, desenhadas para garantir a disponibilidade barata da força de trabalho negra do sul, declarou ilegal tanto "deslocar-se" quanto "ficar parado" (Franklin, 1998), e os condenados tiveram que trabalhar, sem escolhas ou remuneração, na construção da infraestrutura regional e do sistema industrial (A. Lichtenstein, 1996; B. M. Wilson, 2000a). De 1890 em diante, a corrida pela promulgação das leis *Jim Crow* teve como base as leis anteriores relacionadas ao trabalho e, ao mesmo tempo, desencadeou a febre do *apartheid* em todo o país. A Décima Oitava Emenda à Constituição [*Eighteenth Amendment to the Constitution*], de 1919, proibiu a fabricação, importação, exportação ou venda de bebidas alcoólicas numa época em que muitas das drogas que agora são proibidas não o eram (Lusane, 1991). No Texas, dirigir bebendo álcool é permitido, enquanto uma semente de maconha pode condenar alguém à prisão perpétua. A prostituição é permitida em alguns lugares. Em outros, a solução para o roubo é a restituição do que se roubou, não a cadeia. Assassinato é resultado de oportunidade, motivação e métodos, e suas circunstâncias dão início, em vez de encerrarem, a uma investigação da natureza jurídica mutante de uma perda como essa. Numerosas histórias e tratados criminológicos mostram mudanças ao longo do tempo em relação ao que é um crime e por que isso é importante (veja, por exemplo, Linebaugh, 1992; Christianson, 1998). Estudos comparativos contemporâneos demonstram como as sociedades que são relativamente semelhantes – industrializadas, diversas, com muitos imigrantes – diferem amplamente em suas avaliações e experiências sobre o comportamento fora da norma e as soluções para o que geralmente é entendido como errado (Archer e Gartner, 1984). Como podemos ver, o crime não é algo estático, sendo a relação entre crime e prisões o resultado da teoria e prática sociais, e não a única fonte possível de estabilidade por meio do controle.

Como as prisões devem produzir estabilidade por meio do controle daquilo que é considerado crime? Quatro teorias condensam mais de duzentos anos de experiência em explicações conflitantes, e geralmente justapostas, das razões pelas quais as sociedades decidem que devem tirar as pessoas de circulação e prendê-las. Cada teoria – com seus intelectuais, profissionais e críticos – gira em torno de um dos quatro conceitos-chave a seguir: retribuição, dissuasão, reabilitação e neutralização. O choque da retribuição – a perda da liberdade – supostamente impede que os condenados, ao serem soltos, cometam o mesmo ato que os mandou para a prisão. No espectro da retribuição, a dissuasão, em princípio, convence pessoas que conseguem se ver em um uniforme de condenado a não fazerem o que poderia resultar na perda da liberdade. A reabilitação propõe que a não-liberdade das prisões fornece uma oportunidade para a aquisição de sobriedade e habilidades de maneira que, ao serem libertos, os ex-encarcerados possam viver longe do crime. E, finalmente, a neutralização – a menos ambiciosa de todas essas teorias – simplesmente calcula que aqueles que estão presos não poderão causar problemas fora da prisão. Essas teorias se relacionam entre si como reformas – não como passos para longe da brutalidade ou da desigualdade, mas como tentativas de fazer as prisões produzirem estabilidade social por meio da aplicação de uma combinação entre cuidado, indiferença, treinamento compulsório e crueldade para as pessoas nas cadeias.

Se o quarto conceito, a neutralização, não é ambicioso no sentido comportamental ou psicológico, é, ironicamente, a teoria que embasa o projeto de construção de prisões mais ambicioso na história mundial. A neutralização não pretende mudar nada nas pessoas, exceto o lugar em que estão. É, portanto, de forma simplista, uma solução geográfica que pretende resolver os problemas sociais ao remover, de forma reiterada e em grande escala, as pessoas de ambientes desordenados e desindustrializados para depositá-las em algum outro lugar.

Mas será que a ausência de liberdade garante, para muitos, a estabilidade na forma de menores taxas de crimes nas comunidades, assim como tribunais e policiais ociosos, para outros? Podemos arriscar um rápido palpite fazendo uma pergunta diferente: as teorias predominantes mudariam e se mesclariam ao longo do tempo, alterando persistentemente as alterações já alteradas, se o resultado fosse a estabilidade? Provavelmente, não. E agora há mais a ser dito sobre o assunto, já que podemos apurar e comparar os resultados. Observando estado por estado, as jurisdições que não construíram muitas prisões, nem lançaram mais pessoas dentro delas, se beneficiaram com maiores quedas na criminalidade do que aquelas onde a neutralização se tornou uma atividade central para o governo. Se olharmos para dentro dos estados, encontramos padrões similares de contrariedades: na Califórnia, os condados que fazem uso ostensivo de sentenças obrigatórias, tal como a – notoriamente severa – lei "*three strikes*", experimentaram fracas reduções no crime se comparados aos condados que fazem uso da lei de forma moderada.

Aqui, devemos fazer uma breve digressão e refletir mais sobre a demografia das prisões, em particular seu domínio exclusivo por pessoas pobres, com ou sem trabalho, muitas das quais não brancas. Posto que nunca foi tão fácil para as pessoas de cor entrarem na prisão (cadeia é uma outra história [Irwin, 1985])[10],

---

10. N.T.: Nesta edição, traduzimos o termo "*prison*" por "prisão" ou "penitenciária", enquanto o termo "*jail*" foi traduzido por "cadeia". "*Prison*" possui um caráter de mais longa duração e, por isso, se refere ao local do cumprimento da pena. Já a "*jail*" tem, em geral, um caráter mais provisório e está relacionado ao período anterior à condenação. Embora, no Brasil, a distinção entre "prisão" e "cadeia" não seja empregada de forma rigorosa na linguagem cotidiana da maioria das pessoas, esse rigor é vivido por aquelas e aqueles que passam pelas instâncias do sistema prisional. Além desses dois termos para os quais a autora chama a atenção, a leitora e o leitor também encontrarão nessa tradução "instalações correcionais comunitárias" [*community corrections facilities*] e "acampamentos prisionais de conservação" [*prison camps*], já referenciados nas notas 7 e 8, respectivamente, e o termo "centro de detenção" [*detention center*], que tem um caráter provisório, de reabilitação (diferente da neutralização

temos que perguntar como o racismo atua para prender tanto elas como as pessoas brancas mais pobres. Em alguma medida, o observador comum, de todas as raças, aprendeu, seja intencional ou inconscientemente, a concluir que as pessoas reais que vão para a prisão são as mesmas que a abolicionista Ruth Morris chamou de os "poucos terríveis". Os "poucos terríveis" são um punhado – estatisticamente insignificante e socialmente imprevisível – de humanos no planeta cujas ações psicopáticas servem de matéria para contos populares, tabloides (incluindo noticiários noturnos e *reality shows*) e legislações emergenciais. Quando se trata de crime e prisões, os "poucos" cuja diferença pode irromper de forma horrorosa servem de equivalentes para os muitos cuja diferença está estampada na superfície da pele, nos documentos, no rosto – cor, credo, cidadania, comunidades, convicções. O pensamento aguçado necessário para fazer tal equivalência é resultado de um terreno muito espinhoso, no qual agressão, violência, dever e ordem se fundem em uma suposta força da "natureza humana" americana (Lutz, 2001). Esse pensamento revela os relacionamentos imaginários que as pessoas têm com os vizinhos – transformados em estranhos – em uma economia política totalmente racializada e estratificada por renda, que continuamente redefine as possibilidades, sem nunca estabelecer limites absolutos, sejam positivos ou negativos.

Com a incômoda questão da diferença em mente, vamos voltar ao problema da desigualdade espacial. Se os lugares que não fazem tanto uso de grades são mais calmos que os lugares que se utilizam do aprisionamento de maneira mais agressiva, por que isso acontece? Por que taxas mais altas de neutralização não produzem mais estabilidade? Acontece que, quando aproximamos nosso olhar e comparamos, vemos que localidades idênticas – em termos de características sociais, culturais e econômicas dos habitantes – divergem ao longo do tempo nas diferentes qualidades do lugar quando um deles experimenta altas taxas de encarceramento de seus residentes. Mais do que isso, para o "ponto

---

proposta nas prisões ou cadeias) e que é destinado, em geral, à população imigrante e/ou juvenil.

de inflexão", quando as coisas começam a ficar realmente ruins, não precisa ir tão a fundo. Basta que dois ou três sejam removidos de X para que se produza *instabilidade* numa comunidade de pessoas que, quando empregadas, fazem, movem e tomam conta das coisas (Clear et al., 2001; Rose e Clear, 2002). Por quê? Por uma razão: as famílias se alternam entre o bairro, a ala de visitas e o tribunal, com a consequente redução dos recursos financeiros e emocionais (Comfort, 2002). Se se olha para as casas de um bairro, pesquisas mostram que o crescente uso do policiamento e a maior intromissão do estado nos problemas cotidianos aceleram a morte das relações costumeiramente informais das quais a calma social depende (Clear et al., 2001). As pessoas param de cuidar umas das outras e param de conversar sobre as coisas que têm importância para o bem-estar da vizinhança. As celas induzem ou pioram as doenças mentais dos prisioneiros (Haney, 2001; Kuper, 1999), muitos dos quais acabam saindo para as ruas sem ocupação alguma. As leis (como as que banem perpetuamente ex-presidiários do acesso aos auxílios financeiros) e as restrições fiscais, que deslocam o dinheiro do investimento social para a despesa social (O'Connor, 1977), deixam os ex-presidiários de fora da educação, emprego, habitação e muitas outras instituições estabilizadoras da vida cotidiana. Em lugares tão inóspitos, todo mundo se isola. E quando algo perturbador, confuso ou indesejável acontece, as pessoas ligam para a polícia. Como resultado, os índices de criminalidade sobem, junto com a infelicidade, e aqueles que têm condições de sair vão em busca de um ambiente melhor, deixando infelicidade por onde passam. Em outras palavras, as prisões exaurem os lugares ao exaurirem as pessoas, independentemente de terem ou não cumprido pena (Mauer e Chesney-Lind, 2002).

Este livro investiga como as prisões se tornaram uma solução de grande escala na Califórnia do final do século XX, em parte ao olhar para o problema através de duas lentes pouco habituais. Ele investiga qual é a relação entre a reestruturação político-econômica do urbano e do rural, e como os gastos sociais urbanos se ajustam à paisagem rural. Investiga também o que acontece quando as pessoas voltam a falar umas com as outras nos bairros urbanos de onde os prisioneiros vêm.

Explicações dominantes e contraexplicações para o crescimento prisional

Em seu formato mais breve, a explicação dominante para o crescimento prisional é assim: aumentou o crime; nós reprimimos; o crime diminuiu.

Isso é verdade?

A mídia, os funcionários do governo e os conselheiros de políticas públicas referem-se, vez após outra, à "preocupação da população" com o crime e vinculam o crescimento prisional ao desejo da população por ordem social. Nessa explicação, o que é fundamental não é a definição que o estado faz do crime em si, mas o fato de a sociedade condenar um comportamento desviante e descontrolado – portanto, um pânico moral, e não (necessariamente) uma questão legal. A projeção do crime à posição número um das ansiedades públicas, mesmo quando o desemprego e a inflação trouxeram maiores preocupações nas recessões do início dos anos 1980 e dos 1990, sugere que a inquietação com o desvio social encobriu outras questões que eram possivelmente mais imediatas.

No entanto, quando as grandes batidas policiais começaram, o crime já tinha começado a diminuir. A grande mídia divulgou amplamente os resultados das estatísticas coletadas e publicadas anualmente pelo FBI, pelo Escritório de Estatísticas da Justiça [*Bureau of Justice Statistics* – BJS] e pelo procurador-geral do estado. Em outras palavras, se a população realmente demandava a redução do crime, ela já estava recebendo o que queria. Os funcionários do governo californiano poderiam ter ficado com os créditos da redução das taxas criminais mesmo sem produzir as mais de 140.000 novas vagas nas prisões (mais de um milhão nacionalmente).

Uma outra explicação para o rápido crescimento da população prisional é a epidemia de drogas e a suposta ameaça à segurança pública representada pelo comércio e uso desenfreado de substâncias ilícitas. Informações sobre os presos que receberam pena com tempo máximo de prisão parecem corroborar com a explicação das drogas: o encarceramento por drogas nos sistemas prisionais do governo federal e do estado cresceu 975% entre 1982 e 1999. Por isso, é razoável concluir que o amplo uso de drogas no final da década de 1970 e início da década de 1980 provocou a expansão prisional. De acordo com esse cenário – tal como deixaram bastante evidentes as histórias nos noticiários, os programas sensacionalistas da televisão, filmes e músicas populares e as anedotas dos políticos –, as comunidades, especialmente as comunidades pobres de cor, seriam mais profundamente dizimadas pelo vício, pelo tráfico de drogas e pela violência das gangues caso não houvesse a força de contenção das prisões. A explicação baseia-se em duas suposições: primeiro, que o uso de drogas explodiu nos anos 1980; e segundo, que a organização, por vezes violenta, dos bairros em porções do território dominadas por gangues foi realizada com o objetivo de garantir os mercados de drogas.

Na verdade, de acordo com o BJS, o uso de drogas ilegais entre todos os tipos de pessoas, e por todo os Estados Unidos, caiu vertiginosamente a partir da segunda metade da década de 1970 (Tonry, 1995). Além disso, embora o tráfico em larga escala de mercadorias legais ou ilegais exija sistemas de distribuição altamente organizados – seja de empresas ou de gangues (Winslow, 1999) –, nem todas as gangues estão envolvidas no tráfico de drogas. Por exemplo, de acordo com Mike Davis (2009), no final dos anos 1980 em Los Angeles, apesar de dispor de penas mais rígidas para membros de gangues, os promotores acusaram apenas um em cada quatro traficantes como pertencentes a elas – não obstante a mídia relatasse o contrário.

Uma terceira explicação culpa as mudanças estruturais nas oportunidades de emprego; essas mudanças lançaram um grande número de pessoas ao desafio de encontrar novas fontes de renda, e muitas recorreram ao que um comentarista chamou de prerrogativas ilegais. De acordo com essa visão, aqueles que cometem crimes contra o patrimônio – juntamente aos que comercializam substâncias ilegais – são responsáveis por uma porção substancial do amplo crescimento da população prisional. Os dados sobre crimes com pena máxima de prisão [*controlling offense*] relacionados aos novos presidiários embasam a explicação a respeito do complemento de renda: a porcentagem de pessoas nas prisões por crimes contra o patrimônio mais que dobrou desde 1982. Mas, simultaneamente, as ocorrências desse mesmo tipo de crime atingiram o pico em 1980; na verdade, foi a queda nos crimes contra o patrimônio que pressionou a taxa geral de crimes para baixo.

Durante o *boom* econômico dos anos 1990, a mídia eletrônica e impressa colocou mais uma vez nas manchetes os relatórios federais anuais sobre as quedas de longo prazo no crime (caindo desde 1980), e tanto os funcionários eleitos do governo quanto os nomeados para os cargos tomaram para si os créditos das estatísticas. Nesse contexto, a explicação para a lotação das prisões centra-se no notável arranjo de sentenças obrigatórias mais rígidas, agora distribuídas entre uma gama maior de comportamentos que costumavam ser – quando eram – punidos de outras formas. Essa explicação – conectada, mas diferente da explicação do pânico moral – sugere que, embora o desvio social possa, afinal, não ter explodido, a intolerância agressiva paga consideráveis dividendos políticos. A explicação de que foram os novos tipos de sentenças – ou seja, as ações coordenadas de legisladores, e não a crise nas ruas, que produziram o crescimento das prisões surge após o fato e levanta a questão: por que prisões agora?

De fato, o conjunto das explicações anteriores, e suas fraquezas ocultas, sugere que a relação simples entre "crime" e "repressão" que introduziu essa sessão deva ser ajustada com o objetivo de aumentar sua precisão histórica. A ideia da explicação dominante seria mais apropriadamente posta assim: "aumentou o crime; o crime diminuiu; nós reprimimos". Se a ordem é diferente, é porque suas causas também são. Aqui, evidentemente, é onde as explicações alternativas predominantes entram. Essas visões, como as histórias oficiais, não são mutuamente excludentes.

Um conjunto-chave de argumentos responsabiliza a limpeza racial: as prisões crescem a fim de se livrar das pessoas de cor, especialmente homens jovens negros, cumprindo esse objetivo por meio de novas legislações, padrões de policiamento e acusação seletiva (veja, para exemplos, Miller, 1996; Mauer, 1999; Goldberg, 2002). Os analistas provam suas afirmações usando duas décadas de estatísticas que mostram as "disparidades raciais" nos fatos nus e crus da expansão prisional – substanciais para os brancos e muito além do esperado para quase todos os outros. Não há dúvidas sobre qual é a experiência acumulada. Mas, por que agora? Entre muitos que responsabilizam o racismo, o senso comum (um produto da mistura entre a Décima Terceira Emenda [*Thirteenth Amendment*][11] e evidências frágeis) argumenta que a prisão constitui a nova escravidão e que os milhões dentro das grades estão lá para prover trabalhadores baratos às corporações que buscam reduzir os custos de produção nos Estados Unidos.

O problema com esse argumento da "nova escravidão" é que pouquíssimos prisioneiros trabalham para alguém enquanto estão presos. Relembremos, a finalidade mais comumente aceita

11. N.T.: A Décima Terceira Emenda à Constituição dos Estados Unidos aboliu, em 1865 – no mesmo ano em que se pôs fim à Guerra Civil Americana (como ficou conhecida) –, a escravidão e os trabalhos forçados. Estes, porém, mantiveram-se em uma ocasião apenas, deixando exposta na letra da lei uma contradição histórica, retomada aqui pelos argumentos de Gilmore. O texto original da Décima Terceira Emenda afirma que: "Não haverá, dentro dos Estados Unidos ou em qualquer lugar sujeito à sua jurisdição, nem escravidão nem servidão involuntária, exceto como punição por um crime pelo qual o réu tenha sido devidamente condenado" [*Neither slavery nor involuntary servitude, except as a punishment for crime whereof the party shall have been duly convicted, shall exist within the United States, or any place subject to their jurisdiction*].

para as prisões foi a *neutralização*: uma teoria imobilizadora, se é que algum dia houve alguma. Certamente já houve tempo suficiente para que entidades públicas e privadas trabalhassem nas logísticas de exploração do trabalho dos encarcerados, e praticamente todos os estados, incluindo a Califórnia, têm uma lei demandando o trabalho dos prisioneiros. Mas o fato de que a maioria dos prisioneiros é ociosa, e que aqueles que trabalham o fazem para órgãos públicos, enfraquece a visão de que a atual expansão dos presídios é uma história ampliada do Alabama do século XIX (A. Lichtenstein, 1996; B. M. Wilson, 2000a). A principal razão que faz o interesse privado falhar em explorar o trabalho do presidiário parece ser a seguinte: grandes empresas podem arcar com os custos de estabelecer áreas de trabalho satélites (o que uma instalação de produção dentro de uma prisão significaria), enquanto as pequenas não podem. Estas, assim, disputam com as grandes empresas que têm acesso injusto à força de trabalho barata e também com as indústrias penitenciárias de propriedade e operação públicas (tal como o sistema federal chamado UNICOR[12]) que, devido aos baixos salários (que não é o mesmo que baixos custos do trabalho), competem injustamente nos mercados vendendo bens que pessoas de baixa escolaridade podem produzir.

Duas outras contraexplicações focam na busca por lucros. A primeira enfatiza a privatização das funções públicas. Embora o número absoluto de prisões privadas tenha realmente crescido, o fato é que 95% de todas as prisões e cadeias são de propriedade e operação públicas. Portanto, o argumento de que mais pessoas estão na prisão por causa dos esforços lobistas de empresas privadas do ramo prisional não se sustenta perante um exame minucioso. As empresas não são insignificantes, especialmente em algumas jurisdições, mas tampouco são a força motora. Apesar

12. N.T.: UNICOR é um sistema de indústrias que faz parte do Programa Federal de Indústrias Prisionais [*Federal Prison Industries Program*], fundado pelo presidente Franklin D. Roosevelt em 1934, com instalações em mais da metade dos estados do país e com o objetivo declarado de se utilizar da força de trabalho dos internos como forma de facilitar-lhes a futura reinserção na sociedade.

do pretenso incentivo dos analistas de mercado, as empresas privadas do setor prisional estão sempre à beira do colapso (Greene, 2001; Mattera e Kahn, 2001), enquanto os sindicatos do setor público lutam contra a perda de empregos com bons salários e benefícios. A última explicação centrada no lucro concentra-se, de forma mais geral, no potencial de se extrair o dinheiro excedente das prisões (Dyer, 1999). Resta saber como essas mudanças entraram em vigor, dado o emaranhado de leis e normas que direcionam o uso do capital para investimentos públicos. Em outras palavras, o que significa o fato de o mundo ter se tornado capitalista há uma década e meia (veja, por exemplo, Parenti, 1999)? E quais são as condições sob as quais outras possibilidades podem se desdobrar? Em particular, como o papel do estado mudou – nos vários níveis, desde a máquina de crescimento urbano à máquina de distribuição federal – na tentativa de produzir estabilidade e crescimento na economia política geral, especialmente se a equidade não está mais na agenda?

A discussão anterior nos conduz à terceira visão, que sustenta que há mais pessoas nas prisões para que "o estado" possa ajudar as áreas rurais sedentas por empregos; nessa explicação da expansão prisional, prisioneiros de cor presumidamente fornecem oportunidades de empregos para guardas prisionais brancos. Não há dúvidas de que os Estados Unidos rural estão mergulhados numa depressão que começou há décadas. Nos anos 1980 e início dos anos 1990, um amontoado de artigos acadêmicos e comerciais (por exemplo, Carlson, 1988, 1992; Sechrest, 1992; Shichor, 1992) promoveu o discurso do desenvolvimento local e aconselhou agências penitenciárias e influenciadores civis a afastar o medo e, assim, desarmar a atitude NIMBY[13]. Esse esforço aumentou a suspeita de que a expansão prisional é a manifestação concreta da competição e do conflito entre o urbano

13. N.T.: NIMBY, abreviação para *"not in my back yard"* [não em meu quintal], é uma expressão usada para descrever discordância com a construção de grandes obras com potencial impacto negativo para os habitantes do seu entorno, como aeroportos, estradas, prisões, aterros sanitários etc.

e o rural. No entanto, sabemos como os benefícios fiscais para as cidades prisionais são difíceis (ou impossíveis) de implantar (Hooks et al., 2004; Farrigan e Glassmeier, 2002; R. W. Gilmore, 1998; Huling, 2002; King et al., 2003). Mas onde estão as novas prisões? As comunidades que as recebem e os locais de onde vêm os prisioneiros são tão diferentes entre si? E as semelhanças demográficas entre os empregados e os próprios prisioneiros? Na verdade, antes de tudo, quais relações já existentes tornam uma cidade elegível para, ou vulnerável a, receber uma prisão? E por que o investimento não fica lá?

Uma quarta contraexplicação nós podemos chamar de escola da reforma. Analistas das mais variadas perspectivas políticas examinaram mais de dois séculos de interconexões entre prisões e reformas legais e perguntaram qual papel diversos ativistas – tais como liberais benevolentes ou mulheres que lutam contra violência doméstica e sexual – desempenharam, primeiramente, normalizando a prisão e, em seguida, permitindo seu uso sempre crescente como um remédio universal para os direitos frustrados dos prisioneiros e das pessoas livres prejudicadas (veja, por exemplo, Gottschalk, 2002; A. Davis, 2018; Critical Resistance – INCITE, 2002). Essa visão exige consideração de como as identidades políticas definidas pela injustiça (Brown, 1994) e pela ordem derivada da punição (Garland, 1990, 2008) moldam as normas e práticas do estado. Através da interação formal com o estado (como mulher, estudante, cidadão, imigrante, aposentado, trabalhador, proprietário e assim por diante) as pessoas desenvolvem e modulam suas expectativas sobre o que o estado deve fazer. E esses entendimentos – promovidos ou rechaçados pela mídia, intelectuais e outros – guiam como, e sob quais condições, os ajustes sociais devem se constituir. O estado constrói coisas, mas é também um resultado daquilo que é construído e destruído – da constante criação e destruição de coisas como escolas, hospitais, museus de arte, armas nucleares e prisões. Esses problemas nos levam de volta à questão de por que o estado muda. Como entendemos tal mudança através do desenvolvimento ou da revisão das instituições governamentais? Antes de concluir essa introdução do problema, vamos dar uma rápida olhada para um momento histórico chave do século XX: 1968.

Olhando para trás para olhar para frente

A breve revisão anterior das contraexplicações sobre o crescimento prisional não leva em conta a ordem das coisas: aumentou o crime; o crime diminuiu; nós reprimimos. Mas, é claro, como todas as explicações sugerem, algo grande – que os apoiadores do "crime é o problema; prisão é a solução" poderiam estar envolvidos – direcionou a ação. Uma conspiração? Provavelmente não. Algo sistêmico? Sem dúvidas. Todos os elementos estão aqui. Olhemos por um momento para o ano de 1968, simbolicamente *o ano* da revolução e contrarrevolução, a fim de ampliar a visão que se tem do quadro.

Mil novecentos e sessenta e oito foi um ano turbulento, em que revolucionários ao redor do mundo causaram tantos problemas quanto puderam, no maior número de lugares possível. Um conjunto de comunidades de resistência conectou suas lutas de forma consciente. A crescente oposição à guerra dos EUA no Vietnã e no sudeste asiático se uniu às forças do anticolonialismo e do *antiapartheid* em escala global; e muitos encontraram no *Black Power* [poder negro] um fortalecimento cativante dos vínculos históricos entre a libertação do "Primeiro" e do "Terceiro" mundo, não muito diferente da forma como as pessoas hoje tentam dar sentido à antiglobalização quando olham para os Zapatistas em Chiapas (veja, por exemplo, Katzenberger, 1995). Estudantes e trabalhadores, da Cidade do México a Paris, construíram e defenderam barricadas, pararam as fábricas e abandonaram os campos de batalha. Quanto mais o ativismo antirracista nos Estados Unidos adquiriu, em seu dia a dia, as características da militância da solidariedade internacional e do anticapitalismo, mais veementemente o estado respondeu, como disse Allen Feldman (1991), "individualizando a desordem" em instâncias singulares de criminalidade.

Os anos de 1967 e 1968 também marcaram o fim do longo período de crescimento anual do lucro, sinalizando o encerramento da era de ouro do capitalismo nos Estados Unidos. A era de ouro tinha começado trinta anos antes, quando Washington iniciou a preparação massiva para a Segunda Guerra Mundial. A autoridade fiscal e as estruturas organizacionais que tinham sido desenhadas para as agências do estado de bem-estar social do New Deal forneceram o modelo para a cuidadosa transformação pela qual o Pentágono passou (Gregory Hooks, 1991). Ele deixou de ser um Departamento de Guerra, que de tempos em tempos se contrai ou se expande, para se tornar a maior e mais custosa burocracia do governo federal. Os Estados Unidos comprometeram, a partir daí, enormes recursos para o primeiro aparato de guerra permanente da beligerante história do país.

A riqueza produzida a partir dos gastos de guerra teve os seguintes efeitos: ajudou a inserir o vasto interior do país (o sul e o oeste) dentro da economia nacional ao mover para essas regiões uma enorme quantidade de projetos de desenvolvimento e de construções financiadas pelo governo, bem como pessoas para a realização dos trabalhos (com a Califórnia ganhando a maior parte) (Schulman, 1994). A riqueza também sustentou as mais variadas agências de bem-estar que tomaram forma durante a Grande Depressão, mas que não tinham se tornado verdadeiramente funcionais até o fim da Segunda Guerra Mundial. (Gregory Hooks, 1991). Na verdade, o estado de bem-estar social dos Estados Unidos foi apelidado de "keynesianismo militar" – um nome impronunciável, mas algo bom de se saber – para denotar a centralidade da máquina de guerra para a segurança socioeconômica. No *front* doméstico, enquanto os trabalhadores conquistavam oportunidades de avanço e proteções razoáveis contra as calamidades, a militância operária foi esmagada e as hierarquias dos Estados Unidos alcançaram uma nova relevância estrutural. As hierarquias mapearam a organização dos mercados de trabalho e o controle socioespacial da riqueza. Assim, pessoas brancas se saíram bem se comparadas às pessoas de cor, muitas das quais foram deliberadamente – embora de forma ardilosa – excluídas da legislação original; os homens recebiam automaticamente o que as mulheres tinham que solicitar individualmente; os trabalhadores industriais urbanos asseguraram salários limitados e os direitos de negociação foram negados aos trabalhadores agrícolas e trabalhadores domésticos do campo.

Esse rápido olhar para os alicerces em ruínas da velha ordem, que deu lugar à possibilidade do crescimento espantoso das prisões, levanta os tópicos urgentes que esse livro aborda: dinheiro, renda, emprego, raça e etnia, gênero, legislação, agências estatais e políticas públicas que as impulsionam a agir, comunidades rurais, bairros urbanos, desenvolvimento desigual, migração e globalização, esperança e desespero. A superestrutura político-econômica de hoje está baseada nas falhas radicais e nos sucessos contrarrevolucionários do período anterior, tal como exemplificado pelo antagonismo entre insurgentes e contrainsurgentes em 1968.

Como usar este livro

Como e por que, portanto, a Califórnia realizou o maior projeto de construção de prisões da história do planeta? Na minha visão, as prisões são soluções geográficas parciais para as crises econômica e política, organizadas por um estado que se encontra ele próprio em crise. Crise significa instabilidade que só pode ser corrigida através de medidas radicais, incluindo o desenvolvimento de novas relações e de novas ou renovadas instituições a partir do que já existe. Como veremos, a instabilidade que caracterizou o fim da era de ouro do capitalismo estadunidense fornece uma pista. Nas páginas seguintes, investigaremos como certos tipos de pessoas, terras, capitais e capacidades do estado tornaram-se ociosos (excedentes); o que aconteceu e por que os resultados são logicamente explicáveis, embora não fossem, de maneira alguma, inevitáveis.

Algumas palavras sobre o ativismo acadêmico antes de dar início à nossa história. Felizmente, o Conselho de Pesquisa em Ciência Social [*Social Science Research Council*] se interessou pelo ativismo acadêmico e pelo que ele faz, e parte do nosso grupo está escrevendo um livro sobre o assunto. Aos leitores e leitoras do presente livro, o ponto central é esse: as perguntas e as análises que guiam este livro vêm do trabalho com o qual nós nos deparamos no ativismo cotidiano, "nas bases". No entanto, a direção da pesquisa não segue necessariamente todas as pistas propostas pelo trabalho de base, nem mesmo os resultados necessariamente reforçam as fortes intuições dos ativistas comunitários sobre como o mundo funciona. Ao contrário, na pesquisa acadêmica, as respostas só são boas quando levam a outras perguntas, enquanto para os ativistas as boas respostas são aquelas que tornam possíveis suas táticas. O lugar onde o estudo acadêmico e o ativismo coincidem é na tomada de decisões sobre o que vem a seguir. À medida que este projeto cresceu de uma modesta investigação para um trabalho de uma década de vida, também cresceu a necessidade de encontrar um guia para a ação.

Nós simultaneamente produzimos os lugares, as coisas e a nós mesmos, embora não sob condições da nossa própria escolha. Os problemas, assim, também são oportunidades. O mundo não funciona de acordo com a oposição analiticamente indefensável que pressupõe que a "agência" é um atributo exclusivo, embora pouco utilizado, dos oprimidos em seu confronto infindável com as forças da "estrutura". Em vez disso, se a agência é a habilidade humana de criar oportunidade a partir dos recursos da vida cotidiana, então a agência e a estrutura são produtos um do outro. Sem sua interação mútua, não haveria drama, dinâmica ou história para contar. Atores em todos os tipos de situações (fazendas, bairros, órgãos governamentais, economias colapsadas, eleições duras) estão lutando para criar estabilidade a partir da instabilidade. Numa crise, a antiga estrutura não desaparece simplesmente, e toda luta é realizada contra e por dentro das instituições já existentes: política eleitoral, o sistema capitalista internacional, famílias, desenvolvimento desigual, racismo.

Como o exemplo do racismo sugere, as instituições são um conjunto de relações hierárquicas (estruturas) que persistem através do tempo (Martinot, 2003), passando, como vimos no caso das prisões, por reformas periódicas. O racismo, especificamente, é a produção e exploração extralegal ou sancionada, pelo estado, da vulnerabilidade de um grupo específico à morte prematura. Os estados são instituições feitas de sub-instituições que trabalham, frequentemente, com objetivos cruzados, mas que se orientam a partir das plataformas e prioridades predominantes do governo que está na situação. O capital, a riqueza que vem da habilidade de desenvolver um sistema lucrativo, também é uma relação, já que ele poderia não existir caso os trabalhadores não produzissem as mercadorias por menos do que elas são vendidas e caso eles não comprassem as mercadorias para voltar ao trabalho e produzir, circular ou cultivar mais coisas. Enquanto propriedade privada, a terra também é uma relação – para os não proprietários, para outros pedaços de terra, para as hipotecas e para a terra que não é propriedade privada. E o poder do estado para organizar esses vários fatores de produção, ou para permitir a desorganização ou o completo abandono, não é outra coisa senão uma capacidade – o que significa dizer que ele é baseado nas relações que também se alteram de tempos em tempos e que às vezes é desafiado persistentemente, por baixo e por cima, por aqueles cujas opiniões e ações importam, de modo que todo o caráter do estado eventualmente também se altera.

Este livro é sobre grandes mudanças e desfechos possíveis. Ele se detém em muitos pontos diferentes para mostrar como as decisões sobre os excedentes de terra, capital, trabalho e capacidade estatal se cristalizaram nas prisões, e também para sugerir – e nos últimos capítulos para argumentar – como outros possíveis usos de recursos da vida cotidiana poderiam ter sido organizados de outra maneira. É, portanto, um livro para todos os que estão lutando contra os novos e velhos racismos, por salários justos e especialmente pelo salário social (em suma, pelos direitos humanos). A conclusão propõe dez teses para ativistas que buscam criar políticas que construam a capacidade – *the power* [a força] – de impulsionar organizações que buscam mudança social, que são a espinha dorsal dos movimentos sociais (Freire e Horton, 2011).

DOIS **A ECONOMIA POLÍTICA DA CALIFÓRNIA**

Sendo a quinta ou a sexta maior economia do mundo, o produto interno bruto do estado da Califórnia ultrapassou a marca de um trilhão de dólares em 1997, um patamar nominalmente igual ao PIB dos Estados Unidos em 1970. No entanto, a taxa de pobreza desse estado rico e produtivo cresceu nos rankings nacionais, saltando do trigésimo lugar, em 1980, para o décimo quarto, em 2001. A pobreza relativa, que compara as rendas entre os estados, também alcançou mais famílias, levando a Califórnia à companhia de estados historicamente pobres como Lousiana, Novo México, Mississippi, Virgínia Ocidental e Kentucky; como os populosos estados de Nova York e Texas, onde as prisões também se expandiram significativamente; e como o sabidamente desigual Distrito de Colúmbia, que possui tanto a renda *per capita* mais alta como a maior pobreza do país (Reed, 2002). O que aconteceu?

O crescimento

A diversidade da Califórnia sempre foi sua força e seu desafio. Aqueles que construíram as instituições políticas, econômicas e culturais dominantes no estado exploraram recursos e métodos adquiridos local, nacional e internacionalmente. O desenvolvimento da região em impérios metropolitanos e agrícolas demandou força de trabalho extensiva, enormes injeções de capital público e privado, amplas redes de sistemas de transportes de pessoas, água e produtos, e um estado suficientemente poderoso para manter a ordem e promover expansão em um ambiente complexo.

A Califórnia do século XIX experimentou rápidas mudanças no que se refere ao controle da população e da terra. A transição após a vitória dos Estados Unidos na guerra travada no México[14]

14. N.T.: A Guerra Estados Unidos-México, que durou de 1846 a 1848, resultou na perda de mais de 2 milhões de km² do então território mexicano (aproximadamente 55% de seu total) para os EUA, abrangendo

promoveu a implementação de impostos estaduais e leis monetárias que permitiram aos anglo-estadunidenses influentes politicamente a obtenção de fazendas mexicanas a baixo custo. Ao mesmo tempo, subsídios financeiros e territoriais do estado e do governo federal garantiram a incorporação da ferrovia da Califórnia ao império dos Estados Unidos, assegurando o acesso de produtos locais aos mercados nacionais e internacionais (Bean, 1973; Pisani, 1984). Esses dois movimentos da propriedade da terra concentraram em relativamente poucas mãos o incentivo e o poder para moldar as trajetórias do desenvolvimento regional. O poder deles, entretanto, não foi absoluto; programas estaduais e federais facilitaram o rápido assentamento dos anglo-estadunidenses no imenso estado por meio do incentivo a terras baratas – ou mesmo gratuitas –, e os pioneiros enfrentaram o grande capital em batalhas políticas e armadas (Caughey, 1940; Bean, 1973), sendo vencedor o grande capital sempre que não se dividia internamente (McWilliams, 1946; Pisani, 1984).

Nem todo mundo que imigrou era pioneiro, e nem todos eram trabalhadores – imigrantes ou nascidos – de origem europeia. A força de trabalho da Califórnia sempre foi diversa (Saxton, 1971; Bean, 1973; Almaguer, 1994). Mulheres e homens asiáticos, mexicanos, africanos e anglo-saxões vieram por conta própria ou foram recrutados ou coagidos a minerar ouro, construir ferrovias e a executar o trabalho industrial, artesanal, agrícola e de serviços (Bean, 1973). Como geralmente é o caso nos Estados Unidos, as diferenças entre os trabalhadores – forjadas a partir da raça, etnia, cidadania, gênero e localidade – estruturaram e foram estruturadas pelos mercados de trabalho (Caughey, 1940; Saxton, 1971; Barrera, 1979; Almaguer, 1994).

A Califórnia conferiu uma forma particular a essas estruturas. Sendo ao mesmo tempo colonizadores dos Estados Unidos nos territórios anteriormente pertencentes ao México e administradores

---

um espaço que hoje compreende os estados da Califórnia, Texas, Nevada, Utah, Arizona e Novo México, além de partes do Colorado, Kansas, Wyoming e Oklahoma.

de um novo estado da União[15], os anglo-estadunidenses que estavam no controle organizaram o trabalho e as classes proprietárias de acordo com as hierarquias existentes entre negros e brancos, europeus e não europeus, protestantes e católicos (Saxton, 1971; Almaguer, 1994). Por meio de decretos legislativos e práticas institucionais, grupos poderosos do estado, do capital e do trabalho manipularam as características singulares da população para estabelecer uma "mudança com permanências" (Jones, 1967) e designar quais seriam os membros, servos e inimigos (Saxton, 1971) da emergente "*Herrenvolk* republic"[16] (Saxton, 1990). A extensão e a definição da Califórnia enquanto estado racial normativo dos Estados Unidos (Omi e Winant, 1986) também serviu para sancionar o genocídio como a solução final para o problema da conquista das cobiçadas terras dos povos indígenas (Caughey, 1940; Stannard, 1992).

A Califórnia do século XIX desenvolveu um proletariado agrícola e industrial muito rapidamente. Além da despossessão gradual de mexicanos e de pioneiros anglo-estadunidenses cuja produção agrícola se mostrou insolvente, muitos trabalhadores tornados ociosos pelo esgotamento das minas de ouro e pela conclusão das ferrovias não tiveram outra opção senão procurar por empregos assalariados nas fábricas e nos campos (Daniel, 1981; Jacqueline Jones, 1992). A organização trabalhista teve diferentes taxas de sucesso no estado. As vitórias dos trabalhadores brancos na área da baía de São Francisco – muitos dos

15. N.T.: "União", neste caso, refere-se aos vinte e três estados do Norte que se opuseram, durante a Guerra Civil Americana (1861–1865), à Confederação, esta formada pelos estados escravistas e separatistas do Sul. O território onde hoje está o estado da Califórnia, que havia sido recém anexado aos Estados Unidos após a guerra com o México, fez parte da União.

16. N.T.: Do alemão "república da raça superior" ou "república etnocrática", o termo "*Herrenvolk republic*" refere-se a um sistema no qual apenas o grupo de maioria étnica participa do governo. A ideia, bastante disseminada nos Estados Unidos do século XIX, colocava os negros numa posição ainda pior que a de não cidadãos. Eles eram considerados anticidadãos e, consequentemente, uma ameaça à independência republicana e à liberdade branca.

quais eram veteranos de lutas radicais em outros lugares – foram compensadas por derrotas generalizadas de todos os trabalhadores em Los Angeles e nos condados agrícolas do interior. O capital venceu nos tribunais (McWilliams, 1946; Bean, 1973; cf. Forbath, 1991) e no terror vigilante sancionado pelo estado (Bean, 1973; McWilliams, [1939] 1969). O anticapitalista e supremacista branco Partido dos Trabalhadores [*Workingmen's Party*] da Califórnia, que surgiu repentinamente das contendas econômicas dos anos 1870, deixou como seu principal legado a Lei Federal de 1882, que excluía a imigração chinesa (Caughey, 1940; Saxton, 1971; Bean, 1973). Uma ampla força de trabalho, embora bastante desorganizada e segregada, formou as bases para o rápido crescimento do estado no século seguinte.

Além da força de trabalho, o desenvolvimento metropolitano e agrícola exigiu grande disponibilidade de água e, assim, já na virada para o século XX, os projetos financiados pelos cofres estaduais e federais transformaram a terra relativamente árida em parcelas aptas à expansão residencial e de fazendas (El-Ashry e Gibbons, 1988; Pisani, 1984; Gottlieb, 1988; Hundley, 1992). Uma vez que a água do estado era vendida a baixo custo para quase todos os consumidores agrícolas, aqueles com grandes propriedades puderam explorar economias de escala para obter capital para melhorias, pagar os altos custos do transporte cobrados pelos monopólios ferroviários (Preston, 1981; Reisner, 1986; Howitt e Moore, 1994) e contratar trabalho barato em grandes quantidades para trabalhar nas lavouras (Daniel, 1981).

Bens de fabricação urbana, como carros, pneus, aço, aeronaves e navios, juntaram-se ao petróleo e às *commodities* agrícolas – algodão, frutas, vegetais, laticínios, madeira, cimento – na cesta de produtos, a cada ano maior, da Califórnia. O estado continuou fomentando o crescimento ao fornecer subsídios industriais diretos (para a aviação em Los Angeles, por exemplo [Lotchin, 1992; Oden et al., 1996]) e instalações infraestruturais em setores-chave – como portos e estradas – que estimularam a demanda e possibilitaram o transporte (Bean, 1973). Blocos de poder também planejaram mandatos municipais e intergovernamentais, pactos residenciais restritivos e outras ferramentas para manter a crescente riqueza do estado ao alcance de alguns e fora do alcance de outros (Mike Davis, 2009; Weber, 1994; Oden et al., 1996). O sistema não era estático, mas, em grande parte da história do estado, era bastante estável. Ao organizar-se política e economicamente em circuitos espaciais e sociais, californianos brancos nascidos nos Estados Unidos garantiram as condições por meio das quais puderam reproduzir sua supremacia – senão individual, ao menos coletiva.

A Grande Depressão ameaçou o avanço do estado racial capitalista. As enormes realocações do capital e do trabalho deste período atingiram severamente a política e a economia da Califórnia (Bean, 1973). Isso fez aumentar os antagonismos naturais entre capital e trabalho, criando avanços na causa trabalhista a partir das lutas nos campos e nas cidades (Bulosan, 1943; McWilliams, 1946; Bean, 1973; Mike Davis, 2009; Weber, 1994; Walker, 1995; Don Michell, 1996). Nas cidades, ativistas radicais e do Congresso das Organizações Industriais [*Congress of Industrial Organizations* – CIO][17] organizaram grandes mobilizações que culminaram na greve geral de San Francisco/Costa Oeste, de maio a julho de 1934 (Caughey, 1940; Dowd, 1997). No campo, filipinos, mexicanos e outros trabalhadores rurais migrantes se juntaram aos comunistas e ao CIO para organizar algumas das maiores e mais sangrentas batalhas trabalhistas agrícolas da história dos Estados Unidos (Bulosan, 1943; Daniel, 1981; Weber, 1994; Don Mitchell, 1996). Enquanto os capitalistas comprometidos com as lutas urbanas evocavam o "comunismo" (Dowd, 1997), na guerra de classes rural, a raça era o bicho-papão (Weber, 1994; Don Mitchell, 1996; Woods, 1998).[18] Relações complexas entre trabalhadores filipinos, mexicanos/chicanos, africanos, chineses e japoneses,

17. N.T.: O CIO foi uma federação que organizou trabalhadores de sindicatos industriais nos Estados Unidos e no Canadá, de 1935 a 1955. O CIO apoiava Franklin D. Roosevelt e as políticas que envolveram o New Deal. Além disso, era aberto aos afro-estadunidenses.

18. A distinção feita aqui representa tendências, e não diferenças absolutas.

e entre empreiteiros e seus empregadores, em sua maioria anglo-estadunidenses, alcançaram um novo patamar quando ondas de *okies*[19] inundaram o estado no período final da recessão, levando a conflitos de status e de classe entre os próprios anglo-estadunidenses (Bulosan, 1943; Morgan, 1992; Weber, 1994). A campanha para governador de Upton Sinclair em 1934, com o *slogan* Pelo Fim da Pobreza na Califórnia [*End Poverty in California* – EPIC], ganhou 38% dos votos, mas perdeu para o governador republicano Frank Merriam – um político insignificante que herdara a administração. No fim das contas, em sintonia com os programas federais, as estratégias reformistas de progressistas e adeptos do New Deal desarticularam as lutas urbanas (Linda Gordon, 1994; Faue, 1990) e enfraqueceram as rurais (Weber, 1994; Don Mitchell, 1996). Mas foi uma guerra internacional, mais do que as disputas de classe, que fez a grande diferença no destino da Califórnia.

A "destruição criativa" da Segunda Guerra Mundial tirou as economias nacional e californiana da recessão. A indústria militar do estado era gigantesca. Ela consistiu na conversão de capacidades industriais e em linhas de montagem desenvolvidas especificamente para a produção de materiais de guerra (Lotchin, 1992); em 1940, o governo federal investiu 10% de suas despesas na Califórnia, um estado que representa 7% do território nacional (Bean, 1973). Milhões – incluindo muitas centenas de milhares de afro-estadunidenses – se mudaram para a Califórnia para construir as máquinas de guerra. E, embora os salários do tempo de guerra fossem indexados à raça e ao gênero, a maior parte dos trabalhadores ganhou mais dinheiro do

19. N.T.: O termo *okies* refere-se aos migrantes pobres anglo-estadunidenses originários de Oklahoma e de outros estados próximos (como Texas, Arkansas e Missouri) que haviam sido expulsos de suas terras e, por isso, se deslocaram para grandes fazendas monocultoras na Califórnia, onde se estabeleceram em condições precárias de vida e trabalho. Esse processo de despossessão dos trabalhadores do campo, de formação da propriedade privada no meio-oeste e das condições precárias do migrante estadunidense pode ser conferido no filme *As Vinhas da Ira*, de John Ford, baseado no livro homônimo do escritor John Steinbeck.

que jamais sonhou. Esse período próspero (1938–1945) alterou a demografia do estado e, mais particularmente, a estrutura racial das cidades, já que proprietários negros estabeleceram comunidades em San Francisco, Oakland, Berkeley, Richmond e Los Angeles (Bean, 1973; Scott e Soja, 1996).

Ainda que a guerra tenha gerado um período de luta da militância antirracista nacional (C. L. R. James, 1980), a organização social para a produção da guerra – especialmente a segregação racial das forças armadas e a despossessão e custódia militar dos nipo-estadunidenses (em sua maioria californianos) da costa oeste – preservou a supremacia branca. No período do pós-guerra, a revogação da lei da segregação escolar (1946) e a declaração de que contratos restritivos para imóveis eram inconstitucionais (1948) provocaram um ativismo pró-*apartheid* de longa duração entre os californianos brancos. Seus esforços políticos culminaram numa emenda constitucional estadual, organizada pela associação dos corretores de imóveis e aprovada por dois terços do eleitorado, que garantiu o direito de proprietários de casas e de outros imóveis de recusar a venda a qualquer pessoa, por qualquer razão (Bean, 1973).[20] Portanto, enquanto algumas mudanças nacionais forjadas pela guerra tiveram efeitos duradouros na economia política e social do estado, outras se provaram ilusórias, ao menos no curto prazo.

Junto aos ganhos sociais fictícios, os lucros do período pareciam estar em risco de evaporar logo após o fim da guerra; contudo, grupos poderosos do setor público e privado atrelaram o futuro econômico do estado ao florescente complexo militar-industrial e se tornaram importantes atores no movimento centrado em torno do Pentágono para a manutenção de uma estrutura militar expansiva de prevenção na era do pós-guerra (Markusen et al., 1991; Gregory Hooks, 1991). Em sua maioria, os fabricantes dos "centros industriais" converteram a capacidade da indústria de guerra para a produção de bens de consumo e de produção (Markusen e Yudken, 1992). Mas na

20. Em 1967, a Suprema Corte dos Estados Unidos derrubou a lei. Isso aconteceu muito em razão da eficiência de mercado.

Califórnia, como em todo "o cinturão das armas" (Markusen et al., 1991), a estratégia político-econômica foi buscar um aumento dos investimentos federais na forma de contratos diretos com o Departamento de Defesa [*Department of Defense* – DOD]. De 1958 em diante, a Califórnia, mais do que qualquer outro estado, se utilizou da combinação entre pesquisa e desenvolvimento eletrônico (Saxenian, 1995) e aeroespacial (Markusen e Yudken, 1992) para alcançar o maior montante de dólares em contratos diretos com o Departamento de Defesa (Markusen et al., 1991). Ascendendo com o sul do país durante a Guerra Fria (Schulman, 1994), a Califórnia desenvolveu grandes distritos militares-industriais, fortemente concentrados nos condados de Santa Clara ("Vale do Silício") e de Los Angeles (Markusen et al., 1991; Oden et al., 1996; Saxenien, 1995). Assegurada a sua dependência em relação ao setor de defesa, a Califórnia tornou-se o exemplo do "keynesianismo militar" (Turgeon, 1996; Mike Davis, 1986) ou do estado de "bem-estar social por meio da guerra" [*wellfare-warfare*] (O'Connor, 1977; cf. F. J. Cook, 1964).

A massiva injeção de riqueza destinada às inovações eletrônicas e aeronáuticas para a guerra exigiu uma força de trabalho nova e especializada (Markusen e Yudken, 1992; R. W. Gilmore, 1991; Geiger, 1993), o que impulsionou o estado a fazer investimentos gigantescos na infraestrutura educacional. Historicamente, a Califórnia tinha seguido a trajetória nacional do ensino superior. Logo após a promulgação da Lei Federal Morril, de 1862,[21] faculdades de mecânica e de agronomia foram inauguradas a partir da concessão de terras federais. Importantes universidades de pesquisa públicas e privadas, como Stanford e a Universidade da Califórnia, desenvolveram-se no final do século XIX em conjunto com a diversificação e consolidação da empresa moderna (Chandler, 1990; Geiger,

21. N.T.: As *Morril Land-Grant Acts* foram leis que permitiram a criação de faculdades baseadas em concessão de terras, conhecidas até hoje como *Land Grand Colleges*. A promulgação da lei data de 1862, já nos trilhos da Guerra Civil Americana.

1985) e da expansão do imperialismo estadunidense. Para produzir, sob as sombras do Sputnik (1958), quadros profissionais, gerenciais e técnicos suficientes para enfrentar os desafios teóricos e práticos que viriam, o estado desenhou um "*master plan*" [plano diretor] sem precedentes para a educação universitária, que garantiu, nos gastos públicos, o acesso ao ensino superior a todos que se formassem no ensino médio (R. W. Gilmore, 1991; Walker, 1995).[22]

Durante a década de 1960, a relativa estabilidade da Califórnia dependeu do entrelaçamento entre o complexo militar e a fabricação de bens de consumo e de produção, a agricultura, as indústrias extrativistas e os altos níveis de consumo (Mike Davis, 1986; Walker, 1995). A população do estado acompanhou o crescimento da economia, dobrando de tamanho entre 1950 e 1970 para mais de 20 milhões de pessoas (Teitz, 1984). O sistema federal de rodovias interestaduais e o Projeto Estadual de Águas [*State Water Project* – SWP][23] permitiram o crescimento

22. Além do ensino gratuito nas faculdades e universidades públicas, o estado também garantiu bolsa de estudos para estudantes carentes matriculados em faculdades e universidades privadas do estado da Califórnia. Nos primeiros quinze anos após o estabelecimento das bolsas de estudo da Califórnia – até o início dos anos 1970 –, elas eram geralmente suficientes para pagar as mensalidades médias de qualquer faculdade independente, e o limite de renda para análise socioeconômica estava estabelecido nos então generosos US$30.000 por ano. O *master plan* "articulou" (uma palavra-chave no ensino superior da Califórnia) currículos de faculdades comunitárias (dois anos), de faculdades estaduais (quatro anos e pós-graduação sem pesquisa) e de universidades (quatro anos e pós-graduação com pesquisa) com a intenção explícita de que os estudantes poderiam passar de um nível a outro até que alcançassem seus objetivos educacionais definitivos. Esse plano diminuiu as barreiras tradicionais de classe, gênero e, em menor grau, também de raça, já que as comunidades universitárias deixaram de ser becos sem saída para se tornarem portões de entrada. E o incentivo financeiro encorajou o setor independente a procurar por alunos no vasto e profundo grupo dos candidatos em potencial (R. W. Gilmore, 1991).

23. N.T.: O SWP é a instância de gerenciamento do uso das águas do estado da Califórnia e fica sob a supervisão do Departamento de Recursos Hídricos da Califórnia.

extensivo e intensivo dos setores residencial e comercial. Pessoas e empresas puderam se espalhar para cada vez mais longe graças às excelentes estradas. A garantia de água para o século seguinte facilitou o avanço da construção de forma incrivelmente densa nas terras semiáridas da Grande Los Angeles e serviu também para subsidiar a agricultura do Vale Central por meio da venda do excedente de águas do SWP aos produtores a preços baixos (Reisner, 1986).

Política e numericamente, os anglo-estadunidenses seguiram controlando o estado. Entretanto, oportunidades de avanço, abertas a todos os californianos por meio de mandatos federais que foram o resultado da luta antirracista, levaram à construção de novas formações políticas. Grupos que se opunham à desigualdade utilizaram-se dos *campi* universitários e das unidades das forças armadas não segregadas como locais de promoção das causas e de formação de alianças que se diferenciavam – ainda que muitas vezes fossem complementares – das mobilizações de base trabalhista e de bairro; por esses meios, os ativistas renovaram as possibilidades em coalizões radicais de base mais amplas que não tinham tido evidência desde as greves urbanas e rurais dos anos 1930 (R. W. Gilmore, 1991, 1993b).

As razões para o ativismo centraram-se no alcance desigual das "reformas nacionais e [...] da produtividade sustentada pelo poder de compra da população em geral" (Mike Davis, 1986, p. 181) do período. Em outras palavras, uma característica central do keynesianismo militar reorganizou apenas parcialmente as estruturas do estado racial. Desigualdade econômica é um problema político. Os afro-estadunidenses que tinham migrado do sul e do leste dos Estados Unidos por uma vaga nas indústrias do período da guerra (C. R. L. James, 1980) se encontravam – juntamente com seus filhos já nascidos na Califórnia – mais pobres em termos reais em 1969 do que tinham sido em 1945, pois, com o fim da Segunda Guerra, eles foram lançados para fora dos empregos da indústria bélica e não encontraram níveis de remuneração similares em nenhum outro setor (Soja e Scott, 1996; Ong e Blumenerg, 1996). Assim, a extrema pobreza se concentrou no condado de Alameda, Los Angeles e em outras regiões onde a população negra tinha se estabelecido (Himes, 1988; Sonenshein, 1993; Walker, 1995; cf. Massey e Denton, 1993).

A rebelião de Watts, de 1965[24], foi uma atuação consciente (ainda que "espontânea", num sentido leninista) de oposição à desigualdade em Los Angeles, onde o *apartheid* cotidiano tinha sido forçosamente renovado pela polícia sob a direção do comandante William Parker, um supremacista branco inescrupuloso (Sonenshein, 1993).[25] Em Oakland, o Partido dos Panteras Negras [*Black Panther Party* – BPP] foi entendido como um desafio ao mesmo tempo dramático, altamente disciplinado e fácil de enfrentar por meio da brutalidade da polícia local. A organização antirracista urbana dos militantes negros, que focava em atacar os caminhos concretos pelos quais "a raça [...] é a modalidade através da qual a classe é vivida" (Stuart Hall, 1980, p. 341), emergiu de muitas décadas de luta no caldeirão sangrento da revolução contra o *apartheid* sulista *e* contra seu duplo[26] nas cida-

---

24. N.T.: A rebelião de Watts, bairro ao sul de Los Angeles, ocorreu após a prisão de Marquette Frye – um jovem afro-estadunidense de 21 anos –, que sofreu a acusação indevida de dirigir sob o efeito de álcool. As revoltas que se seguiram foram brutalmente repreendidas, resultando em 34 mortes, mais de 1.000 feridos e 3.400 prisões. Esta havia sido a maior revolta racial de Los Angeles até os levantes de 1992, quando os policiais brancos responsáveis pelo linchamento de Rodney King foram absolvidos pelo júri.

25. Os alertas emitidos pelo Chefe de Polícia William Parker sobre a ameaça "preta" a Los Angeles ao longo de sua carreira (veja, por exemplo, Sonenshein, 1993; Herbert, 1997) são didáticos no que diz respeito à formação hegemônica do Departamento de Polícia de Los Angeles [*Los Angeles Police Department* – LAPD] como uma força do estado racial, independentemente da raça ou das intenções dos policiais enquanto indivíduos. Daryl Gates, o único sucessor de Parker, que ficou conhecido por seu descarado racismo antinegro, não traiu a violência característica da cidade – graças ao seu treinamento, à ambiência do *apartheid* de Los Angeles e à polícia que manteve as divisões espaciais e sociais da cidade (cf. Fanon, 2022).

26. N.T.: Aqui traduzido como "duplo", a palavra *doppelgänger* (de origem alemã), utilizada pela autora, carrega a ideia da existência de um

des do norte (Dittmer, 1994; Kelley, 1990; Newton, 1996).[27] Como Richard Walker (1995) aponta, o movimento *Black Power* [Poder Negro] inspirou movimentos complementares como o *Brown Power* [Poder Marrom] (os chicanos: variações urbanas [Acuña, 1988] e rurais [Sindicato dos Trabalhadores Agrícolas [*United Farm Workers* – UFW] (Pulido, 1995a)]) e o *Yellow Power* [Poder Amarelo] (asiático-estadunidenses) (Pulido, 2005).

Em 1967, o sistema começou a desmoronar, simbólica e materialmente. Durante o Verão do Amor,[28] enquanto milhares de *hippies* se reuniam para repudiar o *establishment*, a Califórnia posicionou suas forças coercitivas *anti*-antirracistas protegidas pela vanguardista Lei de Armas dos Panteras [*Panther Gun Bill*] (Bean, 1973; Donner, 1990; Newton, 1996)[29] –

---

duplo não biológico de alguém, que por vezes é retratado como um fenômeno místico ou fantasmagórico e que geralmente é visto como um prenúncio de má sorte.

27. A mistificação tem muito a ver com um tema dominante da economia neoclássica e da escola de sociologia de Chicago, que dizia que a urbanização acabaria com o racismo – visto como um resquício da escravidão (do suposto atraso rural entre os brancos do sul) e do conceito teoricamente suspeito de medo da escuridão existente entre os europeus (Jordan, 1968). Os economistas afirmaram que a utilidade marginal do racismo se provaria insignificante e que, por isso, todo mundo que quisesse trabalhar duro e adquirir as habilidades necessárias progressaria – uma posição da qual até mesmo Nathan Glazer (1997) já se retratou. O sociólogo Robert Park escreveu em 1950: "Os Estados Unidos, e talvez o resto do mundo, podem ser divididos entre duas classes: aqueles que estão na cidade e aqueles que ainda não chegaram nela" (citado em Cell, 1982, p. 5).

28. N.T.: *Summer of Love* refere-se ao fenômeno social ocorrido durante o verão de 1967 no hemisfério norte e que surgiu como forma de protesto à Guerra do Vietnã.

29. Em 1967, o objetivo do controle de armas da Califórnia foi desarmar o Partido dos Panteras Negras para a Autodefesa. Quando os Panteras tomaram as ruas, carregando espingardas e livros jurídicos, eles estavam legalmente armados (Bean, 1973). É um tanto difícil entender o movimento recente de controle de armas como sendo estruturalmente vinculado a esta lei. A ironia por trás do *ethos* da não violência que dominou muitas das lutas *antiapartheid* do pós-Guerra no sul era que todas as pessoas na região – negras e brancas – estavam sempre armadas. A

tudo isso ao mesmo tempo em que as taxas de lucro começaram seu espetacular declínio (David Gordon, 1996). Por causa dos cortes nos gastos militares, a recessão de 1969–1970 atingiu a Califórnia mais intensamente que o restante dos Estados Unidos (Teitz, 1984). O desemprego no estado praticamente dobrou, ainda que a renda *per capita* tenha mais ou menos mantido seu ritmo constante de subida (CDF-CEI, dezembro de 1975). Notavelmente, a demissão de milhares de engenheiros aeroespaciais, embora no fim temporária (Teitz, 1984), forneceu uma importante base para reativar a tomada de consciência sobre o estado racial normativo – independentemente dos relatórios sobre desobediência civil terem concluído que o "racismo institucional" era um problema estrutural da nação e do estado (California, Governor's Commission, 1965; United States, Kerner Commission, 1968).[30] Assim, na virada histórica que preparou o cenário para a reestruturação da Califórnia, blocos de poder do *Sunbelt* [Cinturão do Sol][31] (Kevin Phillips, 1969; Schulman, 1994), incluindo o governador da Califórnia Ronald Reagan e o presidente dos Estados Unidos Richard Nixon, começaram a propor "lei e ordem" como a resposta adequada à insegurança doméstica, não importasse a raíz do problema (Kevin Phillips, 1990; Newton, 1996).

---

questão – uma questão de poder – não era *ter ou não ter* armas, mas se, como ou quando *usá*-las.

30. Em seu famoso livro didático sobre a história do planejamento urbano, *Cidades do Amanhã*, Peter Hall zomba da noção de "racismo institucional" e traz junto a si um comentador de cor um tanto conveniente – e completa com uma fotografia – para dizer que o racismo não é o problema real. Hall segue e afirma que o desafio para os planejadores de amanhã é o desafio de como planejar para (ou envolvendo) jovens negros drogados – e completa com uma fotografia de saqueadores.

31. N.T.: o *Sunbelt* é uma região dos Estados Unidos que compreende o sul e o sudoeste do país.

As crises

Depois de vários anos de um relativo alívio, garantido por novas rodadas de investimento militar, a Califórnia sofreu outra queda com a recessão mundial de 1973–1975. Para os Estados Unidos, a recessão serviu como um ajuste estrutural intencional levado a cabo por meio da política monetária – o abandono do padrão ouro em agosto de 1971[32] e a desvalorização do dólar no inverno seguinte (Mike Davis, 1986; Shaikh, 1996). Os trabalhadores responderam em 1974 com grandes greves por todo o país, incluindo uma série de paralisações na Califórnia – especialmente nos transportes e na comunicação (CDF-CEI, outubro de 1975).[33] Eles também elegeram democratas nas eleições estaduais e no Congresso, inclusive na Califórnia. No entanto, altas taxas de desemprego e de juros minaram o poder da grande e tradicional organização trabalhista na Califórnia e em outros lugares: trabalhadores de setores governamentais e das grandes indústrias, como siderurgia e transporte, foram disciplinados pela manipulação estratégica dos juros feita pelo *Federal Reserve* [o Banco Central dos Estados Unidos] que despojou o trabalho

32. N.T.: Em agosto de 1971, o governo dos Estados Unidos extinguiu o padrão ouro-dólar. Esse padrão, definido pelo acordo de Bretton Woods durante a Segunda Guerra, em julho de 1944, regia as regras monetárias internacionais que serviriam de base para a reconstrução da economia mundial depois dos conflitos, mantendo-se ainda na crença material do ouro como lastro financeiro. Após 1971, a convertibilidade do dólar em ouro acaba, e as reservas mundiais passam a ser referenciadas apenas em dólar, permitindo que os Estados Unidos, assim, exercesse um poder direto sobre as economias de todo o mundo a partir do manuseio de sua política monetária interna.

33. As greves de 1974 incluíram ferrovias; comunicações (maio); construção civil, no norte da Califórnia; porto, na costa oeste; telefonia; ferrovias, pela segunda vez (julho); aço (impedida, em julho); greve [do sindicato] dos *Teamsters* no norte da Califórnia contra empreiteiros da construção civil (em resposta ao enfraquecimento da Lei Federal Davis-Bacon, em agosto); estivadores da costa leste e do Golfo (outubro) (CDF-CEI, outubro de 1977, p. 16).

dos seus já limitados ganhos desde meados do século (Dickens, 1996; N. Lichtenstein, 1982).

O desemprego urbano crônico do estado (Oliver et al., 1993; Grant et al., 1996) se aprofundou em compasso com as demissões rurais – com o desemprego aumentando mais nas cidades do interior e nos condados rurais mais dependentes da agricultura e da extração de recursos naturais (Bradshaw, 1993; CDF-CEI, 1977). Os setores da mineração e do corte de madeira reduziram significativamente as operações em todo o estado durante a década de 1970 (CDF-CEI, 1977). Na agricultura, a seca devastadora dos anos 1975–1977 levou os pequenos fazendeiros à falência; muitos dos que ficaram no negócio tomaram grandes empréstimos para financiar melhorias na irrigação e trocaram de cultivo para explorar o crescente mercado internacional de produtos especializados (Howitt e Moore, 1994; Watts, 1994b). Inovações para a substituição do trabalho nas principais *commodities* do agronegócio, como o algodão, levaram milhares de trabalhadores do campo à produção de cultivos com trabalho intensivo e pouco organizados, tais como a produção de frutas vermelhas e castanhas (Bradshaw, 1993; cf. Wells, 1996). Os salários nunca se recuperaram do congelamento durante esse período-chave de disciplinamento do trabalho urbano e rural, seja nos Estados Unidos como um todo ou no estado da Califórnia (David Gordon, 1996; Arnold e Levy, 1994; Greenhouse, 1997).

Durante a década de 1970, a imigração fez crescer a força de trabalho do estado, particularmente na Grande Los Angeles (Waldinger e Bozorgmehr, 1996), na área da baía de São Francisco (Walker, 1995) e em torno das fazendas do vale, no interior (Bradshaw, 1993; Walker, 1995). Os recém-chegados vieram de todos os cantos do mundo, mas a maioria era do México, seguido por outros países da América Central, em especial El Salvador e Guatemala (Sabagh e Bozorgmehr, 1996; Walker, 1995). Complementando o crescimento natural da população, a imigração depois de 1973 inaugurou a mudança histórica de um estado que havia sido de maioria anglo-estadunidense até 1970 para um em que os anglo-estadunidenses não fossem a maioria, sendo que nenhum outro grupo isolado ocupou esse lugar até mais ou menos os anos 2000. Desse modo, ao mesmo tempo em que as indústrias urbanas e rurais que pagavam baixos salários puderam explorar lucrativamente grupos substanciais de trabalhadores que careciam de proteções sindicais e cidadãs, toda a estrutura social começou a se desintegrar devido à ameaça óbvia e numérica à supremacia branca representada por californianos de cor, novos e velhos, que, apesar de desorganizados, estavam densamente concentrados.

Após uma breve injeção de fundos federais para o emprego em 1977, a consolidação da relação entre os governos federal e estadual do pós-guerra começou a ruir em áreas-chave, como o financiamento educacional e a geração de empregos para "indivíduos sem grandes habilidades de mercado" (CDF-CEI, dezembro de 1977, p. 6). O recuo federal exigiu que governos e instituições locais assumissem a responsabilidade pelos problemas sociais, quisessem ou não, forçando-os a lidar com os recém-despossuídos, que iam desde jovens desempregados a estudantes com dificuldades financeiras e famílias sem-teto. A ascensão contemporânea das administrações locais do estado, celebrada por tantos geógrafos, representa, em parte, um movimento geralmente reacionário para re-externalizar, ou manter fora, os fardos sociais e os custos fiscais (ver, por exemplo, Lake, 1992, 1994).

Quando os eleitores iniciaram a revolta dos contribuintes com a Proposição 13 [*Proposition 13*], de 1978, os tesouros municipais e estaduais da Califórnia tinham superávits substanciais (como era o caso em todo os Estados Unidos), com receitas anuais excedendo confortavelmente as despesas (CDF-CEI, novembro-dezembro de 1977; Gramlich, 1991). A Proposição 13 protegeu os bens imóveis de reavaliações periódicas e estabeleceu uma taxa máxima de imposto, privando, assim, os governos municipais de uma fonte primária de receita; como resultado, ao passo que em 1977–1978 os distritos escolares tiveram 51,7% de seu orçamento provindo dos impostos sobre a propriedade, nos anos de 1988-1989 essa parcela foi de apenas 18,1%

(Chapman, 1991, p. 19). A implementação compensatória de impostos regressivos, como impostos sobre vendas e taxas de uso de serviços e instalações públicas, ajudou a garantir que, à medida que os governos locais reduziam suas reservas e apertavam seus cintos, os pobres tivessem custos relativos mais elevados e menos serviços do que seus vizinhos mais ricos.

A dependência da Califórnia em relação aos gastos militares-industriais cresceu de maneira estável de 1976–1977 em diante, quando o valor dos contratos diretos do Departamento de Defesa atingiu uma de suas grandes marcas (Figura 3; CDF-CEI, dezembro de 1977, dezembro de 1985). Os cargos mais bem remunerados financiados pelo Departamento de Defesa concentravam-se em pesquisa e desenvolvimento (Markusen et al., 1991); isso, associado ao declínio do trabalho na linha de montagem militar (Oden et al., 1996), constituiu mais uma clivagem na longa fissura que separa as estruturas industriais, políticas e raciais do estado (Figura 3). A localização dos empregos da defesa e de outros setores de alta tecnologia (Soja, 1993; Oliver et al., 1993) agravou a segregação residencial e de renda do estado (Walters, 1992; Mike Davis, 2009; Bullard et al., 1994). Entre 1980 e 1984, os contratos diretos do Departamento de Defesa alcançaram novos picos e a Califórnia continuou a comandar uma parcela desproporcional do montante da receita de trilhões de dólares em armamentos sob os governos Carter e Reagan, a maioria dos quais foi para trabalhadores de altos salários (Oden et al., 1966).

Assim, antes da recessão de 1980–1982, do subsequente *boom* e da grande recessão de 1990–1994, a trajetória que separa a Califórnia entre os mais ricos e os mais pobres já havia marcado profundamente a paisagem político-econômica. Entre 1969 e 1979, enquanto os eleitores faziam manobras para que as receitas fiscais ficassem em territórios cada vez menores com o intuito de garantir que a redistribuição de renda fosse mínima, a pobreza infantil na Califórnia aumentou 25% (Teitz, 1984). O custo crescente da moradia minou o poder de compra dos salários fixos, e o somatório dessas consequências se arrastou também na década de 1980 (CDF-CEI, 1975–82).

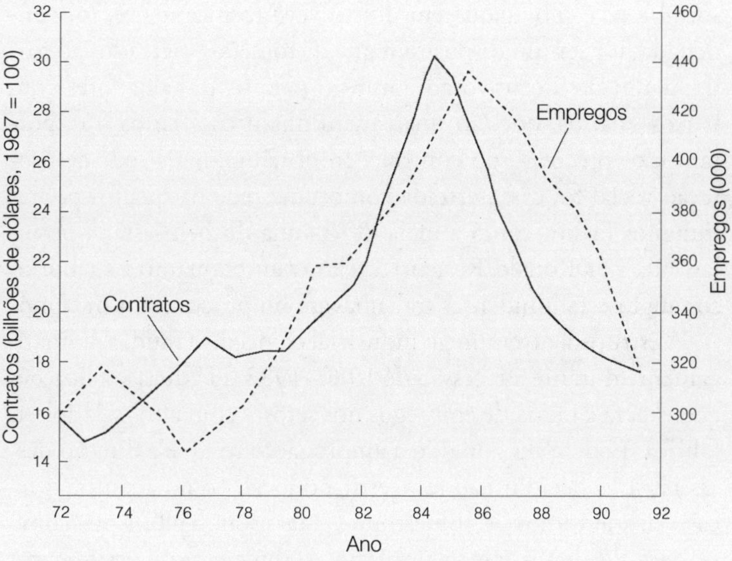

FIGURA 3. Contratos diretos do Departamento de Defesa e empregos na indústria, 1972–1992. Fonte: Kroll e Corley, 1994.

Em 1980, a taxa básica de juros atingiu 21%; em 1982, o desemprego explodiu para 10,5%. Esses números surpreendentemente altos repetiram, com alguma diferença, a experiência do estado em meados dos anos 1970, quando a taxa básica de juros chegou a 12% (1974) e o desemprego, a 10,5% (1975). Os economistas competiam por explicar o casamento juros alto–alto desemprego, outrora considerados mutuamente excludentes (Krugman, 1997). A importância de se ter uma transição explicativa não reside numa nova teoria que serviria como guia confiável para a ação, mas sim em como a disputa pública do alto escalão por tal teoria serviu para deslegitimar popularmente a abordagem keynesiana na mitigação da crise e preparar o palco para um desmonte deliberado do estado de bem-estar social (Krugman, 1997; Grant et al., 1996).[34] A rede de proteção

34. A questão aqui não é ficar nostálgica pelo keynesianismo, muito menos por Keynes. Como Lynn Turgeon (1996) explica em seu recente livro, citando Joan Robinson em seu título, todo keynesianismo é um

social esteve sob ataque em dois níveis: tecnicamente, foi condenada por ser um dispositivo que distorcia os mercados ao fornecer um desincentivo ao emprego para os trabalhadores com baixos salários, que, ao final, mantinham os salários – e, portanto, os preços – sob controle. Informalmente, a rede de proteção social foi caracterizada como uma rede na qual os pobres indignos (assim como a ideia de "rainha do bem-estar", popularizada por Ronald Reagan)[35] relaxavam enquanto os laboriosos anglo-estadunidenses trabalhavam ou procuravam trabalho.

A estrutura do emprego industrial começou a mudar dramaticamente durante a recessão de 1980–1982. Há duas explicações gerais para a perda de empregos nos setores com altos salários: as fábricas podem ter atingido a amortização total, e a direção dessas fábricas decidiu não reinvestir no local, como aconteceu no caso dos automóveis (Bluestone e Harrison, 1982); ou, como no caso de alguns metais primários, a direção fez investimentos errados ou investiu em tecnologias de substituição do trabalho (Walters, 1992; Arnold e Levy, 1994). Os salários pagos em setores em alto crescimento, como vestuário, representam apenas cerca de 60% dos salários médios pagos a funcionários em todas as indústrias (Arnold e Levy, 1994).

A Califórnia continuou a ser um estado fabril, mas produzia uma cesta variada de produtos, o que significava que os fabricantes vinham de diferentes segmentos do mercado de trabalho (David Gordon et al., 1982; Storper e Walker, 1984). O efeito

---

Bastard Keynesianism [Keynesianismo Bastardo]. Mas, com o desaparecimento do amontoado de políticas que, em certo grau, garantiam a demanda efetiva e forneciam – embora de forma atabalhoada e mesquinha – rendas e serviços para os trabalhadores mais vulneráveis no estado racial, alguma outra forma de controle social iria, sem dúvidas, ocupar o vácuo, como veremos (cf. Piven e Cloward, 1971).

35. N.T.: O termo "rainha do bem-estar" [*Welfare Queen*], popularizado por Ronald Reagan em sua campanha presidencial de 1976, referia-se, de forma pejorativa, a mulheres que supostamente recebiam pagamentos "excessivos" da proteção social por meio de algum tipo de fraude. O termo, que serviu para generalizar uma situação que não era amplamente verdadeira, acabou cunhando o estigma de preguiçosas, fraudulentas e criminosas sobre mães solteiras negras, as principais solicitantes dos auxílios.

desorganizador da mudança estrutural minou ainda mais o poder sindical, que já vinha se desintegrando desde a década anterior; das poucas greves da década de 1980 ao redor do país que o capital e o estado perceberam como possíveis ameaças que criariam precedentes, a única participação da Califórnia foi com a greve da Kaiser Permanente, de outubro a dezembro de 1986 (CDF-CEI, 1989).[36] Foi só em 1988, por exemplo, que os advogados trabalhistas puderam reunir força política suficiente para aumentar o salário mínimo do estado de US$3,35 para US$4,25 por hora; ao mesmo tempo em que, para uma família típica em 1984 e 1985, o custo médio anual de aluguel mais contas variava de US$5.386 em Los Angeles a US$6.983 na área da Baía de San Francisco (CDF-CEI, 1989).

As áreas fora dos principais núcleos urbanos também sentiram a forte divisão entre os mais ricos e os mais pobres. Em todo o estado, no ano de 1982, o preço médio de uma habitação estava acima dos US$100.000 (CDF-CEI, 1982) – 62% mais alto que a média nacional –, enquanto a renda *per capita* anual, de US$13.410, estava apenas 15% acima do padrão nacional (*California State Public Works Board*, 1993a-d). Os altos preços das moradias, vinculados e exacerbados pelas altas taxas de juros, levaram muitas das pessoas de renda média que buscavam a casa própria a se mudarem para condados onde as fazendas estavam rapidamente se convertendo em subúrbios (Walters, 1992; Sokolow e Spezia, 1994). Os condados do deserto, a leste e sudeste de Los Angeles, e o condado de Stanislaus, no Grande Vale Central e a leste da área da baía de San Francisco, atraíram o mercado habitacional metropolitano de preços baixos. As construtoras ergueram comunidades-dormitório para viajantes dispostos a dirigir duas horas, ou mais, em cada sentido (Walters, 1992; Figura 4).

36. Houve seis grandes greves que levaram alguma preocupação ao capital: dos controladores de tráfego aéreo, demitidos por Reagan (1981); da Associação de Pilotos da United Airlines [*United Airlines Pilots' Association*] (1985); duas greves do aço – a primeira em um quarto de século – que se seguiram à democratização do sindicato (1985, 1986); e dos mecânicos da Eastern Airlines e da Boeing em Seattle, que entraram em greve em 1989 (CDF-CEI, 1989).

Assolados por taxas de desemprego e pobreza de 67% a 200% acima dos níveis metropolitanos (CDF-CEI, 1982; Walters, 1992), condados e municípios rurais localizados fora do trajeto desses trabalhadores pendulares tentaram diversificar suas economias, recrutando pequenas fábricas ou escritórios administrativos (Bradshaw, 1993). Ao mesmo tempo, as exportações de alimentos da Califórnia, que vinham competindo no florescente "regime alimentar global" (Watts, 1994b), perderam participação de mercado na medida em que o dólar forte forçou a subida dos preços, aumentando a falência de fazendeiros e a fusão dos negócios agrícolas (Sokolow e Spezia, 1992; Walters, 1992). No fim das contas, os locais preteridos pelas construtoras ficaram ainda mais esquecidos, enquanto os projetos do setor imobiliário nas localidades com alto desemprego convocaram novos candidatos para o segmento desorganizado e de baixa renda do mercado de trabalho, pulverizando as chances dos residentes com mais necessidades de empregos (Bradshaw, 1993; cf. Bartik, 1990, 1991; Storper e Walker, 1984; Chinitz, 1960).

O capital monetário desempenhou um papel importante na reestruturação do ambiente construído da Califórnia. Taxas de juros astronômicas encorajaram gerentes de empréstimos e poupanças a emprestarem para muito além de suas capacidades e a falsificarem o valor de lastro a fim de parecerem solventes aos auditores e acionistas, além de pagarem a si mesmos comissões exorbitantes (Henwood, 1997). O *boom* da construção civil dos anos 1980 incluiu empreendimentos residenciais e não residenciais; a supervalorização destes últimos, combinada à morosidade do mercado de vendas e aluguéis de tais espaços, levou instituições importantes à falência, como a Lincoln Savings. Nas áreas rurais, o Bank of America, um grande credor agrícola desde 1920, fez uma série de execuções hipotecárias em fazendas do Grande Vale Central (Gottlieb, 1988). Enquanto isso, os empréstimos federais do Sistema de Crédito Agrícola [*Farm Credit System*] comercializados agressivamente na década de 1970, ven-

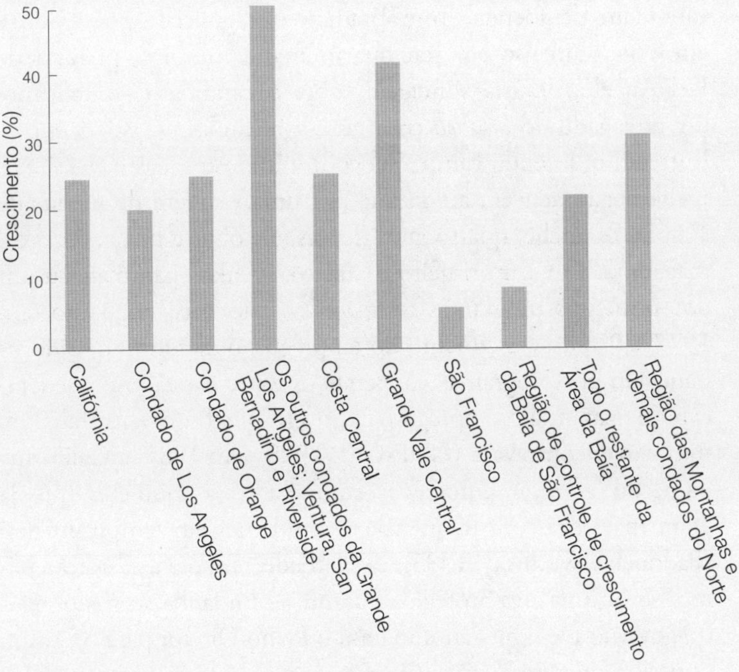

FIGURA 4. Crescimento populacional por região, 1980–1990. Fonte: Walters, [1986] 1992.

ceram na década de 1980 quando os fazendeiros já não podiam pagar, forçando-os a vender suas garantias ou tornando-os inadimplentes. A crise das dívidas das fazendas foi tão severa que o Conselho do Sistema de Crédito Agrícola solicitou ao Congresso um resgate de US$74 bilhões em 1985 (para inadimplentes em todo o país) – ao mesmo tempo que empréstimos e poupanças falidas drenavam os *seus* fundos do seguro federal. Mas se o capital não regulamentado pôde recorrer às garantias governamentais, tanto o trabalho não regulamentado quanto o docilizado tiveram um caminho bem mais duro a percorrer.

A rede de proteção social da Califórnia se desfez rapidamente nas mãos do sucessor ideológico de Reagan na sede do governo estadual em Sacramento, George Deukmejian. Durante a corrida eleitoral para o governo do estado em 1982, parecia que o candidato democrata, Tom Bradley, um policial aposentado e afro-estadunidense em seu quarto mandato como prefeito de Los Angeles, levaria vantagem sobre o candidato republicano, um advogado do *Sunbelt* com raízes profundas no Vale Central. Entretanto, fazendo campanha contra impostos, gastos e crimes, Deukmejian venceu, ainda que por uma margem de menos de 1%; na revanche, quatro anos depois, ele obteve uma vitória esmagadora. Em seu primeiro mandato, Deukmejian realizou um dos primeiros programas de *workfare*[37] do país: enquanto, em 1977, 20% do crescimento do emprego no estado tinha sido financiado por programas cooperativos entre o estado e a federação que garantiam emprego para jovens que buscavam trabalho, mas não encontravam (CDF-CEI, 1978), em 1985, a Califórnia começou a exigir empregos remunerados a mulheres que já eram mães e – com frequência – estudantes em tempo integral (Paddock e Wolinsky, 1985). Na verdade, embora a educação parecesse ser uma área protegida durante a campanha, os gastos reais do governo Deukmejian minaram o Plano Diretor para o Ensino Superior [*Master Plan for Postsecondary Education*]. As taxas educacionais das instituições de ensino que eram, em tese, gratuitas, aumentaram dramaticamente. E a continuidade e a coordenação entre os segmentos educacionais – desde as faculdades comunitárias às universidades de pesquisa –, quando não totalmente abandonadas, foram substituídas em prol da especialização de produtos, da eficiência e da concorrência (R.W. Gilmore, 1991).

O planejamento para o crescimento estadual e regional naufragou nas administrações republicanas dos governadores George Deukmejian (1982–1990) e Pete Wilson (1990–1998). Na verdade, a gestão democrata do governador Jerry Brown tinha elaborado, em seu primeiro mandato, o último plano geral (1974–1978) e, depois disso, o governo do estado não produziu nenhuma visão unificada ou coordenação entre as muitas agências de planejamento governamentais (Bradshaw, 1992; Arnold e Levy, 1994).

37. N.T.: Trata-se de um programa parte do sistema de bem-estar social, que exige – àqueles que recebem benefício do governo – a execução de algum tipo de trabalho ou a participação em treinamentos para empregos.

Como haviam feito com a Proposição 13, os eleitores encontraram brechas e criaram iniciativas para tentar controlar as mudanças; mas eles só foram capazes de captar os sintomas, e não as causas da desordem do estado. Em essência, os eleitores da Califórnia – dominados por anglo-estadunidenses com empregos – estavam tentando conciliar a cisão entre o *boom* no estado em 1984–1989 e a insegurança que cada vez mais as pessoas experimentaram em seu cotidiano. Ironicamente, embora sem surpresa, eles buscaram o poder do estado para resolver as contradições, mesmo enquanto diziam a si mesmos e às autoridades eleitas que o problema era o governo (Mike Davis, 2007, 1993c; Walker, 1995).

Quando a economia da Califórnia quebrou em 1990–1991, a crise se justapôs e se conectou aos períodos anteriores de profunda reestruturação que remontam ao início dos anos 1970. As premonições sobre a quebra do estado vieram à tona já no colapso do mercado de ações em outubro de 1987,[38] e a recessão propriamente dita durou três anos. A Califórnia perdeu 730.000 empregos – dos quais 548.000 foram na Grande Los Angeles (CDF-CEI, 1996). A concentração da perda de empregos na área de Los Angeles foi reflexo dos dois dilemas: a retração da indústria militar e a estagnação do mercado de aviões comerciais (Oden et al., 1996).

---

38. N.T.: A crise de 1987, que ficou conhecida como *Black Monday* [segunda-feira negra], refere-se ao dia 19 de outubro daquele ano, no qual o índice *Dow Jones*, que mede a variação média dos preços das ações negociadas pela Bolsa de Valores de Nova York, em Wall Street, sofreu uma queda de 22,61%. Depois do forte crescimento especulativo do preço das ações (o chamado *bull market*) desde o começo da década, impulsionado pelo impacto da política monetária com a imposição das altas taxas de juros, o estouro da bolsa se deu, entre outros fatores, por tensões políticas ocasionadas pelo ataque das forças armadas iranianas em navios petroleiros estadunidenses e pela popularização de robôs que realizavam operações de compra e venda de ações a partir de programação com condições pre-determinadas para a tomada de decisões. Acredita-se que, a partir da identificação da tendência de venda de ativos gerada pelos demais fatores (e a consequente queda dos seus preços), os sistemas computacionais tenham acionado o "modo venda", desfazendo-se de títulos para evitar um prejuízo maior para os operadores, mas derrubando os seus preços ainda mais.

TABELA 1

TRABALHADORES NAS PRINCIPAIS INDÚSTRIAS MANUFATUREIRAS DA CALIFÓRNIA, 1980–1995

(*milhares*)

Setor	1980	1995	Mudança percentual
Instrumentos	102,4	166,5	61,5
Têxtil	12,4	19,1	54
Vestuário	102,4	146,9	43,5
Setor gráfico e de publicações	124,5	149,8	20,3
Borracha e diversos	61,2	70,9	15,8
Madeira processada	46,3	52,2	12,7
Química	65,7	69,1	5,2
Papel e produtos correlatos	37,3	38,8	4
Alimentos e itens relacionados	182,5	179,5	-1,7
Móveis e utensílios	49	44,5	-9,1
Pedra/argila/vidro	50,4	44,2	-12,3
Maquinário industrial	227,6	191,9	-15,7
Produtos metálicos	138,8	118,1	-14,9
Equipamento de transporte	266,3	163,2	-38,7
Metal primário	47,6	32,2	-32,4
Petróleo e carvão	31,7	20,7	-34,7
Produtos de couro	10,5	6,6	-37,1
Elétrico e eletrônico	358	219,6	-38,7
Diversos	43,2	38,5	-10,9
Total	1957,8	1770,5	-9,6

Fonte: California State Controller, *Annual Report*, 1995.

É difícil se desfazer de cinquenta anos de dependência do setor militar. A substituição de vagas de trabalho com altos salários por empregos com baixos salários nos setores fabril (especialmente vestuário) e de serviços (Oden et al., 1996) colocou em potencial concorrência trabalhadores cujos nichos tradicionais do mercado de trabalho tinham sido destruídos nos vinte anos de reestruturação (tabela 1). O levante de Los Angeles, em

1992,[39] possui alguns elementos de espontaneidade em comum com as revoltas de Watts, em 1965, mas o que o tornou politicamente poderoso foi sua natureza "multicultural" (Mike Davis, em Katz e Smith, 1992); ainda que o levante de 1992 contra a brutalidade policial tenha resultado em um controle policial ainda maior das ruas, ele também diminuiu a segregação entre os ativistas dos movimentos sociais de base (Gooding-Williams, 1993; R.W. Gilmore, 1993b; Madhubuti, 1993). Os eleitores ativistas também responderam e tentaram cercar os efeitos da reestruturação – e as respostas dos pobres a ela –, implementando medidas extremas. Com a Proposição 187 [*Proposition 187*] (1994), eles votaram para excluir os imigrantes dos serviços sociais; com a Proposição 184 ("*three strikes*" [1994]), para prender mais pessoas sob penas perpétuas; e com a Proposição 209[40] (ação anti-afirmativa [1996]), para monopolizar oportunidades no setor público em educação, emprego e contratos.

---

39. N.T.: O levante começou em 29 de abril de 1992 e teve, como muitos outros nos Estados Unidos, um disparador racial. No caso, quatro policiais do Departamento de Polícia de Los Angeles foram filmados espancando Rodney King (um motorista negro) e posteriormente absolvidos pelo crime. Os protestos iniciaram-se na região sul de Los Angeles, espalharam-se por toda a região metropolitana do condado e deixaram 55 mortos e mais de 2.000 feridos. O aumento do controle das ruas citado pela autora foi construído pelo inquérito especial elaborado pela polícia após o conflito, intitulado "A cidade em crise: um relatório do assessor especial do conselho de delegados da polícia sobre a desordem civil em Los Angeles [*The City in Crisis: A Report by the Special Advisor to the Board of Police Commissioners on the Disorder Civil in Los Angeles*]. Resultante também desse relatório foi a demissão do chefe de polícia da cidade e um novo julgamento dos quatro policiais envolvidos. O documentário da National Geographic "LA 92" retrata tal acontecimento e também retoma a revolta de Watts, ocorrida em 1965. Já no filme da peça "Rodney King", dirigida por Spike Lee, Roger Guenveur Smith interpreta as angústias e contradições de Rodney, que, apesar de estar no centro das motivações da revolta de 1992, se posicionou, de forma constrangedora, contrário aos protestos.

40. N.T.: A Proposição 209 [*Proposition 209*], que carrega o subtítulo "Proibição contra a discriminação ou o tratamento privilegiado pelo estado e outras entidades públicas" [*Prohibition Against Discrimination or Preferential Treatment by State and Other Public Entities*], chama de

Transição

A Califórnia funcionou como "o principal motor do crescimento econômico dos Estados Unidos" (Walker, 1995, p. 43) durante a "era de ouro" do pós-guerra (Glyn et al., 1990) e se utilizou dos recursos prósperos que vinham do setor militar para fornecer aos residentes do estado oportunidades de prosperidade e proteções mais amplas contra as calamidades. Se a legitimidade e o uso das estratégias do estado de bem-estar social para amenizar os efeitos das crises colapsaram rapidamente a partir do início da década de 1980, sua derrocada já havia se evidenciado com a depressão de meados dos anos 1970, com a diminuição da maioria anglo-estadunidense e com os esforços dos contribuintes em governar mais diretamente por meio de leis elaboradas pelos eleitores com foco no controle fiscal. Um indicador das mudanças que viriam foi o aumento, entre 1969 e 1979, de 25% da pobreza infantil. O abandono dos membros mais fracos da sociedade revelou uma mudança fundamental na forma como o estado se responsabilizaria no futuro para atenuar as adversidades e a desigualdade. E, de fato, a taxa de pobreza saltou novamente, aumentando 67% entre 1979 e 1995 e atingindo uma em cada quatro crianças do estado (Walker, 1995).

A perda de empregos entre operários organizados em sindicatos e com altos salários, e a sua substituição pelo trabalho não sindicalizado, bem pago ou não, mostrou que uma importante plataforma de luta, na esfera do local de trabalho e da política eleitoral, também tinha desaparecido (Storper e Walker, 1984; Katznelson, 1985). A oposição radical tinha sido esmagada já no início dos anos 1970, e o poder disciplinador do desemprego e da inflação, combinado com as memórias desencorajadoras das

---

discriminação a tentativa do estado de diminuir a desigualdade por meio de ações afirmativas. Portanto, a Proposição visa a eliminar os programas de ação afirmativa destinados às "minorias" dos governos local e estadual nas áreas de emprego, educação e contratos públicos, com a justificativa de que esses programas geram "tratamento privilegiado" com base na raça, sexo, cor, etnia e nacionalidade.

batalhas perdidas, talvez tenha conspirado para produzir um marasmo geral, mesmo nos períodos de crescimento do estado de 1984 a 1989 e, novamente, de 1993 a 2000. Assim, ao mesmo tempo em que os trabalhadores deixavam de se mobilizar por uma intervenção ativa do estado nos moldes das garantias keynesianas, o ativismo dos eleitores demandou um estado mais enxuto e perverso, exceto quando instruídos a fazer o contrário.

Embora afirmassem prestar bastante atenção ao desejo dos eleitores, os blocos de poder do estado seguiram apenas metade das instruções: tornaram-se mais perversos, mas não mais enxutos. As realocações de capital e trabalho indicavam que os candidatos eleitorais vitoriosos teriam que construir novas relações políticas através dos setores e dos espaços; por exemplo, os condados suburbanos do interior não eram mais os mesmos lugares – política, econômica ou socialmente – que tinham sido quando controlados pelas elites do setor cítrico ou por outras elites de produtores. As duas derrotas seguidas de Tom Bradley indicaram que a maior parte dos eleitores estaduais rejeitava o estado de bem-estar social urbano.

O cuidado pragmático, embora desigualmente concedido ao trabalho durante o pós-guerra, foi transferido, com certa amabilidade, ao capital. O estado se concentrou nas necessidades do capital – especialmente em como minimizar os obstáculos e maximizar as oportunidades para seu recrutamento e retenção.[41] Entretanto, tendo abandonado até mesmo as sombras de uma abordagem keynesiana de pleno emprego/ampla proteção social para os momentos de crise, o bloco de poder que surgiu a partir dos anos 1980 enfrentou o problema político de como fazer cumprir a *sua* agenda – de como, em outras palavras, conduzir um projeto de construção de um estado pós-keynesiano – com o objetivo de preservar e reproduzir suas vitórias (Hobsbawm, 1970; Gregory Hooks, 1991). O capital pode ser o objeto de desejo, mas os eleitores tinham sua importância. As convulsões dos

41. O site promocional da Califórnia, www.commerce.ca.gov [já inativo], que foi anunciado no programa de notícias a bordo das companhias aéreas, exemplificou isso em 1997.

vinte e cinco anos anteriores haviam tornado ociosas muitas capacidades produtivas, incluindo trabalho, terra e capital financeiro. Tendo sido eleitos sob condições de crise, os governadores Deukmejian e Wilson consolidaram seus governos em torno da temática anticrime que eles mesmos haviam popularizado. O estado se ergue construindo prisões a partir dos excedentes que a economia política recém-posta em desenvolvimento ainda não havia absorvido de outras maneiras.

Crise e excedente

Em "*Questions of Theory*" [Questão de Teoria] (1988), Stuart Hall e Bill Schwarz fornecem uma definição muito apropriada para crise: "As crises ocorrem quando a formação social não pode mais ser reproduzida nas bases do sistema preexistente de relações sociais" (p. 96). O verbo central "reproduzir" significa a ampla gama de capacidades políticas, econômicas, culturais e biológicas que uma sociedade utiliza para se renovar a cada dia, estação ou geração. Objetivamente, crise não é algo bom ou ruim; em vez disso, ela sinaliza uma mudança sistêmica, cujo resultado é determinado pela luta. Luta, que é uma palavra politicamente neutra, ocorre em todos os níveis da sociedade na medida em que as pessoas tentam descobrir, através da tentativa e erro, o que fazer com as capacidades ociosas.

Por exemplo, quando um grande empregador deixa um lugar, os indivíduos e as famílias que dependem dele para seus salários enfrentam uma crise; o mesmo acontece com o estado, em todos os seus níveis, uma vez que depende das receitas dos impostos pagos pelo capital e pelos trabalhadores. Quais são os possíveis resultados da crise? As famílias podem reorganizar as relações internas de autoridade e dependência de acordo com quem encontra trabalho ou recebe renda assistencial, criando tensões e oportunidades que alteram significativamente as hierarquias familiares "tradicionais". As instituições comunitárias, como igrejas, sindicatos ou gangues de rua, podem ganhar ou perder adeptos e passam a experimentar novas pressões devido à confiança excessiva ou débil na segurança e nos serviços que oferecem. De fato, a expansão de instituições de base comunitária pode ser um resultado direto da redução dos serviços sociais do estado – tais como os programas escolares. Sob a alegação de manter a ordem interna, o estado também pode intensificar o policiamento diante de comportamentos antissociais, reais ou imaginários, de trabalhadores ociosos ou jovens desiludidos. Novos blocos de poder podem se formar em torno das últimas áreas legítimas nas quais o poder do estado pode ser exercido, tal como a lei e a ordem, desenvolvimento local ou diretrizes morais para o comportamento civil. Na verdade, o enfraquecimento das velhas formas sociais, políticas e culturais abre um amplo e variado caminho para novas alianças, instituições e movimentos, os quais são todos influenciados, embora não controlados, por práticas já existentes. Nada é garantido, mas é difícil evitar as tendências.

As crises afetam de forma desigual os setores e os espaços, gerando resultados diferentes para diferentes tipos de pessoas, em diferentes tipos de lugares (cf. Smith, 1988; Walker, 1995). A desvalorização dos quatro componentes-chave do *gulag* californiano criou as condições de possibilidades exploradas em "O Ajuste Prisional" (capítulo 3), "Crime, Terras Agrícolas e Capitalismo" (capítulo 4) e "Mothers Reclaiming Our Children" (capítulo 5).

O que é excedente e como ele está relacionado com a crise? Na economia política, excedente e crise vêm de uma relação singular e extremamente complicada. O objetivo da atividade empresarial capitalista é produzir lucro. E a lucratividade depende tanto da manutenção dos salários mais baixos possíveis quanto da venda de todas as mercadorias produzidas. Em termos abstratos, isso significa que está implícito no imperativo da acumulação do capital uma igual necessidade de desacumular (Wolff, 1984). A falha sistêmica em desacumular constitui a crise.

Em uma economia que é comandada por consumidores individuais cuja capacidade de compra está condicionada ao desempenho dos setores industriais regionais, é provável que altos e baixos ocorram com alguma regularidade – essa dinâmica é parte do ciclo de negócios. O problema é que a parte "baixa" desse ciclo não tem um limite preciso; e, quando esse limite se aprofunda, o que resta é uma confusão de excedentes – em resumo, uma crise. O trabalhador-consumidor, que tem que trabalhar para comprar e comprar para trabalhar, é central para esse enredo – e, portanto, para este livro.[42]

42. Para os leitores que desejarem, aqui está a versão mais longa: na medida em que a acumulação capitalista se baseia na apropriação privada do valor socialmente produzido, o sistema está necessariamente sujeito à crise. O potencial de crise deriva do fato de que a porção do valor socialmente produzida e apropriada de forma privada pelo capital – o lucro – é necessária para uma acumulação subsequente; e, no entanto, os meios disponíveis para garantir o lucro também contêm as condições para minar seu crescimento. A síntese dessa contradição é que, de acordo com Marx, a queda tendencial da taxa de lucro é inerente ao capitalismo.

O que é lucro e por que sua taxa tende a cair? Marx não era o único entre os economistas políticos de sua época a acreditar que todo valor é produzido pelo trabalho. No entanto, ele colocou essa reflexão no centro de sua análise e argumentou que a variação da proporção da força de trabalho em relação a todos os outros insumos na produção de mercadorias afeta a estrutura do lucro e, portanto, a estrutura do capitalismo. Todo valor que os trabalhadores produzem, mas não retêm, como salários, é retido pelo capital como "excedente"; a diferença entre o excedente bruto retido e os custos fixos do capital é igual ao lucro bruto.

Para aumentar o lucro, o capital necessita que o trabalho produza mais valor; mas o desafio é reter esse valor adicional como excedente ao invés de usá-lo para pagar mais salários. Uma maneira de resolver essa dificuldade é o capital exigir que os trabalhadores trabalhem mais horas por dia; outra é que o capital invista em meios de produção – como máquinas – a fim de aumentar a produtividade do trabalho (Braverman, 2021; Bowles, 1986). No último cenário, ainda que o capital não pague salários significativamente maiores, ele incorre em maiores custos fixos que, embora se amortizem ao longo do tempo, afetam negativamente a *taxa* de lucro. A taxa de lucro é calculada pelo retorno sobre o investimento de capital; assim, a taxa diminui mesmo se a massa de lucro aumentar por causa de uma maior produção (Shaikh, 1983). Na lógica de Marx, essa mudança proporcional se deve ao fato de que, embora mais mercadorias possam ser produzidas devido à maior capacidade tecnológica, cada uma condensa menos trabalho e, portanto, menos valor. E, uma vez que o lucro é derivado do valor, sua taxa – se o valor diminuir – não pode ir a outro lugar senão para baixo (Marx, 1996).

Os desequilíbrios sistêmicos resultam da dinâmica que determina a tendência de queda da taxa de lucro. No primeiro caso, os capitalistas podem reter massas cada vez maiores de mais-valia, ocasionando, assim, maior concentração de capital em suas mãos. No entanto, para fazer isso, eles devem fazer, individualmente, investimentos setorialmente determinados (Shaikh, 1983). As empresas que se sobrecarregam com esse tipo de investimento são engolidas por outras empresas capazes de comprar máquinas ou são expulsas do mercado por causa de uma incapacidade de competir a partir do preço unitário no mercado. Como resultado, a concentração também cria as condições para a centralização – o que significa menos empresas em qualquer setor ao longo do tempo –, levando ao oligopólio, senão ao monopólio (Smith, 1988; Markusen, 1985).

Ao mesmo tempo, se a produção total de uma dada economia política é igual ao valor de todas as mercadorias produzidas, então todas elas devem ser vendidas para que o capital se reproduza, o que significa dizer, completar o circuito D-M-D' – transformando o dinheiro (D), por meio das mercadorias (M), em mais dinheiro (D'). No entanto, se o capital está ganhando mais com uma massa salarial estática ou em retração, então a superacumulação pode ser o resultado desse processo, pois a capacidade de compra de todos esses trabalhadores é menor do que a massa de valor dos bens à venda. Ao contrário do trabalho em sua totalidade, as empresas não gastam tudo o que ganham (Baran e Sweezy, 1974). As empresas e os ricos poupam, e as poupanças são o reflexo, no agregado geral, das vendas não realizadas. A superacumulação de mercadorias leva a um corte na produção, deixando o sistema com uma capacidade produtiva não utilizada ou, dito de outra maneira, uma capacidade produtiva excedente (David Gordon, 1996). A capacidade produtiva abrange todo o conjunto das forças de produção, incluindo *tanto* os insumos do capital (maquinaria e dinheiro), *quanto* os insumos dos trabalhadores (força de trabalho) (Marx, 1996).

Os teóricos radicais da crise tentaram isolar as causas específicas da queda da taxa de lucro. Existem dois tipos gerais de explicação. Um enfoca o subconsumo, que pode ser entendido como superprodução – cenário no qual a renda geral é insuficiente para comprar todos os produtos, o desemprego cresce e as economias estagnam (Baran e Sweezy, 1974; Brenner, 2003). Essa teoria foi identificada como o argumento da "redução da força do trabalho" (Sherman, 1997). O outro tipo de explicação enfatiza o efeito que o aumento dos salários (ou o baixo desemprego) tem sobre os custos totais de produção, argumentando que os salários comprimem o lucro (Bowles, 1986); essa teoria constitui a perspectiva da

Os verdadeiros efeitos da crise em uma determinada sociedade não são necessariamente paralisantes; em vez disso, eles provocam soluções que assumem muitas formas e que, portanto, produzem resultados variados com a mesma probabilidade de abalar, ou de resolver, as perturbações político-econômicas originais. Tais soluções incluem a retirada total do capital de uma região ou a sua transferência da produção (pesquisa, desenvolvimento ou indústria) para outros setores de investimento, como terras ou mercados financeiros, onde os retornos de curto prazo pareçam previsíveis (Harvey, 2013). Uma vez que tais decisões de investimento não são coordenadas de forma centralizada, elas podem fornecer alívio para investidores individuais ou empresas, mas pouco fazem para resolver a crise para a grande massa de pessoas que está vulnerável aos seus efeitos. Em contraste, o governo pode intervir, como um "conjunto de capitalistas" (Negri, [1980] 1988; Harvey, 2013; cf. Foglesong, 1986), para remediar as crises, tomando emprestado capital monetário excedente e usando os rendimentos para garantir a demanda agregada através do apoio à renda ou programas semelhantes – restaurando ao capital, portanto, seu ímpeto expansivo (Keynes, 1996). Os limites do poder de tal ação coletiva encontram-se nas (mas não são necessariamente produzidos pelas) complexidades dos limites políticos (fronteiras, tarifas e divisões raciais, de gênero e internacionais de territórios e mercados de trabalho).

Excedente e crise são, portanto, os dois lados da mesma moeda. Os problemas decorrentes da superacumulação – que gera uma *crise* de excedente – não são apenas econômicos, mas também políticos e, portanto, sociais. A ociosidade dos trabalhadores, o desenvolvimento de mercados longínquos (de trabalho ou mercadoria) e a imobilização de capital em terras desvalorizadas são problemas que requerem organização política – como a

---

"força crescente do trabalho" (Sherman, 1997). Para Sherman (1997; ver também Hunt e Sherman, 2013), Shaikh (1983) e outros, as duas linhas argumentativas não se anulam, mas revelam a natureza contraditória das crises em diferentes momentos ao longo do ciclo, assim como argumentou Marx (1996).

construção do estado (Gregory Hooks, 1991) ou o ativismo subalterno (Pulido, 1996) – para resolver. A organização política produz novas relações sociais que podem, se reproduzíveis, formar as bases para uma nova ordem social (Hall e Schwarz, 1988).

Até aqui, nós vimos como o capitalismo, enquanto um modo de produção, produz as condições para a sua própria destruição; a produção de excedente é necessária, ou então não há lucro, enquanto a superacumulação de excedente gera crise. O sistema, entretanto, não funciona mecanicamente, independentemente da época e do lugar; as crises são historicamente específicas e suas generalidades atuam de maneiras específicas em lugares específicos. Em seguida, eu revisito as evidências teóricas e empíricas da existência de quatro excedentes que foram fundamentais para o tamanho e a força do projeto de expansão prisional da Califórnia.

O agravamento da divisão da Califórnia entre os mais ricos e os mais pobres é central para o que Richard Walker (entre outros) identifica como três "contradições centrais" (Walker, 1995): 1) a combinação mutável de empregos e da localização industrial e residencial; 2) o medo dos anglo-estadunidenses de rebaixamento à condição de minoria, juntamente com a exploração diferencial do capital de segmentos do mercado de trabalho definidos por raça, gênero, localidade, setor e cidadania; e 3) o fracasso do estado em reativar as capacidades ociosas por meio de projetos de infraestrutura, educação, emprego e outros. Como demonstra o abandono multigeracional das crianças da Califórnia à pobreza, a riqueza não circula da mesma forma que antes. "Alguns recursos de poder parecem aumentar dentro do sistema, enquanto outros parecem diminuir" (Mike Davis, 1986, p. 181). É a essa contradição sintética, expressa como quatro excedentes – de capital financeiro, terra, trabalho e capacidade estatal – que nos voltamos agora.

Os quatro excedentes

Capital Financeiro Excedente – Esta seção analisa a economia política do capital financeiro excedente que surgiu na Califórnia na forma do capital financeiro municipal. Financistas municipais criam e vendem títulos para arrecadar dinheiro para projetos públicos – além de alguns privados, sem fins lucrativos – que contribuem para o bem coletivo.

Vimos que, quando a era de ouro do capitalismo estadunidense chegou ao fim, as principais mudanças nas forças, nas relações e na geografia da acumulação que haviam abalado o mundo capitalista como um todo tiveram efeitos regionais específicos na Califórnia. Entre 1973 e 1989, de acordo com David Gordon (1996, p. 80–81), a parcela do produto interno bruto (PIB) desembolsada em propriedades aumentou (dividendos em 25% e juros em 67%) e a parcela do PIB investida em plantas industriais e maquinaria caiu pela metade (de 4,4% para 2,2%). A evidência de Gordon fundamenta a teoria geral, descrita na seção anterior, de que, quando a taxa de lucro cai, o capital funciona de maneira diferente do que quando ela está em alta. A mudança não é imediata, pois há uma defasagem entre o pico do lucro e o pico do investimento produtivo (Sherman, 1997). No entanto, valor que não está em movimento não é capital; assim, quando as oportunidades de investimento produtivo diminuem, quem possui excedentes move sua riqueza para investimentos não produtivos geradores de renda a fim de garantir retornos constantes (Harvey, 2008; cf. Arrighi, 2007). O sistema de crédito, domínio do capital financeiro, é um grande palco. Se em tempos de expansão o crédito complementa as reservas, em períodos de superacumulação a "febre especulativa em ativos de toda sorte" emerge como um meio para ativar o capital ocioso (Harvey, 2013, p. 452).

Conforme ilustrado na Figura 5, a proporção entre rendimentos vindos da propriedade (juros, dividendos, aluguéis e lucros) e a renda total cresceu 40% na Califórnia entre 1977 e 1996.

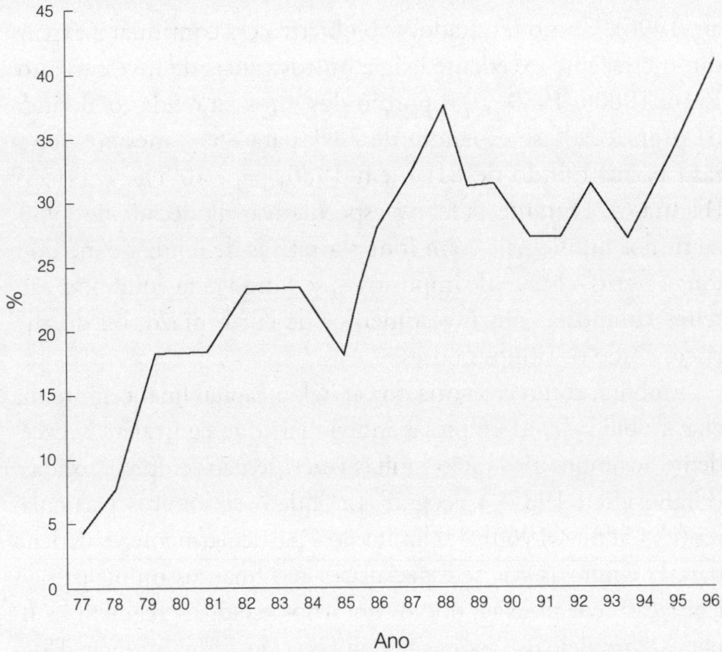

FIGURA 5. Crescimento na relação entre a renda (lucro) da propriedade/proprietários e renda total, 1977–1996. Fonte: CDF-CEI, 1977–1997.

Embora tenha havido picos e vales ao longo do caminho, o que surpreende é o aumento no final da década de 1970, um importante platô no início dos anos 1980, seguido de mais um aumento em meados desta mesma década, e a estabilidade global na tendência de alta. Aqueles que, no final dos anos 1970 e início dos anos 1980, detinham o controle do excedente de propriedades em expansão tiveram as oportunidades de investimento produtivo na Califórnia limitadas pelo financiamento de plantas e equipamentos industriais decadentes realizado por empresas estatais e demais empresas estadunidenses a partir de reservas acumuladas (CDF-CEI, 1977; Flanigan, 1996; Brenner, 2003). E, no caso das principais indústrias, como a aeroespacial e a eletrônica, o *boom* nos gastos em defesa dos governos Carter-Reagan complementou generosamente o dinheiro disponível (Oden et al., 1996). Como resultado, se o objetivo era continuar a expandir, o crescente excedente exigia outros canais de investimento. Entre 1980 e 1989, a proporção dos juros na renda total vinda da propriedade se expandiu de 73% para 85%, mesmo com a taxa básica caindo de 21%, em 1980, para 10,5%, em 1989 (Figura 6). Durante as febres especulativas da década de 1980, os títulos municipais eram fontes atrativas de renda de médio e longo prazo – isenta de impostos –, servindo para equilibrar carteiras compostas por investimentos de curto prazo, ou de alto risco, como os títulos podres.

Embora, como categoria do capital, o capital financeiro tenha alta mobilidade, as empresas individuais quc cquivalem o excedente aos mutuários estão muitas vezes, se não sempre, "fixadas" (Granovetter, 1985) a geografias político-econômicas particulares (cf. Chinitz, 1960). Tal limitação é particularmente verdadeira para as empresas que se especializam nas finanças municipais. A legislação federal exige que os governos estaduais regulem as finanças municipais; assim, as empresas do setor municipal devem organizar o seu funcionamento tendo como base o estado (Sbragia, 1996). Como o capital das finanças públicas é erguido pelo estado, ou por meio de sua aprovação e controle diretos, a política pública – uma vez que estabelece e mantém áreas legítimas para a acumulação da dívida pública – se torna central para o capital financeiro (Sbragia, 1996; ver também Gramlich, 1994). Mais de 80% da infraestrutura pública nos Estados Unidos pertence a governos estaduais e locais e seu "valor líquido *per capita*" aumentou de forma constante nos vinte e cinco anos do período pós-Segunda Guerra Mundial (Gramlich, 1994).[43] De 1949 a 1973, os principais componentes do estoque de propriedades dos governos estaduais e locais eram rodovias, ruas e edifícios educacionais. O valor total desse estoque dobrou em termos reais, dobrando também o valor *per capita* dos componentes principais em relação ao valor de todas as outras instalações e equipamentos

43. A não ser que se diga o contrário, os dados colhidos para este parágrafo vêm do ensaio de revisão de Edward M. Gramlich (1994) sobre a infraestrutura pública nos Estados Unidos.

para US$4.000 e US$2.000, respectivamente. Como em tantas outras categorias da análise político-econômica, o ano de 1973 representa uma virada: a participação da riqueza pública em rodovias, ruas e edifícios educacionais começou a diminuir, enquanto outros investimentos de capital aumentaram em ritmo modesto. Vinte anos depois, seus valores passaram para cerca de US$3.000 por categoria *per capita* –, indicando que o tipo de gasto mudou e que o volume se estabilizou, sugerindo uma possível oportunidade de investimento para o capital privado.

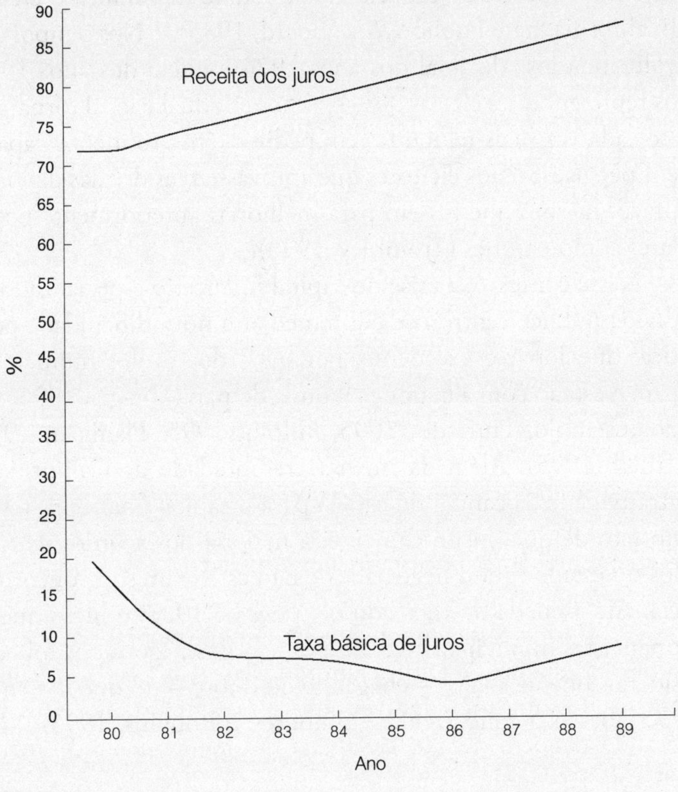

FIGURA 6. Aumento da receita dos juros como participação da renda de propriedade/proprietários e declínio da taxa básica de juros, 1980–1989. Fonte: CDF-CEI, 1980–1989.

A infraestrutura da Califórnia não escapou da tendência geral de abandono que começa no final dos anos 1970 (Kirlin e Winkler, 1984; Walker, 1995). Atordoado com os sucessos da "revolta dos contribuintes" de Jarvis-Gann lançada em 1978, o governo de Brown não cumpriu seu dever constitucional de formular os planos gerais de desenvolvimento – uma omissão política que se estendeu por toda a administração Deukmejian, bem como pela do governador Pete Wilson (Bradshaw, 1992; Trombley, 1990; CDF-CEI, 1997). Ao mesmo tempo, a constituição da Califórnia exige que os eleitores aprovem qualquer dívida que obstrua a capacidade do estado de garantir o crédito (California State Public Works Board, 1985).[44] Nos tempos "revolucionários" do final dos anos 1970 e início dos anos 1980, os representantes eleitos nos governos estadual e local tornaram-se cada vez mais relutantes em pedir – e muito menos capazes em persuadir – aos eleitores que aprovassem as dívidas de longo prazo, mesmo que fossem para melhorias anteriormente populares como parques (Trombley, 1990).

Nesse contexto, a crise do capital financeiro especializado na dívida pública centrou-se em remediar a nova dificuldade política: direcionar o excedente, por meio dos títulos municipais, para o estado com a maior economia do país (Sbragia, 1996; ver, por exemplo, Hurtado, 1995; Gilpin, 1995; Flanigan, 1996; Truell, 1995). Além da imensa credibilidade da Califórnia, a atratividade da capital do estado para o capital financeiro reside no fato de que, historicamente, a maioria dos acordos de títulos do estado foram negociados e não estiveram sob concorrência. Até a queda do mercado de ações de 1987, o lucro que os financistas municipais tiveram nos acordos negociados foi consideravelmente maior – chegando ao dobro – do que nas emissões abertas à concorrência (Simonsen e Robbins, 1996).[45] Em

44. A exceção à regra é que a dívida pode ser criada tendo como lastro a garantia de crédito do estado em tempos de guerra ou para suprimir uma insurreição (SPWB, 1985, p. C-2).

45. Em termos técnicos, esse lucro é chamado de "*spread* de *underwriter*" [ver significado do termo na próxima nota].

um acordo concorrencial, o estado cria e documenta a emissão usando equipe própria e, em seguida, lança um convite a todas as *underwriters*[46] autorizadas para anunciar a oportunidade de vendê-la. Em um acordo negociado, o estado traz empresas especializadas que formatam a emissão, negociam um preço com o estado e levam o acordo ao mercado – embolsando seus lucros. Portanto, as empresas bem-sucedidas não apenas ganham mais dinheiro nos acordos negociados, mas também se incorporam profundamente como atores políticos nas instituições estatais (judiciário, Departamento de Finanças, Tesouro, Conselho de Obras Públicas), onde a emissão da dívida é um exercício desigualmente legítimo de poder social e político.

Como todo capital, o capital financeiro é amoral, ainda que politicamente ativo; o crescimento, e não o propósito, é o que está em primeiro plano. A expansão da apropriação privada da mais-valia na Califórnia ocorreu na esteira do desinvestimento público de longo prazo e da redução das oportunidades para o investimento privado. Os financistas municipais sediados na Califórnia puderam resolver o problema econômico desenvolvendo mercados públicos para o capital privado. Dada a longa negligência do estado em relação à infraestrutura, e sua riqueza global a despeito das crises, a capacidade potencial da Califórnia para o endividamento público era bastante elevada. O surgimento do keynesianismo na década de 1930 foi projetado para mitigar esse descompasso. No entanto, nas décadas pós-keynesianas de 1980 e 1990, a situação era diferente, com severas limitações políticas restringindo a habilidade do estado em exercer sua capacidade e em manter o capital privado em movimento – um tópico que será examinado mais adiante. Mas primeiro devemos lançar um outro olhar aos problemas inerentes ao controle espacial do capital olhando para a terra excedente.

---

46. N.T.: *Underwriters* [subscritores] é o nome dado a instituições autorizadas (bancos de investimento, sociedades distribuidoras e sociedades corretoras de ações e títulos mobiliários) que realizam todos os processos de lançamento e distribuição das ações no mercado primário, atuando como intermediárias entre emissores e compradores.

Terra Excedente – O desenvolvimento desigual é processo e produto da destruição criativa do capitalismo (Smith, 1988, 1996). À medida que o capital migra espacial ou setorialmente com o intuito de aumentar sua capacidade de expansão, tudo o que o capital abandona – edifícios, máquinas, força de trabalho, terra – se desvaloriza, e seu preço, consequentemente, diminui. Neil Smith detalha os determinantes estruturais do fluxo de capital na terra urbana a fim de iluminar como o movimento do "capital, e não das pessoas" é um importante indicador cujos sintomas sociopolíticos incluem gentrificação e uma declarada guerra de classes raciais executada por meio da criminalização e do policiamento (Smith, 1996, p. 70). O movimento do capital por meio e através da terra rural segue ritmos semelhantes de desinvestimento e revalorização (Harvey, 2013; Bradshaw, 1993). As economias rurais, não menos do que os centros urbanos da indústria e de serviços, estão integradas a fluxos econômicos mais amplos via divisões sociais transnacionais do trabalho (Robin Cohen, 1987; Sayer e Walker, 1992; Meiskin-Wood, 1995) e regimes globais de consumo (Watts, 1994a-b). O esgotamento de recursos, a mecanização dos processos de trabalho agrícola e o fechamento de estabelecimentos industriais e de outros que também oferecem empregos podem devastar as economias rurais, que são pouco flexíveis em razão de sua tendência em serem dominadas por monopólios ou oligopólios (Markusen, 1985, 1987; Storper e Walker, 1989; cf. Chinitz, 1960).

Política, demografia, rodadas anteriores de investimento, entre outros fatores, afetam para onde vai o capital e quando e por que ele se acumula (Smith, 1988, 1996; Massey, 1984). Como Smith argumenta, o movimento do capital é contraditório, tendendo simultaneamente à equalização e à diferenciação. *Equalização,* uma função da necessária expansão do capital, é o processo por meio do qual a "terra é transformada em um meio universal de produção" (Smith 1996, p. 78; Harvey, 2013). A transformação não é uniforme em todo o espaço e em todos os momentos, e a *diferenciação* resulta da "centralização espacial do capital em alguns lugares à custa de outros" (Smith, 1996, p. 79).

O fenômeno da terra excedente reside na conexão entre essas tendências contraditórias. Na Califórnia, embora a população de áreas não metropolitanas esteja crescendo mais rapidamente do que nos centros urbanos de Los Angeles e San Francisco (ver Figura 4), nem todas as terras rurais retiradas da produção foram convertidas em subúrbios (Walters, 1992; Bradshaw, 1992; Kuminoff et al., 2001; cf. Smith, 1996).

Mudanças na extensão das terras cultiváveis da Califórnia fornecem evidências da existência de terras excedentes e da sua relação com o desinvestimento. A Figura 7 mostra a mudança nas terras cultiváveis da Califórnia no período do pós-guerra. Cerca de 80% do fornecimento anual de água da Califórnia vai para terras agrícolas (Howitt e Moore, 1994), o que corresponde a 92% de toda a área irrigada –, levando em consideração que parte é para terras de pastagem (Sokolow e Spezia, 1992). Embora o total de terras cultiváveis tenha diminuído depois de 1954, a quantidade de hectares irrigados aumentou até 1978. Desde o pico, aproximadamente 40.000 hectares por ano de terra irrigada foram retiradas de produção. O capital literalmente "afundado" em terras irrigadas inclui as tecnologias pelas quais a água é transportada para as plantações: poços, valas, canos, bombas, acessórios de irrigação e assim por diante. Quando os fazendeiros deixam de produzir na terra irrigada, eles desinvestem ou abandonam a infraestrutura que transporta água, bem como outros aprimoramentos – como melhoria do solo ou revestimentos que evitam a sedimentação – que haviam tornado a terra produtiva.

Mas por que retirar a produção de terras irrigadas? As forças inter-relacionadas da seca, da dívida e da construção civil servem como fatores explicativos. A severa seca de 1976–1977, precedida por vários anos com pouca precipitação, gerou o espectro de uma escassez permanente de água. Os fazendeiros responderam à crise de diferentes maneiras. Alguns participaram de programas federais que pagam aos fazendeiros que concordam em inativar as terras nas quais, de outra forma, teriam cultivos designados pelo governo federal como "plantações excedentes" (Howitt e Moore, 1994; Gottlieb, 1988). Outros produtores usaram a terra como

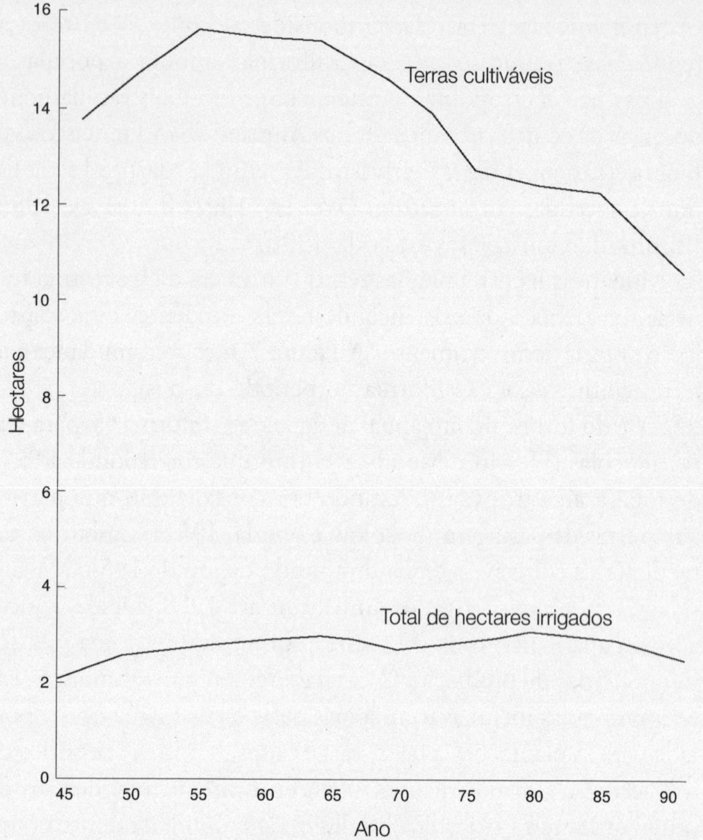

FIGURA 7. Terra cultivável e irrigada da Califórnia, em milhões de hectares, 1945–1987. Fonte: Sokolow e Spezia, 1992.

garantia para tomar empréstimos a fim de investir em tecnologias mais avançadas de irrigação ou perfurar poços profundos para suplementar o derretimento da neve vinda de Sierra com água fóssil dos aquíferos antigos fornecida por aquedutos. Entre os fazendeiros-investidores estavam aqueles que planejavam continuar cultivando o mesmo produto, como o algodão, e os que desejavam mudar de cultivo (Reisner, 1986; CDF-CEI, 1978). E, por fim, desencorajados pela perspectiva do alto custo da água, alguns fazendeiros saíram completamente do negócio.

Os esforços empreendidos no final da década de 1970 não estabilizaram a situação como se esperava. No início da década de 1980, tanto os que planejavam o fornecimento de água no estado quanto os analistas independentes propuseram que alguns dos hectares temporariamente inativos durante a seca deveriam parar de produzir permanentemente (El-Ashry e Gibbons, 1988). Em 1982, os eleitores votaram contra uma medida para construir um novo sistema de água, o Canal Periférico, e esta rejeição minou qualquer expectativa de que o estado forneceria rapidamente uma solução subsidiada para a escassez de água como havia feito no passado (Gottlieb, 1988).[47] Ao mesmo tempo, uma série de invernos encharcados do El Niño (1981-83) destruiu muitas plantações, forçando fazendeiros muito endividados a declararem falência (Reisner, 1986), ao passo que a dívida empurrou outros para fora do negócio quando o dólar nas alturas tirou seus produtos do mercado de alimentos para exportação (Gottlieb, 1988; Hundley, 1992). Alguns fazendeiros falidos foram comprados por outros maiores, que estavam solventes, resultando em uma centralização ainda maior do agronegócio (Walters, 1992; veja também o capítulo 4). Em outros casos, as instituições de empréstimos tomaram o título da terra por meio da execução de hipotecas, sem necessariamente ter um mercado para vender a garantia apreendida (Gottlieb, 1988). E, finalmente, alguns fazendeiros venderam para construtoras, consignando a terra à conversão suburbana (Sokolow e Spezia, 1992).

Embora mais de 80% das terras agrícolas irrigadas estejam nos condados do Grande Vale Central e do deserto da *Inland Empire*[48] – onde a suburbanização foi mais intensa –, nem todos

---

47. O Canal Periférico foi derrotado por uma estranha aliança entre produtores, ambientalistas e pessoas que se rebelaram contra os impostos. Os produtores, dominados pelos poderosos do algodão J. G. Boswell e Salyer American – que figuram com grande destaque no capítulo 4 –, lutaram contra o canal porque a lei para promulgá-lo estipulava que todos os outros rios do norte da Califórnia estariam para sempre protegidos contra desvios e represamentos (Gottlieb, 1988; Reisner, 1986).

48. N.T.: *Inland Empire* [Império Interior] é uma região metropolitana ao sul do estado da Califórnia.

os 40.000 hectares que saíram de produção a cada ano foram automaticamente convertidos para o desenvolvimento suburbano. Como corolário, nem todos os produtores que deixaram a agricultura foram forçados a fazê-lo por dívida ou pela seca. Alguns, como os da área de Fresno-Clovis, acharam contraintuitivo continuar investindo nas fazendas – por mais produtivas que fossem – quando os construtores residenciais pagavam até cinco vezes o preço que a terra negociada para a agricultura poderia render (Walters, 1992; veja também Carey Goldberg, 1996).[49] E, ainda assim, nem todas as terras que deixaram de produzir estavam na rota das construtoras. Por que os fazendeiros que poderiam investir pararam? Talvez a intensificação da suburbanização da área de Fresno-Clovis e a queda de 50% no preço das fazendas do Condado de Fresno (em valores reais) entre 1978 e 1982 seja parcialmente explicada pelo fenômeno do desinvestimento antecipatório, com os proprietários imaginando que seria um desperdício realizar novas melhorias nas terras agrícolas destinadas ao setor da construção (Walters, 1992; Smith, 1996). A combinação dessas forças – seca, dívida e setor da construção – foi crucial para que os excedentes de terra surgissem na década de 1980 em meio à suburbanização massiva.

A retirada das terras irrigadas da produção excedeu em muito a taxa de uso da terra para suburbanização. Cerca de 76% da terra irrigada na Califórnia está no Grande Vale Central. Em dez anos, o crescimento bruto da população no vale adicionou 1,1 milhão de pessoas à área. A família média nessa área é composta

49. A Lei de Conversão de Terras da Califórnia [*California Land Conversion Act*] (ou Williamson), de 1965, protege os fazendeiros do desinvestimento forçado em razão dos efeitos fiscais da invasão da suburbanização por meio de contratos voluntários renováveis de dez anos. Esses contratos estipulavam que a avaliação e a tributação feitas pelo condado e pela cidade sobre as fazendas – desde que a terra estivesse sendo usada para a agricultura – tivessem taxas vinculadas à renda produzida na fazenda, e não à avaliação da propriedade real. O governo estadual subsidia uma parte da renda local perdida, mas os condados e municípios pobres, cujo estado não aumentou sua participação, não conseguem compensar a diferença (Sokolow e Spezia, 1992; Landis, 1992).

por 2,8 pessoas (CDF-CEI, 1989). Se todas as novas famílias representassem novas casas construídas nas terras agrícolas suburbanizadas, na média de 3 casas a cada 0,4 hectares (Sokolow e Spezia, 1994), o setor da construção residencial absorveria, em dez anos, cerca de 50.000 hectares, ou em torno de 16% dos hectares ociosos no Grande Vale Central. Portanto, podemos ver que a ociosidade da terra e a chegada da suburbanização não produziram uma transferência nos usos da terra, mas sim uma forte competição entre lugares tentando atrair o capital das construtoras para absorver o excedente de terra.

A segunda fonte de excedente – que é relacionada, mas não idêntica, à primeira – são as terras que ficam dentro e ao redor dos municípios pobres de toda a Califórnia rural; esta é a contraparte da terra excedente produzida nas cidades centrais capitalizada pela gentrificação (Smith, 1996). Terra excedente não é terra vazia. A desvalorização de instalações residenciais, varejistas e industriais, entre outras, é sintoma de economias locais estagnadas ou encolhidas (Bradshaw, 1993). A alta taxa de desemprego pode servir como um guia para localizar terras excedentes, pois é um indicador de que o capital se reorganizou ou se retirou da área. Um exemplo de reorganização é o investimento em tecnologia que substitui o trabalho: o capital ainda está lá, o valor ainda é produzido, mas há menos valor circulando na forma de salários. Em outras palavras, a produção local de terra – ou trabalho – excedente pode andar de mãos dadas com uma alta *ou* uma queda na produção local de mais-valia, como veremos no capítulo 4.

A década de 1980 inaugurou um período de intensa incorporação suburbana/exurbana[50] da terra rural ao mesmo tempo em que houve um surgimento sem precedentes de um excedente de terra. Para os que tiveram a fazenda comprada por construtoras, o excedente se converteu em capital. Para outros, o excedente

50. N.T.: Os exúrbios são zonas situadas para além da linha de urbanização metropolitana. Tendo o centro urbano como ponto de referência, as zonas exurbanas ficam depois dos subúrbios e, em geral, abrigam famílias mais abastadas.

constituiu crises, tanto na forma de custos "fictícios" (diminuição da renda produzida pelo uso da terra) quanto de custos reais (impostos, seguros, manutenção) necessários para manter um ativo improdutivo. Na medida em que o capital se concentrou e se centralizou em outros lugares, o abandono relativo (e, em alguns casos, absoluto) dessa terra também constituiu, para as áreas rurais – bem como para as urbanas –, o abandono simultâneo do trabalho, para o qual nos voltaremos agora.

População Excedente Relativa[51] – A reestruturação da Califórnia, que teve início na década de 1970, incluiu a reorganização, ou o encerramento, de muitas relações capital-trabalho que haviam sido asseguradas pela luta durante a era de ouro. Todos os tipos de trabalhadores experimentaram profunda insegurança quando milhões foram substituídos de postos de trabalho e de setores inteiros. A pobreza mais que dobrou. Os confrontos racistas e nacionalistas aumentaram, impulsionados pela percepção amplamente disseminada – ainda que incorreta – de que os recursos públicos e privados do estado eram muito escassos para apoiar a crescente população e, portanto, que algumas pessoas tinham que partir. Mas, como sempre foi o caso, mais pessoas *vieram* e os imigrantes reconfiguraram a composição demográfica do estado.

51. N.T.: "População excedente relativa" foi a tradução escolhida para "*relative surplus population*". No entanto, é necessário que a leitora e o leitor tenham em mente que, no texto original, Gilmore traz essa expressão da tradução para o inglês do Marx d'*O Capital*, que, no Brasil, por sua vez, recebeu a tradução "superpopulação relativa" (Marx, 1996). Ainda que seja importante, durante a leitura, carregarmos conosco o entendimento que já temos de Marx por "superpopulação relativa" toda vez que lermos "população excedente relativa", mais importante ainda para a presente tradução é a manutenção da palavra "excedente". Esta, além de compor a homogeneidade semântica existente na tese dos quatro excedentes ("*surplus finance capital*", traduzido como "capital financeiro excedente"; "*surplus land*", traduzido como "terra excedente"; "*relative surplus population*", traduzido como "população excedente relativa"; e "*surplus state capacity*", traduzido como "capacidade estatal excedente"), é base para o desenvolvimento teórico sobre a crise do capital elaborado por Gilmore neste livro.

Essa efervescência produziu uma crescente população excedente relativa – trabalhadores às margens extremas, ou completamente fora, dos mercados de trabalho reestruturados, abandonados nas comunidades urbanas e rurais. Nesta seção, revisaremos as bases teóricas das razões de esse excedente ter se desenvolvido. Em seguida, veremos as dimensões brutas da população excedente da Califórnia: seu tamanho e como ela cresceu. E, finalmente, vamos focar mais detalhadamente em algumas das características da população excedente relativa nos cinco condados da região de Los Angeles, onde são produzidos 60% dos prisioneiros do estado.

O capital, à medida em que surgem as necessidades, deve ser capaz tanto de se livrar dos trabalhadores cuja força de trabalho já não é mais desejável – seja de forma permanente, por substituição mecânica ou humana, ou temporária, por demissões – quanto de ter acesso a trabalhadores novos ou já ociosos. Essas necessidades, como demonstra a teoria da acumulação de capital de Marx (1996), não se devem às personalidades ou preferências dos capitalistas: os CEOs que resistem a tais "ajustes" da força de trabalho põem em perigo os lucros. A natureza expansionista do capitalismo demanda que *a* mercadoria essencial – a força de trabalho dos trabalhadores – esteja à disposição em quantidades e qualidades variadas no espaço, nos setores e no tempo.

À medida que as expansões e contrações sistêmicas produzem e expulsam trabalhadores, os que estão ociosos devem esperar, migrar ou definhar até que surjam – se é que em algum dia surgirão – novas oportunidades de vender sua força de trabalho. Embora Marx tenha formulado a categoria "trabalho abstrato" para teorizar a origem do valor, seus escritos reconhecem que os trabalhadores têm características sociais específicas que podem direcioná-los ou impedi-los de entrar em mercados de trabalho específicos. A análise de Marx sobre a tendência de longo prazo do capitalismo em se bifurcar entre a riqueza crescente para poucos e o aumento da miséria para muitos centra-se na produção do que ele chamou de "pivô" da oferta e demanda da força de trabalho

– a "superpopulação relativa" [ou 'população excedente relativa' para Gilmore] ou o "exército industrial de reserva" (Marx, 1996, p. 260–70).[52]

Um indicador da "população excedente relativa" na economia política dos EUA é o princípio hegemônico da taxa de desemprego não aceleradora da inflação [*non-accelerating inflation rate of unemployment* – NAIRU]. De acordo com o quadro teórico que orienta o Banco Central dos Estados Unidos – o guardião nacional contra a inflação – o desemprego deve, "naturalmente", flutuar acima dos 6% da força de trabalho que quer trabalhar (Corbridge, 1994; Krugman, 1997). Os economistas do *mainstream* já não assumem que um estado intervencionista possa determinar uma combinação aceitável entre desemprego e inflação, como foi argumentado por A. W. Phillips em 1958. Ao mesmo tempo, novamente na economia *mainstream*, mercados de trabalho estagnados indicam possíveis aumentos nos preços devido ao poder do trabalho em aumentar os salários quando existe escassez de trabalhadores (Sherman, 1997; Hunt e Sherman, 2013; Krugman, 1997).

A Tabela 2 é um panorama amplo do crescimento da Califórnia, de 1973 a 2000, em cinco categorias: população total do estado, força de trabalho, emprego, desemprego e prisioneiros. A população excedente relativa está representada nas duas últimas categorias.[53] Duas tendências marcantes se desenvolveram ao longo do tempo. Durante a década de 1970, embora o

52. O conceito de "miséria" de Marx não está vinculado a uma visão singular de pobreza absoluta e de fome em massa. Amplamente ilustrada por eventos ao redor do mundo, essa é apenas uma parte da visão. Outro aspecto fundamental da "miséria" é o que Marx descreveu como uma "acumulação de miséria, tormento de trabalho, escravidão, ignorância, brutalização e degradação moral" para os trabalhadores, "qualquer que seja seu pagamento, alto ou baixo [...]". O presente projeto está tentando explicar essa miséria (Marx, 1996, p. 275).

53. Pelo fato de que poucas pessoas estão na cadeia [*jail*] por 12 meses completos e por que aquelas que saem em liberdade condicional – e que não têm um emprego esperando por elas – são obrigadas a se registrar no EDD (sendo, portanto, incluídas na contagem de desemprego), é provável que as pessoas na cadeia estejam incluídas em outra categoria.

desemprego tenha atingido níveis extremamente altos, as taxas de aumento da força de trabalho e do emprego estiveram quase iguais. Entre 1980 e 1994, com mais duas recessões no período, o emprego não conseguiu acompanhar a força de trabalho e o número de prisioneiros assumiu níveis muito altos. A tendência geral é que o crescimento da força de trabalho exceda o crescimento do emprego em cerca de 4%. A soma da média anual de desempregados, mais a média anual de prisioneiros do estado, é de cerca de 1 milhão. Posto que essa soma não inclui nenhuma pessoa que queira trabalhar, mas não está registrada no Departamento de Desenvolvimento de Emprego da Califórnia [*California Employment Development Department* – EDD] ou no Departamento de Correções da Califórnia [*California Department of Corrections* – CDC], esse milhão constitui o mínimo empírico da população excedente relativa da Califórnia.

Se a NAIRU explica a existência sistêmica da população excedente relativa nos termos macroeconômicos neoclássicos mais abstratos, sua presença sociológica aparece na união fatal entre poder e diferença, que se resolve parcialmente de acordo com hierarquias raciais que são internamente dinâmicas, mas estruturalmente estáticas.[54] Nos escombros da extensa reestruturação, dado seu total

54. Um conceito que data do início dos anos 1970, a "subclasse" [*underclass*] foi retomada por William Julius Wilson (1987) na década de 1980 para descrever pessoas pobres que estão social e espacialmente isoladas de oportunidades de emprego legítimas e de pessoas que trabalham na economia formal (cf. Massey e Denton, 1993). O termo ganhou popularidade – sem a complexidade analítica que Wilson atribuiu a ele –, pois deu aos observadores uma palavra para descrever o fenômeno social cada vez mais visível de pessoas que vivem às margens das cidades desindustrializadas do interior. O erro de Wilson, na minha opinião, foi reforçar a hierarquia racial dos EUA, propondo um novo estrato – um estrato demarcado racialmente (a "subclasse") – e depois argumentando que aqueles que foram depositados nele deveriam ser reintegrados no estrato de trabalhadores pobres do qual haviam sido expulsos. Foi um movimento fácil para Charles Murray (1984) e Murray e Richard Herrnstein (1994) assumir esse estrato como objeto de análise, embora isso tenha sido feito a partir de um malabarismo conceitual em que, na visão deles, a subclasse consistia no estúpido, no dependente e no preguiçoso, cujo lugar legítimo (e mais alto) está entre os trabalhadores pobres. Wilson nem

abandono pelo capital, indivíduos e famílias desenvolveram modos alternativos de reprodução social. Esses modos de reprodução incluem: estruturas econômicas informais de troca de bens e serviços legais e ilegais (W. J. Wilson, 1987); parentalidade social em famílias estendidas, com parentes biológicos ou não, constituída especialmente por mulheres (Collins, 1990; Stack, 1996); e a redivisão do espaço urbano em unidades controladas por organizações de rua (Bing, 1991; cf. Fanon, 2022). Os "efeitos concentrados" (W. J. Wilson, 1987) do *apartheid* socioespacial (cf. Massey e Denton, 1993) também incluem altas taxas de violência intencional e acidental, levando à morte prematura por causas diversas (Greenberg e Schneider, 1994; Bing, 1991) e à interação persistente, embora hostil, desses indivíduos e famílias com as agências estatais, especialmente as de assistência social, de serviços à família, tribunais e polícia (W. J. Wilson, 1987; R. W. Gilmore, 1993).

No nível mais abstrato, cerca de um milhão de pessoas na Califórnia foram trancadas em enclaves isolados por terem sido impedidas de entrar em outros lugares. Mudanças nas estruturas do mercado de trabalho tiveram efeitos particularmente severos sobre os homens afro-estadunidenses que estavam no auge da vida (Miller, 1996), deslocando também outros trabalhadores (Grant et al., 1996; Leiman, 1993). O subemprego e o desemprego são mais elevados entre os homens do que entre as mulheres de perfil demográfico semelhante. Os empregos de menor escalão, produzidos por rodadas mais recentes de investimento em regiões onde a produção de vagas de trabalho e a circulação desapareceram, são destinados ao trabalho (de baixa remuneração e não braçal) de mulheres indígenas ou aos mercados de trabalho secundários para homens ou mulheres recém imigrados (Sassen, 1988; Grant et al., 1996). Quanto menor a renda de

sequer pretendia que "subclasse" se referisse apenas à população negra; no entanto, sua pesquisa e interesse político particulares deram a outros essa possibilidade – mesmo quando ele foi amplamente criticado por subestimar o poder da raça na ordem da sociedade estadunidense. Teórico da advertência.

TABELA 2

POPULAÇÃO DA CALIFÓRNIA, FORÇA DE TRABALHO, EMPREGO, DESEMPREGO E PRISIONEIROS, 1973–2000

(*milhares*)

Ano	População total	Força de trabalho	Empregos	Pessoas desempregadas	Prisioneiros
1973	21.250	8.910	8.286	624	22,5
1974	21.646	9.317	8.638	679	24,7
1975	22.042	9.539	8.598	941	20,0
1976	22.438	9.896	8.990	906	21,0
1977	22.834	10.367	9.513	853	19,6
1978	23.235	10.911	10.137	775	21,3
1979	23.700	11.268	10.566	702	22,6
1980	24.006	11.584	10.794	790	24,5
1981	24.278	11.812	10.938	875	29,2
1982	24.805	12.178	10.967	1.210	34,6
1983	25.337	12.269	11.095	1.187	39,3
1984	25.816	12.503	11.631	980	43,3
1985	26.403	12.981	12.048	934	50,1
1986	27.052	13.332	12.442	890	59,5
1987	27.717	13.737	12.946	791	66,9
1988	28.393	14.133	13.385	748	76,1
1989	29.142	14.518	13.780	737	87,3
1990	29.976	14.750	13.747	1.003	97,3
1991	30.575	14.833	13.714	1.119	102,0
1992	31.187	15.187	13.805	1.382	104,3
1993	31.810	15.700	14.130	1.570	115,5
1994	32.155	15.450	14.122	1.328	124,8
1995	32.291	15.412	14.203	1.209	131,3
1996	32.501	15.512	14.392	1.120	141,0
1997	32.985	15.947	14.943	1.004	152,5
1998	33.387	16.337	15.368	969	158,2
1999	33.934	16.597	15.732	865	162,1
2000	34.480	17.091	16.246	845	161,5

Fontes: SPWB, 1986, 1993, 2001; CDC, 1994b; CDC, 2002.

um homem, maior a probabilidade de ele ter estado desempregado, e um descompasso entre habilidades e expectativas agrava a dificuldade dos trabalhadores marginalizados em encontrar novos empregos. Por fim, homens negros têm 30% mais chances do que seus pares brancos de terem perdido empregos fixos entre 1979 e 1989, com o efeito de longo prazo de que apenas 51% dos homens negros têm emprego estável, em comparação com 73% de 25 atrás – ainda que 90% de todos os homens negros trabalhem pelo menos parte da jornada (Nasar, 1994).

A região dos cinco condados de Los Angeles é a origem de 60% dos prisioneiros do estado.[55] Uma comparação entre os dados censitários de 1970, 1980 e 1990 revela que, enquanto os homens negros da região que trabalham diminuíram a diferença racial entre os salários, todos, exceto os de maior escolaridade, experimentaram rebaixamentos constantes no emprego. Quanto menor a escolaridade, maior é a queda (Grant et al., 1996). As mulheres negras que saíram dos nichos tradicionais do mercado de trabalho (como o serviço doméstico) ganharam maiores remunerações em empregos administrativos e técnicos nos setores financeiro, de seguros, imobiliário e do governo. No entanto, a correlação entre educação e emprego ainda se mantém, com o declínio constante da participação da força de trabalho entre as mulheres negras com escolaridade abaixo do ensino médio. A organização discutida no capítulo 5 constitui uma consequência politizada gradual e autoconsciente dessas cisões.

Embora os negros estejam desproporcionalmente representados no subemprego e no desemprego, estes não são um domínio exclusivo das pessoas afro-estadunidenses. Durante a década de 1970, os ganhos dos chicanos[56] entre 25 e 34 anos na região de Los Angeles diminuíram em relação aos da década anterior, e, embora eles tenham melhorado na década de 1980, não recuperaram o antigo patamar. Ao mesmo tempo, as chicanas não experimentaram uma remuneração que serviria para manter

55. São eles os condados de Los Angeles, San Bernardino, Riverside, Orange e Ventura.

56. Chicanos e chicanas são estadunidenses de origem mexicana.

os níveis de renda familiar (Ortiz, 1996). Durante o mesmo período, o desemprego global entre jovens adultos negros aumentou 25%, enquanto entre homens brancos dentro do mesmo recorte diminuiu. No entanto, quando a formação educacional entra no cálculo com a idade, surge um quadro diferente: entre os menos escolarizados, o desemprego aumentou para ambos os grupos – 84% entre homens negros e 30% entre homens brancos (Ong e Valenzuela, 1996).

As configurações espaciais das taxas de evasão escolar no ensino médio em Los Angeles, das falências da indústria pesada e do desenvolvimento de polos tecnológicos mostram como as taxas de subemprego e desemprego, ao mesmo tempo em que atendem a uma necessidade do capital, não são vistas pelos trabalhadores como apolíticas (Oliver et al., 1993; veja também Massey e Denton, 1994): o "mercado" não fez isso. Ao contrário, o estado pós-keynesiano participou da produção da população excedente relativa por meio de ações e inações específicas. Vinte anos de políticas econômicas liberais libertaram política e ideologicamente o capital para se mover (Oliver et al., 1993; cf. Bluestone e Harrison, 1982). Organizações de base comunitária desfinanciadas já não fornecem serviços e treinamento para jovens, e programas educacionais abandonados deixam de oferecer oportunidades de avanço (Oliver et al., 1993). O estado deixa registrada sua indiferença na crescente taxa de evasão – de 63% a 79% em algumas escolas de ensino médio predominantemente negras e latinas (Oliver et al., 1993; cf. Horton e Freire, 2011). Mudanças na política pública em relação aos trabalhadores pobres contribuíram para o abandono de segmentos inteiros de trabalho, resultando na substituição de uma "rede de segurança social por uma rede de arrasto que captura criminosos" (Oliver et al., 1993, p. 126). Examinando a Califórnia por região, Dan Walters ([1986] 1992) chegou a resultados semelhantes para todas as áreas metropolitanas do estado.

Esses exemplos selecionados indicam quem pertence à população excedente relativa. Os números não incluem a fração desempregada dos meio milhão de trabalhadores agrícolas da

Califórnia – a maioria imigrantes e Latinos nascidos fora dos Estados Unidos – que migram para as colheitas anuais do estado (Walker, 1995; Landis, 1992).

A exigência do capital por uma população excedente relativa, em uma das formações político-geográficas mais ricas do mundo, provoca crises em vários níveis. Para cada indivíduo e família sem trabalho, a crise se dá na reprodução diária e intergeracional. Para os eleitores, a crise se dá em como garantir que a população excedente, que se rebelou em 1965 e 1992, seja contida ou então deportada. Ao comprimir os mercados de trabalho por meio da deportação de quadros da força de trabalho reserva para a prisão ou para o exterior, as leis elaboradas por eleitores amedrontados podem parecer contraditórias ao capitalismo (cf. Foglesong, 1986); mas a contradição pode ser apenas uma ilusão, posto que os empregadores são capazes de explorar a real e implícita impotência política dos trabalhadores indocumentados. As leis elaboradas pelos eleitores – que evidentemente surgem do estrato do "senso comum" expresso eleitoralmente – também podem provocar novas lutas em um estado em rápida reestruturação, onde os grupos dominantes mais recentes buscam exercer o poder dentro de uma era caracterizada por uma crise de legitimação do estado. Isso nos leva ao nosso quarto e último excedente, o da capacidade estatal.

Capacidade Estatal Excedente – Ao mesmo tempo em que o estado capitalista deve ajudar o capital a ser lucrativo e manter a desigualdade formal do capitalismo aceitável para a organização política (Habermas, 1972; Hirsch, 1983; Negri, [1980] 1988), ele também desenvolve meios fiscais, institucionais e ideológicos para realizar tais tarefas. Esses meios – ou capacidades – são compostos por leis e legisladores, agências e outros ambientes construídos, burocratas, orçamentos, regras e regulamentos, pessoal de base, pela capacidade de tributar ou tomar empréstimos e pelo acesso direto à comunicação e educação de massa para produzir as definições "primárias" da realidade social (Skocpol, 1985; Stuart Hall et al., 1978; Gramsci, 1999). Os arranjos historicamente específicos dessas capacidades – como elas são combinadas e para quais finalidades – indicam o "equilíbrio de relações de poder" na formação social como um todo (Negri, [1980] 1988; Mike Davis, 1986).

O equilíbrio de poder, por sua vez, é explicado – ou legitimado – por meio das disputas entre interpretações políticas sobre princípios abrangentes e aparentemente neutros (a Constituição, a liberdade individual, a igualdade) que vinculam ideologicamente, tanto no senso comum quanto na lei, o estado e a sociedade (MacKinnon, 1989; O'Connor, 1977; Stuart Hall et al., 1978; Stuart Hall, 2003).[57] Quando um novo grupo chega ao poder do estado, ele deve "renovar e tornar crítica a atividade já existente", usando os meios ideológicos e materiais disponíveis para transformar sua intervenção de uma presença *ad hoc* para uma presença durável na sociedade (Gramsci, 1999; Hobsbawm, 1982).

O estado keynesiano, que teve vida curta, havia assegurado um equilíbrio geral de poder ao desenvolver agências que prometiam garantir usos para o excedente quando os mercados falhassem. As instituições keynesianas solidificaram sua legitimidade e suas receitas em unidades do poder estatal altamente diferenciadas, embora reprodutíveis (Piven, 1992). Programas de renda e emprego para os trabalhadores, programas de infraestrutura para o capital e programas de subsídios para a produção agrícola foram projetados para impedir que os excedentes se acumulassem outra vez como na ampla e profunda crise que caracterizou a Grande Depressão.

O desenvolvimento desigual do "governo criativo" (Baldwin, 1968) do *New Deal* resultou não apenas das capitulações desiguais do capital a um salário social abrangente, mas também – e talvez ainda mais – das relações desesperadamente densas entre democratas do sul, do oeste e do norte. As divisões raciais, industriais, de gênero e regionais se refletiram nas escolhas dos beneficiários, e o escopo das agências e programas do *New Deal*

57. Como MacKinnon (1989, p. 163) coloca, "A lei, como palavras no poder, inscreve a sociedade na forma do estado e o estado na sociedade. A forma normativa, que une o conhecimento científico ao controle estatal em sua concepção daquilo que é o direito, institucionaliza a postura objetiva como jurisprudência" (cf. Bartov, 1996).

institucionalizaram o *Jim Crow* sem pronunciar seu nome (ver, por exemplo, Mink, 1995; R. W. Gilmore, 2002b). Em outras palavras, a anomalia que surgiu na década de 1930 não era apenas o estado de bem-estar social por meio da guerra, mas também o transbordamento das normas regionais às relações nacionais (por exemplo, quais seriam os beneficiários escolhidos pelos condados para o auxílio federal às crianças dependentes). As reminiscências políticas dessas agências formam a estrutura do estado de guerra e de trabalho [*workfare-warfare state*].

Por volta da época em que a taxa de lucro inicia seu achatamento e, então, sua queda em meados da década de 1960, a forma peculiar do estado de bem-estar social por meio da guerra – ou o estado do keynesianismo militar – começou a perder sua capacidade legítima de gerenciar a crise e, assim, de se reproduzir e atravessar esses momentos. Como vimos neste capítulo, testemunhamos a deslegitimação da redistribuição de renda por meio do estado de bem-estar social em inúmeras posições defendidas, que iam, de 1965 em diante, desde os progressistas revisionistas até a Nova Direita. Outra maneira de olhar para o problema é investigar as mudanças na estrutura tributária, que revelam tanto as profundas reconfigurações de poder (entendido aqui como responsabilidade, que também é autoridade e autonomia) entre os diferentes níveis do estado quanto as novas relações que emergem entre todos os tipos de capitalistas e trabalhadores. Essas dinâmicas não apresentam menos desigualdades do que o que caracterizou os períodos que conectaram e sobrepuseram, até meados da década de 1960, a Grande Depressão, a Segunda Guerra Mundial e a Guerra Fria. O ponto aqui é simples: agora as coisas estão diferentes, mas essa diferença está fundamentada na história, e não num processo conspiratório ou automático.

O'Connor observou que "a luta contra os impostos é a forma mais antiga de luta de classes" (1977, p. 10). Quando examinada de forma abstrata, a luta contra os impostos parece ser um indicador *geral* da ilegitimidade do estado. No entanto, a particularidade histórica das verdadeiras revoltas fiscais é prova da oposição ao modo *específico* pelo qual o equilíbrio nas relações de poder é entendido como uma forma de estado *específica*.[58] A maneira como a formação das agências e da burocracia do New Deal tomaram forma indica a complexidade da "luta de classes" e aponta também para como os antagonismos intra e interclasse são travados por meio do estado, no estado e na forma do estado. Em outras palavras, a reorganização do poder, levada a cabo de forma dinâmica na luta contra os impostos, não se realiza plenamente nos termos do capital e do trabalho. Por exemplo, empresas que estão presas a determinadas geografias políticas (por exemplo, do turismo ou agrícola) tendem a apoiar diferentes regimes fiscais daqueles das empresas com maior mobilidade, enquanto as corporações multinacionais podem promover aumentos ou cortes hostis aos interesses das pequenas empresas (O'Connor, 1977; Foglesong, 1986). O trabalho com alto salário pode tentar proteger sua prosperidade relativa frente aos trabalhadores de baixos salários e dos desempregados. No fim das contas, porém, a luta contra os impostos é uma luta sobre quem consegue manter o valor que produz lucro. A luta é deslocada do local da produção econômica (a fábrica ou a empresa) e muitas vezes realocada, de forma explosiva, no ambiente político do estado.

No caso da Califórnia, os ritmos da redução de impostos são fortes indicadores da mudança estrutural e, como demonstra a Tabela 3, mostram como a deslegitimação do estado keynesiano se acumulou em ondas, culminando, em vez de se originar, nas derrotas governamentais de Tom Bradley em 1982 e 1986. A primeira onda – ou a onda do capital – é indicada pelo declínio de 50% na relação entre os impostos bancários e corporativos e o imposto de renda dos indivíduos, ocorrido entre 1967 e 1986 (SPWB, 1987). A partir de 1968, os eleitores se mobilizaram para conseguir um alívio fiscal proporcional àquele que o capital havia conseguido depois de colocar Ronald Reagan na mansão do governador (Mike Davis, 2009). Mas os esforços da sede

58. Evidentemente, o anarquismo rejeita categoricamente a forma do estado. Mas, aquém do anarquismo, outros movimentos quase-antiestado, como o libertarismo e o *posse comitatus*, na verdade reconhecem escalas legítimas de – e usos da – riqueza e poder socializados.

do governo estadual foram continuamente decepcionantes, tanto sob as administrações republicanas quanto democratas (Kirlin e Chapman, 1994). Esta última colocou em movimento a segunda onda – a do trabalho –, na qual os eleitores que já eram proprietários (e os aspirantes a tal) reduziram seus próprios impostos por meio da Proposição 13 (1978).[59] A terceira – a onda federal – indica a devolução da responsabilidade do governo federal para os níveis estadual e local, como evidenciado pelas quedas de 12,5% (estadual) a 60% (local) nas receitas derivadas do auxílio federal. A terceira onda pode ser atribuída aos vários cortes profundos de impostos que a administração presidencial de Reagan conferiu ao capital e aos trabalhadores mais ricos em 1982 e, novamente, em 1986 (David Gordon, 1996; Krugman, 1997).

A somatória dessas ondas produziu crises fiscais estaduais e locais, no mesmo trilho da crise federal que James O'Connor (1977) havia analisado mais cedo no período estudado quando ele avançou com o conceito de "*welfare-warfare*" [estado de bem-estar social por meio da guerra]. Entre 1977 e 1978, os cofres estaduais e locais da Califórnia estavam cheios (CDF-CEI, 1978; Gramlich, 1991). Em 1983, o governo estadual estava tomando empréstimos para cumprir com suas metas orçamentárias, enquanto os governos municipais e dos condados entraram em crise em diferentes momentos – a depender do nível de reserva que

59. O cabelo de todo mundo fica em pé quando eu afirmo que a Proposição 13 foi a rodada de desinvestimento estatal "do trabalho". É verdade que proprietários, liderados por proprietários de apartamentos de alto padrão, financiaram a proposta. No entanto, seria ingênuo ignorar o fato de que, para a maioria das pessoas que votou na Proposição 13, suas casas eram seu principal ativo; eram trabalhadoras e trabalhadores assalariados sem mais nada que lhes desse garantia e com muito a perder. Eles decidiram que proteger suas riquezas era a atitude mais sensata em um período em que a inflação de dois dígitos e o desemprego faziam com que todas as trabalhadoras e trabalhadores se questionassem de que outra forma eles poderiam vislumbrar a segurança da aposentadoria. O esvaziamento legal dos planos de pensão a partir de 2001 sob as leis de falência ressalta quão generalizado se tornou o abandono organizado de uma grande quantidade de trabalhadoras e trabalhadores do início dos anos 1980 em diante.

mantinham antes da Proposição 13. Os eleitores queriam serviços e infraestruturas a custos reduzidos; e quando pagavam, eles buscavam não compartilhar. Na verdade, eles estavam bastante dispostos a pagar por comodidades que permanecessem onde eles estivessem, e entre 1977–1978 e 1988–1989, os eleitores de fato aumentaram em 45% os impostos sobre as propriedades dos distritos que recebiam de volta em benfeitorias todo o gasto com os tributos (Chapman, 1991, p. 19).

Nesse contexto histórico, velhos mercados para certas frações do capital financeiro, terra e trabalho estavam morrendo, enquanto os novos ainda não haviam nascido para absorver os excedentes. A contradição central para o estado de bem-estar social por meio da guerra, ou o estado keynesiano militar, em desintegração era esta: os resultados da luta contra os impostos se traduziram na deslegitimação dos programas que o estado poderia usar para colocar os excedentes outra vez em movimento e, ao mesmo tempo, na manutenção dos aparatos burocráticos e fiscais criados na era de ouro. A enorme reestruturação da base tributária do estado acabou por tornar excedente as capacidades do estado keynesiano. No entanto, o estado não desapareceu – tampouco desapareceram os trabalhadores ou a terra excedentes, ou ainda outros fatores ociosos de produção. Em vez disso, o que minguou foi a legitimidade do estado para agir *como* estado keynesiano. Assim, a crise do estado foi também uma crise para pessoas cujas proteções contra as adversidades, ou oportunidades de avanço, seriam tornadas excedentes pelo estado, no qual sua incorporação, duramente combatida, era apenas parcial e, portanto, contingente. Uma crise relacionada a toda a população excedente era saber como ela seria de fato abandonada e se seu controle assumiria novas formas.

TABELA 3
AS TRÊS ONDAS DA MUDANÇA ESTRUTURAL NAS FONTES DE RECEITAS FISCAIS DA CALIFÓRNIA, 1967–1989

Primeira onda: impostos bancários e corporativos por dólar do imposto de renda de pessoa física[a]

1967	72 centavos
1986	36 centavos

Segunda onda: fontes de receita dos governos locais e do governo do estado da Califórnia[b]

Origem e ano	*Porcentagem*
Renda de pessoa física	
1988/89	16,8
Vendas e uso	
1977–78	16,1
1988/89	16,5
Propriedade	
1977–78	25,1
1988/89	12,7
Taxas e encargos	
1977–78	6,8
1988/89	15,8
Empresas	
1977–78	19,6
1988/89	22,3
Outros impostos	
1977–78	15,4
1988/89	15,8

Terceira onda: auxílio federal aos governos locais e ao estado da Califórnia (% das receitas gerais)[c]

Ano	*Estado*	*Local*
1981	25,8	6,7
1988	22,6	2,7

Fontes: [a] SPWB, 1987; [b] Chapman, 1991, p. 19; [c] Chapman, 1991, p. 16.

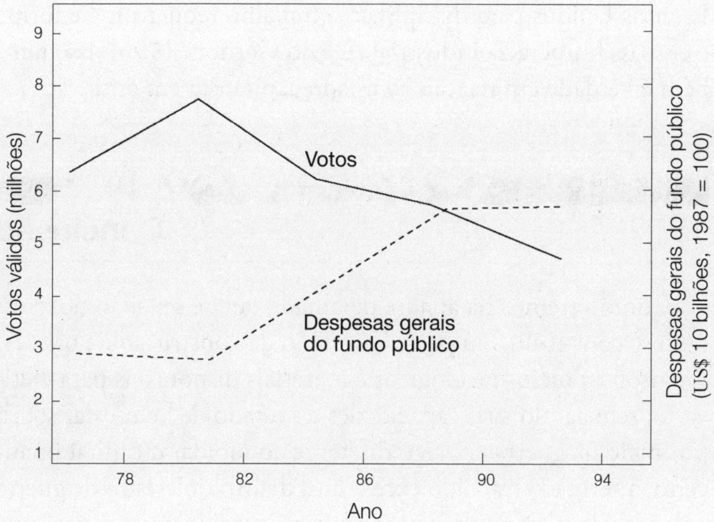

FIGURA 8. Votos para governador e despesas gerais do fundo público, 1978–1994. Fontes: *Los Angeles Times*, 9 de novembro de 1978; 3 de novembro de 1982; 6 de novembro de 1986; 8 de novembro de 1990; Martin, 1994; California State Controller, *Annual Report*, 1982; 1995.

É possível, evidentemente, que o estado pós-keynesiano encolhesse. A Figura 8 mostra as tendências para o fundo geral do estado e o número de eleitores que votaram para governador nas eleições de 1978 a 1994. A legitimidade diminuiu e o orçamento do estado cresceu. A melhor explicação para a expansão do orçamento é que as condições subjacentes que levaram às ondas de revoltas fiscais por parte do capital, do trabalho e do governo federal continuaram em vigor e, portanto, o desafio para manter um equilíbrio geral de poder exigiu um excesso de recursos na escala do estado da Califórnia. Isso poderia sugerir que a intervenção do novo grupo no poder não se tornou hegemônica. Mas um corolário de tal explicação pode ser que o novo grupo no poder não tenha conseguido reorganizar o poder dentro do estado sem um custo de eficiência maior que o anterior. A abordagem do "*big stick*" [grande porrete] usada pelo capital dos

Estados Unidos para disciplinar o trabalho requer uma enorme e custosa burocracia industrial (David Gordon, 1996); isso também é verdade em relação ao estado capitalista em crise.

Conclusão

Como veremos na análise detalhada que se segue, o novo estado se constituiu, em parte, por meio da construção de prisões. Ele usou os meios ideológicos e materiais disponíveis para efetivá-lo, renovando suas capacidades do estado de bem-estar social por meio da guerra em algo diferente ao moldar o capital financeiro, a terra e o trabalho excedentes dentro do estado de guerra e de trabalho. O resultado foi o surgimento de um aparato que, no eco da postura do Pentágono sobre o comunismo durante a Guerra Fria, apresentou sua necessidade social nos termos de um objetivo impossível: a contenção do crime, entendido como uma categoria elástica que abrangia um *continuum* supostamente dinâmico de dependência e depravação. Assim, a crise de capacidade do estado se tornou, de forma peculiar, sua própria solução na medida em que o estado de bem-estar social por meio da guerra começou sua paulatina transformação em um estado de guerra e de trabalho em permanente crise cujo militarismo doméstico é concretamente recapitulado sob a forma de paisagens de comunidades urbanas despovoadas e cidades prisionais rurais. Passemos agora à história desse "ajuste prisional".

TRÊS **O AJUSTE PRISIONAL**

A retórica do aprisionamento e a realidade das grades estão, com frequência, em flagrante contraste.

— Norval Morris e David J. Rothman,
The Oxford History of the Prison (1995)

Olha, poucas vezes fiquei surpreso em minha vida. Poucas vezes. Mas vou te dizer o que foi que mais me surpreendeu na última vez em que estive preso, em 1992. Eu pensava, olhava pra todos esses caras aqui dentro. Todos esses caras estavam lá dentro por alguma coisa, tá ligado, porque fizeram ALGUMA COISA. Mas depois as pessoas começaram a me dizer por que eles estavam lá dentro. Mais da metade dos caras... eles estavam presos por causa de droga, por causa de posse de droga. Ou seja, por NADA. Aquilo foi realmente impressionante pra mim.

Ex-membro de gangue, 40 anos,
Arquivo pessoal (1994)

Como foi que a Califórnia realizou "o maior programa de construção de prisões da história mundial" (Rudman e Berthelsen, 1991)? Nós já vimos que a economia política da Califórnia mudou significativamente na década de 1970. Isso ocorreu em razão tanto das mudanças na localização do investimento industrial – movimento de capital – quanto dos desastres "naturais". Tais mudanças, bem como as respostas a elas, forneceram as bases sobre as quais novas rodadas de movimento de capital e novos desastres naturais se desdobraram. Essas alterações produziram excedentes de capital financeiro, terra, trabalho e capacidade estatal que não foram totalmente absorvidos política, econômica, social ou regionalmente. O novo sistema prisional da Califórnia dos anos 1980 e 1990 foi construído deliberadamente – embora não conspiratoriamente – a partir dos excedentes que não tinham sido colocados para funcionar de outras maneiras. Não se engane: a construção das prisões não foi e não é o resultado inevitável desses excedentes. No entanto, ela colocou certas capacidades estatais em movimento, fez uso de muitas terras ociosas, obteve investimento de capital via dívida pública e retirou das ruas mais de 160 mil trabalhadores pobres.

Da reforma à punição

Assim como as rodadas de desinvestimentos e catástrofes que ocorreram na economia política dos anos 1970 prepararam o cenário para a forma como a crise dos anos 1980 se deu, as mudanças nas prisões da Califórnia nos anos 1970 formaram a base para a expansão do sistema. Não uma, mas duas vezes, o crescente grupo no poder dos "duros contra o crime" [*"tough on crime"*] e dos estrategistas antiurbanos cooptou as duramente conquistadas reformas formuladas para fazerem a sina do prisioneiro menos desesperada e as transformou em suas imagens perfeitamente invertidas. Esforços para fazer o Departamento de Correções da Califórnia [*California Department of Corrections* – CDC] levar a reabilitação a sério apagaram a palavra reabilitação do dicionário. Esforços para libertar prisioneiros de prisões degradantes abriram espaço para o programa de construção, que nunca chegou ao fim.

Em 1977, a Califórnia deu fim a seu compromisso de sessenta anos de usar o sistema prisional estadual como meio socioespacial para reabilitar todos os prisioneiros, com exceção dos mais perigosos (Rudman e Berthelsen, 1991; Cummins, 1994). A Lei de Condenação Uniforme e Determinada [*Uniform Determinate Sentencing Act*], de 1977, foi a resposta do legislativo a uma série de perdas judiciais do poder executivo durante uma luta de 25 anos com os prisioneiros do estado. Os prisioneiros usaram com sucesso a bancada federal, sob a Lei do *Habeas Corpus* (*Habeas Corpus Act*), de 1867, para demandar que a Califórnia tratasse os presos equitativamente, aliviasse a superlotação e respeitasse os direitos constitucionais (Cummins, 1994).[60] As prisões nunca foram lugares aprazíveis, e a superlotação não era um fenômeno novo.[61] Os prisioneiros sempre lutaram nas esferas legal e extralegal para garantir condições decentes (Cummins, 1994; Wicker, 1975). Contudo, os sucessos nos tribunais do movimento pelos direitos civis no pós-Segunda Guerra Mundial encorajou os prisioneiros a usarem o sistema contra ele mesmo; e a fração crescente de pessoas negras na população carcerária foi motivo de identificação para as lutas que aconteciam nas ruas (Jackson, 1970; Angela Davis, 1971; Wicker, 1975; Cummins, 1994). O movimento também influenciou os presos atrás das grades, porque a criminalização de ativistas políticos os transformou em população carcerária. (Cummins, 1994; Angela Davis, 1971).

A questão central era a duração da pena. O programa de reabilitação progressiva da Califórnia, de 1917, combinou-se às sentenças indeterminadas com base na teoria de que profissionais "correcionais" tecnicamente qualificados ajudariam os prisioneiros a se tornarem úteis e confiáveis, e que esses prisioneiros "corrigidos", então, persuadiriam os conselhos locais que decidem pela liberdade condicional de sua prontidão para se reintegrarem

60. A Lei Antiterrorismo e da Pena de Morte Efetiva (lei federal) [*Counter Terrorism and Effective Death Penalty Act*], de 1996, reduziu drasticamente a capacidade dos presos estaduais de usar os tribunais federais para rever as circunstâncias de suas prisões, acusações, condenações, sentenças ou confinamentos; a nova lei equivale, na prática, a uma revogação do direito de solicitar um *habeas corpus* (a Constituição dos Estados Unidos proíbe, em tese, o desmantelamento desse direito). As novas regras, que exigem que os requerentes cumpram rigorosos critérios de tempo, provas e outros elementos para se qualificarem para revisão, tornam quase impossíveis os tipos de casos que resultam em sucesso para prisioneiros – em qualquer parte dos Estados Unidos – que apresentaram pedidos de *habeas corpus* antes de 1996 (*Counter Terrorism and Effective Death Penalty Act*, 1996).

61. Na verdade, a prisão mais antiga da Califórnia, San Quentin, foi projetada para abrigar entre 48 e 50 prisioneiros. Antes de abrir, a prisão temporária do estado, situada em um navio no rio Sacramento, continha 150 pessoas que vinham de cinco condados ao redor do estado (Bookspan, 1991, cap. 1).

à sociedade (Norval Morris, 1995; E. B. Freedman, 1996). Na prática, esses conselhos eram instáveis e racistas e representavam as elites locais; prisioneiros com condenação de um ano à prisão perpétua definhavam na penitenciária por décadas, implorando, nos intervalos prescritos, por uma chance de falar para sair das grades (Jackson, 1970).[62] Os progressistas da Califórnia argumentaram que estavam criando um novo sistema, amplamente diferente dos modelos da *plantation* de exploração do Mississippi e Louisiana (Oshinsky, 1996; Lichtenstein, 1996) e do sistema punitivo mais antigo do próprio estado (Bookspan, 1991; Rudman e Berthelsen, 1991). No entanto, o movimento progressista estava comprometido, de forma geral, com a preservação das hierarquias raciais e de propriedade, ao mesmo tempo em que criava instituições que formariam pessoas que respeitassem a autoridade e conhecessem seus próprios limites (Thelan, 1969; Allen, 1994; Linda Gordon, 1994; veja também Don Mitchell, 1996). Na prática, as sentenças indeterminadas da Califórnia se transformavam em penas de prisão perpétua para prisioneiros negros, latinos e brancos cujo fracasso em se reabilitarem traduzia-se na recusa em aceitar seu lugar adequado na ordem social (Irwin, 1985; Jackson, 1970; cf. Himes, 1971, 1988).

Uma segunda ordem de demandas dos prisioneiros centrava-se nas condições do confinamento. Estado, mídia e intelectuais do final dos anos 1960 e início dos anos 1970 participaram da produção ideológica de um certo "pânico moral" (Stuart Hall et al., 1978) para explicar a desordem social e política que se alastrava pelos Estados Unidos. Em todos os níveis, os estados trabalharam duro para caracterizar os agitadores que lutavam por justiça como imorais em vez de politicamente dissidentes. Após isso, a criminalização desses ativistas varreu das ruas o que naquele momento foi um número recorde de homens e mulheres e colocou-os sob a custódia do estado, com a Califórnia na

62. Como já deve estar óbvio desde a primeira epígrafe desta seção, os historiadores tradicionais da prisão usam a palavra "grades" ["*cages*"] para descrever a qualidade particular dessa instituição de controle social; em outras palavras, "grade" é um termo técnico.

vanguarda (Miller, 1996; Donner, 1990; cf. Stuart Hall et al., 1978; Bean, 1973). A população prisional do estado cresceu, entre 1967 e 1971, de cerca de 16.500 para pouco menos de 23.000; esse número subiu e desceu dentro de uma margem bastante estreita durante os anos seguintes, atingindo um pico de 24.700, em 1974, e chegando a 19.600, em 1977 (CDC, 1992; Rudman e Berthelsen, 1991; Cummins, 1994). Além dos problemas vindos da completa incapacidade física – ou como resultado dela –, o CDC não podia ou não iria respeitar os direitos dos detentos à "segurança da vida, cuidados de saúde e recreação adequados, à comida, à alimentação decente [...] e às normas de saneamento, [...] aos direitos de visitação e ao acesso a serviços jurídicos" (Silver, 1983, p. 118; cf. Cummins, 1994). Portanto, a hostilidade, densidade e confusão que caracterizavam os ambientes prisionais estaduais naquela época minaram qualquer capacidade de reabilitação que as prisões pudessem ter tido (Rudman e Berthelsen, 1991; Cummins, 1994).

Durante a década de 1970, os tribunais federais de todo o país acataram muitos dos pedidos de *habeas corpus* dos prisioneiros e colocaram os departamentos de correção estaduais sob comando federal com o objetivo de remediar os erros constitucionais (Benton, 1983). Os tribunais instruíram a Califórnia a aliviar a superlotação e também a agrupar os prisioneiros de acordo com um sistema transparente de classificações a fim de aumentar o potencial de recuperação de cada indivíduo (SPWB, 1985; Cummins, 1994; Rudman e Berthelsen, 1991; ver também Bookspan, 1991, para tentativas mais antigas de classificação de prisioneiros). Se o objetivo desses remédios sócioespaciais exigidos pelo governo federal era levar a cabo os mandatos da legislatura da era progressista, o poder legislativo respondeu anulando a lei de 1917. A Lei de Condenação Uniforme e Determinada, de 1977, foi a abdicação formal de qualquer responsabilidade da Califórnia em reabilitar, declarando de forma nítida: "O propósito do aprisionamento por crime é a punição".

Na Lei de Condenação Uniforme e Determinada, de 1977, e, novamente, na Lei Orçamentária [*Budget Act*] daquele mesmo ano, o poder legislativo orientou o CDC a prever a necessidade de vagas prisionais[63] (LAO, 1986).[64] As tentativas iniciais do CDC de prever o déficit foram bastante modestas e se concentraram na renovação das instalações mais velhas e na substituição das duas prisões mais antigas – San Quentin (construída em 1852) e Folsom (inaugurada em 1880). O Relatório de Planejamento de Instalações [*Facilities Planning Report*] do CDC, de 1978, propunha a renovação de 3.000 vagas prisionais ao redor do estado. Em 1980, o Plano de Requisição de Instalações [*Facilities Requirement Plan*] ampliou o número de vagas novas e de reposição para 5.000 e previu um aumento no capital necessário para a realização do projeto (LAO, 1986).

Nos turbulentos anos de seu segundo e último mandato (1978–1982), o governador Jerry Brown retomou a análise inicial do CDC e começou a trabalhar nos projetos das novas instalações para substituir as estruturas de estilo gótico das plataformas e passarelas em San Quentin e Folsom (Morain, 1994c; LAO, 1986). Apesar da declaração do poder legislativo de 1977, as novas prisões de Brown seriam, em tese, usadas para reabilitação. A lei de 1977 não *proibiu* a reabilitação; em vez disso, ela removeu sua importância central (Rudman e Berthelsen, 1991). De acordo com seu próprio testemunho, Brown poderia ter usado seu poder como chefe do executivo do estado para diminuir a superlotação, ordenando liberdade condicional para prisioneiros com sentenças indeterminadas e que já haviam cumprido pena igual aos novos requisitos de sentenças, bem como diminuindo as sentenças dos que estavam no sistema

63. A capacidade prisional é medida em vagas. Uma vez que há diferentes números de vagas por cela a depender do nível de segurança da cela em questão, o número de vagas não é igual ao número de celas. Retornaremos a este tópico abaixo, nas notas 91 e 96.

64. N.T.: O Gabinete do Analista do Legislativo da Califórnia [*California Legislative Analyst's Office* – LAO] é um órgão estatal não partidário, localizado na capital da Califórnia, Sacramento, que fornece assessoria fiscal e de políticas públicas para o Legislativo da Califórnia. Ele é responsável por analisar o orçamento estatal com o objetivo de tornar os programas de governo menos custosos e mais eficientes.

há muito tempo.[65] Em vez disso, ele começou a investigar a melhor maneira de aprimorar as instalações e expandir modestamente sua capacidade, pretendendo – ou assim ele alegou – usar prisões de última geração para o benefício dos prisioneiros e da sociedade (Morain, 1994c).

Em 1980, o legislativo já havia aprovado a substituição de San Quentin por duas unidades de segurança máxima com 500 vagas cada. No verão de 1982, Brown trouxe Paul Rosser, um proeminente arquiteto e engenheiro prisional, para projetar pequenas prisões orientadas à convivência em espaços comuns, que teriam como foco a educação e outras atividades de reabilitação (Morain, 1994c; LAO, 1986). O planejamento de Brown combinou vestígios da sensibilidade progressista do início do século XX – buscando produzir a paz social por meio de antigas e novas instituições e técnicas de controle – com uma astúcia política do final do século XX – buscando converter o pânico moral em torno do crime em uma oportunidade que fez com que um eleitorado cético apoiasse o exercício, em vez da restrição, da expansão do estado (cf. L. M. Friedman, 1993).

Havia tantos processos contraditórios em curso naquele ano de transição de 1982 – desde o caduco estado de bem-estar social dos democratas ao regime de governo republicano baseado na oferta – que às vezes é difícil entender como todos eles coincidiram. Isso aumentou a distância entre o compromisso de Brown com o que havia se tornado, em lei, secundário (a reabilitação) e o objetivo principal consagrado no novo código penal. Sem a oposição do chefe do executivo no final do mandato, o legislativo deu ao CDC permissão para construir em uma escala maior do que Brown havia imaginado (Morain, 1994d). Brown havia financiado estudos de projetos prisionais a partir de fundos de reserva destinados pelo legislativo e iniciado a era da construção de novas instalações, aprovando uma expansão de US$25 milhões na Instituição Correcional da Califórnia

65. Veja *"Gang Truce Leader: From Peacemaker to Prisoner"* [Líder do cessar-fogo entre as gangues: de pacificador a prisioneiro], *Los Angeles Times*, 20 de dezembro de 1992, B-1.

[*California Correctional Institution*], no sul do condado de Kern. Mas, em 1982, novos compromissos com o CDC começaram a surgir rapidamente e o departamento revisou sua previsão – propondo, pela primeira vez, várias grandes instalações *com expansão de capacidade* em vez de se concentrar na renovação e na substituição (LAO, 1986). Para atender às necessidades previstas pelo CDC, o legislativo de 1982 aprovou a implantação de novas instalações nos condados de Riverside, Los Angeles e San Diego. Naquele mesmo ano, o legislativo fez um apelo bem-sucedido aos eleitores para que aprovassem US$495 milhões em títulos da dívida municipal [*general obligation bonds* – GOB][66] para a construção de novas prisões com base no argumento de que mais celas aumentariam a segurança pública e puniriam os malfeitores (Morain, 1994d).

Também em 1982, o legislativo reorganizou sua relação estatutária com o CDC e com o projeto de expansão prisional por meio da formação de uma nova entidade, a Comissão Legislativa Mista de Construção e Operações Prisionais [*Joint Legislative Committee on Prison Construction and Operations* – JLCPCO].[67] Mais tarde, o CDC se destacou entre todas as outras agências estaduais de duas maneiras. Em primeiro lugar, suas despesas de capital não seriam geridas pelo Gabinete de Serviços Gerais [*Office of General Services*], o que significou que suas práticas orçamentárias e licitatórias se diferenciaram dos antigos procedimentos para a construção de instalações físicas estatais. Com

66. N.T.: *General Obligation Bonds* (GOBs) são títulos da dívida pública emitidos pelos municípios para que estes tomem dinheiro emprestado de investidores que esperam receber de volta todo o montante corrigido após o período contratado. Por ser o garantidor de última instância dessa dívida, o estado da Califórnia pode aplicar novos, ou maiores, impostos com o objetivo de pagar seus credores/contribuintes. Estes, por sua vez, por concordarem em serem sobretaxados para garantir a solvência do estado, devem ser consultados e têm de aprovar os GOBs por meio da votação de ao menos ⅔ dos eleitores.

67. Aprendi muito sobre a JLCPCO a partir de conversas com os altos funcionários R. Bernard Orozco (em julho de 1995 e julho de 1996), Gwynnae Bird (em muitas ocasiões entre 1999 e 2003) e John Lum (em 2003).

efeito, o CDC ficou explicitamente isento de um processo público de licitação e, em vez disso, foi autorizado a contratar trabalhos de consultores externos (BRC[68], 1990; LAO, 1986).[69] A explicação para esse extremo desvio do procedimento convencional estava na nova função específica do CDC de construir, em alta velocidade, um grande número de instalações semelhantes, caras e altamente especializadas (entrevista com R. Bernard Orozco, 1995; Rudman e Berthelsen, 1991; BRC, 1990; LAO, 1986). Em segundo lugar, a criação da JLCPCO manteve as atividades ordinárias e extraordinárias do CDC sob rigoroso escrutínio e direcionamento dos representantes eleitos (Rudman e Berthelsen, 1991; LAO, 1986). Enquanto o CDC mantinha a expansão do sistema prisional à vista do público, exigia-se da JLCPCO realizar audiências *antes* do desembolso de fundos do Departamento de Finanças ou da implementação dos planos do CDC pelo Conselho de Obras Públicas do Estado da Califórnia [*California State Public Works Board* – SPWB] (BRC, 1990).

A vitória governamental de George Deukmejian, em 1982, completou a guinada à direita que a Califórnia havia começado sob o comando de Ronald Reagan na década de 1960. Deukmejian se utilizou, por exemplo, do acúmulo de ilegitimidades das revoltas fiscais para atacar o *status quo* – começando pelos alvos mais fracos, como as pessoas que recebem assistência social (cf. Piven, 1992). Ele seguiu, em vez de liderar, a guerra fiscal, e no final do segundo ano consecutivo com bons registros

---

68. N.T.: A Comissão Blue Ribbon da Califórnia sobre a Gerência e a População Presa [*California Blue Ribbon Commission on Inmate Population and Management* – BRC] se estabeleceu em 1987 para avaliar as projeções populacionais das prisões e cadeias, estudar opções para a punição de crimes e elaborar recomendações ao governador e ao legislativo no que diz respeito aos problemas da superlotação das prisões e da elevação de seus custos.

69. Já havia precedentes para a atribuição de trabalho a especialistas; por exemplo, a Comissão de Auxílio ao Estudante da Califórnia [*California Student Aid Commission*] já podia contratar, sem anúncio ou abertura de concurso, especialistas em auxílio financeiro para analisar os pedidos de financiamento estatal dos alunos.

de taxas de criminalidade decrescentes na Califórnia, propôs aumentos no orçamento para combater o crime, apelando para a insegurança dos eleitores. É mais do que irônico que ele tenha feito campanha contra o estado inchado, argumentando como o estado deveria crescer. O opositor de Deukmejian, Tom Bradley, tinha, como prefeito de Los Angeles, controlado com sucesso a parcela crescente do orçamento da cidade que a polícia de Los Angeles e o fundo de pensão dos bombeiros e da polícia haviam comandado por mais de uma década.[70] A polícia revidou fazendo campanha uniformizada para Deukmejian em todo o estado (Sonenshein, 1993). Deukmejian apreendeu a questão e usou a disputa de Los Angeles para projetar raça, crime e a necessidade de fortalecer o estado como uma questão única, alegando que o arrocho orçamentário da polícia de Los Angeles feito pelo prefeito afro-estadunidense só poderia ser o trabalho de um homem que pegava leve com o crime.

Uma vez que Deukmejian assumiu o cargo em 1983, o governo ampliou o novo plano prisional de Jerry Brown, mas abandonou a reabilitação como a finalidade das novas construções. Sendo agora a punição – sob a forma da "neutralização" – a racionalidade da prisão, o executivo, o legislativo e o CDC (todos os três parcialmente consolidados na JLCPCO) uniram forças para expandir a capacidade construtiva do estado para o encarceramento. Mas o estado ainda tinha dois problemas imediatos: primeiro, como melhor garantir potenciais prisioneiros e, segundo, como financiar as instalações para prendê-los. Para a solução do primeiro problema, o legislativo alterou a classificação de certos delitos – como invasão domiciliar (Rudman e Berthelsen, 1991) e violência doméstica (E. G. Hill, 1994) – para crimes que exigem penas de prisão após condenação. Da mesma maneira, as novas leis de drogas – inspiradas, em alguma medida, nas leis

70. O Departamento de Polícia de Los Angeles [*Los Angeles Police Department* – LAPD] é uma força policial fortemente capitalizada. O controle de custos centrou-se em equipamentos, não em salários ou benefícios. Como Bradley disse a um estudioso, o LAPD "pediu tudo, desde um tanque e um submarino a um avião, e eu consegui tudo isso do orçamento" (Sonenshein, 1993, p. 158).

Rockfeller de condenação mínima obrigatória, de Nova York, promulgadas no início dos anos 1970 (Flateau, 1996; Miller, 1996) – também aumentaram a probabilidade de tempo de prisão para pessoas que anteriormente não estavam na mira da prisão (Rudman e Berthelsen, 1991). O legislativo autorizou ainda uma Força-Tarefa Estadual sobre Violência de Gangues Juvenis [*State Task Force on Youth Gang Violence*] para estudar o que chamou de "terrorismo das ruas" – um tópico ao qual retornaremos. O Conselho de Penas Prisionais [*Board of Prison Terms*], que supervisiona os agentes responsáveis pela liberdade condicional, entrou em acordo com o legislativo e instruiu seus funcionários de campo a revogarem liberdades condicionais mais abundantemente – uma opção usada com moderação antes da nova era prisional; como resultado, a partir de 1983, as pessoas em liberdade condicional tiveram grande dificuldade em permanecer fora de custódia durante seu período de supervisão, com cerca de 70% sendo devolvidas à prisão por alguma parte desse tempo sem terem sido condenadas por novos crimes.[71]

Com essas medidas legais em vigor, o CDC aprofundou e ampliou o seu planejamento. A partir do Plano Diretor de Instalações [*Facilities Master Plan*], de 1983, o CDC identificou o déficit na disponibilidade de vagas como uma crise (LAO, 1986). Não surpreende que as estimativas de escassez de vagas do CDC variassem consideravelmente, nem que tendessem a subir. As estimativas variaram de 16.100 a 55.000 ao longo da década de 1980, até a alta histórica, em 1994, de 151.641, gerada pela lei "*three strikes*" e estimada para 1998 (SPWB, 1985,

71. Há duas maneiras de uma pessoa em liberdade condicional voltar para a prisão. A primeira é cometendo um novo crime; isto é, falando em termos clássicos, reincidência. A segunda, por meio da comissão de status, é violando os termos da liberdade condicional, mesmo sem ter havido um novo crime. Um crime de status é algo que é ilegal ou exige tempo de *prisão* apenas por razão da condição da pessoa acusada. Em 2000, por exemplo, o maior grupo isolado de entradas na custódia do CDC – 45% – era de violadores (do status) da liberdade condicional, superando em mais de três vezes aqueles que cometeram novos crimes (Coalition for Effective Public Safety, 2004).

1986a, 1987, 1991; LAO, 1986; CDC, 1993, 1994, 1996). Sob o comando do vice-diretor James Gomez, que se mudou da Divisão de Adultos e Famílias do Departamento de Serviços Sociais [*Department of Social Services Adult and Family Division*] para o CDC, em 1983, o departamento expandiu sua equipe de planejamento (de 3 para 118), aprimorou suas previsões e, de 1984 em diante, começou a produzir planos diretores quinquenais que combinavam habilidades técnicas de processamento matemático com um talento para enfatizar o drama inerente à "crise" (LAO, 1986).[72] A necessidade projetada caminhou em conjunto com a capacidade legal produzida pelo judiciário de manter as pessoas sob a custódia do CDC. Com o problema de identificação dos malfeitores parcialmente resolvido, a questão era como fazer para pagar por todas as novas vagas; e foram as novas vagas, em vez dos compromissos judiciais, que lideraram o crescimento do sistema.

Capital para construção

Ainda que Sacramento já tivesse, com sucesso, persuadido os contribuintes a votarem na Lei de Títulos para Construção Prisional [*Prison Construction Bond Act*], de 1982, a maioria dos representantes eleitos, inspirados pela Proposição 13, receava pedir aos eleitores que aprovassem muitos títulos da dívida municipal [GOBs]. Os GOBs têm o estado da Califórnia como seu

---

72. Embora Gomez não tenha se tornado diretor até 1990, ele assumiu o comando das manobras orçamentárias e burocráticas do CDC sob os diretores Daniel McCarthy (1983–1987) e James Rowland (1987–1990). McCarthy e Rowland tinham sido agentes penitenciários de carreira – a velha maneira de ascender à direção. Gomez foi o primeiro tecnocrata a dirigir o departamento (Morain, 1994). Em 1994, a equipe de planejamento de Gomez contava com 216 pessoas, além da consultoria externa Kitchell Capital Expenses Management, que supervisionou o planejamento, o projeto, os sistemas orçamentários e a avaliação de todos os projetos de construção do CDC desde 1981 (Morain, 1994; SPWB, 1993).

garantidor, e a Constituição estadual exige que qualquer dívida desse tipo seja aprovada pelo legislativo *e* ratificada pelo eleitorado (SPWB, 1985). Os GOBs também fornecem uma maneira de contornar a exigência constitucional do equilíbrio orçamentário, pois o serviço da dívida para títulos aprovados pelo eleitor é isento dessa regra (SPWB, 1985). O problema tornou-se como fazer para expandir um programa politicamente popular (prisões) sem esbarrar no limite politicamente contraditório da disposição dos contribuintes em usar seu próprio dinheiro para se defender de seus próprios medos.

Frederic Prager, da L. F. Rothschild, Unterberg, Towbin (LFRUT),[73] – uma das mais criativas e bem conectadas *underwriters* [subscritoras] do mundo das finanças municipais da Califórnia –, e seu novo associado Tom Dumphy, apresentaram um plano aprovado por um bloco de poder bipartidário, que incluía os democratas Jess Unruh (tesoureiro) e Willie Brown (Presidente da Câmara), o governador republicano George Deukmejian e os ativistas da expansão prisional no legislativo, liderados pelo senador do estado Robert Presley (Partido Republicano de Riverside) e pelo deputado Dick Robinson (Partido Republicano do Condado de Orange). Os capitalistas e os homens de estado criaram uma nova maneira de tomar dinheiro emprestado para as prisões a partir das capacidades já existentes de aumento das dívidas. O esquema envolveu o uso

---

73. L. F. Rothschild, Unterberg, Towbin saiu do negócio por causa de excessos comerciais – nada relacionados com o setor financeiro municipal – que colocaram a empresa numa posição arriscada depois da quebra da bolsa de valores de 1987. Quando fechou, a empresa era líder na subscrição de dívidas isentas de impostos na Califórnia. Prager formou sua própria empresa, o que conduziu o estado a emitir dívidas relativas às instalações do ensino superior. Essa seção foi, em parte, ponderada a partir de entrevistas concedidas generosamente por: Fred Prager (julho de 1996), Tom Dumphy (julho de 1996) e Dan Morain (julho de 1995); ver também Morain (1994a, 1994b, 1994c, 1994d e 1994e).

do título de receita de concessão [*lease revenue bond* – LRB[74]] para complementar a dívida dos GOBs.

O conhecimento e a experiência de Prager levaram a LFRUT a dominar o mercado privado de instalações universitárias da Califórnia. As instituições de ensino superior independentes e sem fins lucrativos do estado puderam contrair empréstimos nos mercados isentos de impostos para construir ou renovar sua infraestrutura; para a Califórnia, essas dívidas constituem empréstimos "sem registro" ou "sem compromisso", já que seu pagamento não depende de qualquer tributação ou de outra competência fiscal do estado (SPWB, 1985; Sbragia, 1996). Sob Prager, a LFRUT agregou os LRBs para as universidades privadas mais ricas e poderosas do estado – Stanford, a Universidade do Sul da Califórnia e o Instituto de Tecnologia da Califórnia. A empresa criativa também inventou a emissão de títulos bem-sucedidos para instituições com menor capacidade de endividamento, como a St. Mary's, Moraga, Cal Lutheran e a Universidade do Pacífico, de maneira que elas também puderam melhorar suas instalações. Entre 1981 e 1982, Prager trabalhou

74. N.T.: O *Lease Revenue Bond* (LRB) é um empréstimo feito ao estado que é pago de volta por meio da receita gerada pelo projeto no qual ele foi aplicado. Exemplos desses projetos incluem estradas pedagiadas, hospitais, faculdades, entre outros. Os eleitores não precisam aprovar os LRBs, porque os impostos, em tese, não são usados para pagar tais projetos. Quando os eleitores começaram a rejeitar as GOBs de construção de prisões, os políticos evitaram a necessidade de aprovação do eleitor financiando prisões com LRBs. Porém, o uso de LRBs para a construção prisional está baseado em truques orçamentários. O estado diz que o Departamento de Obras Públicas constrói a prisão e incorre na dívida e que o CDC gera a receita para pagá-la. No entanto, a "receita" é simplesmente uma transferência de recursos entre duas agências governamentais, e todo o dinheiro, na verdade, vem do Fundo Geral, ou seja, dos impostos dos contribuintes. No fim das contas, os LRBs saem ainda mais caros para os cidadãos que os GOBs. Uma vez que eles não têm o estado como garantidor final, como acontece com esse último, as taxas de juros dos LRBs são mais altas. Além disso, eles têm custos adicionais que os GOBs não têm, como taxas de subscrição, serviço da dívida durante a construção, custos de emissão, seguros de propriedade e de responsabilidade e um fundo de receita.

com a Associação de Faculdades e Universidades Independentes da Califórnia [*Association of Independent California Colleges and Universities* – AICCU] com o objetivo de emitir um título de receita inovador cujas receitas constituiriam um mercado de financiamento para empréstimos estudantis. Graças a um furo jornalístico no *Mercury News*, da cidade de San José (em 5 de setembro de 1982), os eleitores interpretaram incorretamente a ideia de que apenas instituições ricas (e, por inferência, estudantes ricos) tinham acesso a esses fundos públicos. O tesoureiro Unruh, mirando a reeleição naquele outono, exigiu que as instituições públicas fossem incluídas na negociação. O aumento das taxas de juros no início da década de 1980 dificultou a tomada de empréstimos por famílias de renda média no setor privado universitário, enquanto, ao mesmo tempo, o aumento da energia e outros custos elevaram as mensalidades (R. W. Gilmore, 1991). O acordo de empréstimo foi estendido a todos os alunos do estado; e Unruh usou o programa durante sua campanha para tranquilizar os 1,5 milhão de estudantes do estado e seus pais – supostos membros da classe votante – de que seu cargo estava cuidando de seus interesses.[75] Unruh, um político safo da velha guarda, sabia quando reduzir os fluxos do favorecimento público e fechou a torneira ao se deparar com uma economia ruim e um regime governamental transitório.

Prager trouxe Dumphy à LFRUT em 1983 para explorar seus talentos e conexões no governo da cidade; ele já havia sido um planejador no governo do prefeito de Los Angeles Tom Bradley

75. Uma das consequências contraditórias das altíssimas taxas de juros do início dos anos 1980 foi uma maior propensão por parte dos consumidores a pedir dinheiro emprestado sempre que as taxas de juros estivessem favoráveis. Isso porque a inflação tinha permanecido tão alta por tanto tempo que parecia sábia a estratégia das famílias de tomar emprestado em vez de pagar os custos totais diretamente da renda ou da poupança correntes. A teoria era que o valor dos dólares futuros descontados no presente sempre se pagaria no meio do caminho (o prazo médio para liquidar um grande empréstimo ao consumidor). Além disso, os pagamentos de juros ao consumidor foram totalmente dedutíveis nos impostos até 1986 (Grant, 1992).

e também servido como agente de liberdade juvenil assistida em Massachusetts no início de sua carreira (Dumphy, 1996). Juntos, Prager e Dumphy trabalharam duro para desenvolver novos mercados para a dívida pública na Califórnia (cf. Sbragia, 1996). Devido à capacidade limitada da maioria das instituições em aumentar as mensalidades, o negócio das universidades privadas já começava a ficar escasso – exceto nas escolas mais ricas, a matrícula é a principal fonte de receita operacional para todos os gastos, incluindo auxílio estudantil e serviço da dívida (R. W. Gilmore, 1991). Eles foram os homens que fizeram o meio de campo entre o capital privado excedente disponível para investimento nos setores públicos e sem fins lucrativos e os escassos canais aprovados pelo estado, onde o capital poderia ser colocado para operar. O novo programa de construção prisional, em seus primeiros passos em 1983, constituiu uma excelente oportunidade de longo prazo para o investimento de capital. Os velhos e novos comandantes de Sacramento estavam prontos para se unir em prol do programa prisional, mas eles tinham que arrecadar muito mais dinheiro do que qualquer pessoa suficientemente corajosa ou imprudente fosse capaz de pedir aos eleitores.

Os títulos de receita de concessão eram a solução. Os LRBs são emitidos pelo SPWB, que foi fundado em 1946 para ajudar a amortecer a crise enquanto a Califórnia se ajustava à economia do pós-guerra (SPWB, 1985). Os LRBs mais comuns emitidos pelo SPWB destinam-se a empréstimos imobiliários para fazendeiros e veteranos de guerra, bem como a empréstimos para faculdades públicas, instalações universitárias e edifícios hospitalares. Em todos os casos, a execução da dívida é realizada por meio dos pagamentos dos mutuários não governamentais ou das taxas de utilização. Embora o SPWB esteja proibido de utilizar o estado da Califórnia como garantidor de última instância em qualquer situação, no caso da dívida pública para uso público, existe uma obrigação *moral* implícita de que o estado exercerá a devida diligência para evitar inadimplências (cf. Sbragia, 1996). A suspensão política da impossibilidade de usar a obrigação moral do estado para desenhar um cenário em que o SPWB e o CDC estivessem caracterizados como entidades que compravam, vendiam e faziam concessões de bens e direitos entre si foi um movimento arriscado, porém bem-sucedido (SPWB, 1985). Para os LRBs das prisões, a "receita" consistiu nas verbas do fundo geral autorizadas pelo legislativo para o orçamento operacional anual do CDC, designadas no balanço do SPWB, que é o verdadeiro emissor da dívida, como "pagamentos de aluguel" (SPWB, 1985, 1986a, 1986b, 1987, 1990, 1991, 1993a, 1993b, 1993c, 1993d). Ao contrário das emissões de hipoteca, de ensino superior ou hospitalar, não há fluxo de receita, potencial ou real, sem cobrança de impostos.

O funcionamento econômico dos LRBs é quase idêntico ao dos GOBs prisionais; a maior diferença entre eles é política e está no escopo de aprovação necessário para se tomar emprestado grandes montantes. A desvantagem econômica é que os LRBs são ligeiramente mais caros que os GOBs precisamente porque os primeiros não têm como garantidor o poder de tributação do estado; para qualquer dívida, quanto maior o risco de inadimplência, mais elevados são os juros. No entanto, a fim de persuadir todos os membros do bloco de poder prisional a explorar a opção dos LRBs, Prager e Dumphy destacaram a única diferença econômica positiva – que é também, em grande parte, política. Os LRBs não precisam ser apresentados aos eleitores nas eleições gerais e, mediante aprovação do legislativo, podem ser organizados e emitidos com relativa rapidez a fim de maximizar as condições favoráveis do crédito, permitindo que o CDC construa prisões mais próximas do momento em que as instalações recebem a licitação e, portanto, evitando, em teoria, o aumento dos custos. Os capitalistas e os estadistas concordaram que o *trade-off* [troca] entre o custo dos juros ligeiramente mais altos e a disponibilidade de dinheiro mais rápida equilibraria a diferença econômica e forneceria um escudo político eficaz diante dos ativistas que se organizam contra os impostos.

Em menos de uma década, o montante da dívida do estado destinado ao projeto de construção prisional expandiu de US$763 milhões para US$4,9 bilhões – um aumento proporcional de 3,8% para 16,6% em relação a todas as finalidades da dívida total do estado (SPWB, 1985, 1993). Durante o mesmo período, o serviço da dívida do estado (despesa anual com o principal mais os juros) aumentou de 1% para 2,8% da renda *per capita* (California State Controller, 1996, p. 161).

A nova fonte de capital permitiu que o CDC seguisse a segunda das duas abordagens propostas por ele. A primeira delas, do final da década de 1970, centrou-se em manter as pessoas condenadas por crimes não violentos dentro de suas comunidades e fornecer programas de tratamento para cerca de 70% de todas as pessoas condenadas viciadas em álcool e drogas (BRC, 1990; LAO, 1986; PRCC, 1996). Já a segunda, a abordagem do estado de emergência, que começou a surgir em 1982–1983 (no primeiro ano de Gomez como vice-diretor de operações do CDC), buscava simplesmente construir o maior número possível de celas prisionais. A corrida final em torno dos contribuintes-eleitores, a fim de levantar o que acabou sendo mais de US$2,5 bilhões em LRBs – somados aos quase US$2,5 bilhões em GOBs –, foi, portanto, não apenas uma estratégia política de subterfúgio econômico, mas também uma estratégia de política social que colocou o estado da Califórnia em uma nova direção (SPWB 1985, 1986a, 1986b, 1987, 1990, 1991, 1993a, 1993b, 1993c, 1993d).

A escolha do local das prisões

Para realizar o programa de expansão prisional, o estado precisava de espaço para construir as unidades.[76] A Califórnia adquire de uma a três seções de terra (de 259 a 777 hectares) para cada local aprovado. Para uma instalação comum construída a

76. Este item foi, em parte, moldado a partir das entrevistas generosamente concedidas por Andrew Parks (julho de 1995), Berndt Beutenmuller (julho de 1995), R. Bernard Orozco (julho de 1995 e julho de 1996) e Don Pauley (julho de 1995 e julho de 1996).

partir de 1982, os edifícios, pátios, estacionamentos, ruas, perímetro e cercas incorporam de 121 a 142 hectares.[77] Além disso, havia inicialmente uma certa preocupação de que a escolha da localização das prisões poderia se provar desafiadora, já que as comunidades teriam medo de tê-las em suas vizinhanças (BRC, 1990). Com as unidades prisionais constituindo usos da terra localmente indesejados [*locally unwanted land uses* – LULU] e altamente contestados e produzindo os dramas do "não em meu quintal" [*not in my back yard* – NIMBY], havia amplas evidências ao redor de todo o país de que essa escolha poderia ser difícil (veja, por exemplo, Lake, 1992, 1994; Krause, 1992; Sechrest, 1992; Carlson, 1988, 1992; Travis e Sheridan, 1983; cf. Lake, 1992, 1994). Como resultado, a fim de acumular área suficiente para o desenvolvimento do projeto, o estado estava preparado para exercer seu direito de desapropriação e confisco das terras (LAO, 1986; State of California, 1990).

Em antecipação às futuras lutas contra a instalação das prisões, o legislativo determinou, num primeiro momento, que as novas prisões deveriam estar localizadas ao sul das Montanhas Tehachapi, de onde vinham, na época, 59% dos prisioneiros. O raciocínio era que aqueles que produziam os prisioneiros mereciam os LULUs. No entanto, logo depois, em 1982, o decreto regional foi revisado. Para substituir San Quentin (que nunca fechou), o legislativo aprovou novas unidades de segurança máxima contíguas à já ampliada Instituição Correcional da Califórnia em Tehachapi (um pequeno vale agrícola de grande altitude e produtor de grama no sul do condado de Kern). O legislativo também aprovou uma nova prisão hospitalar – a 45 minutos de carro a sudoeste de Sacramento – para complementar a já lotada e deteriorada prisão hospitalar de Vacaville (no Condado de Solano). De 1982 em diante, depois que o conhecimento dessas autorizações chegou aos círculos eleitorais dos

77. A sobra é mantida para uma futura expansão (Mike Davis, 1995). No entanto, enquanto isso não ocorre, ela às vezes é usada para produtos agrícolas da indústria prisional estadual, como vegetais ou algodão (Andrew Parks, entrevista, 1995; PIA, 1995).

legisladores, as delegações de ativistas comunitários passaram a questioná-los: "Mas e nós? Por que não aqui?".

Em 1983, o CDC criou o Escritório de Localização Prisional [*Prison Siting Office*] sob a direção geral do Setor de Relações Governamentais e Comunitárias [*Government and Community Relations Branch*] do departamento. Uma disputa suja pelo local da instalação da prisão autorizada para o condado de Los Angeles forneceu o pano de fundo para o trabalho político e de marketing do Escritório de Localização. O legislativo havia escolhido um local na região leste de Los Angeles – o coração da cidade e da comunidade mexicana e chicana do condado. A caracterização de Los Angeles como um condado que produz criminosos mas reluta em assumir a responsabilidade de alojá-los teve um papel importante em toda a cartografia política do estado, especialmente nos subúrbios e nos vales do interior. Ao mesmo tempo, tanto o governador quanto o legislativo acreditaram que a promessa de empregos compensaria a hesitação de uma comunidade de cor da classe trabalhadora em ter uma prisão localizada nos seus arredores. O estado foi surpreendido pela forte oposição política à prisão organizada por um padre católico ativista e pelas mães do bairro ("*Las Madres*") nos projetos de habitação social da região (Pardo, 1998; Krier, 1986; Pulido, 1995b). O perigo político em impor a prisão à região leste de Los Angeles contra a vontade dos residentes da área residia no fato de que qualquer candidato eleito, democrata ou republicano, estava cada vez mais vulnerável ao poder de voto da então crescente população latina da Califórnia (Paddock, 1986). Ainda que tivesse prometido a instalação da prisão na cidade, o governador acabou recuando diante do potencial bloco político identitário apresentado pelos manifestantes. O proprietário da área vendeu o terreno para uma entidade não estatal (Paul Jacobs, 1986) – embora o projeto tenha sido oficialmente arquivado apenas um ano depois (Wolinsky, 1987).[78]

78. A prisão de Los Angeles nunca foi cancelada. O legislativo cometeu o erro de registrar em lei que nenhuma nova prisão autorizada após a Lei Prisional de Los Angeles [*LA Prison Act*] poderia entrar em operação até

A batalha pela prisão em Los Angeles deu aos legisladores de outras regiões do estado a chance de expressar a vontade de seus eleitores de se ter uma prisão em seus arredores. E o Escritório de Localização Prisional ajudou enviando representantes – geralmente mulheres – para falar de forma tranquilizadora nas reuniões da cidade sobre os benefícios e custos associados a esse plano de construção. Um senso de justiça anti-Los Angeles, que acendeu uma noção quase patriótica de dever, mascarou a ânsia das delegações de pequenas cidades que vieram a Sacramento à procura de prisões para reviver suas economias isoladas e decadentes (Wolinsky, 1987). Fechamento de indústrias, demissões em massa e abandono de capital deixaram grandes extensões de terra disponíveis para novos empreendimentos. Ao contrário do folclore contemporâneo, as cidades onde as prisões foram instaladas, embora profundamente divididas por classe, não são todas comunidades anglo-estadunidenses, e, diferentemente do que ocorreu em Los Angeles, a oposição política à construção prisional era mais facilmente gerida por forças pró-prisão, auxiliadas pelas convincentes propagandas do CDC que prometiam empregos e outras facilidades. Em áreas predominantemente rurais com poucos empregadores, a oposição às prisões não teve pronta adesão. Em Avenal, Corcoran, Coalinga e Del Norte, por exemplo, a maior oposição veio daqueles que são material ou romanticamente dependentes da economia tradicional.[79] Ao mesmo tempo, com pouca ou nenhuma alternativa disponível para aumentar a renda gerada pelo mercado imobiliário (tal como aluguéis), a maioria dos trabalhadores e os pequenos

---

que a prisão de Los Angeles estivesse ativada. O legislativo tropeçou no próprio pé por, deliberadamente, não destinar fundos para o local. Antes de o legislativo criar essa estratégia, várias prisões concluídas ficaram vazias, enquanto a região leste de Los Angeles e Sacramento competiam por cada centímetro (Jacobs e Wolinsky, 1986; Baker, 1987; Sussman e Howard, 1987).

79. Estes incluem pequenos fazendeiros preocupados com a escassez de água; ex-citadinos com a esperança de seguir vivendo na pequena cidade de pescadores para a qual se mudaram – ainda que a maioria tenha desistido de ser pescador; e assim por diante.

proprietários nas cidades, naquele momento e agora, se agarraram à crença, geralmente infundada, de que os benefícios de uma prisão superam seus efeitos negativos.

A concentração de novas prisões no Vale Central e ao longo do perímetro sul e sudeste do estado, desde Rock Mountain (ao sul do Condado de San Diego) a Blythe Valley (no Condado de Riverside), é o resultado da confluência de forças políticas e econômicas enraizadas no – e construídas sobre o – poder histórico da agricultura e do extrativismo no estado. Embora as atividades agrícolas e extrativistas representem cerca de apenas 3% da produção total do estado, esses setores, que movimentam por volta de US$30 bilhões por ano, possuem grande poder em Sacramento. Isso acontece porque eles dominam os distritos e condados onde estão localizados e, assim, controlam, em parte por meio de contribuições substanciais às campanhas, muitos dos legisladores locais e dos governos municipais e dos condados (Walters, 1992; Don Mitchell, 1996; Pisani, 1984).

Em meio ao fiasco da prisão de Los Angeles, o Escritório de Localização Prisional do CDC determinou que as comunidades rurais seriam os locais mais facilmente manejados.[80] Os 259 a 777 hectares procurados para cada local não viriam, nas pequenas cidades, carregados de dispendiosa oposição política. Aquelas que eventualmente obtiveram sucesso em ter prisões instaladas em suas vizinhanças tinham delegações bem organizadas e quase nenhuma objeção ou exigência às propostas do CDC. Elas também tinham grandes proprietários de terras dispostos a vender hectares excedentes contíguos, os quais as cidades poderiam incorporar a fim de receber a sonhada colheita de subvenções estatais, impostos sobre vendas e outras rendas. Nós já vimos que, a partir de 1978, mais de 40.460 hectares de terras agrícolas irrigadas vinham abandonando a produção a cada ano; 18 das 24 novas prisões instaladas entre 1982 e 1998 foram (ou estão sendo) construídas sobre terras agrícolas que já

80. As comunidades-alvo são incrivelmente semelhantes às descritas por Cerill Associates (1984) como locais ideais (ou seja, facilmente exploráveis) para as usinas de resíduos (ver também Cole e Foster, 2001).

haviam sido irrigadas no passado, e todas, exceto 4 das 24 novas prisões à época de sua implantação, se localizam fora dos cinturões de suburbanização, deslocando-se para os Vales Central e do interior.[81]

Parece contraditório que grandes e poderosos capitalistas, proprietários de terras, acostumados a ativar a capacidade do estado em projetos enormemente lucrativos, como os sistemas de fornecimento de água, renunciem a hectares em favor do estado. O que eles ganhavam com isso? Primeiro, eles vendem terras – muitas das vezes as piores e a um preço inflacionado que, de outra forma, estariam ociosas (CCPOA, [1996] sem data; BRC, 1990). Em segundo lugar, o estado traz melhorias às terras, c essas melhorias, juntamente a promessa de emprego, aumentam, no curto prazo, os valores das terras mais próximas. Esses dois objetivos foram resumidos por um ex-chefe da JLCPCO quando comentou sobre uma disputa entre o CDC e um lote cujos proprietários haviam estendido sorrateiramente as melhorias de infraestrutura da propriedade estatal – às custas do próprio estado – a uma parcela de terra contígua na qual pretendiam criar um shopping center: "Eles têm toda essa terra e estão tentando trazer as melhorias para poderem construir nela. É assim que eles esperam salvar a cidade".[82]

O excedente de terra se conecta ao excedente de trabalho; como no passado, o capital rural externalizou ao estado, com sucesso, os custos associados às mudanças na produção. O crescimento prisional teve o efeito pretendido, embora raramente percebido, de fornecer empregos e, portanto, de complementar

81. Lancaster é única em todos os sentidos. Ela foi a moeda de troca na disputa para se instalar uma prisão no condado de Los Angeles. A região tem sido economicamente dominada pela Base Edwards, da Força Aérea. Além disso, está se suburbanizando rapidamente, tentando, deliberadamente, formar uma faixa de desenvolvimento "pró-negócios" no perímetro norte do Condado de Los Angeles. Quando os moradores descobriram que as fugas eram muito raras, as políticas extremamente conservadoras – dominadas por policiais e militares aposentados e ativos – levaram a cidade a aceitar a prisão.

82. R. Bernard Orozco, entrevista, julho de 1996.

a renda das famílias trabalhadoras, que estariam, em tese, menos propensas a se organizar por empregos, salários mais altos ou por conquistas mais radicais como a reforma agrária, que só podem ser obtidas às custas do capital (Woods, 1998). Em vez disso, os que estão quase ou totalmente despossuídos (Jacqueline Jones, 1992) têm, neste caso, como em tantos outros, desviado suas demandas por benefícios do estado para dentro do estreito âmbito do crescimento prisional e das oportunidades a ele relacionadas.

Produzindo mais prisioneiros

Enquanto os representantes eleitos lutavam pela promoção de novas leis, o estado iniciou novas rodadas de criminalização. A racionalidade dessas leis estava, supostamente, na redução da violência nas comunidades. O meio era o endurecimento das penas ou o aumento da "neutralização" – com o intuito de evitar que as pessoas cometessem crimes ao mantê-las presas pelo maior tempo possível. O endurecimento das penas acrescenta quantidades fixas de tempo extra às penas já estabelecidas para determinados crimes. Ao inscrever especificidades na lei, o legislativo tirou do poder judiciário a responsabilidade de estabelecer uma maior variedade de penas. Legisladores de todo o espectro político, desde a direita de Robert Presley (Partido Republicano de Riverside) e Bill Jones (Partido Republicano de Fresno) ao centro de Jim Costa (Partido Democrata de Fresno) e à esquerda de Maxine Waters (Partido Democrata de Los Angeles), patrocinaram o endurecimento da legislação penal; quase todos patrocinaram alguma lei, criando, coletivamente, uma infinidade de novos crimes para os 58 promotores do estado julgarem.

O legislativo havia encomendado uma Força-Tarefa Estadual sobre Violência de Gangues Juvenis em 1984, cujas descobertas, relatadas ao legislativo em 1986, resultaram na Lei de Aplicação e Prevenção do Terrorismo nas Ruas [*Street Terrorism Enforcement and Prevention Act* – STEP], de 1988, que foi alterada posteriormente. Com essa lei, a Califórnia emitiu uma instrução orientando todas as agências policiais locais a identificar membros de gangues de rua e registrá-los em um banco de dados estadual. A lei endurece as penas impostas àqueles que o policiamento identificou como membros de gangues de rua.[83] Em futuros encontros com a justiça, as pessoas listadas enfrentam acusações adicionais com base em seu suposto status como membros das gangues. Assim, enquanto um não membro de gangue, preso por determinado crime, seria acusado apenas por esse crime, o membro de uma gangue seria acusado tanto pelo crime quanto por ser membro de gangue que havia cometido o crime. Após a condenação, a pena pelo crime original seria "endurecida" com a inclusão de um a cinco anos de tempo extra.

A descriminalização da posse de substâncias controladas na década de 1970 fez com que o número de pessoas presas com acusações ligadas às drogas despencasse (CDC, 1992, *Historical Trends*). A recriminalização das drogas, juntamente com as penas obrigatórias para drogas que não haviam sido descriminalizadas e para novas, como o crack, aumentou o encarceramento por substâncias controladas durante a década de 1980. Enquanto, em 1977, os crimes por drogas representavam cerca de apenas 10% das novas entradas no CDC, em 1990, eles passaram para 34,2% (Rudman e Berthelsen, 1991; CDC, 1992, *Historical Trends*) – ainda que o uso de drogas tenha atingido o pico em 1978 e caído posteriormente (Tonry, 1995).

Além das novas leis desenhadas para o controle de drogas e gangues, o estado lançou uma grande campanha da lei "*three*

83. Como este livro é sobre a expansão do regime para adultos, a Lei STEP pode parecer um item alheio à discussão. No entanto, embora a Lei STEP tenha saído da Força-Tarefa Estadual sobre Violência de Gangues Juvenis, não há limite de idade para os que se enquadram no endurecimento da lei. Assim, qualquer pessoa com mais de dezoito anos de idade pode ser acusada por meio da Lei STEP e reenviada ao regime para adultos. Em alguns casos, depois de serem condenados, os réus mais jovens são direcionados ao regime para adultos, mas passam a primeira parte de suas sentenças no regime para jovens. A Proposição 21, em 2000, avançou sobre as leis STEP e "*three strikes*".

strikes". Embora, como na maioria das outras jurisdições nos Estados Unidos, a Califórnia tenha aumentado em muitos anos as penas para condenações repetidas, o legislativo aprovou a segunda "*three strikes*" do país em março de 1994, e uma iniciativa na votação de novembro daquele mesmo ano consolidou a lei como uma expressão da vontade do "povo" (Reynolds et al., 1996).[84] Escrita de forma mais abrangente do que qualquer lei similar nos Estados Unidos (John Clark et al., 1996), a versão da Califórnia inclui antecedentes não violentos entre as condenações elegíveis para a lei "*three strikes*", não estabelece limitações etárias, temporais ou jurisdicionais sobre os antecedentes e permite que os promotores usem seu poder para oscilar [*to "wobble"*] diante das acusações, a fim de converter contravenções em crimes e, portanto, tornando-as passíveis de serem atingidas pela mesma lei.[85]

84. A campanha da proposta de votação foi iniciada por um pai anglo-estadunidense irritado e enlutado, o fotógrafo de Fresno Mike Reynolds, cuja filha adolescente, Kimber, havia sido assassinada durante um assalto à mão armada em 1992. Um caso mais notório – o sequestro e assassinato da jovem Polly Klaas – é tido por muitos como o responsável por ter dado à proposta sua grande importância, embora seu pai tenha se colocado contrário à forma como a lei foi escrita (Reynolds et al., 1996). Como no caso Willie Horton, de 1988, a combinação entre vítimas brancas do sexo feminino e a crueldade impetuosa dos crimes estabeleceu como alívio ideológico absoluto à necessidade – e, na verdade, à facilidade – pela qual a sociedade poderia separar os culpados dos inocentes, embora, tanto no homicídio de Reynolds quanto no de Klaas, os assassinos fossem anglo-estadunidenses. (D. C. Anderson, 1995; Reynolds et al., 1996). O ex-parlamentar da Califórnia e então senador do estado Jim Costa (Partido Democrata de Fresno) foi coautor do projeto de lei "*three strikes*" de 1994 (AB 971) com Bill Jones, um fazendeiro-tornado-político republicano de Fresno (que fez seu mandato na assembleia e se tornou secretário de estado). No início de sua carreira em Sacramento, entre 1985 e 1991, Costa teve um papel político fundamental na instalação de quatro prisões em sua região: Avenal, Corcoran I e II e Coalinga (LAO, 1986).

85. "*Wobblers*" [que vem do verbo "*to wobble*" (oscilar)], são infrações que podem ser tipificadas como contravenções ou como crimes. Os promotores têm o poder de fazer as acusações de uma ou de outra maneira. No Condado de Los Angeles, o procurador do distrito instruiu a equipe a sempre oscilar, transformando contravenções em crimes com o objetivo

De 1980 em diante, o crime se tornou objetiva e subjetivamente diferente do que tinha sido antes da Lei de Condenação Uniforme e Determinada, de 1977, e da subsequente autorização, financiamento e escolha do local de instalação das novas prisões. Políticos de todas as raças e etnias consideraram membros de gangues, uso de drogas e atividades criminais corriqueiras parte de uma mesma praga social, que foi então usada para explicar tudo: de jovens rebeldes a homicídios no centro da cidade até a necessidade de mais prisões para isolar os malfeitores. A mídia amplificou a mensagem, dando à cobertura criminal o espaço de propaganda mais rentável (Hadjor, 1995; Males, 1996; Miller, 1996; Glassner, 2003). Os moradores do centro da cidade estavam, de fato, atrás de alívio dos terríveis distúrbios em suas comunidades, e eles, da mesma forma que suas contrapartes suburbanas, tendiam a aceitar as definições primárias do que era o crime e o que deveria ser feito a seu respeito – até que a experiência direta da aplicação desigual da lei trouxe para o primeiro plano as questões sobre a real intenção da legislação (capítulo 5).

O legislativo e os eleitores que aprovaram as propostas deram aos promotores poderes antes reservados aos juízes – como a avaliação de fatores atenuantes ou a elegibilidade para programas preventivos para infratores (Tonry, 1995; Miller, 1996; Reynolds et al., 1996; para precedentes federais, consulte Baum, 1996). Embora os promotores pudessem decidir não exercer inteiramente seus novos poderes – e alguns assim o fizeram –, tais aplicadores da lei estavam em uma posição contraditória. Como representantes eleitos, esperava-se que promotores atuassem "contra" o crime e, se falhassem nessa missão, corriam o risco de serem depostos do cargo e de verem suas burocracias perderem terreno nas competições orçamentárias do condado.[86]

---

de invocar a segunda e a terceira faltas [*strikes*] contra os réus (Buttitta, 1994). É por meio do uso dessa "oscilação" por parte da promotoria que os réus, cujo crime é o furto em lojas, foram condenados a 8 anos (segunda falta) ou de 25 anos à prisão perpétua, sem possibilidade de liberdade condicional (terceira falta). Consulte o capítulo 5.

86. Uma das mais notórias e relativamente bem-sucedidas lutas foi travada pelo ex-xerife do Condado de Los Angeles Sherman Block; responsável

As maiores jurisdições da Grande Los Angeles, especialmente o Condado de Los Angeles, abraçaram ardentemente as decisões legislativas e iniciaram campanhas vigorosas em favor do policiamento pagas por fundos estaduais e federais (Sengupta, 1992).[87] As forças policiais em todo o estado, desde as pequenas delegacias de xerifes rurais até a altamente capitalizada polícia de Los Angeles, cumpriram sistematicamente seus mandatos por meio do endurecimento da vigilância em bairros e indivíduos suspeitos de atividade extralegal (Sengupta, 1992).[88]

---

pelas cadeias do condado que abrigavam infratores de crimes de menor potencial ofensivo, réus de crimes de maior potencial ofensivo e condenados aguardando transporte para as prisões estaduais, Block ganhou fundos para a construção de uma nova cadeia quando deixou 23.000 presos irem para casa por uma semana. Block, porém, não conseguiu obter financiamento suficiente, e a prisão foi construída com fundos de títulos municipais no coração de Los Angeles, no distrito do tribunal. Uma vez que o condado não havia utilizado a unidade conforme o acordo da dívida, o diretor do CDC quis que a capital Sacramento reivindicasse a cadeia como propriedade do estado. No entanto, o CDC foi impedido em seus esforços, porque parecia pouco oportuno, de acordo com o consultor-chefe da JLCPCO, enfraquecer o Condado de Los Angeles, posto que essa jurisdição produz, sozinha, quase 40% dos encarceramentos anuais para o CDC (R. Bernard Orozco, entrevista, 1996).

87. Começando com a legislação da "Guerra às Drogas" de Reagan, em 1984, os Estados Unidos ofereceram auxílio financeiro às polícias estaduais e locais para tipos específicos de atividades. Por exemplo, sob a proibição das drogas, a lei federal de tolerância zero permite a apreensão de qualquer propriedade supostamente obtida por meio da, ou usada para a, fabricação, transporte, armazenamento ou venda de drogas; se e quando a polícia local "federaliza" um caso de apreensão de drogas – trazendo pessoal federal e permitindo que os réus sejam acusados em um tribunal federal em vez de estadual –, a jurisdição local recebe metade do dinheiro de todos os bens apreendidos na ação (Baum, 1996). Outros subsídios são mais diretos; por exemplo, sob a Lei de Controle de Crimes Violentos e Aplicação da Lei [*Violent Crime Control and Law Enforcement Act*], de 1994, o policiamento local da Califórnia (cidades e condados) recebeu mais de US$100 milhões para novas contratações, e o CDC recebeu US$80 milhões para custear novas prisões (LAO, 1996).

88. A polícia de Los Angeles desenvolveu equipes SWAT (Special Weapons and Tactics) [Táticas e Armas Especiais] especificamente para policiar ativistas políticos negros (Bean, 1973; Donner, 1990; Newton,

Ao concentrar poder por meio do uso de definições de status (gangue/não gangue; antecedente/sem antecedente) e de penas mínimas obrigatórias, as novas leis ampliaram e aprofundaram a capacidade da polícia, promotores e juízes de identificar, prender, acusar e condenar pessoas e mandá-las outra vez para a custódia do CDC. Na verdade, o legislativo embarcou num frenesi de produção de leis criminais, aprovando, a partir de 1988, mais de 100 – e, às vezes, até 200 – novas leis a cada ano, ficando acima da antiga produção, que variava de 20 a 25 leis e incluía alterações rotineiras de leis promulgadas pelo legislativo já existentes (Greenwood et al., 1994). Como resultado, a partir de 1994, o acúmulo tornou-se tão grande que era impossível limpar o calendário legislativo até o fim de cada mandato, e os subcomitês de direito criminal – dentro dos comitês judiciários em ambas as casas do legislativo – tornaram-se permanentes e regulares e passaram a lidar exclusivamente com a legislação criminal. A legitimação do programa de expansão e operação prisional do departamento que mais crescia no estado dependeu diretamente do caminho percorrido pela legislação criminal e, assim, a criação desses novos comitês também produziu nichos de poder nas cadeiras das duas casas do legislativo (SPWB, 1985, 1993a, 1993b, 1993c, 1993d; LAO, 1986, 1996).

Afro-estadunidenses e latinos da classe trabalhadora – especialmente chicanos – experimentaram a criminalização mais intensa (Schiraldi e Godfrey, 1994), seguida por anglo-estadunidenses de baixa renda da cidade e do campo. Como podemos ver na tabela 4, anglo-estadunidenses dominavam a população prisional em 1977 e não perderam sua predominância até 1988. Nesse período, os números absolutos cresceram em todas as categorias – com o número total de encarcerados praticamente dobrando entre um intervalo e outro. Os prisioneiros afro-estadunidenses superaram todos os outros grupos em 1988, mas, em 1995, eles foram ultrapassados pelos latinos; no entanto, a

1996), e ela estava entre as primeiras forças policiais metropolitanas a usar arrombadores táticos mecânicos para invadir casas – uma cena que se tornou comum em programas policiais televisionados, como o *COPS*.

população negra têm a maior taxa de encarceramento entre todos os grupos étnico-raciais na Califórnia, e, nesse sentido, também nos Estados Unidos (ver também Bonczar e Beck, 1997).

TABELA 4

POPULAÇÃO DE PRISIONEIROS DO CDC POR RAÇA/ETNIA

Ano	Quantidade absoluta	Anglo-estadunidense (%)	Afro-estadunidense (%)	Latino (%)	Outros (%)
1977	19.623	43,0	34,0	21,0	2,0
1982	34.640	36,0	36,0	26,0	2,5
1988	76.171	30,8	37,1	27,8	4,3
1995	135.133	29,5	31,3	34,1	5,0
2000	162.000	29,4	31,0	34,8	4,8

Fontes: CDC, 1992, Tabela 4; CDC, *Characteristics of Population*, 1995, 2002.

A estrutura das novas leis, em convergência com a estrutura da crescente população excedente relativa [*relative surplus population*][89] e do uso intensivo das leis criminais do estado na Grande Los Angeles, produziu uma mudança racial e étnica importante na população prisional. Los Angeles é o condado que mais encarcera. A maioria dos prisioneiros é de homens com baixa escolaridade e no auge da vida: 88% têm entre 19 e 44 anos de idade. Menos de 45% se formaram no ensino médio ou sabiam ler ao final do ensino médio; 1 em cada 4 é analfabeto funcional. E, finalmente, a porcentagem de prisioneiros que estava trabalhando por 6 ou mais meses para o mesmo empregador imediatamente antes de serem levados sob custódia diminuiu de 54,5%, em 1982, para 44% em 2000 (CDC, *Characteristics of population*, anos variados).

Por trás da primeira e das subsequentes ondas de novas leis criminais residia uma contradição fundamental. Por um lado, a retórica política, produzida e reproduzida na mídia,

89. N.T.: Ver nota número 51 (Cap. 2) a respeito da escolha da tradução deste termo na presente edição.

concentrou-se na necessidade de leis e prisões para controlar a violência. "Crime" e "violência" pareciam idênticos. No entanto, como mostra a Tabela 5, houve uma mudança significativa entre os presos do CDC dentro da categoria de crimes que recebem pena máxima de prisão, deixando de ser preponderantes os crimes violentos, como em 1980, para se tornarem maioria, em 1995, os crimes não violentos. Mais especificamente, os crimes com pena máxima de prisão, responsáveis por mais da metade das prisões de 1995, eram crimes não violentos cometidos por pessoas doentes ou a partir de atividade ilegal de produção de renda: uso e venda de drogas, violação de domicílio, furto de veículos automotivos.

TABELA 5

ENCARCERADOS DO CDC QUE RECEBERAM PENA COM TEMPO MÁXIMO DE PRISÃO (%)

Ano	Violência	Patrimônio	Drogas
1980	63,5	24,2	7,4
1995	41,8	25,3	26,4
2000	25,3	26,0	39,0

Fontes: CDC, 1992; CDC, *Characteristics of Population*, 1995, 2000.

O resultado dos primeiros dois anos da abrangente lei "*three strikes*" da Califórnia apresenta um quadro semelhante: no período de março de 1994 a janeiro de 1996, 15% dos crimes com pena máxima de prisão eram crimes violentos, 31% eram crimes relacionados às drogas e 41% eram crimes contra o patrimônio (n = 15.839) (Christopher Davis et al., 1996).

A população excedente relativa ganha relevância nesses números. Em 1996, 43% dos prisioneiros condenados pela terceira vez segundo a lei "*three strikes*" eram negros, 32,4% latinos e 24,6% anglo-estadunidenses. A intensificação deliberada da vigilância e da prisão em certas áreas, combinada com novos crimes de status [*crimes of status*], deposita o peso desses números em lugares específicos. O presidente da Força-Tarefa Estadual sobre Violência de Gangues Juvenis falou sobre a interrelação entre presunções de violência e as exigências da reprodução cotidiana quando escreveu: "estamos falando de bandidos jovens, perigosamente armados, bem organizados, traficantes de drogas e *motivados pelo lucro*, que estão envolvidos com crimes cruéis de homicídio, estupro, roubo, extorsão e sequestro *como um meio de subsistência*" (Philibosian, 1986, p. ix; grifo nosso). A correspondência entre as regiões que sofrem profundas reestruturações econômicas, elevadas taxas de desemprego e subemprego entre homens (cf. S. L. Myers, 1992) e vigilância intensiva da juventude pelo aparelho de justiça criminal do estado apresentam a população excedente relativa como o problema para o qual a prisão se tornou a solução do estado (ver também Males, 1999).

Industrializando a punição

Como já deve estar evidente a essa altura, a capacidade estatal excedente não é uma coisa absoluta, mas sim uma qualidade que pode emergir de tempos em tempos como um resultado da diferença entre o que os estados podem fazer *tecnicamente* e o que eles podem fazer *politicamente.* A capacidade técnica não desaparece nem mesmo quando certas práticas perdem legitimidade aos olhos dos eleitores, dos capitalistas ou de outros interesses fundamentais. A ideia aqui não é que há burocratas ociosos em "*pause*" esperando que alguém aperte o "*play*", mas, de maneira mais simplificada, que o poder não é uma coisa e, sim, uma relação baseada em atividades realmente existentes. Assim, a renovação da capacidade estatal excedente, ou seja, colocar em movimento o poder potencial do estado, está fundamentada em condições econômico-políticas contraditórias – condições que, ao mesmo tempo, permitem e restringem. A promoção política bem-sucedida do medo do crime como *o* problema-chave e a legitimidade ideológica do estado dos Estados Unidos como a instituição responsável pela defesa em todos os níveis permitiram que a Califórnia agisse (cf. R. W. Gilmore, 2002a). O estado poderia construir prisões, mas não em qualquer lugar. O estado poderia tomar dinheiro emprestado, mas nem sempre abertamente. O estado poderia fazer batidas policiais nas pessoas que correspondem demograficamente àquelas expulsas dos mercados de trabalho reestruturados, mas não de forma homogênea em todos os lugares. Depois de vinte anos, US$5 bilhões de dispêndio de capital e uma acumulação de 161.394 prisioneiros (em abril de 2004),[90] o CDC tornou-se o maior departamento do estado, com um orçamento superior a 8% do fundo geral anual – praticamente igual ao que a educação do ensino superior capta do fundo geral.

O rápido crescimento do CDC na década de 1980 – auxiliado pela cooperação da polícia, de conselhos municipais, de supervisores dos condados, de promotores distritais e de legisladores – gerou críticas de agências que tinham como foco a eficiência, e não a justiça. O CDC estava cumprindo o seu mandato da maneira mais eficiente em relação aos seus custos? As críticas não discutiam se o crime era, de fato, o problema social central para a ação do estado, nem se referiam ao declínio das taxas de criminalidade no pós-1980 – mesmo quando alegavam, incorretamente, que as prisões funcionavam. O relatório "O Novo Programa de Construção Prisional Intermediário" [*The New Prison Construction Program at Midstream*], de 1986, do Gabinete do Analista do Legislativo da Califórnia [*California Legislative Analyst's Office* – LAO], propôs a racionalização dos recursos do sistema de construção, licitação e projeto do CDC a fim de obter economia de custos e ter novas vagas disponíveis mesmo quando ocorressem os já esperados déficits. O relatório também criticou o planejamento e a produtividade do departamento cujas fragilidades, segundo o LAO, derivavam, em parte, de variáveis associadas a problemas de consultoria, localização e cronograma. O relatório revelou a dialética entre política e

---

90. Consulte os dados do *Monthly Report of Population, 2004*, nota 2, p. 123, *em: https://cchcs.ca.gov/wp-content/uploads/sites/60/2017/08/ExhibitsReOvercrowding051507.pdf* (acessado em julho/2023).

economia que moldou o programa de expansão prisional desde o início. Caracterizou o déficit de produtividade do departamento como o resultado de um processo insuficientemente racionalizado e recomendou ao legislativo assumir a responsabilidade de mudar o conceito de ocupação do departamento para um de maior eficiência, baseado em "metas" (ou "aceleração") – no fim das contas, legislando eficiência (LAO, 1986, p. 43–45).

O ano de 1990 viu uma grande virada na atmosfera política: os eleitores aprovaram um GOB para a construção de prisões em abril, mas derrotaram outro GOB prisional no novembro seguinte. Em 1990 e 1991, relatórios produzidos a partir do relatório do LAO, de 1986, sugeriram que o CDC poderia fazer um trabalho melhor de previsão dos tipos de prisioneiros que teria sob custódia e, portanto, trabalhar melhor para criar um orçamento para a expansão da capacidade. Como observado anteriormente, o CDC projetou, reiteradamente, um alto crescimento de prisioneiros de segurança máxima (nível IV) e, de acordo com a BRC (1990) e com Rudman e Berthelsen (que reportaram ao legislativo em 1991), consolidou-se a tendência de classificar aqueles sob custódia como de maior risco do que de fato são.[91] As vagas nível IV são as mais caras de construir; e os

---

91. Os prisioneiros são classificados de acordo com um sistema de avaliação, ou pontuação, que os avalia com base na natureza do(s) crime(s) pelo(s) qual(is) estão nesse momento encarcerados, no histórico de antecedentes criminais e num perfil psicológico (Rudman e Berthelsen, 1991). Os prisioneiros são, então, designados para um dos quatro níveis, de I (segurança mínima) a IV (segurança máxima). Os prisioneiros nível I vivem em dormitórios e geralmente trabalham nos terrenos da prisão e nas cidades onde as prisões estão localizadas; não é incomum encontrar queixas sobre a "escassez" de prisioneiros nível I. Os prisioneiros nível II também vivem em plantas estilo dormitório, mas não participam de trabalhos extramuros; esta classificação é usada com moderação. Os prisioneiros nível III, embora tenham acesso a salas de uso comum da unidade, estão sob vigilância em tempo integral e vivem atrás das grades na maior parte do tempo. Os prisioneiros nível IV vivem atrás das grades 23 horas por dia, sete dias por semana. Só algumas detenções do CDC estão classificadas como nível II, e muitas unidades nível III, a partir do incentivo do sindicato dos agentes penitenciários (CCPOA), foram

prisioneiros nível IV, devido à baixa proporção entre guardas e prisioneiros, são os mais caros de manter.

Em 1991, a Califórnia experimentou o que acabou sendo um declínio temporário no número de prisões que levam a condenações por crimes. Mas quando James Gomez, que havia assumido o posto de diretor do CDC no ano anterior, foi convidado por um repórter a comentar a notícia, ele expressou preocupação de que uma queda no número de prisioneiros em relação aos números previstos pudesse afetar negativamente o programa de construção do departamento (Hurst, 1991b). Crescimento e eficiência eram as principais medidas na visão desse burocrata de carreira, que havia sido contratado pelo departamento por sua experiência na gestão de grandes orçamentos e equipes e por suas habilidades de planejamento (SPWB, 1985). Os processos ideológicos e materiais em ação fizeram da resposta chocante de Gomez, em alguma medida, uma expressão de bom senso.

Embora a Califórnia estivesse mergulhada em sua pior recessão desde a Grande Depressão (Walker, 1995), o crime, em 1991, esteve à frente na maioria das pesquisas como a ansiedade pública número um – talvez por causa do súbito aumento da violência após a vitória dos EUA no Golfo Pérsico (R. W. Gilmore, 2002a; Archer e Gartner, 1984). De fato, a recessão provocou um declínio temporário nas prisões. Isso aconteceu porque as forças policiais urbanas, sob restrições orçamentárias de emergência, decidiram não perseguir usuários de drogas e algumas outras categorias de pessoas suscetíveis à prisão (Hurst, 1991a, 1991b). A calmaria nas prisões, porém, não durou, e o policiamento, em 1992, intensificou uma vez mais a vigilância e as detenções por todo o estado motivadas pela repressão geral depois da revolta de Los Angeles em abril daquele ano (Mike Davis, 2007, 1993c). O CDC aumentou as previsões novamente e o legislativo aprovou US$985 milhões em LRBs, que foram emitidas em 1993 (SPWB, 1993a, 1993b, 1993c, 1993d). De maneira consistente, de 1982 a 1996, o CDC teve

atualizadas pelo CDC para nível IV (BRC, 1990; Rudman e Berthelsen, 1991; CCPOA, 1996).

de seis a dez novas prisões em algum estágio de planejamento, projeto ou construção, a um custo médio de um quarto de bilhão de dólares por estabelecimento.

O tamanho, o custo e a complexidade da construção e das operações do CDC levaram a uma nova rodada de estudos críticos publicados na primavera de 1996. A Revisão de Desempenho do Departamento de Finanças da Califórnia [*California Department of Finance* – CDF] chamou a atenção do departamento para o descuido nas linhas orçamentárias e para funções terceirizáveis, tal como a assistência médica, que poderiam ser internalizadas de forma mais eficiente e menos custosa pelo departamento dentro dos muros da prisão (CDF, 1996). O enorme orçamento operacional do CDC também era bastante flexível, e o departamento foi capaz de mover os custos entre os itens do documento durante um mesmo ano fiscal. Assim, os fundos destinados às despesas médicas dos prisioneiros podem ser usados para pagar as horas extras dos guardas quando estes escoltam os prisioneiros para tratamento em locais fora da prisão. Com o departamento seguindo a prática industrial da grande empresa nos Estados Unidos, demandando muitas horas extras em vez de expandir o tamanho da equipe que tem acesso à base de benefícios, as horas extras dos guardas constituíam um motivo geral de preocupação no relatório do CDF (CDF, 1996; cf. Harrison, 1994; David Gordon, 1996; Henwood, 1997). O CDF salientou que o pagamento do montante de horas trabalhadas aos guardas fixos que trabalham meia jornada (reservas) seria mais barato do que as horas extras pagas aos guardas registrados com acesso aos benefícios (CDF, 1996). A questão das horas extras concentrou-se no custo dessas horas e no fracasso do CDC em planejar adequadamente as necessidades de pessoal.[92] A questão do planejamento era, para o CDF, um sinal de que o CDC, o departamento de controle do estado, estava ele próprio fora de controle e deveria requerer uma supervisão direta de alguma agência – como o CDF – que havia

92. A Revisão de Desempenho do CDF não tocou, no entanto, na questão subjacente ao pagamento dos guardas prisionais [*corrections officer; prison guard* – CO] – o poder político do sindicato dos guardas, o CCPOA.

sido neutra nos 14 anos anteriores (CDF, 1996; LAO, 1986; cf. Gregory Hooks, 1991).

O segundo estudo crítico publicado em 1996, encomendado pela Universidade da Califórnia, coloca em foco a competição intraestatal que o crescimento do CDC produziu (Ashley e Ramey, 1996). O relatório demonstra como as agências rivais tentaram, por meio de críticas, posicionar-se no fluxo do CDC. David Ashley e Melvin Ramey, professores de engenharia civil e ambiental da UC Berkeley e da UC Davis, respectivamente, assumiram a questão da redução dos custos de capital. Como nos estudos anteriores, o *problema* central permaneceu o crime e sua mitigação por meio do aprisionamento, e a *solução* chamou a atenção para a relação custo/eficiência na sequência projeto-licitação-construção das prisões – em vez de fazer qualquer reavaliação, por exemplo, da relação entre crimes (antigos ou novos), educação e reincidência (Ashley e Ramey, 1996; cf. Rudman e Berthelsen, 1991). A força que está nas entrelinhas desse estudo reside na forma como a universidade se apresenta, por meio da sua sóbria faculdade de engenharia analítica, como uma instituição eminentemente eficiente. Certamente, a universidade vinha lutando para transformar sua imagem de um produto da Era Progressiva por meio do ativismo do estado de bem-estar social da Guerra Fria para a imagem de uma fábrica de conhecimento competitiva cada vez mais responsiva às forças de mercado (R. W. Gilmore, 1991).[93] Para esse fim, em 1995, os reitores da Universidade da Califórnia rejeitaram, formalmente, as ações afirmativas de professores, funcionários, estudantes e da administração dos nove *campi* da universidade, porque, na linguagem racialmente neutra do racismo, a ação afirmativa é um modo ineficiente (não mercadológico) de alocação de recursos. A competição lançada entre o CDC e todos os outros que dependem do fundo geral parece ter levado a universidade a criticar o CDC de tal maneira que ela própria iria se tornar uma peça necessária no projeto do CDC, sendo, ao mesmo tempo,

93. Na verdade, a universidade não foi nenhuma das duas; mas representou o drama da política e do poder.

fornecedora de conhecimento sobre eficiência e quem libera fundos para outras atividades produtivas do estado.

As faculdades comunitárias abordaram a cooperação de forma mais direta do que a elitista Universidade da Califórnia. O número de candidatos a empregos de guarda prisional permaneceu alto durante as décadas de 1980 e 1990, com até 200 pessoas competindo para cada vaga de aprendiz. Para acirrar a disputa e aprimorar a especialização profissional na formação do guarda, o Sindicato dos Agentes Penitenciários da Califórnia [*California Correctional Peace Officers Association* – CCPOA], em conjunto com o CDC, determinou que, a partir de 1° de julho de 1995, os novos recrutas deveriam estar munidos ao menos de um diploma de grau de associado[94] aprovado em ciência correcional antes de se apresentarem ao treinamento básico na Unidade de Treinamento Richard McGee do departamento. Diante do novo mercado de trabalho das novas prisões, as faculdades comunitárias de todo o estado, tal como a West Hills College, em Coalinga, instituíram programas de *A.S. degree* com o objetivo explícito de preparar novos candidatos para a designação de aprendizes e de dar formação aos guardas que já ocupavam os cargos, tornando-os elegíveis para aumentos salariais e promoções após a conclusão do programa (West Hills Community College District, 1996). As faculdades esperavam que, além de aumentar as matrículas, o programa daria aos moradores locais uma maior chance de preencher uma das melhores vagas de carreira da classe trabalhadora do estado. Elas também forneceram orientação básica para todos os novos guardas e algum treinamento para os reservas (guardas fixos de meia jornada); para todas as matrículas, eles cobravam o fundo geral do estado de acordo com a frequência média diária [*average daily attendance* – ADA], tal como fariam com qualquer outro

94. N.T.: *A.S. degree* [grau de associado], abreviação para *Associate degree*, é uma diplomação de estudo em nível intermediário entre o ensino médio e o bacharelado.

programa acadêmico (West Hills Community College District, 1996; LAO, 1996).[95]

O novo requisito de formação para guardas, com um currículo já pre-determinado, ilustra tendências do próspero sistema de punição do estado: especializar e centralizar funções e pessoal (cf. Chandler, 1990). A profissionalização e a especialização técnica no setor governamental não são novas, tendo evoluído, ao longo de várias gerações, do movimento dos progressistas para tornar o estado ao mesmo tempo imune à corrupção e mais ativo na vida cotidiana das pessoas (ver, por exemplo, G. E. Gilmore, 1996; Linda Gordon, 1994; Hooks, 1991) e da necessidade do capital em espraiar os custos do desenvolvimento de infraestrutura produtiva e do controle de trabalho para o maior número possível de bolsos e orçamentos (O'Connor, 1977; Piven e Cloward, 1971; Woods, 1998). Vimos que o legislativo estabeleceu comitês permanentes para analisar as leis criminais que vinham se multiplicando. Além disso, depois de 1993, com o objetivo de tornar as jurisdições mais uniformes, eficientes e econômicas, o legislativo caminhou lentamente na direção da racionalização e unificação do sistema judicial do estado (LAO, 1993, 1996).

À maneira de uma empresa industrial moderna (Chandler, 1990), o CDC abraçou ainda mais o caminho em direção à centralização e especialização funcional ao estabelecer um departamento de capital financeiro interno liderado por Tom Dumphy, o subscritor que ajudou a conceber a solução do LRB para a política de emissão de dívida. A nomeação de Dumphy respondeu às alegações de ineficiência com um especialista em gestão de pessoal, que poderia guiar a estrutura e a venda de LRB ou GOB

95. San Joaquin Delta College, fora de Sacramento, cometeu o erro de se gabar do pouco que gasta em seu programa de treinamento para guardas prisionais em comparação com a renda que este gera, o que acarretou na sua exclusão em participação futura por recomendação do Analista do Legislativo (LAO, 1996). A faculdade não se vangloriou clandestinamente. Parecia perfeitamente sensato para a administração anunciar a eficiência da faculdade. Uma vez que o excedente do programa para guardas prisionais foi realocado para outros programas mais caros da faculdade, não houve intenção aparente de desvio.

e permitir que o CDC emitisse títulos competitivos em vez de negociados. A mudança ocorreu em um momento em que a diferença entre os custos negociados e competitivos dos títulos, embora ainda mensuráveis, havia caído (Simonsen e Robbins, 1996). No entanto, o principal argumento para a criação do departamento foi a previsão do CDC, que continuou a projetar, para a primeira década do século XXI, fortes déficits na capacidade prisional (CDC, 1996; LAO, 1996). O "intermediário" no título do relatório de 1986 do LAO parece ter sido uma metáfora de movimento, com o CDC estando sempre na metade do caminho para concluir seu projeto.[96]

Os porcos engordam, mas os suínos vão para o abate[97]

No verão de 1996, blocos de poder rivais encenaram um duelo em Sacramento, a capital do estado. De um lado, estavam

96. Durante uma batalha de seis anos com uma coalizão estadual de oposição comunitária, trabalhista, de direitos civis, de justiça ambiental, antiprisional e outros, o CDC declarou, concisamente, que a Prisão Estadual North Kern (Delano II) seria a sua última. No entanto, mesmo antes da prisão atrasada pelos ativistas, originalmente programada para 2001 e finalmente inaugurada em junho de 2005, a sede do governo do estado seguia prevendo novas necessidades. Em janeiro de 2006, novas prisões apareceram com destaque na agenda de desenvolvimento do governador (ver capítulo 1, nota 9). Devido às pressões políticas sobre os encarregados em torturar os números – em vez da pressão sobre suas habilidades estatísticas –, as previsões extremamente erráticas produzidas pelo departamento nunca melhoraram sua precisão. O ramo estatístico não é orientado a mentir, mas a usar critérios e parâmetros que sempre reforçam a alegação da escassez iminente.

97. N.T.: No original, *"Pigs get fattened, but hogs get slaughtered"*. Optamos aqui pela tradução literal da expressão, pois em alguns momentos deste item a autora faz menções diretas ao conteúdo presente na frase que deu nome ao item. Nela, se os porcos *(pigs)* comem apenas o suficiente, se alimentam e ainda assim engordam. Mas, se comem demais, com fúria, ganância e ambição desmedida, engordam a tal ponto que se tornam

o governador do estado, Pete Wilson, o diretor do CDC, James Gomez, e o presidente da CCPOA, Don Novey, que buscavam emitir US$1,6 bilhão em LRBs para a construção de seis novas prisões. O outro bloco, liderado pelos poderosos senadores democratas do estado, Bill Lockyer (Hayward) e Dan Boatwright (Contra Costa), havia rejeitado o pedido do CDC anteriormente aprovado pelo governador e promovido pelo CCPOA.

Na esteira das análises de desempenho profundamente críticas feitas pelo CDF e pela Universidade da Califórnia, o *Los Angeles Times* deu um furo de reportagem sobre o extraordinário número de prisioneiros mortos a tiros por guardas em Corcoran, uma das duas novas unidades de segurança máxima do estado. Uma investigação tão inesperada, intensa e desfavorável intrigou o diretor do CDC. Durante grande parte dos quinze anos anteriores, o CDC havia sido o departamento que mais crescia na Califórnia, com um orçamento operacional que chegou a quase 10% do fundo geral do estado. O projeto de construção prisional do CDC foi, de acordo com diversos analistas, o maior do mundo. Os estrategistas imaginaram empacotar o sucesso do projeto, da engenharia e dos contratos que surgiu da experiência de construir quase duas dúzias de novos complexos do porte de pequenas cidades e vender o plano prisional da Califórnia para o resto dos Estados Unidos e para o exterior.

O diretor do CDC, James Gomez, perguntou ao seu chefe político, o senador Boatwright, então presidente da JLCPCO, o que o departamento poderia estar fazendo de errado para atrair, tão repentinamente, tanta atenção negativa – depois de muitos anos sendo a agência queridinha do estado. De acordo com uma testemunha ocular, o senador respondeu, com sua fala árida e arrastada, típica do Arkansas: "Ah, Jim! Cê num sabe? Os porcos

---

ideais para o abate (*hog*). Trata-se de uma expressão usada em contextos em que uma pessoa alerta outra sobre uma suposta ação gananciosa. Neste livro, a expressão faz referência à corrida desenfreada feita pelos criadores da expansão do sistema prisional, que queriam crescer infinitamente e tornaram-se incapazes de enxergar o ponto de virada que levaria o sistema ao colapso. A expressão em português que mais se assemelha é "quem vai com muita sede ao pote entorna o caldo".

engordam, mas os suínos vão para o abate!" (R. Bernard Orozco, entrevista, julho de 1996).

Mas o suíno já tinha engordado o suficiente? Os excedentes acumulados na Califórnia, combinados com a necessidade do estado em se legitimar diante da profunda desaprovação dos eleitores expressa pela questão fiscal, permitiram que o CDC se expandisse até se tornar o maior departamento do governo estadual. Como no resto dos Estados Unidos, o crime se estabeleceu de forma contundente como um problema permanente, para o qual a solução é a proliferação contínua de leis, tribunais, juízes, oficiais de justiça, policiais, tecnologias de vigilância, helicópteros e outros mecanismos da guerra doméstica, incluindo, é claro, prisões. E, no entanto, como Dan Boatwright mostrou para o desalentado James Gomez, algo que ficou tão grande quanto o CDC, mais cedo ou mais tarde, encontraria um limite para o crescimento. Por quê? Ao menos teoricamente, pelo fato de que os retornos variáveis do investimento – em legitimidade, segurança, em garantir os votos dos eleitores do Vale Central, as economias locais ou as contribuições dos grandes fazendeiros – diminuiriam para uma margem que não mais cobriria os custos.

Os combatentes que se alinharam em lados opostos desse duelo em Sacramento representavam diferentes perspectivas sobre o futuro da engorda do suíno do CDC. Alguns pensavam que se deveria reproduzir pequenas versões do CDC, em níveis menores, em todo o estado. Outros achavam que ele deveria ser vendido enquanto o mercado para suínos estava bom. E outros ainda pensavam que ele deveria crescer o máximo que pudesse. Como decidir? Aqueles que preferiram colocar o GOB nas urnas de votação queriam que os eleitores lhes dissessem o que fazer. Os opositores desse plano insistiam que os eleitores já haviam falado repetidas vezes e empoderado o estado, inequivocamente, a determinar o caminho correto.

Bill Lockyer e Dan Boatwright estavam determinados a testar a legitimidade do CDC (e a deles próprios), colocando a primeira GOB prisional em seis anos nas urnas da votação de novembro de 1996. Don Novey e seu sindicato, o CCPOA, alinhado com o governador Pete Wilson, temiam que, se os eleitores dissessem "não", o programa de expansão prisional ficaria prejudicado, pois poucos legisladores seriam corajosos o suficiente para aprovar um LRB imediatamente após um referendo que recusasse a dívida prisional. Wilson decidiu não lutar contra Lockyer e Boatwright, Gomez começou a procurar um novo emprego, e o CCPOA, um dos maiores doadores políticos do estado, divulgou um relatório de 400 páginas sobre a maneira mais eficiente de construir e equipar novas unidades, endossado por depoimentos de associações de vítimas, financiadas pelo CCPOA, pela Associação Nacional do Rifle [*National Rifle Association*] e por outros especialistas de todo o país.[98]

Lockyer formou o Comitê da Conferência pela Reforma Prisional (da Califórnia) [*(California) Prison Reform Conference Committee* – PRCC], um comitê bipartidário e bicameral, para descobrir como Sacramento poderia se libertar da responsabilidade primária pela punição (PRCC, 1996). No cenário que Lockyer propôs, "reforma" significava racionalizar e estender ainda mais o sistema, preenchendo as lacunas entre as casas e ruas de onde vêm os prisioneiros e as grades estaduais onde eles cumprem pena, com uma mistura de estruturas e programas de tratamento, punição, custódia e vigilância de base comunitária e do condado (PRCC, 1996). A integração vertical prevista no plano de reforma devolveu a responsabilidade de lidar com certos tipos de condenações rotineiramente vinculadas a crimes graves no CDC, como as relacionadas às drogas, à aplicação da lei local, com a promessa de que Sacramento pagaria a conta, pelo menos no início.[99] O custo médio diário do CDC em manter um prisio-

98. James Gomez serviu como vice-diretor executivo do Sistema de Aposentadoria de Funcionários Públicos da Califórnia [*California's Public Employee Retirement System* – CalPERS], o maior fundo de pensão nos Estados Unidos até 2002, e depois se tornou um lobista da indústria da saúde.

99. Mais controle "local" varia amplamente de acordo com a jurisdição e não deve ser entendido como sinônimo de mais controle *direto*. Por exemplo, o Condado de Los Angeles é a maior unidade governamental abaixo dos estados nos Estados Unidos e seus residentes estão muito

neiro no sistema girava em torno de US$59; Lockyer pretendia dar esse valor às jurisdições locais e dos condados que trouxessem planos para lidar com pessoas que pudessem ser supervisionadas fora das unidades do CDC. Havia um incentivo; jurisdições bem-sucedidas não precisariam gastar os US$59 por prisioneiro retido. Assim, se um prisioneiro fosse condenado a um programa de testes de drogas e reportes diários a um custo de US$12 por dia para funcionários, equipamentos e instalações, a jurisdição poderia ficar com a diferença e usá-la para qualquer necessidade que a aplicação da lei pudesse ter (PRCC, 1996).[100]

Embora o plano de Lockyer parecesse prometer o fim da expansão sem-fim de celas de prisões, ele ainda dependia das previsões de um número sempre crescente de criminosos elegíveis para o confinamento. O plano também previa a construção de mais duas unidades estatais (E. G. Hill, 1996, em PRCC, 1996). Ele também revisou, em nível estadual, as formas e os meios pelos quais os programas federais, desde o estado de bem-estar social ao controle criminal, estão sendo empurrados para baixo na escala política e anexados a fundos de curto prazo. No caso do crime, as conexões legais, fiscais e programáticas formam uma armadura de criminalização inviolável em todos os cenários concebíveis do futuro. Em outras palavras, nessa conjuntura, o excedente e a crise ressurgiram sob a forma, de um lado, de muitos prisioneiros – produto dos excedentes anteriores – e, de outro, de uma mudança de sentido da contínua legitimação do CDC em expandir, em vez de simplesmente refinar, as tecnologias de encarceramento.

Para Dan Boatwright, que estava em fim de mandato no Senado no final de 1996, e também para outros conservadores fiscais no legislativo, a privatização era o caminho adequado a seguir. Em abril de 1996, o Senado realizou audiências sobre o

---

mais distantes numericamente dos supervisores do condado do que dos representantes da Assembleia e do Senado do estado (Mike Davis, 2007).

100. A leitora e o leitor notarão que o plano de Lockyer recompensa as jurisdições da justiça criminal local e do condado por fazerem exatamente o que a San Joaquin Delta College foi punida por fazer.

SB 2156, um projeto de lei para estabelecer uma "Comissão de Privatização de Unidades Correcionais" [*"Correctional Facilities Privatization Commission"*], que venderia títulos para construir prisões privadas e alugar espaço privado para prisioneiros (SB 2156, 16 de abril de 1996). Entre os que apoiavam a privatização estavam os representantes das maiores operadoras prisionais dos Estados Unidos no setor privado: Wackenhut e Corrections Corporation of America, ambas as quais contrataram ex-funcionários do estado para fazer *lobby* em Sacramento (Morain, 1994c). Quando o projeto de lei chegou ao plenário do Senado no fim da primavera, ele não passou, pois, de acordo com um observador, os "republicanos não estavam alinhados" – talvez porque o CCPOA tivesse registrado sua oposição inalterável à privatização.[101] O CCPOA temia, com razão, que, se o setor privado entrasse, os novos guardas seriam trabalhadores não sindicalizados e com baixos salários, como é o caso em toda a indústria de segurança privada (Greene, 2001; cf. Christie, 1998).

Os guardas publicaram seu próprio plano, intitulado *Meeting the Challenge of Affordable Prisons: A Plan to Reduce the Cost of Building and Operating California Prisons to Ensure Incarceration of Violent and Habitual Offenders without Bankrupting Taxpayers* [Enfrentando o desafio das prisões a preços acessíveis: um plano para reduzir o custo de construção e operação das prisões da Califórnia para garantir o encarceramento de infratores violentos e reincidentes sem a falência dos contribuintes] (CCPOA, [1996] sem data). O longo título do relatório conseguiu

101. Tom Hayden (Partido Democrata de Los Angeles) votou a favor da medida, argumentando no plenário do Senado que, embora não gostasse da ideia, acreditava que a privatização das prisões era a única maneira de salvar a educação pública (JLCPCO, 10 de abril de 1996). A assunção de Hayden de que existem duas classes de californianos, aqueles destinados à prisão e aqueles que vão para a faculdade, não está muito distante do que pensava a antiga tesoureira do estado Kathleen Brown (irmã de Jerry), que, em 1994, inventou um título universitário isento de impostos que os pais poderiam comprar para seus filhos; os rendimentos da venda dos títulos iria para a construção de prisões, supostamente, para os filhos de outras pessoas (Morain, 1994d).

condensar, sobre uma capa vermelha brilhante, todas as palavras-chave do debate *mainstream* sobre as prisões. O plano do CCPOA era construir "megaprisões"[102] que comportassem, cada uma, 20.000 pessoas – frente às atuais 2.500 a 6.000 pessoas. As megaprisões seriam construídas onde já havia prisões – em lugares como Delano e Corcoran –, criando distritos intensivos (dos quais já existem vários, embora nenhum tão grande quanto esses propostos). Os prisioneiros fariam grande parte da construção, economizando, assim, os custos do trabalho. E, finalmente, em nome da eficiência fiscal, o estado continuaria a financiar prisões usando LRBs (CCPOA, [1996] sem data).

Conclusão

A Califórnia começou a desmoronar durante a recessão mundial de 1973–1975. Depois de um falso *boom* no final da década de 1970, alimentado por gastos federais que criaram empregos nas indústrias militar e aeroespacial e também nas comunidades, a Califórnia entrou em uma nova fase de reestruturação política e econômica no início dos anos 1980, período em que a divisão entre ricos e pobres se aprofundou e se ampliou. Ao mesmo tempo em que os lucros aumentavam, a necessidade do capital de novas injeções de dólares para investimento era cada vez mais atendida por meio dos ganhos retidos. Às profundas reduções dos empregos urbanos bem remunerados, que empregavam homens de cor com baixa escolaridade – especialmente afro-estadunidenses e chicanos – se somaram as mudanças nos processos industriais rurais e uma longa seca. Essas forças produziram excedentes de capital, terra e trabalho, que o estado, sofrendo um período prolongado de deslegitimação manifestado

102. Quanto mais mudava, mais permanecia o mesmo. Quando Deukmejian assumiu o lugar de Jerry Brown e decidiu embarcar em um programa prisional muito maior e mais ambicioso, ele deu o nome às unidades que ele aprovaria de "megaprisões".

nas revoltas dos contribuintes, não pôde colocar de volta em funcionamento sob a égide do decadente keynesianismo militar (cf. Hall e Schwarz, 1988). No entanto, ao renovar e tornar "crítica a atividade já existente" (Gramsci, 1999, p. 101), os blocos de poder em Sacramento e em outros lugares da Califórnia reuniram esses excedentes – juntando-os com a capacidade agressiva de ação do estado – e embarcaram no maior programa de construção de prisões da história mundial.

O que aconteceu com cada componente, cada excedente nesta história? Suas crises foram resolvidas? Os capitalistas financeiros conseguiram o que queriam ao emitirem US$5 bilhões em títulos para a construção de novas prisões, tendo ainda mais emissões na gaveta; mesmo não ganhando mais dinheiro do que se tivessem levantado os fundos precisamente pelos mesmos meios para construírem escolas, parques ou qualquer coisa do tipo, a capacidade do estado em emitir dívida estava circunscrita por categorias que se justificavam à medida que (e através das quais) o papel do governo mudava. Os proprietários de terras concentrados nos condados agrícolas se livraram da área excedente e trouxeram o estado como empregador e subsidiador do governo local. O trabalho permaneceu separado por raça, região e renda, ao passo que os "contribuintes", que são, em sua maioria, trabalhadores, usaram inconsistentemente o poder das urnas – às vezes, mas nem sempre, contra "comunidades estagnadas" (Jacqueline Jones, 1992) de pessoas brancas e de cor, desempregadas e subempregadas, que têm o maior risco de passar algum tempo na prisão. As mudanças dos eleitores sugerem que mesmo o medo alimentado por políticos e pela mídia incorpora contradições, especialmente quando a expansão prisional e do crime atinge mais e mais famílias que antes se acreditavam imunes. Os novos blocos de poder alcançaram legitimidade total e inquestionável?[103] A resposta está nos tipos de práticas que essa operacionalização da capacidade do estado produziu.

103. Os eleitores rejeitaram os GOBs na década de 1990 e também aprovaram a retirada de primeiras e segundas condenações por drogas (Proposição 36) em novembro de 2000. Além disso, várias

A JLCPCO foi dissolvida em novembro de 2003. No entanto, não há fim à vista para os elaborados, caros e constantemente multiplicados aparelhos de coerção e controle desenvolvidos em harmonia com as, e às vezes pelos fabricantes das, armas de destruição produzidas para as guerras, frias e quentes, ao longo do século XX (cf. Bartov, 1996; Guérin, 1994).[104]

pesquisas estaduais indicavam prováveis eleitores exigindo cortes nas prisões (Coalition for Effective Public Safety, 2004).

104. Wackenhut, por exemplo, veio da CIA, e GE, Lockheed e outros empreiteiros da área da defesa estão tentando se apropriar de um pedaço da ação militar doméstica (Neumann, 1996). Esse é um desenvolvimento da "metamorfose" da Guerra Fria que Markusen e Yudken (1992) explicitamente chamaram a atenção.

QUATRO **CRIME, TERRAS AGRÍCOLAS E CAPITALISMO**

Na quinta-feira, 6 de junho de 1985, o *Corcoran Journal* (Condado de Kings) publicou na página 4 uma foto de César Chavez e de um organizador sindical local, César Arviszu, falando a um grupo de pessoas atentas cujos rostos queimados, bonés puídos e rugas tortuosas e profundas ao redor dos olhos indicavam que elas trabalhavam sob o sol. A legenda falava em "organizadores sindicais" e "funcionários da Salyer", mas sem mencionar Chávez pelo nome. O Sindicato dos Trabalhadores Agrícolas [*United Farm Workers* – UFW] vinha tentando organizar trabalhadores rurais cujo salário por hora havia sido reduzido de US$6,35 para US$4,75. Salyer, a segunda maior produtora de algodão do estado, cuja produção abrange uma área de 31.161 hectares, tinha recentemente se tornado inadimplente em um empréstimo do Bank of America. Para reduzir os custos operacionais, a empresa familiar demitiu os trabalhadores que estavam empregados diretamente por eles e ofereceu recontratá-los logo em seguida via empresas terceirizadas, que pagariam a remuneração mínima.

Na mesma edição do jornal semanal, uma entusiasmada reportagem de primeira página informou que o Conselho de Supervisores do Condado de Kings [*Kings County Board of Supervisors*] havia votado, por unanimidade, para pedir ao Departamento de Correções da Califórnia [*California Department of Corrections* – CDC] que instalasse uma prisão perto de Corcoran a fim de dar suporte à decadente economia da cidade. A multidão fotografada na reunião dos supervisores – incluindo, sem dúvidas, alguns dos trabalhadores rurais que haviam se encontrado com Chávez e Arvisu – parecia tão atenta e preocupada quanto aqueles que consideram os riscos e benefícios de votar para se sindicalizar. Algumas semanas depois, Jim Hansen, descendente de um dos oligarcas do algodão de Corcoran, traçou uma conexão explícita entre os dois eventos durante seu discurso no piquenique anual de 4 de julho da cidade. "A comunidade não é a mesma de 15 ou 20 anos atrás [...]. A mecanização do campo não vai parar; eu nunca vi a economia agrícola tão mal assim. [No que diz respeito] à indústria,

Corcoran precisa se enraizar em outra coisa" (*Corcoran Journal*, 4 de julho de 1985, p. 1).

Como vimos, a série de crises descritas no capítulo dois descolou as comunidades urbanas e rurais de suas âncoras industriais, culturais e políticas e produziu excedentes de terra, trabalho, capital financeiro e capacidade estatal. O capítulo três mostrou, de maneira geral, como os blocos de poder resolveram parcialmente essas crises de excedente por meio da expansão prisional. Treze novas prisões (além de cinco unidades antigas) iluminam o céu noturno que atravessa o "corredor das prisões" do Vale Central – um trecho de 603 quilômetros que vai de Tehachapi a Folsom. As cidades onde as novas prisões estão situadas buscaram projetos de desenvolvimento de capitalização pública para "ajustar" as tendências implacáveis de geração de excedentes em segmentos expressivos da terra e do trabalho.

Corcoran, situada nas profundezas desse corredor, é representativa das novas cidades prisionais. Por muito tempo dominada por algumas empresas de um único setor industrial, a cidade é majoritariamente latina, o desemprego e a pobreza são de duas a cinco vezes maiores que as médias no estado e a terra convertida para o uso prisional era anteriormente terra agrícola irrigada.

Por que certos tipos de lugares adotaram o ajuste prisional? Como é que um novo e peculiar gasto do estado reconfigura a paisagem? Ambas as perguntas podem ser mais bem abordadas para qualquer localidade, observando atentamente as geografias sociais e políticas – bem como as econômicas – já existentes, o que farei examinando a história e a transição de Corcoran com mais detalhes. Assim, depois de olhar para o quão insatisfatoriamente a literatura sobre a localização prisional se ocupa do conflito locacional, assumirei a margem oposta – bastante estreita em Corcoran – e seguirei por ela para outros lugares do vale onde diferentes maneiras de pensar surgiram no contexto do crime, das terras agrícolas e do capitalismo.

Duas prisões foram instaladas em Corcoran desde 1985. A primeira foi inaugurada em fevereiro de 1988 e a segunda recebeu seus primeiros prisioneiros no verão de 1997. Corcoran é uma das quatro cidades incorporadas ao Condado de Kings, que possui 116.300 habitantes. Por mais de quarenta anos, Kings esteve com Madera, Kern, Tulare e Fresno entre os seis condados agrícolas mais ricos dos Estados Unidos – ranking medido pelo investimento de capital e pelo valor do produto interno (Reisner, 1986, p. 354). No último quarto de século, ele também ficou, consistentemente, na base ou quase na base do ranking entre os cinquenta e oito condados do estado em renda *per capita* (CDF-CEI, 1995). J. G. Boswell Company, a maior produtora de algodão do mundo, tem sua sede californiana em Corcoran (população de 8.800 habitantes), onde as unidades do CDC detinham, em abril de 2000, mais de 12.600 pessoas.

Se, para entender o ajuste prisional, precisamos desenvolver entendimentos complexos sobre como os prisioneiros se tornaram tão massivamente disponíveis enquanto objetos carcerários, devemos também descobrir como os terrenos sobre os quais as prisões estão se tornaram disponíveis para tal propósito. Em ambos os contextos, mudanças nas relações de poder e pertencimento, juntamente com capacidades desiguais de mobilidade social (outra maneira de pensar a economia política de maneira cotidiana), prepararam o terreno para que os trabalhadores comuns aceitassem medidas extraordinárias com a esperança de que isso garantisse meios de subsistência. Qual é a história que produziu tamanha discrepância de riqueza no Condado de Kings? Quais foram as manifestações locais das reestruturações que ocorreram no estado? Por que a cidade buscou uma prisão como solução? Quem se beneficiou? Quais foram as consequências que não estavam previstas no projeto de construção da prisão? Como sua chegada afetou Corcoran enquanto lugar? O que mais poderia ter acontecido?

Crescimento

Não importa o quão familiar uma pessoa seja com a Califórnia "rural", é sempre bastante surpreendente notar as maneiras e a aparência da nobreza que se apresenta para falar em nome dos "agricultores" nas audiências do legislativo em Sacramento. O "industrial agrícola" da Califórnia [...] veste um elegante chapéu Stetson, viaja de avião e tem o despojamento e a presunção de um rei do gado texano.

— Carey McWilliams,
Southern California: an island on the land (1946)

A história do algodão no Condado de Kings se caracteriza pela rápida centralização e concentração em uma indústria que começou a se expandir ao sul do Vale de San Joaquin logo após a Primeira Guerra Mundial. A longa devastação do cinturão tradicional do algodão em todo o sul dos Estados Unidos (Marks, 1989), causada pela infestação do besouro bicudo do algodoeiro, apresentou uma oportunidade para os produtores do oeste capturarem uma parte de um enorme mercado transnacional – desde que pudessem combinar as capacidades da Califórnia às necessidades do cultivo (Daniel, 1981; Pisani, 1984; Weber, 1994).

As firmas que alcançaram o domínio e absorveram suas concorrentes foram as primeiras na indústria do algodão a desenvolverem os atributos da empresa industrial moderna (cf. Chandler, 1990). O acesso das grandes empresas ao capital permitiu-lhes instalar sistemas de irrigação de larga escala necessários à produção em massa de cultivos que fazem uso intensivo de água; as economias de escala resultantes disso, reforçadas por máquinas que eliminam trabalho vivo, como tratores (Weber, 1994), reduziram os custos unitários e, ao mesmo tempo, mantiveram fora os concorrentes devido aos altos custos de entrada (Pisani, 1984; Reisner, 1986; Gottlieb, 1988; Hundley, 1992). Elas também conseguiram transformar o algodão da Califórnia em uma cultura altamente padronizada; o uso regular de sementes Alcala removeu parte da incerteza da produção agrícola, viabilizando produtores e revendedores a prometerem aos clientes o mesmo tipo e qualidade de algodão, ano após ano (Weber, 1994). E a integração vertical de funções e unidades operacionais, supervisionada por gerentes profissionais, permitiu aos produtores controlar suprimentos, financiamento, processamento, vendas, marketing e distribuição do produto para mercados nacionais e internacionais (Pisani, 1984; Weber, 1994).

A abundante força de trabalho agrícola da região foi fundamental para o crescimento da indústria: embora a produção de algodão tenha migrado decisivamente para a mecanização, nos anos em que o cultivo passou a dominar o Condado de Kings, ela era intensiva em capital e trabalho (Daniel, 1981; McWilliams, 1946; Mitchell, 1996).[105] No século XIX, os milhares de chineses e outros trabalhadores que haviam garimpado ouro e construído ferrovias e infraestrutura, mexicanos despossuídos por colonos dos Estados Unidos e pioneiros anglo-estadunidenses arruinados pelo alto custo de aquisição da água ou do transporte por ferrovia dos produtos da fazenda para o mercado formaram o núcleo do proletariado agrícola da região. Migrantes do século XX, por sua vez, vindos de longa distância e de todas as etnias, fizeram crescer esse grupo de trabalhadores (Daniel, 1981).

Quatro famílias tomaram o controle da paisagem produtiva da Bacia do Lago Tulare ao final da Primeira Guerra Mundial

105. Eli Whitney inventou o descaroçador de algodão em 1793, e sua proliferação por todo o sul dos Estados Unidos aumentou radicalmente a demanda por escravos de campo, intensificando, assim, o comércio internacional de escravos. Após o término legal do comércio internacional, um comércio interno aos Estados Unidos, entre a Virgínia e os Estados Confederados do sul e do sudeste [*the Deep South*], cresceu e se intensificou durante a Guerra Civil Americana (Tadman, 1990). Todos os grandes fazendeiros do algodão ao sul do Vale de San Joaquin possuíam descaroçadores (Weber, 1994). Foi só depois de 1942 que as inovações na produção de produtos primários – como a introdução da colheitadeira mecânica – começaram a reduzir a dependência do algodão com o trabalho humano (Bergman, 1969).

(Preston, 1981; Weber, 1994; Mitchell, 1996). Os clãs Boswell, Salyer, Hansen e Guiberson, ao mesclar capital privado e poder social e político, fizeram a passagem "das fazendas familiares para o agronegócio" (Pisani, 1984). A intervenção estatal foi crucial para garantir a geografia da acumulação na Bacia. De fato, dentro de programas de propriedades de terras federais, estaduais e de posse das ferrovias, bem como de projetos de irrigação públicos e privados, a geografia na qual eles introduziram o algodão já havia sido amplamente transformada por trabalhadores assalariados rurais, numa região cada vez mais caracterizada por extensas parcelas de terra (Preston, 1981; Mitchell, 1996). O ideal jeffersoniano de fazendeiros familiares brancos cuidando de pequenas fazendas de produção não especializada lutou, mas perdeu para o crescimento concorrente das grandes fazendas capitalistas produtoras de *commodities* (Preston, 1981; Daniel, 1981; Pisani, 1984).

Boswell emergiu como o mais poderoso dos capitalistas do algodão (Arax e Wartzman, 2003). O fundador da empresa, o coronel J.G. Boswell, foi um comerciante de algodão descendente de uma família das *plantations* da Geórgia, que enriqueceu durante a economia escravista. Ele trabalhou nos centros de negócios do algodão do Arizona e de Los Angeles antes de se estabelecer em Corcoran em 1924, onde comprou uma terra de 162 hectares numa época em que 90% das fazendas do Vale de San Joaquin eram menores que 65 hectares (Weber, 1994; Hundley, 1992). A empresa cresceu e se expandiu, integrando desde a distribuição até o descaroçamento e financiamento (Weber, 1994). Bem capitalizado desde o início, Boswell adquiriu milhares de hectares durante os anos 1920 e 1930 por meio de compras, fusões e da aquisição de propriedades que eram forçadas a vender devido aos impostos não pagos pelos proprietários [*tax sales*], bem como tomando posse de terras ao garantir empréstimos inadimplentes; em 1940, a companhia era a maior empresa do condado. Daí em diante, a família se tornou a força política e filantrópica dominante em Corcoran, ao passo que a empresa se consolidou como um agronegócio poderoso em escala nacional (Gottlieb, 1988; Weber, 1994; Arax e Wartzman, 2003).

Em 1933, 45% das plantações de algodão eram financiadas pelas empresas de descaroçamento, que tinham, elas próprias, acesso direto ao capital bancário. Essas empresas-financiadoras exerciam controle direto sobre os pequenos produtores: o empréstimo anual fixava o preço do produto e garantia o negócio para as empresas descaroçadoras (Weber, 1994). Sob tais relações de endividamento, os produtores menores não podiam competir e muitos foram "proletarizados" em sua própria terra – quando não a perderam completamente –, cultivando algodão por um preço predefinido, não muito diferente de um salário (Weber, 1994; cf. Watts, 1994b). Outros pequenos produtores perderam suas terras por inadimplência fiscal uma vez que seus lucros eram muito escassos para satisfazer financiadores e avaliadores fiscais do imóvel (Weber, 1994; Goldman, 1991).[106]

Em 1925, ao explorar habilmente as capacidades regulatórias do estado, os grandes interesses do algodão foram capazes de esmagar os concorrentes menores e as outras culturas. Empresas descaroçadoras do Condado de Kings, comerciantes e grandes produtores, juntamente com suas contrapartes nos condados de Kern e Fresno, empresas de água e energia e o principal credor do vale, o Bank of Italy,[107] persuadiram o legislativo da Califórnia a passar a "lei de uma só variedade" [*"One-Variety Cotton Law"*], que transformou o algodão Alcala na única variedade legalmente cultivável no Vale Central (Weber, 1994). Alcala tinha sido desenvolvida pelo Departamento de Agricultura dos Estados Unidos para uso em equipamentos na Primeira Guerra Mundial – pneus e asas de avião. Aqueles que promoveram a lei da variedade única elogiavam o algodão Alcala por sua fibra longa e forte, o que facilitava o descaroçamento e a moagem. Os

106. Até a Lei Williamson, de 1965, os impostos da Califórnia sobre terras agrícolas eram estimados tendo como base os lucros potenciais; assim, a produtividade dos maiores produtores espremia os menores, direta e indiretamente (Goldman, 1991).

107. Reformado em 1930, o Bank of Italy tornou-se o Bank of America.

processadores garantiam um produto que não emperraria seus trabalhos e, com a padronização, eles não teriam que reajustar o maquinário para o carregamento de cada produtor. Com os custos de insumos definidos pelo mecanismo de financiamento das empresas de descaroçamento, e a velocidade de processamento definida pela lei de uma só variedade, as maiores empresas de algodão – aquelas já industrializadas – puderam garantir aos seus clientes preços e entregas mais confiáveis do que qualquer produtor menor (Weber, 1994; Bean, 1973; cf. Chandler, 1990).

À medida que o algodão da Califórnia se tornou uma enorme *commoditiy*, concentrada e centralizada, tornou-se mais vulnerável ao trabalho e a outras flutuações do mercado, e também à militância trabalhista (Daniel, 1981; Weber, 1994). Os produtores se organizaram privadamente bem como por meio das capacidades coercitivas e infraestruturais do estado. Isso foi feito com o intuito de mover o proletariado agrícola para dentro e para fora dos campos nas horas certas (Mitchell, 1996; Weber, 1994; Bulosan, 1983; McWilliams, [1939] 1969) e para retirar a contratação e os salários da concorrência (Weber, 1994).[108] Para complementar os poderes materiais do estado e do capital, ativistas governamentais – como os progressistas da Califórnia (Mitchell, 1996) – e industriais agrícolas empregaram a capacidade ideológica da supremacia branca para justificar as degradações da vida dos trabalhadores rurais e para produzir ou reforçar divisões intra e entre trabalhadores mexicanos, chineses, filipinos, anglo-estadunidenses, afro-estadunidenses e japoneses (Bulosan, 1973; Gregory, 1989; Almaguer, 1994; Weber, 1994; Mitchell, 1996; cf. Saxton, 1971). Alguns trabalhadores, particularmente os anglo-estadunidenses ("*okies*") despossuídos pelas

108. Em diferentes regiões e setores da Califórnia, há diferentes arranjos agrícolas para o capital e o trabalho. Por exemplo, Miriam Wells (1996) documenta como os produtores contemporâneos de morango do Vale de Salinas combinam meação, arrendamento e relações de trabalho assalariadas para estabelecer segurança política sobre a produção agrícola. No entanto, nas grandes fazendas de *commodities* do Vale de San Joaquin, o trabalho agrícola já era proletarizado antes, e como consequência, do aumento da produção empresarial de algodão (Weber, 1994; Daniel, 1981).

tempestades de areia [dos anos 1930], promoveram essas divisões para avançar em seu próprio pertencimento enquanto estadunidenses brancos com direito a voto (Gregory, 1989; Morgan, 1992). Mas havia outros que tinham participado de políticas industriais radicais não agrícolas, não apenas nos Estados Unidos (McWilliams, [1939] 1969; Weber, 1994), mas em colônias estadunidenses, como as Filipinas (Bulosan, 1983), e nas lutas em curso do México revolucionário e pós-revolucionário, que formaram alianças nos campos do Vale Central (Weber, 1994).

No Condado de Kings, trabalhadores mexicanos, anglo e afro-estadunidenses se aliaram nas batalhas mortais por salários adequados, condições decentes nas moradias temporárias e pelo direito de estabelecer residência permanente na área (Weber, 1994; Mitchell, 1996). Greves interromperam as colheitas em 1933 e, novamente, em 1938–1939. Nos primeiros anos do *New Deal*, o ativismo dos trabalhadores agrícolas na Califórnia e sua brutal repressão pelas forças vigilantes do condado, do estado e dos fazendeiros (McWilliams, [1939] 1969) provocaram algum movimento no sentido de estender a Lei Wagner [*Wagner Act*][109] aos trabalhadores agrícolas. Da mesma forma, as condições em Corcoran forneceram uma ocasião para uma investigação no Congresso (Weber, 1994; ver também Mitchell, 1996). No entanto, em parte porque o *New Deal* já havia excluído o trabalhador agrícola do direito de se organizar, a investigação não produziu mudanças estatutárias. Na prática, o fracasso federal em sancionar a repressão fortaleceu a posição dos industriais (Weber, 1994). O resultado em favor do algodão veio, em parte, de como os amplos compromissos trabalhistas do *New Deal* haviam operacionalizado a política reformista ao renovar as estruturas do estado racial: a divisão dos direitos de organização e barganha entre trabalhadores agrícolas e não agrícolas também

109. N.T.: *Wagner Act* é o nome dado à Lei Nacional de Relações Trabalhistas [*National Labor Relations Act*], responsável por fundar o estatuto laboral dos Estados Unidos e garantir aos trabalhadores do setor privado o direito de se organizarem em sindicatos e em negociações e ações coletivas, como greves. Ela foi escrita pelo senador Robert F. Wagner e promulgada, em 1935, pelo presidente Franklin D. Roosevelt.

era uma divisão normativa (embora de forma alguma absoluta) de direitos entre trabalhadores de cor e trabalhadores brancos (Jacqueline Jones, 1992; Linda Gordon, 1994).

A Segunda Guerra Mundial atraiu a maioria dos trabalhadores rurais anglo-estadunidenses dos campos para as tropas ou as indústrias dos tempos de guerra (Gregory, 1989; Morgan, 1992). Para substituí-los, os fazendeiros californianos persuadiram o governo federal a instituir o Programa *Bracero*[110] [*Bracero Program*] (1942–1965), que fornecia contratos a "trabalhadores convidados" mexicanos, minando, assim, o último grande esforço de organização trabalhista da Califórnia na década de 1940 e deixando o trabalho agrícola de joelhos por quase duas décadas (Calavita, 1992).

Como Boswell, Salyer e outros grandes produtores de algodão expandiram a produção na década de 1940, eles precisaram garantir abundância de água no vale relativamente seco. Os produtores da Califórnia do século XIX haviam tentado entrar no mercado subabastecido de algodão durante a Guerra Civil, mas, por causa de uma irrigação inadequada, deixaram de colocar em produção mais de 809 hectares (Caughey, 1940). A Bacia do Lago Tulare, no sul do Vale de San Joaquin, está sobre um profundo aquífero fóssil derivado de águas de degelo e pluviais, que recebe uma precipitação média anual de cerca de 25 centímetros, variando entre 10 e 48 centímetros (Preston, 1981). Tudo isso significa que o lençol freático precisa das águas superficiais dos rios e canais para complementar – e, talvez, a longo prazo, substituir – o abastecimento subterrâneo (Reisner, 1986; El-Ashry e Gibbons, 1988; Howitt e Moore, 1988).[111]

110. N.E.: *Bracero*, do espanhol, refere-se aos trabalhadores rurais, em sua maioria mexicanos, contratados por diária.

111. A agricultura irrigada por águas superficiais no Vale Central antecede, em muito, a colonização europeia por lá (Caughey, 1940; Preston, 1981), mas sua expansão desde o início da imigração anglo-saxônica, em meados do século XIX, é também a história de batalhas entre os produtores diretos (sejam pequenos fazendeiros ou trabalhadores assalariados) e o capital (Norris, 1987; Bean, 1973; Pisani, 1984). As duas décadas seguintes ao tiroteio de Mussel Slough, ocorrido em 1880, perto de Hanford, a

Antes da ascensão do algodão, a Lei Federal de Aproveitamento de Água [*Federal Water Reclamation Act*], de 1902, mudou a escala e o custo da produção hídrica, fornecendo água "excedente" (ou seja, ainda não explorada doméstica ou comercialmente) para fazendeiros em todo o árido oeste (Reisner, 1986; Hundley, 1992). Os distritos hídricos que buscavam investimento barato para o desenvolvimento surgiram por toda a parte (Pisani, 1984). No início, a limitação de hectares imposta pela lei (65 por fazendeiro ou 130 por casal de fazendeiros)[112] para

---

sede do Condado de Kings, marcaram o aumento da agricultura intensiva na área (Bean, 1973; Pisani, 1984). O tiroteio resultou do esquema de preços da Southern Pacific Railroad para suas terras concedidas pelo governo federal, para as quais os pequenos fazendeiros tinham o contrato de compra. As vendas levaram quase cinco anos para serem concluídas, período em que os fazendeiros irrigaram suas parcelas de terra; quando a ferrovia incluiu o valor das melhorias feitas pela força de trabalho no preço de compra, despossuiu aqueles que vinham trabalhando na terra em favor de latifundiários detentores de capital suficiente para comprar a preços mais altos. Entre 1880 e a virada do século, a maioria dos distritos irrigados estava nas mãos da propriedade privada, sendo que tudo, desde melhorias feitas com a força de trabalho até investimentos cooperativos locais e capital nacional e internacional, foi afundado pelas barragens e diques [construídos para a irrigação] (Bean, 1973; Pisani, 1984).

112. A ideia por trás de um homem e uma mulher casados não era conceder às mulheres direitos iguais de propriedade, mas permitir que os homens casados acumulassem mais, pois sua responsabilidade como maridos os tornaria, supostamente, fazendeiros mais confiáveis (Pisani, 1984). O argumento de Pisani mostra uma contradição fundamental dentro da classe capitalista: os credores de San Francisco, que detinham papéis podres em 1898–1899, quiseram que as grandes fazendas quebrassem para que o ciclo de "expansão e contração", que levou os produtores capitalistas à ruína, fosse mitigado por fazendeiros familiares mistos (que produziam *commodities* ou para subsistência), que poderiam ser mais flexíveis quando houvesse flutuações de mercado ou climáticas (Pisani, 1984). As regras da lei, que foram quebradas facilmente e com regularidade, não apenas impuseram limitações de área, mas também, para evitar especulações, exigiram que aqueles que obtinham água do programa de aproveitamento vendessem sua área excedente a preços praticados *antes do projeto*. As disputas em torno das limitações de área postas pelo Escritório de Aproveitamento [*Bureau of Reclamation*] levantam questões interessantes para futuras pesquisas sobre o desejo e o fracasso da

compradores de recursos hídricos subsidiados reduziu o tamanho médio das fazendas (Pisani, 1984; Hundley, 1992), que voltou a subir quando produtores capitalistas com malícia política – incluindo Boswell e Salyer – disfarçaram suas participações ilegais dentro de contratos de fachada, como "contratos de arrendamento de terras" (Reisner, 1986) e "acordos de gerenciamento de fazendas" (Gottlieb, 1988; ver também Pisani, 1984; Hundley, 1992).[113]

No início da Segunda Guerra Mundial, a fim de complementar o fornecimento de recursos hídricos feito pelo Projeto do Escritório de Aproveitamento do Vale Central [*Bureau of Reclamation Central Valley*] (Reisner, 1986), de 1935, Boswell e Salyer exploraram os conflitos entre as agências federais, como os Departamentos do Interior e de Guerra, para conseguir o que queriam. Enquanto o Departamento do Interior, responsável pela administração da Lei Federal de Aproveitamento de Água, continuava a pressionar pela limitação nos hectares das terras – fosse ela cumprida ou não –, o Departamento de Guerra, responsável pelo Corpo de Engenheiros do Exército ("*the Corps*"), procurava projetos de larga escala para aumentar sua atuação e legitimidade no *front* doméstico (Reisner, 1986; Hundley, 1992; Arax e Wartzman, 2003).

Boswell, Salyer e seus colegas do Condado de Kern, Miller-Lux e Kern Land Company, convenceram o Corpo de Engenheiros do Exército de que os rios Kings e Kern (que

---

redistribuição de terras (desde baixo) nos Estados Unidos em meados do século XX, em comparação com sua aplicação de cima para baixo organizada pelos militares dos Estados Unidos na Ásia Oriental após a Segunda Guerra Mundial (Pisani, 1984; Amsden, 1985; Hart-Landsberg, 1993; cf. Woods, 1998).

113. A reautorização da Lei de Aproveitamento, de 1982, pretendeu tampar essas brechas e elevou o tamanho máximo da fazenda para 388 hectares. Um acordo político que precedeu (e atrasou) os novos regulamentos, que não foram promulgados até 1987, assegurou que eles não abordariam diretamente os métodos pelos quais os grandes proprietários de terras contornaram a restrição de área; portanto, a "supervisão" regulatória anulou o propósito original e estendido da lei (Gottlieb, 1988).

drenavam, respectivamente, para os lagos Tulare e Buena Vista) apresentavam riscos de inundação que ameaçavam o bem-estar econômico da agricultura do sul do Vale de San Joaquin. De acordo com as esferas de influência estabelecidas pela Lei Federal de Aproveitamento, de 1902, o excedente de água constituía um bem público nacional, e qualquer projeto federal para represar e desviar água a oeste dos Estados Unidos ficou sob o guarda-chuva e as limitações de hectares postas pelo Escritório de Aproveitamento (Hundley, 1992).[114] No entanto, o Corpo de Engenheiros do Exército concordou em lidar com o "problema" e, sem a autorização prévia da administração Roosevelt ou do Congresso, construiu os primeiros canais de desvio em 1942 (Reisner, 1986).

Armado com evidências mostrando que não havia nenhum perigo de inundação e com um estudo revelando os efeitos culturalmente depressivos dos grandes fazendeiros capitalistas nas pequenas cidades, o Escritório de Aproveitamento estava preparado para lutar contra o Corpo de Engenheiros do Exército, acreditando que isso poderia ativar a animosidade Leste-Oeste no Congresso em favor de sua posição. Mas, na Washington dos tempos de guerra, o Escritório não conseguiu atrair tanto interesse para um problema doméstico que fosse contrário ao Departamento de Guerra ou aos capitalistas produtivos (Hundley, 1992; cf. Hooks, 1991). O Corpo de Engenheiros, por sua vez, apoiado pelo senador Sheridan Downey (Partido Democrata da Califórnia), acusou o Escritório de comunismo por lutar contra o grande capital e em nome dos pequenos agricultores familiares (Reisner, 1986; Hundley, 1992; ver também Downey, 1947). A controvérsia não impediu o crescimento de Boswell e Salyer; uma vez que eles já possuíam o lago, sua drenagem lhes rendeu 32.375 hectares férteis. A disputa política sobre a água foi finalmente encerrada quando eles pagaram

114. A nacionalização do excedente de água não se deu sem luta, e a questão da soberania nunca foi totalmente resolvida: como os Estados Unidos podem "reivindicar" o excedente da Califórnia como um bem público dos Estados Unidos em vez da Califórnia (Hundley, 1992)?

US$14.250.000 como uma "taxa única de usuário" pela barragem Pine Flat Dam, construída pelo Corpo de Engenheiros do Exército a um custo de US$48.000.000 em 1948. Uma vez que não se tratava de fornecimento de excedente para irrigação, mas de um subproduto do controle de inundações, o pagamento deu-lhes direito a toda a água (Preston, 1981; Reisner, 1986; Hundley, 1992).[115]

Na década de 1960, o Projeto Estadual de Águas da Califórnia [*California State Water Project* – SWP], concebido e construído durante a administração do governador Edmund G. "Pat" Brown, foi projetado para garantir água de qualidade para o rápido crescimento da Grande Los Angeles, que se daria até o século XXI (Hundley, 1992; Howitt e Moore, 1988; Reisner, 1986). No entanto, uma vez que o Aqueduto da Califórnia transportava mais água do que os clientes do Distrito Metropolitano de Águas de Los Angeles [*Los Angeles Metropolitan Water District* – Met] poderiam usar no curto prazo, os produtores do vale persuadiram o Met a vender-lhes o excedente pelo custo energético de distribuição da água (Reisner, 1986; Gottlieb, 1988). Os únicos que podiam comprar eram aqueles cujas terras se sobrepunham ao aquífero de San Joaquin, de modo que, no longo prazo, uma vez que os clientes do Met exigiam toda a água, os fazendeiros puderam revertê-la para os poços e, portanto, não perder o capital que tinham afundado em suas terras (Gottlieb, 1988; Reisner, 1986). Como parte do acordo, o Met cobrou dos clientes da Grande Los Angeles a diferença entre o custo dos produtores (entre US$4,50 e US$7,00 para cada 1.233m^3) e o custo de produção (US$35, também para 1.233m^3) por meio de uma reavaliação fiscal da propriedade que era cobrada sobre as contas mensais de água.[116]

---

115. O sucesso político do Corpo de Engenheiros do Exército neste projeto (Reisner, 1986), juntamente com a transformação do Departamento de Guerra (renomeado para Defesa) no pós-guerra em uma entidade enorme e isolada (G. Hooks, 1991), deu ao primeiro o poder de escantear o Escritório de todos os principais projetos de água do pós-guerra na parte oeste do país (Reisner, 1986).

116. Walker e Storper calcularam que, para 2,2 bilhões de m^3 de água que os produtores recebiam como excedente, os fazendeiros pagavam

No Distrito de Águas do Oeste [*Westlands Water District*], que abrange o Condado de Kings, entre os grandes produtores que se beneficiam do menor custo estavam os estabelecimentos agrícolas da Southern Pacific Railroad, das empresas petrolíferas Standard, Bellridge, Tidewater e Richfield e da J. G. Boswell Company (Preston, 1981; Reisner, 1986; Hundley, 1992).

Boswell e outros produtores de algodão baseados em Corcoran usaram as capacidades estatais nos níveis federal, californiano e regional para transformar suas empresas familiares em empresas industriais modernas. Eles exploraram o poder do estado e as conexões sociais para padronizar o produto e levar as águas superficiais e os trabalhadores para suas plantações. Usaram as rivalidades entre as agências e a retórica patriótica para ganhar relevância e renovaram a ideologia racial para garantir o que haviam criado. Eles transferiram custos substanciais ao máximo possível para o estado, para os contribuintes de outras regiões e para os trabalhadores a fim de garantir a geografia da acumulação para seu "ouro branco" (Weber, 1994; ver também Arax e Wartzman, 2003).

Os trabalhadores, por sua vez, revidaram, mas seus ganhos reais como trabalhadores agrícolas na indústria do algodão eram difíceis de sustentar. O fim do Programa *Bracero* (1965) coincidiu com a ascensão do UFW, que, apesar da peculiar exclusão da agricultura da legislação do *New Deal*, começou a se organizar de maneiras até então garantidas por lei apenas aos trabalhadores industriais não agrícolas (Edid, 1994; Pulido, 1995). Em seus primeiros anos, o UFW visava culturas com trabalho intensivo, como uva e alface. O algodão era uma cultura [cuja categoria de trabalhadores era] muito mais difícil de organizar em meados da década de 1960 do que no período do pré-guerra. Isso se deu porque o nível de mecanização, inaugurado em 1942 pela colheitadeira da International Harvester (Tabela

---

US$6 milhões, e os clientes do Met, US$170 milhões (Reisner, 1986; Gottlieb, 1988). Cidades e municípios do Vale Central também podem contratar excedentes do Met, mas pagam pelo custo de produção.

6), prejudicou a capacidade dos trabalhadores de paralisar os campos de algodão na época da colheita.

Alguns trabalhadores mexicanos/chicanos e afro-estadunidenses, que migraram para o Vale Central durante a depressão, estabeleceram-se em Corcoran no período da Segunda Guerra Mundial (Weber, 1994). Substituídos pelas máquinas e desorganizados pelo Programa *Bracero*, tornaram-se cada vez mais despossuídos. Mas, ao mesmo tempo, uma vez que mexicanos/chicanos se tornaram a maioria numérica de Corcoran no final da era de ouro, o fato de terem residência no local estabeleceu um terreno possível para futuras lutas políticas – ao menos no campo da representação formal.

TABELA 6

MECANIZAÇÃO DA PRODUÇÃO DE ALGODÃO, 1940-1980

Ano	Número de horas de trabalho para produzir um fardo de algodão
1940	423
1960	26
1980	8

Fonte: Preston, 1981.

Crise: dívida, desastres e reestruturação

Sessenta meses de seca, começando em 1973, culminaram no terceiro (1976) e no primeiro ano mais seco (1977) já registrados na Califórnia. A seca forçou a realização de melhorias nos sistemas de irrigação superficial e de bombeamento de águas subterrâneas. Os produtores que podiam pagar pelos custos aprimoraram os campos já em uso e, na esperança de obter retorno adicional do dinheiro investido, estenderam a infraestrutura de irrigação a hectares que ainda não haviam recebido melhorias (Sokolow e Spezia, 1992; U.S. Department of

Agriculture, Census of Agriculture, 1992). Especialistas alertaram, no entanto, que a expansão da irrigação levaria ao uso excessivo de águas subterrâneas (o que já se notava no período da seca) e, eventualmente, exigiria que algumas terras fossem removidas permanentemente da produção (Howitt e Moore, 1988, 1992; El-Ashry e Gibbons, 1988).

Salyer se sobrecarregou financeiramente na tentativa de acompanhar os outros grandes produtores, particularmente Boswell, em intensidade e eficiência produtivas. O momento escolhido para o investimento da empresa foi errado; ela havia imobilizado capital emprestado em equipamentos e melhorias de irrigação logo antes de uma série de invernos devastadores do *El Niño* (1978–1979; 1979–1980; 1982–1983), quando as chuvas torrenciais atrasaram as plantações, reduziram a área útil e inundaram os cultivos (Reisner, 1986).[117] A combinação dos custos de anos secos, anos de inundação e de colheitadeiras maiores e melhores da John Deere levaram Salyer à inadimplência.

Boswell prosperou durante os dez anos de turbulência climática, mas as áreas que ficaram ociosas por causa da seca fizeram com que a empresa tomasse medidas contra futuras situações de escassez de água que prejudicariam a produtividade de seu império de mais de 83.365 hectares. Em 1982, Boswell e Salyer formaram uma aliança política estratégica e gastaram mais de US$1 milhão para derrotar o Canal Periférico – uma iniciativa eleitoral da Califórnia que buscava a aprovação dos eleitores para emitir títulos com a finalidade de fornecer mais água para a Grande Los Angeles. Eles se opuseram à medida porque ela incluía uma emenda constitucional, defendida por alguns ambientalistas, para proteger todos os principais rios do norte da Califórnia de futuros represamentos ou desvios (Reisner, 1986; Gottlieb, 1988; Hundley, 1992).

117. Quase imediatamente após o fim da seca, os invernos californianos que se seguiram a partir de 1978 se tornaram excessivamente úmidos (Reisner, 1986; Cooke, 1984; Gottlieb, 1988); 1983 foi o ano mais chuvoso já registrado na Califórnia central (*Coalinga Record*, 2 de maio de 1984).

Ao mesmo tempo em que a derrota do Canal Periférico sufocou o plano de proteção dos rios, ela também trouxe à tona a falta de interesse dos eleitores em pagar por novos projetos de desenvolvimento de recursos hídricos. Assim, no curto prazo, Boswell e Salyer não puderam usar a vitória para obter mais água subsidiada para a Bacia do Lago Tulare. Ao mesmo tempo, alguns economistas especialistas em recursos hídricos propuseram que a escassez de água seria mais bem resolvida por um mercado de água autorregulado, no qual os preços não subsidiados obrigariam os usuários a serem mais eficientes na seleção de culturas e técnicas de irrigação (Howitt e Moore, 1988, 1994). Os produtores agrícolas tampouco quiseram essa solução. Voluntária ou involuntariamente, eles mantiveram hectares ociosos na década de 1980 devido a problemas com o abastecimento de água, dívidas elevadas e, em alguns casos, subsídios federais em espécie para *não* cultivar certas safras excedentes (Reisner, 1986).

A Tabela 7 mostra em que medida o Condado de Kings estava no processo de reestruturação da agricultura durante a década de 1980. Entre 1982 e 1992, cerca de 60.703 hectares irrigados do condado deixaram de produzir. Salyer não se tornou inadimplente sozinha; no início dos anos 1980, o principal credor do vale, o Bank of America, retomou o título de milhares de hectares que tinha como garantia de empréstimos em todo o Vale Central (Gottlieb, 1988). Ao mesmo tempo, as fazendas – especialmente aquelas que plantavam algodão – concentraram propriedade. O movimento contraditório do valor de mercado por hectare (em queda) e da produtividade por hectare (em alta) evidencia o declínio geral da renda não urbana proveniente do uso da terra e que foi lamentada pelos departamentos agrícolas de todos os condados (Walters, [1986] 1992). O movimento também sugere que as melhorias na *terra*, feitas com grandes custos durante a seca da década de 1970 (Sokolow e Spezia, 1992), foram exploradas com sucesso por meio das tecnologias de cultivo e colheita – a mecanização em constante evolução que Jim Hansen vislumbrava como o futuro do agronegócio. A explicação é apoiada pelo fato de que, embora não tenha havido praticamente nenhuma mudança no número de empregos agrícolas anuais regulares do condado entre 1973 (5.405) e 1983 (5.371), houve um pequeno – porém significativo – aumento entre 1983 e 1993 (5.617) (U.S. Bureau of the Census, County Business Patterns). Esses trabalhos incluem gerentes, mecânicos e outras posições qualificadas ou profissionais que normalmente acompanham o aumento do investimento em máquinas (Bradshaw, 1993; cf. Harrison, 1994; David Gordon, 1996).

TABELA 7

VISÃO GERAL DA AGRICULTURA NO CONDADO DE KINGS, 1982–1992

	1982	1987	1992
Hectares agrícolas	327.020	284.159	313.967
Tamanho médio de fazenda (hectares)	276	236	287
Valor de mercado da terra e das benfeitorias, por fazenda*	2,059	1,794	1,694
Número de fazendas, por hectare			
1–9	103	100	91
10–49	139	146	120
50–179	99	96	98
180–499	76	79	56
500–999	28	34	38
+1,000	35	34	39
Fazendas de cultivo	1.033	1.037	934
Hectares de terras cultiváveis	248.353	229.151	210.245
Fazendas de colheita	942	936	844
Hectares de colheita	229.629	178.710	174.505
Fazendas irrigadas	1.011	997	865
Hectares irrigados	224.242	192.645	165.722
Valor de mercado da produção agrícola ($ 000)*	478.412	486.912	581.846
Fazendas de algodão	464	481	364
Hectares de algodão	111.414	94.739	95.307
Fardos de algodão	589.237	535.565	627.189

Fonte: U.S. Department of Agriculture, *Census of Agriculture.*
*Valores em dólares em 1982 = 100.

A reconfiguração da agricultura no Condado de Kings indica que os anos 1980 foram anos de crise tanto para produtores – como Salyer – quanto para trabalhadores – entre os quais o desemprego sazonal agrícola variou entre 30% e 50% (Walker, 1995).[118] O profundo esvaziamento do trabalho no algodão não foi compensado por oportunidades em outros setores agrícolas; não houve aumento na demanda por trabalho agrícola sazonal, medido em semanas de trabalho, entre 1970 e 1985 (Goldman, 1991). Além de um mercado de trabalho estagnado, os salários agrícolas, equivalentes em média a apenas 55% dos salários não agrícolas da Califórnia, vinham sendo achatados desde 1973 (Goldman, 1991; Greenhouse, 1997).

O desemprego e a pobreza não provocaram a saída permanente de muitas pessoas dali.[119] Os aluguéis estavam baixos, e aqueles que conseguiram comprar casas e lotes modestos não podiam ter a esperança de vender para seus vizinhos igualmente pobres. Os moradores de Corcoran continuaram sua migração anual de longa distância através das colheitas da Califórnia e do noroeste do Pacífico. Alguns viajaram ainda mais longe, tanto para outros estados (cebolas, em Utah, e açúcar de beterraba, em Dakota do Sul) quanto setorialmente (construção de casas no condado de San Bernardino). E, finalmente, alguns trabalhadores seguiram ainda outros padrões de migração circular da reserva de trabalho, com pessoas mais jovens – homens solteiros,

---

118. Existem vários problemas metodológicos inerentes ao estabelecimento desses "fatos". Primeiro, Boswell é uma empresa privada e não divulga nada sobre suas práticas de emprego, preços e assim por diante. E a Califórnia não tem registros confiáveis sobre trabalhadores agrícolas migrantes e sazonais. O emprego "não agrícola" é o indicador usual de empregos para uma determinada região. Os trabalhadores invisíveis nas "fábricas no campo" (McWilliams, [1939] 1969) parecem tão apagados da história oficial quanto do cenário agrícola que Don Mitchell (1996) desconstruiu com sua teoria trabalhista da paisagem.

119. As ideias deste item foram, em parte, moldadas a partir de entrevistas generosamente concedidas por Don Pauley (julho de 1995 e julho de 1996), Jeannette Todd (julho de 1995), Melissa Harriman (julho de 1996), Charley Trujillo (maio de 1999) e muitos moradores anônimos de Corcoran que falaram comigo durante meus trabalhos de campo na cidade.

irmãos, casais – indo para a Grande Los Angeles para trabalhar e enviando remessas para casa a seus filhos e pais idosos (cf. Ferguson, 1990). No entanto, a fragilidade dessas várias estratégias reprodutivas se destaca pelo fato de que, em 1980, aproximadamente 18% das famílias de Corcoran recebiam assistência pública – em comparação com 13,7% para o Condado de Kings como um todo (Hornor, 1988).

A queda nas receitas dos impostos sobre as vendas do comércio varejista em Corcoran no final da década de 1970 é outro indicador da diminuição da capacidade de sustento da cidade. Antes de 1976, a proporção do imposto *per capita* sobre as vendas da cidade em relação a este mesmo imposto para o estado da Califórnia – o "fator de atração" – era maior que 1, demonstrando que os comerciantes de Corcoran atendiam a um mercado mais amplo do que a média das cidades do estado (Parks et al., 1990). A extinção dos estabelecimentos de móveis, vestuário e de outros bens de consumo do centro da cidade depois de 1976 revelam tanto a escassez de itens à venda na cidade quanto a falta de compradores capazes de pagar pela variedade e quantidade de bens que os comerciantes locais antes ofertavam.

O centro vazio de Corcoran e a pobreza significativa também se traduziram na queda dos valores das propriedades. Os proprietários que trabalhavam em empregos que eram em alguma medida estáveis – no agronegócio ou fora dele – estavam preocupados que eles, bem como seus vizinhos mais pobres, não conseguiriam vender mesmo se quisessem. Em 1982, os classificados nos jornais de casas similares às deles pediam de 35% a 50% menos do que em 1978. No noticiário da noite, em contraste, eles ouviam como o capital imobiliário na Grande Los Angeles e na Bay Area, e em menor grau em Bakersfield e Fresno, acompanhava o crescimento da inflação incrivelmente alta.

As pessoas que permaneceram vivendo em Corcoran ficaram não apenas porque a adversidade econômica as deixou presas no espaço, mas também porque haviam lutado para fazer de Corcoran seu lar, construindo uma comunidade que, embora organizada em uma hierarquia de raça e classe, também era um lugar orgulhoso da sua ética de cuidado típica das cidades pequenas. As culturas mexicana/chicana e afro-estadunidense floresceram nos interstícios da estrutura social anglo-estadunidense paternalista dominante. Alguns casamentos entre *okies* e mexicanos enfraqueceram – mas não acabaram com – a divisão entre os dois grupos, que haviam, um pouco a contragosto, se aliado na vanguarda das greves trabalhistas de 1938–1939 (Weber, 1994; Gregory, 1989).[120] Um único ensino fundamental e médio educaram todas as crianças que não abandonaram a escola; na verdade, mesmo os jovens mais ambiciosos no estudo raramente saíam da Corcoran High School para tentar uma chance de competir por uma das duas bolsas de estudo Boswell de quatro anos (com valores ilimitados). E, finalmente, praticamente todas as pessoas adultas da cidade que não eram Boswell, Salyer, Guiberson ou Hansen tinham, em algum momento de suas vidas, mesmo que apenas por um verão, cortado algodão Alcala sob o sol do sul de San Joaquin.

A reestruturação da economia de Corcoran produziu excedentes locais. A dívida e a seca forçaram os produtores a deixarem de produzir em suas terras, enquanto a seca e a mecanização tornaram os trabalhadores supérfluos. O ambiente construído da cidade refletia as mudanças econômicas. A base tributária diminuiu, impactada pelos estabelecimentos comerciais abandonados e pelos salários em queda. A Proposição 13 [*Proposition 13*] já havia encolhido a tributação proveniente dos imóveis. O capital carecia de mercados locais, uma vez que os produtores, como Salyer, haviam levado os empréstimos ao limite na década anterior, enquanto Boswell, seguindo seu caminho em direção ao monopólio, tinha dinheiro no banco e podia financiar a expansão sem recorrer a dívidas impagáveis (Reisner, 1986). O estado local não podia atuar para conectar o então abundante capital financeiro da Califórnia aos excedentes locais porque,

120. Ninguém fala sobre o grande tabu dos afro-estadunidenses se casarem com quem quer que seja além dos afro-estadunidenses; a canção "Irma Jackson", do *okie* Merle Haggard, é uma crítica ao indizível em forma de música *country*.

apesar de sua capacidade legal de emitir títulos da dívida para obras públicas, não tinha a base fiscal para pagar tais empréstimos: os proprietários mais abastados estavam muito cautelosos, os trabalhadores agrícolas demasiadamente pobres e os impérios dominantes do algodão por demais impenetráveis. Programas alternativos de incorporação de médio prazo – como a suburbanização residencial – não eram uma opção, pois Corcoran ficava fora do caminho de expansão do Vale Central, como evidenciado pela falta de compradores comerciais ou individuais de casas de menor custo, pelos edifícios vazios e pelos terrenos não construídos. No fim, os excedentes de Corcoran contribuíram para a crise da cidade.

A busca por um ajuste prisional

Como o desemprego crônico em Corcoran se traduziu em taxas de pobreza infantil acima dos 30%, o desafio de assegurar o futuro impulsionou os habitantes da cidade a solicitar a intervenção do estado na forma de uma prisão multimilionária. Em 1983, Corcoran soube que Avenal (com população de 4.137 habitantes), nos campos petrolíferos improdutivos das planícies de Kettleman, a oeste do Condado de Kings, tinha uma prisão com 3.000 vagas autorizada pelo legislativo estadual. Naquele mês de maio, a Câmara Municipal de Corcoran instruiu o administrador da cidade, George Lambert, a perguntar ao supervisor do condado, Joe Hammond, se a sede do governo estadual também estaria inclinada a instalar uma prisão em Corcoran.

Ao mesmo tempo em que funcionários nomeados e eleitos faziam *lobby* em busca da autorização legislativa para uma prisão em Corcoran, a cidade também entrou em diálogo com a equipe do Escritório de Localização Prisional [*Prison Siting Office*], do CDC, para ter uma melhor compreensão de quais seriam os custos e benefícios de uma prisão como um projeto de desenvolvimento econômico. Nas décadas de 1980 e 1990, os profissionais de marketing do CDC apresentavam toda unidade prisional nova como algo bastante indeterminado. A proposta que eles enviaram aos habitantes da cidade – encadernada em espiral e com uma capa de plástico clara – não era uma publicação elaborada e chamativa; em vez disso, o documento fotocopiado tinha sido escrito de maneira simples e bem ilustrado com mapas, plantas e cronogramas. Em um tom consistentemente otimista, ele enumerava os tipos de benefícios que uma localidade ganharia com a unidade. E o que tornava esse otimismo persuasivo era a modéstia das promessas. Uma cidade com uma classe trabalhadora de luta, tal como Corcoran, era capaz de fazer conexões diretas entre o que *é* e o que poderia *ser* se uma prisão fosse adicionada ao arranjo da economia local.

Quando o CDC promovia as características de desenvolvimento econômico de uma prisão, ele prometia tanto os benefícios de curto prazo associados à construção das unidades – ou seja, empregos – quanto os de longo prazo, derivados da inserção na economia local de um estabelecimento industrial multimilionário supostamente à prova de recessão – ou seja, crescimento. Na frase metaforicamente distorcida, mas imaginativamente cativante, da profissional em relações comunitárias do CDC, Theresa Rocha, ao colocar o trabalho e a propriedade imobiliária outra vez em funcionamento, as "portas da prisão desaprisionariam" a cidade de sua persistente depressão (Drew, 1984, p. 1).

O resumo a seguir, sobre os potenciais benefícios, mostra o que Corcoran encontrou de tão atraente na prisão e por que o projeto de desenvolvimento prisional pareceu ser a base adequada sobre a qual reconstruir a cidade em ruínas (fonte para todos os itens, a menos que indicado de outra forma: CDC, 1994a):

- Terra e construção. A proposta do CDC estipula uma seção de terra (259 hectares) relativamente plana por prisão, mas normalmente compra duas ou mais (CDC, 1990). Embora o benefício da venda da terra vá para o vendedor, a construção de

US$250 milhões criaria até 900 empregos temporários de diferentes níveis de qualificação, alguns dos quais poderiam ser ocupados por moradores de Corcoran. O número de vagas de trabalho permanentes para uma prisão padrão nova varia entre 800 e 1.600 – dependendo do nível de ocupação da unidade concluída –, sendo metade para guardas e a outra metade para todas as outras funções; a folha de pagamento anual corresponde a algo entre US$30 e US$50 milhões. O CDC foi sincero com Corcoran sobre as perspectivas de os habitantes da cidade encontrarem empregos na prisão. Nas novas prisões, o trabalho da gerência e dos guardas prisionais [*corrections officer; prison guard* – CO] é atribuído a veteranos que solicitam transferência das outras prisões do estado; o pagamento extra dado à equipe nas novas unidades garante que mesmo um local tão isolado como Corcoran obtenha pessoal experiente em grande quantidade. No entanto, todas as unidades têm uma série de empregos bem remunerados – desde mecânicos de automóveis a técnicos em radiologia –, apresentando uma ampla gama de qualificações que não exigem experiência prisional.[121] Além disso, o CDC estimou que o mercado de trabalho local também ganharia entre 400 e 600 empregos multiplicadores ou derivados – principalmente em serviços de alimentação e no comércio.

• Fundos de mitigação únicos. Os fundos de mitigação compensam os custos de infraestrutura associados ao crescimento antecipado de curto prazo de uma cidade. Esses fundos, cada um dos quais teria que ser legislado a partir da recomendação da Comissão Legislativa Mista de Construção e Operações Prisionais [*Joint Legislative Committee on Prison Construction and Operations* – JLCPCO], pagariam parte ou todo o custo da

121. A classificação de trabalhos do CDC em 1987, com salários entre US$873 e US$1.730 por mês, incluía mecânicos de automóveis, carpinteiros, eletricistas, encanadores, motoristas de caminhão, técnicos de manutenção, encarregados de contabilidade, técnicos de contabilidade, operadores contábeis, padeiros, cozinheiros, assistentes de escritório, telefonistas, assistentes de biblioteca, auxiliar de dentista, técnicos em assistência médica, auxiliares médicos e técnicos em radiologia.

expansão das capacidades educacionais, de água, esgoto, estrada, cadeia e tribunal.

- Compras locais. O CDC gasta, anualmente, de US$1 a US$4 milhões com fornecedores locais para quantidades pequenas, porém constantes, de uma ampla variedade de mercadorias ordinárias, desde peças automotivas a curativos médicos, placas e estruturas de armazenamento de armas. Essas despesas estimulariam os negócios locais de varejo e aumentariam as receitas fiscais.

- Subsídios anuais. O governo estadual faz a alocação dos impostos sobre licença veicular, gasolina e outros para condados e cidades a partir de uma base *per capita*, e estes contabilizam os prisioneiros em suas populações. Uma vez que as prisões – e seus ocupantes – recebem todas as assistências diretamente do estado, os subsídios alocados por prisioneiro constituem receita suplementar. O CDC estimou que a participação da cidade nesses subsídios estaria entre US$110.000 e US$210.000.

- Trabalho doado. O CDC doa o trabalho dos prisioneiros de baixa periculosidade (nível I) para as cidades e condados aliados às prisões. As tarefas típicas incluem limpar parques e outros espaços públicos, enfeitar escolas e reparar prédios públicos.

Com todas essas informações para avaliar, a câmara municipal nomeou um comitê de cinco pessoas, em junho de 1984, para fazer um estudo aprofundado da prisão proposta. O comitê logo se expandiu para dez pessoas por causa da carga de trabalho e para garantir a representação de diferentes pontos de vista. Elas se reuniram com autoridades do governo estadual, consultores de localização prisional e grupos de outras cidades que também queriam construir prisões. O comitê também fez viagens de campo para ver com os próprios olhos como era uma cidade prisional.

Uma delegação foi para Susanville, no Condado de Lassen, local do Centro Correcional da Califórnia [*California Correctional Center*] – uma das últimas prisões "originais" do estado (construída em 1954). Reunindo-se com representantes da cidade e do condado, o comitê de Corcoran ficou sabendo que seus anfitriões atribuíam a segurança econômica da área à unidade e estavam ativamente em busca de uma nova prisão.[122] No relatório apresentado à câmara municipal, a delegação enfatizou que a grande Susanville tinha três shoppings, enquanto nos arredores imediatos de Corcoran não havia nenhum (o mais próximo ficava em Hanford, a trinta quilômetros de distância). Os delegados viram em Susanville o que vislumbravam para a sua própria cidade. Esses benefícios incluíam uma ampla variedade de empregos que se adequavam ao conjunto das qualificações locais, oportunidades para aqueles que buscavam avanços no CDC e um aumento do estrato de renda média. Mas eles não perceberam que uma ampla gama de empregos no setor público (federal, estadual e do condado) havia compensado, por décadas, os declínios nas rendas nos setores pecuário e extrativista.

Um estudo encomendado pelo CDC (Lofting e Linton, 1985) apoiou a visão de que os recém-chegados e bem remunerados empregados das prisões melhorariam o perfil econômico e social da cidade e induziriam investimentos no comércio, lazer e construção residencial. O relatório concluiu que, nos dois primeiros anos de operação da prisão, Corcoran ganharia mais de 950 pessoas em 353 domicílios. O estudo também projetou para o condado receitas no comércio de cerca de US$3 milhões por ano – bem dentro da faixa das despesas propostas pelo CDC –, algumas das quais Corcoran poderia esperar capturar se tivesse estabelecimentos apropriados prontos para operar. Em

122. A segunda prisão de Susanville foi instalada em 1991 e a cidade não se restabeleceu. Quando o pequeno Condado de Lake, em Oregon, não se mostrou disposto a abrigar uma prisão cujo local havia sido escolhido pelo Gabinete do Governador, a Câmara Municipal de Susanville escreveu uma carta, aparentemente não solicitada, ao Condado de Lake alertando-o das desvantagens significativas da vida em uma cidade que abriga uma prisão.

suma, parecia que a prisão daria início ao crescimento com um grande influxo de novos empregos e investimentos e que proporcionaria o desenvolvimento local sustentado por meio de empregos baseados nas prisões e induzidos pelo crescimento para antigos e novos residentes.

Mas houve oposição. Cerca de 20% da cidade formou uma coalizão antiprisional orbitando em torno de um pequeno grupo que representava alguns dos poucos pequenos fazendeiros remanescentes da bacia do Lago Tulare. Eles se opuseram à introdução de um projeto de desenvolvimento econômico que mudaria a natureza da cidade. Martha Owens vivia ao sul de Corcoran, em uma fazenda de 65 hectares, compatível com as exigências do Escritório de Aproveitamento, onde seu avô havia se estabelecido e a família se recusado firmemente a vender a Boswell. Ela sustentou que a prisão faria com que pessoas que sempre se deram bem e acolheram estranhos ficassem com medo umas das outras.[123] Ninguém, a favor ou contra, duvidava que a prisão mudaria Corcoran. No entanto, como outros moradores apontaram, o senso de lugar predominante incluía "nosso centro vazio! Por que você está tentando preservar o que já está morto?"

Muitos temiam que convidar pessoas supostamente perigosas para se estabelecerem em seus arredores, mesmo que detrás

123. Certamente, *okies*, mexicanos e africanos que vieram para Corcoran no início do século como trabalhadores migrantes não experimentaram universalmente a receptividade incondicional que Martha Owens creditou a toda a Corcoran. As minhas viagens a Corcoran apoiam seu sentimento – mas eu atribuo parte da recepção positiva que recebi ao fato de ter ido como uma pesquisadora interessada na saúde social e econômica do lugar; isto é, fui em paz e não ia ficar. Também é verdade que logo após a minha chegada à cidade, em todas as visitas, eu fazia um breve ritual. No frescor da manhã, eu revisava minhas anotações em uma mesa de piquenique em um parque construído por Boswell, até que a redação do *Corcoran Journal* do outro lado da rua abrisse para o funcionamento. O carro da patrulha de plantão cruzaria lentamente o perímetro do parque (um quarteirão relativamente pequeno da cidade), com seu policial me observando. Eu me inquietava com os meus papéis, trocava os óculos algumas vezes e me fazia parecer muito ocupada. O policial ia embora. Todas as vezes.

de uma cerca elétrica mortal, arame farpado, torres, armas e grades, seria uma receita para o desastre. Owens, que morava sozinha, imaginava prisioneiros fugitivos vagando pelo campo. Diana Johnson, a representante de marketing do CDC designada para Corcoran, assegurou aos moradores que as fugas do CDC, que atingiram o pico em 1942, eram extremamente raras e que, quando os prisioneiros saem, eles geralmente deixam a área imediatamente (CDC, 1992).[124] Um administrador do Distrito Escolar Unificado de Corcoran trouxe à tona outro medo – que a prisão traria consigo problemas extramuros na forma das famílias dos prisioneiros. "Que apoio podemos esperar do estado para essas famílias, como precaução?", ele perguntou. "Vocês vão simplesmente despejá-los em cima de nós?" (*Corcoran Journal*, 28 de maio de 1987). Naquela sala, como em grande parte da sociedade estadunidense, ninguém se opôs a estigmatizar as famílias dos prisioneiros, mesmo que a lei condene indivíduos, não grupos parentais. A porta-voz do CDC sustentou o estereótipo. Sua resposta à segunda pergunta foi sim, mas com um fator atenuante: por causa da política do CDC de transferir os prisioneiros entre as unidades com pouco ou nenhum aviso, poucas famílias se mudam para onde seus entes queridos estão encarcerados (CDC, 1994b).

Vários fazendeiros estavam particularmente preocupados com a água. Em meados da década de 1980, a agricultura estava em queda, e os produtores menores não se atraíam pela ideia de competir pela água com o CDC, uma vez que a escassez futura poderia aumentar os preços ou exigir racionamento direto. O CDC garantiu aos fazendeiros que usaria água doce com moderação e que compraria água residual tratada para os usos que não envolvessem consumo humano.

---

124. Em 1942, a taxa de encarceramento do estado foi menor do que em qualquer momento durante o século XX. Na cena final de *Se ele chiar, deixa rolar*, o brilhante romance de Chester Himes sobre a Los Angeles negra, a indústria da guerra e o racismo na Segunda Guerra Mundial, um juiz sentencia o narrador, que foi enquadrado por estupro, a se alistar nas forças armadas em vez de ser mandado para atrás das grades (Himes, 1988; cf. C. L. R. James, 1980).

Os ativistas contrários à prisão, embora poucos em número, foram persistentes na tentativa de persuadir os outros da precisão de sua análise. Eles realizavam reuniões nas casas uns dos outros, participavam de todos os fóruns públicos e reuniões da câmara e escreviam cartas ao jornal em todas as oportunidades. Esse ativismo provocou uma grande dose de animosidade. As pessoas que, em geral, eram civilizadas umas com as outras se envolveram em gritarias e embates públicos em reuniões, nos restaurantes e na rua. Alguns atos menores de vandalismo, reais ou imaginários, alimentaram a controvérsia da prisão, e os opositores do projeto, que se queixavam de toras roubadas de pilhas de madeira ou de cercas violadas, acusaram seus rivais de uma escalada injusta e ilegal.

As contra-acusações dos defensores da prisão trouxeram à tona questões sobre status e localização. Os habitantes da cidade sugeriram que os fazendeiros cujos terrenos estavam em parcelas não incorporadas do Condado de Kings não se importavam com o futuro de Corcoran, mas apenas com sua própria situação e bem-estar. Em outras palavras, do ponto de vista de quem apoiava a proposta, os pequenos produtores, enquanto estivessem à sombra de Boswell e do resto da oligarquia do algodão, gozavam de independência econômica da cidade e de seus problemas. Os pequenos produtores eram eles próprios empregadores sazonais, geralmente contratando de 2 a 12 pessoas por dois meses ou menos (Reisner, 1986; cf. Goldschmidt, 1946). Uma vez que as lideranças que queriam a prisão eram anglo-estadunidenses como seus oponentes, as acusações de racismo não vieram à tona de forma explícita nesses confrontos. No entanto, silenciosa e informalmente, as pessoas começaram a falar sobre a negligência, descuidada ou intencional, dos oponentes pelos trabalhadores chicanos e negros subempregados, que precisavam desesperadamente de trabalho. Questões de raça e poder surgiram abertamente mais tarde.

As forças favoráveis e contrárias à prisão em Corcoran enfatizavam diferentes aspectos em suas respectivas avaliações sobre um provável impacto da prisão na cidade. Os medos de quem era contrário combinavam a antecipação dos perigos estereotipados com a nostalgia de uma cidade que, de certa forma, nunca havia existido. Os apoiadores da prisão viram um projeto de desenvolvimento que correspondia às características do local. Os confrontos entre os grupos se estruturaram a partir de relações já existentes, embora nem todas as hierarquias da cidade tenham sido evidenciadas diante da controvérsia. Enquanto os pequenos fazendeiros estavam, de certa maneira, sob a mira da crítica, os poderosos clãs do algodão não estavam; enquanto a pobreza e o desemprego eram assuntos constantes de discussão, raça e classe não eram.

Prisões chegam à Corcoran

O CDC identificou três locais fora dos limites da cidade que pareciam adequados – dois ao norte e um ao sul. Os locais ao norte tinham a vantagem de estar nas proximidades da ferrovia e da principal artéria leste-oeste que conecta a Interestadual 5 e a Rodovia 99 – as principais estradas a noroeste do Grande Vale Central. O terceiro local, a pouco mais de três quilômetros ao sul da cidade, era financeiramente menos conveniente por causa da distância adicional que os materiais teriam que percorrer para serem transportados para a unidade. Além disso, enquanto a parcela sul era, de fato, relativamente plana, seu lado oeste sofria com uma tendência ao encharcamento; para corrigir o problema, o CDC teria que gastar dinheiro extra para implementar um sistema de drenagem subterrânea.[125]

Em 1985, o CDC comprou a pior das três parcelas de terra da J. G. Boswell Company. A venda permitiu que Boswell se livrasse de 777 hectares relativamente pobres que haviam ficado ociosos durante a seca, e também durante os anos posteriores de inundação, a aproximadamente dez vezes o que seria o preço

125. SPWB, 1986b; BRC, 1990; *Corcoran Journal*, 28 de maio de 1987.

de venda das terras agrícolas.[126] A única outra maneira de conseguir tal precificação teria sido vendendo para incorporadoras que atuam no setor privado de residências e do comércio. No entanto, o setor da construção civil não se atrairia por terras instáveis. De qualquer maneira, não havia incorporadoras comprando terras dentro nem ao redor de Corcoran por um ou outro motivo, porque, em meados da década de 1980, ela estava muito longe para ser um subúrbio da crescente área de Fresno-Clovis, a nordeste, ou da grande área de Bakersfield, a sul, e muito próxima para competir com Hanford e Lemoore dentro do condado. O problema de Boswell ao fazer uma venda era o tamanho da empresa; não havia nenhum concorrente maior para tirar a terra de suas mãos, e nenhum fazendeiro menor poderia fazer essa área difícil render mais do que a grande empresa de algodão. O governo do estado era uma entidade não competitiva grande o suficiente para absorver os hectares excedentes de Boswell.

Se o problema do CDC fosse simplesmente encontrar um espaço amplo relativamente plano para se construir uma prisão, ele tinha diversas alternativas tanto em torno de Corcoran quanto em todo o Vale Central. Corcoran tinha as duas parcelas de terra do norte, e também havia milhares de hectares de execução hipotecária ao redor do vale que o Bank of America vinha tentando vender (Gottlieb, 1988), incluindo, cerca de dezoito meses depois de se completar o acordo com Boswell, 16.187 dos 31.161 hectares de Salyer de que o banco detinha o título.[127] Portanto, não parece exagero concluir que o dilema da escolha de localização por parte do CDC não era simplesmente um problema de encontrar espaço adequado, mas, ao contrário, um problema de política e, portanto, de lugar. Corcoran era uma cidade de classe trabalhadora da bacia do Lago Tulare, povoada por atuais

126. As ponderações para este item vieram, em parte, das entrevistas generosamente concedidas por Don Pauley (julho de 1995 e julho de 1996), Jeanette Todd (julho de 1995), R. Bernard Orozco (julho de 1995) e por residentes anônimos.

127. *Corcoran Journal*, 16 de junho de 1987.

e antigos trabalhadores agrícolas que se esforçavam para mantê--la e renová-la. Mas as particularidades de Corcoran, enquanto lugar, foram moldadas por oligopólios do agronegócio que tinham, ao longo do século, trabalhado de perto e explorado as rivalidades internas do governo estadual, em seus diferentes níveis, para conquistar o controle da terra e do trabalho, recursos subsidiados e outras formas de poder econômico, e que, agora, buscavam uma transformação da geografia local do investimento que, ao invés de competir, complementaria o domínio contínuo do algodão (cf. Woods, 1998; Preston, 1981).

A possibilidade da localização do presídio nas terras de Boswell surgiu com o poder de Boswell, que se estendia desde o Kate G. Boswell Senior Center, onde foram realizadas reuniões para debater a prisão, até o legislativo do estado, onde o projeto de lei para a aprovação da prisão de Corcoran passou a tramitar com rapidez, de modo que as verbas foram apropriadas, a revisão ambiental dispensada, os estudos concluídos e a construção iniciada antes mesmo que as prisões já aprovadas tivessem saído da fase rudimentar do planejamento (LAO, 1986). No legislativo, o deputado Jim Costa promoveu uma escalada punitiva no Senado da Califórnia, levando três prisões para seu distrito na década de 1980 (Corcoran, Avenal e Coalinga), patrocinando mais três na década de 1990 (Corcoran II, Delano II e California City) e assinando a coautoria de leis criminais importantes – a mais notável delas, a lei "*three strikes*" de 1994.

A aprovação da prisão pelo legislativo levou Corcoran a um período antecipado de aquecimento da construção civil que durou até a construção da prisão e se prolongou durante o primeiro ano de sua operação. As projeções do CDC, apresentadas em um estudo encomendado pelo departamento a uma empresa de pesquisa em planejamento (Lofting e Linton, 1985), indicaram que a cidade deveria se preparar para um crescimento superior ao normal no curto prazo. A expectativa era que 20% dos funcionários do CDC da nova unidade fossem morar em Corcoran. As incorporadoras fizeram novas moradias e a cidade emprestou US$1,2 milhão para construir novos edifícios municipais e enfeitar a Avenida Whitley, a via principal das lojas de varejo que deveriam reviver suas vitrines vazias. Shiloh Inns construiu um hotel na avenida Whitley, e a Câmara de Comércio começou a fazer pesquisas sobre a possibilidade de obter uma franquia de *fast food*, como o McDonald's, na cidade.

Como no caso de Avenal, o aluguel imobiliário em Corcoran aumentou durante o período pré-prisão (pouco menos de dois anos), enquanto no condado vizinho ele caiu. Em ambas as cidades, a falta de demanda empurrou os preços de volta para os níveis anteriores à chegada da prisão – embora os aluguéis tenham permanecido cerca de 15% mais altos do que antes do *boom* (Parks et al., 1990). O fracasso de Avenal em atrair residentes-funcionários da prisão foi o prenúncio do fracasso de Corcoran em ganhar um acréscimo de 7,5% na população que poderia ser atribuído à prisão (Parks et al., 1990). Os funcionários do CDC evitaram ambas as localidades por causa da falta de serviços de lazer, comerciais e educacionais. Além disso, comparadas a moradias semelhantes em cidades maiores e por causa dos encargos com o transporte, o isolamento das duas cidades acrescentou vários milhares de dólares ao custo de uma casa nova.

Corcoran está situada perto de cidades pequenas que são maiores do que ela – Hanford (com população de 24.450, em 1985) e Lemoore (com população de 12.000, em 1985) – e que têm shoppings, cinemas e outros serviços desejáveis. Está a uma distância fácil para um deslocamento diário na Califórnia (cerca de oitenta quilômetros em cada sentido, sem trânsito) para as principais cidades do vale, como Fresno, Visalia e Bakersfield. Finalmente, para aqueles que querem viver em ambientes mais pitorescos, o sopé da Sierra Nevada, a leste, e a Coastal Range, a oeste, também estão dentro de um trajeto diário mais desafiador, embora ainda factível, dentro do estado. Alguns daqueles que viviam a mais de oitenta quilômetros de distância alugavam apartamentos em Corcoran, compartilhavam o espaço com outros funcionários do CDC para a típica semana de trabalho de quatro dias e voltavam para casa para suas famílias para seus fins de semana escalonados de três dias (Parks et al., 1990).

Portanto, paradoxalmente, do ponto de vista dos funcionários, Corcoran é um bom local para se ter uma prisão apenas porque é um local fácil para se chegar em casa e não porque seja, da perspectiva deles, um bom lugar para se viver. Como resultado, em vez de a prisão induzir uma expansão do mercado imobiliário residencial e comercial, como em Susanville, o modesto aumento do estoque habitacional de Corcoran veio acompanhado por um crescimento da taxa de desocupação (ver Tabela 8). Os novos funcionários da prisão na área não se estabeleceram em Corcoran, e os moradores de Corcoran não conseguiram empregos na prisão. Mais ou menos um ano antes de a unidade começar a receber prisioneiros, o CDC realizou várias feiras de empregos no Kate G. Boswell Senior Center. Na maior delas, 823 pessoas se inscreveram em formulários preliminares e conversaram com representantes do CDC, mas apenas 178, ou menos de 10% dos empregos na prisão, foram preenchidos por residentes de Corcoran; 40% foram para residentes de um mercado de trabalho local estendido – num raio de, aproximadamente, cento e vinte quilômetros – e 60% foram para pessoas de outros lugares (Parks et al., 1990). Trata-se de resultados ligeiramente piores do que os gerados pela média dos projetos de desenvolvimento econômico locais (cf. Bartik, 1991). O mercado de trabalho se ampliou por causa da facilidade em se percorrer trajetos maiores, do clima ameno, dos salários relativamente altos e da proliferação de serviços em outros lugares.

A frustração lançou a cidade a desempenhar um papel empreendedor. Os defensores do projeto da prisão na cidade descobriram que os candidatos locais às vagas achavam as peculiaridades do sistema de formulários de emprego do estado diferentes de qualquer coisa já encontrada quando procuravam trabalho. Assim, partindo do pressuposto de que a falta de conhecimento em preencher os formulários era a principal barreira entre os moradores de Corcoran e as vagas de trabalho do CDC, a cidade organizou oficinas de "como fazer" no ensino médio. Formadores voluntários, assistidos por representantes do Departamento de Desenvolvimento de Emprego da Califórnia [*California Employment Development Department* – EDD],

TABELA 8

VARIAÇÃO ANUAL DO ESTOQUE HABITACIONAL DE CORCORAN E TAXA DE DESOCUPAÇÃO, ANOS SELECCIONADOS

Ano	Total	Unidade individual	Casa geminada	Móvel	Desocupação (%)
1977	1	1	0	0	3,31
1982	48	- 22	- 40	7	3,66
1984	20	13	4	3	4,85
1987	252	60	194	-2	5,47
1988	83	74	0	9	7,40
1989	40	17	2	21	7,50

Fontes: Parks et al., 1990; U.S. Bureau of the Census, *Census*, 1990, 2000.

explicaram meticulosamente aos potenciais candidatos como preencher adequadamente os formulários de emprego do estado (não deixe espaços em branco!), como se inscrever e fazer os testes necessários e, por fim, como fornecer prova adequada de treinamento, experiência, credibilidade e licenciamento para cargos especializados. As oficinas podem, talvez, ser creditadas por elevar a taxa de sucesso de Corcoran em mais de 20% em meados da década de 1990, mas não está claro se os moradores da cidade que ganharam a parcela crescente dos empregos moravam lá antes da chegada da prisão ou antes de conseguirem um emprego na prisão. De qualquer forma, o número de moradores de Corcoran na pobreza aumentou (Hornor, 1993), e o número médio de casos de assistência social do Condado de Kings continuou sua escalada gradual, mas constante, que havia começado no final da década de 1970 (Parks et al., 1990).

Como Corcoran é de maioria mexicana/chicana, com uma população afro-estadunidense significativa, é tentador explicar o fracasso da população local em conseguir os empregos como um sintoma de práticas de contratação racialmente excludentes. Embora isso possa ser verdadeiro para outros departamentos estaduais, o CDC tinha as políticas de ação afirmativa para contratação mais agressivas entre todas as agências estaduais da Califórnia (PRCC, 1996). Há razões para isso, e elas têm raízes nas mudanças das políticas penais em escala nacional. No início da década de 1980, os profissionais penais brancos debatiam se a diversificação demográfica das equipes penais, especialmente dos guardas, não poderia ajudar a manter a paz e, assim, aumentar a segurança nas prisões, que cada vez mais encarceravam pessoas de cor. A visão alternativa dizia que a identificação racial e étnica exerceria uma atração efetiva mais forte sobre uma força de trabalho diversificada do que a lealdade ao estado poderia exercer (ver, por exemplo, a edição especial de *Corrections*, em outubro de 1982). As forças a favor da diversidade venceram em muitas jurisdições; e na Califórnia, mesmo enquanto a Universidade da Califórnia se preparava para acabar com as ações afirmativas, todo documento de legislação e regulamentação prisional envolvendo a expansão da força de trabalho do CDC estipulava, explicitamente, que as "minorias" (pessoas de cor e mulheres brancas) fossem ativamente buscadas para compor posições em todos os níveis.

Uma melhor explicação para o fracasso de Corcoran em conseguir empregos está no sistema educacional das comunidades de trabalhadores rurais, onde os alunos "aprendem a trabalhar" (Willis, 1977) de maneiras específicas. A desconexão entre o desaparecimento dos empregos agrícolas e o uso inconsistente do tempo escolar resulta em jovens educados para nada: um fato verdadeiro tanto para os muitos jovens urbanos quanto para os da classe trabalhadora rural. As notas de leitura de Corcoran, nos anos de 1991 e 1992, estavam no percentil 61 em comparação com o restante do estado; Avenal estava no percentil 20 (Hornor, 1993).

Embora o orçamento operacional da prisão não tenha produzido o crescimento esperado na renda dos residentes novos ou antigos de Corcoran, produziu, como prometido, um pequeno mas constante poder de compra anual. As compras de mercadorias, ainda que altas o suficiente para apoiar um realinhamento parcial no poder político da cidade – um assunto para o qual retornaremos –, não foram suficientes para elevar o fator de atração fiscal da cidade acima de 1 (Parks et al., 1990), o que significou que o comércio na cidade permaneceu (proporcionalmente) abaixo da média estadual.[128] De fato, enquanto os gastos totais do CDC no Condado de Kings eram maiores do que o previsto, os principais beneficiários foram as concessionárias de eletricidade, gás e água de outras localidades (Parks et al., 1990).[129]

No sul do Vale de San Joaquin, a água é *o* serviço público controverso. Mesmo quando Boswell estava organizando a venda de terras para o CDC, pequenos fazendeiros nas Planícies de Kettleman, no lado oeste do condado, duramente atingidos pelo esgotamento das águas subterrâneas durante a seca, viram a prisão que chegava em Avenal mais como uma competidora pelos recursos do que como uma geradora de empregos. Eles entraram com uma ação judicial contra o CDC, que indiretamente os colocou contra os grandes proprietários de terras da área – incluindo a Standard Oil e o produtor de uvas e vegetais Bill Mouren, que venderam as três seções de terra de Avenal para o estado. A ação resultou em uma ordem judicial proibindo o CDC de fazer uso de qualquer água subterrânea na unidade. Isso significou que a prisão teve que usar água excedente obtida pelo contrato da cidade de Avenal com o Distrito Metropolitano de Águas de Los Angeles [*Los Angeles Metropolitan Water District* – Met]. Na conclusão do processo, a Procuradoria-Geral do

128. De acordo com a medição da receita do imposto sobre vendas, quanto mais isolada ou ilhada uma cidade prisional, mais a atividade econômica parece manter-se localmente. No entanto, a aparência pode muito bem ser uma ilusão. A relativa atração fiscal da distante cidade de Blythe (ver mapa) parece ser mais um efeito da contínua atividade construtiva (depois das prisões, a cidade experimentou a construção de uma série de usinas de energia) do que de qualquer atividade relacionada à prisão. Blythe, como Crescent City e Ione, também é um local onde os turistas gastam dinheiro com comida, hospedagem e insumos.

129. As concessionárias de serviços públicos mantiveram um perfil discreto durante as lutas contra a instalação prisional nas localidades escolhidas. É impressionante, olhando em retrospecto, que o estudo de Lofting e Linton, de 1985, tenha subestimado os gastos do CDC no condado ao não incluir tais serviços como um item do orçamento.

Estado reiterou a posição do CDC na ação, reconhecendo indiretamente o problema geral do excedente, ao qual a prisão forneceu uma solução: do ponto de vista do estado, Avenal, ou qualquer outra nova prisão, estaria beneficiando os fazendeiros e o lençol freático ao remover permanentemente a terra da produção agrícola.[130]

Em Corcoran, o CDC perfurou um poço de 305 metros de profundidade no local para complementar a água potável adquirida na cidade e comprou água excedente e de esgoto tratado para outros usos. Corcoran investiu US$3 milhões em uma estação de tratamento de água e estava preparada para vender a qualquer comprador o volume de 1.233 m^3 por US$5, mas presumiu que a prisão seria sua maior compradora. Em vez disso, a prisão fez um contrato de compra de água excedente com o Distrito de Irrigação de Corcoran [*Corcoran Irrigation District*] (uma concessionária regional) a US$45 pelo mesmo volume e continuou assim até a cidade informar a JLCPCO em Sacramento, capital do estado, que a unidade estava desperdiçando dinheiro (CDF, 1996). Uma vez que não havia regra exigindo que o CDC se integrasse à economia local, em vez de contorná-la, a acusação de desperdício de recursos financeiros apresentada à comissão de supervisão prisional foi a única maneira de Corcoran forçar o CDC a obrigar a prisão local a comprar a água tratada de Corcoran.[131]

130. *Coalinga Record,* 20 de fevereiro de 1985.

131. Em comparação, em Avenal, a questão da água demonstra como a prisão *prejudica* diretamente os esforços de desenvolvimento local. Tendo sido proibido de usar as águas subterrâneas como resultado da ação promovida pelos fazendeiros, o CDC negociou com Avenal para ficar com parte da água que a cidade contrata do Projeto Estadual de Águas [*State Water Project* – SWP] e do Distrito Metropolitano de Águas de Los Angeles [Met]. As negociações não incluíram provisões ou recursos que atenuassem o impacto caso a prisão encarcerasse mais detentos do que o previsto. Como a prisão desenhada para 2.700 abrigou mais de 6.000 prisioneiros, ela consumiu mais do que o dobro de água em relação à projeção inicial. Avenal compra água do SWP-Met ao preço de produção (cerca de US$35 por 1.233 m^3) e, com uma população residente muito pobre, não pode se dar ao luxo de aumentar sua quantidade contratada.

A prisão tinha que estar territorialmente integrada à cidade para que Corcoran recebesse sua parte dos subsídios fiscais anuais do governo do estado. No entanto, sua anexação se mostrou mais difícil do que os defensores do projeto da prisão haviam imaginado.[132] Dado que os subsídios aumentariam as receitas da cidade em aproximadamente US$65 por prisioneiro ao ano, parecia razoável esperar que aqueles que viviam no Condado de Kings sob a esfera de influência de Corcoran, mas não incorporados a ela, e que usavam os serviços da cidade, como parques e escolas, apoiariam a mudança da fronteira política para se enquadrar na parte sul da cidade. Num primeiro momento, o Comitê de Formação de Agências Locais do Condado de Kings [*Kings County Local Agency Formation Committee* – LAFCO] havia aprovado a anexação – vendo-a como uma expansão lógica da cidade, e não como uma grilagem de terras sedenta por impostos –, mas os eleitores da proposta de anexação, entre os quais estavam algumas das forças antiprisionais mais resistentes, derrotaram a medida em 1986. A cidade conseguiu anexar o local no final de 1987, desenhando o novo limite perto da prisão e da estrada de ligação, enquanto contornava as terras interditadas dos proprietários mais relutantes. Graças ao alto número de prisioneiros encarcerados na unidade, a medida aumentou instantaneamente as receitas da cidade em cerca de 6% no primeiro ano.

Como a prisão produziu resultados bastante decepcionantes, além do dinheiro dos subsídios, alguns moradores de Corcoran, bem como seus pares em Avenal, Crescent City (R. W. Gilmore, 1994; Parenti, 1997) e outras cidades prisionais novas (Huling, 2002; Gilmore e Gilmore, 2004), denunciaram o CDC por ter feito promessas que não cumpriu. Mas outros, em Corcoran

---

Como resultado, a cidade não conseguiu recrutar empregadores da indústria ou de outros setores, porque, devido ao dreno do CDC, não pode garantir água suficiente para o uso industrial ou para a expansão residencial (Melissa Harriman, entrevista, 1996).

132. Para todas, exceto em 3 das 24 novas prisões do estado, as cidades que receberam as prisões tiveram que anexar territórios (R. Bernard Orozco, entrevista, 1995).

e em outros lugares, ao invés de verem o fracasso do projeto como uma deturpação das informações produzidas pelo CDC, viram-no como evidência dos erros cometidos pela cidade. Esses empreendedores políticos conseguiram que a cidade fosse atrás de uma segunda prisão a ser construída adjacente à primeira, na porção não utilizada das terras de Boswell. Eles pretendiam usar a experiência com a primeira prisão para evitar os erros na segunda vez.

A cidade estava tentando desenvolver uma nova imagem; enquanto continuava a ser uma cidade do algodão, precisava criar uma identidade industrial alternativa forte para se diversificar. Susanville, o modelo de desenvolvimento de Corcoran, tinha vários escritórios do CDC, além da prisão de 1954 e as futuras. Em 1990, o CDC abriu um escritório de contabilidade regional em Visalia, no Condado de Tulare; Corcoran lutou para conseguir ter o estabelecimento realocado para o seu território, onde reabriu no final de 1991. Corcoran argumentou que era injusto que Visalia se beneficiasse de um escritório "limpo" – com empregos administrativos e de serviços ligados ao cuidado – sem que, ao mesmo tempo, servisse à segurança pública tendo uma prisão em seus arredores imediatos. A vitória de Corcoran foi, de certa maneira, uma vitória pírrica.[133] A cidade tomou emprestados US$775.000 para construir o novo escritório (usando dinheiro do subsídio para pagar o empréstimo), enquanto as pessoas que conseguiram os empregos foram, em sua maioria, residentes de Visalia, que se deslocavam diariamente entre a casa e o trabalho, levando seus salários de volta para casa.

A conquista da prisão e do escritório de contabilidade por Corcoran foi um exemplo de como a cidade poderia usar o poder político para formar uma economia espacial aparentemente distinta; mas, como a disputa pelo escritório de contabilidade

133. N.T.: A expressão "vitória pírrica" se refere à vitória dos exércitos do rei Pirro sobre os romanos durante o que ficou conhecido como Guerra Pírrica. Ela é utilizada quando uma vitória é obtida com tamanho custo que passa a ser possível entendê-la como uma derrota ao vencedor devido às consequências irreparáveis da batalha.

ilustra muito bem, a demarcação espacial por meio de fronteiras políticas não necessariamente se traduz em fixação territorial do funcionamento econômico. A cidade se voltou para suas capacidades tributárias na esperança de que, ao usar seletivamente esses poderes, poderia apostar na obtenção de uma parte dos incertos gastos de construção e induzir novos investimentos, mesmo que ainda não identificados.

Como os benefícios financeiros da primeira prisão foram muito menores do que o esperado, e como a cidade gastou um tempo considerável e pegou emprestado cerca de US$5 milhões em antecipação a um retorno que não se concretizou, Corcoran decidiu, em 1993, reclamar sua prerrogativa territorial tributando os fornecedores da segunda prisão no canteiro de obras. Normalmente, esses itens são tributados no local onde são comprados, mas, sob as leis da Califórnia, a cidade poderia aproveitar seu poder de tributação para mercadorias compradas dentro do estado.

Ao mesmo tempo em que Corcoran exercia poderes de tributação maiores do que o normal no canteiro de obras da segunda prisão, ela também tentava atrair novos empregadores usando a estratégia inversa – reduções de impostos. Em 1993, o governo estadual concedeu uma designação de Zona Empresarial da Califórnia [*California Enterprise Zone* – CEZ] a todo o território do Condado de Kings a leste das Planícies de Kettleman. O status de CEZ estava muito distante de ser um subsídio direto; Corcoran teve de conciliar a resposta de curto prazo da tributação do canteiro de obras da segunda prisão com uma solução arriscada de longo prazo. O risco era que os empregadores viessem a explorar até 15 anos de benefícios e saíssem antes de ficarem atolados no solo tributável da economia local. A aposta era que os custos irrecuperáveis manteriam os investidores no local. Entre 1993 e 1997, apenas um novo empregador ingressou na cidade como resultado do programa de incentivos fiscais (cf. LeRoy, 2005).

A cidade também criou subsídios para o setor habitacional na esperança de revalorização futura, estabelecendo as tarifas mais baixas e a taxa de aprovação mais rápida do condado. Surgiu uma única proposta do setor: um construtor ofereceu construir de 10 a 30 casas de 204 metros quadrados. As novas casas seriam agressivamente comercializadas para os guardas prisionais [COs] que estavam se transferindo para a segunda prisão, e o ponto-chave da venda seria uma característica quase personalizada: os COs teriam que se mudar para sua nova atribuição dentro de sessenta dias após a aprovação do CDC ou perderiam seu posto de trabalho (o que geralmente acarreta uma promoção), e o incorporador terminaria a casa em até sessenta dias dentro das especificações de compra do CO e de sua família.

A fim de persuadir os COs a viverem em uma cidade cujos transferidos anteriores do CDC haviam desprezado, e dada a dificuldade de desenvolver serviços de comércio e lazer, Corcoran teve que descobrir maneiras de tornar atraente a atmosfera local. Alguns dos problemas mais superficiais poderiam ser resolvidos de forma barata explorando o trabalho prisional. A contradição óbvia no uso desse tipo de trabalho em obras públicas em uma cidade acometida pelo desemprego é ressaltada pelo fato de que, naquela época, o CDC "avaliava" o trabalho do prisioneiro em US$7/hora, 35 centavos acima do salário médio por hora em Corcoran.

Corcoran não pretendia limitar sua diversificação a algodão e prisões. O propósito fracassado do status CEZ era trazer outros tipos de indústrias para a cidade. Por ter tido uma experiência prisional positiva, Susanville forneceu um modelo. Assim, operando a partir da suposição equivocada de que a prosperidade relativa da cidade do condado de Lassen era um subproduto da prisão, Corcoran concentrou-se no desenvolvimento relacionado à prisão. Esta decisão diz mais sobre o percurso dos gastos de US$1 bilhão do CDC feito na cidade ao longo de uma década do que sobre uma rota traçada por planejadores políticos e profissionais da cidade, e muito menos por membros da comunidade. A escala e o escopo do empreendimento do CDC forneceram a primeira alternativa econômica significativa às empresas oligopolistas de algodão, mesmo que, do ponto de vista dos produtores agrícolas, a prisão tenha simplesmente lhes proporcionado algum alívio das crises decorrentes das terras improdutivas e do trabalho excedente com potencial para se mobilizar politicamente.

Oportunidades e restrições

O Sindicato dos Trabalhadores Agrícolas [*United Farm Workers* – UFW] não conseguiu sindicalizar os trabalhadores da Salyer em 1986, mas o esforço pesou sobre a atmosfera política da cidade. Os antagonismos de raça e classe encenados na luta contra os cortes salariais e a terceirização surgiram também em outros palcos, e as chicanas e os chicanos de Corcoran começaram a armar um ataque orquestrado à hierarquia racial da cidade. Os trabalhadores da Salyer, ao mesmo tempo em que lutavam contra um empregador severamente enfraquecido, ainda estavam totalmente envolvidos na economia política do algodão, e a campanha malsucedida do UFW explicitou o poder da indústria que havia se acumulado ao longo de mais de sessenta anos. Mas, se o algodão tinha poder, nem todos os filhos de trabalhadores do campo pertenciam a esse setor. Ironicamente, com a chegada da prisão, alguns ativistas foram liberados.

Em 1986, a Câmara Municipal de Corcoran foi, pela primeira vez, dessegregada com a eleição de Daniel Léon. Léon nasceu em Corcoran logo após a Segunda Guerra Mundial. Frequentou a Universidade da Califórnia, em Los Angeles, e a Universidade Estadual da Califórnia, em Fresno, onde o Movimento *Brown Power/La Raza* [Poder Marrom/A Raça], inspirado pelo UFW e pelo *Black Power* [Poder Negro] (especialmente os Panteras Negras), compunha o caráter principal da paisagem política. Léon e seu grupo amadureceram quando os programas federais e estaduais "corrigiram" os impeditivos ao avanço, exigindo políticas antirracistas para a entrada no ensino superior e generosos financiamentos a programas de auxílio estudantil. Naqueles tempos, crianças pobres de cidades rurais e do interior, que tinham notas aceitáveis e um aconselhamento minimamente decente, podiam encontrar um lugar no sistema do ensino superior do estado, que estava em rápida expansão (R. W. Gilmore, 1991). Não vendo oportunidade de usar sua formação e suas habilidades em Corcoran, exceto, possivelmente, em uma posição de gerência intermediária no setor do algodão ou no governo da pequena cidade, muitos dos que partiram não retornaram.

Léon, por fim, voltou para morar em Corcoran e ia diariamente trabalhar no Escritório de Recursos Humanos de Fresno. Junto a outros chicanos e chicanas que haviam saído e retornado à cidade, como o dono da loja de autopeças Ruben Quintinilla, que frequentou a Universidade Estadual de San Jose, Léon começou a denunciar algumas das desigualdades mais escandalosas da cidade, como o *school tracking* [rastreamento escolar].[134] Não dependentes da indústria do algodão ou do governo da cidade para a subsistência, os reformistas eram, ao mesmo tempo, membros internos e forasteiros, e sua relativa independência econômica se coadunou às profundas raízes na comunidade mexicana/chicana.

Quando a prisão abriu, Léon tornou-se seu gerente de recursos comunitários. O gerente executava uma série de tarefas, que iam desde negociar os usos das "abelhas operárias" prisioneiras [*prisoner* "*work bees*"] de nível I de periculosidade em projetos de embelezamento urbano até trazer programas religiosos e outros programas de voluntariado para a unidade e conceder contratos aos fornecedores da cidade para as mercadorias compradas localmente pela prisão. A loja de autopeças de Quintinilla se tornou a principal fornecedora da prisão para itens como baterias e velas de ignição. A chegada da prisão aumentou a estatura e a independência econômica dos fornecedores, porque eles estavam fora do algodão e do governo da cidade, mas, ao mesmo tempo, *ambos* tinham base local *e* estavam formalmente conectados a um nível mais alto do estado. Léon, Quintinilla e vários outros

134. N.T.: Trata-se da prática de separar os estudantes em diferentes grupos de acordo com o desempenho escolar.

começaram a vocalizar cada vez mais sobre a necessidade de mudanças estruturais nas arenas sociais e políticas.

No final da década de 1980, a Aliança Política Mexicano-Estadunidense [*Mexican American Political Alliance* – MAPA], com sede em São Francisco e sob a liderança do veterano do *Brown Power* Joaquin Avila, estava buscando jurisdições em toda a Califórnia em que pudesse enfrentar os desafios das práticas eleitorais discriminatórias. À maneira da organização eleitoral antirracista afro-estadunidense, baseada em ações judiciais no sul dos Estados Unidos durante o mesmo período, a MAPA avaliou locais cujas populações majoritariamente chicanas tivessem pouca ou nenhuma representação em órgãos eleitos, como nas câmaras municipais e conselhos escolares e hospitalares. As localidades escolhidas para o desafio foram cidades como Corcoran, Dinuba e Watsonville – lugares com populações mexicano-estadunidenses relativamente estáveis, de segunda e terceira geração, que haviam desenvolvido, a partir de dentro, os rudimentos de uma classe gerencial profissional.

Em julho de 1993, a MAPA lançou uma ofensiva contra Corcoran com uma carta à câmara municipal. Em vez de lutar contra as acusações, Corcoran, quebrada financeiramente, decidiu mudar da representação eleitoral geral para a representação eleitoral distrital na câmara e no conselho escolar. O fracasso de Corcoran em atrair novos residentes com a chegada da primeira prisão pode muito bem ter aumentado o poder das chicanas e dos chicanos de Corcoran para travar sua luta política. A falta de imigrantes fez com que o perfil demográfico da cidade se mantivesse bastante constante e que as relações sociais dentro da cidade, ainda que estratificadas, não tivessem sido diluídas pelo crescimento.

Ao passo que a cidade capitulava ao desafio da MAPA sem uma batalha judicial, também reencenava, prontamente, o ritual racial nacional do pós-guerra, com expressões paternalistas de negação se chocando com denúncias furiosas de repressão. Os anglo-estadunidenses suspeitavam – não totalmente incorretos – que a nova militância era o resultado de chicanas e chicanos terem ido para a faculdade e encontrado *La Raza* (*Brown Power*) e outras políticas radicais. Mas eles não consideraram que alguns dos membros das famílias dos ativistas tinham uma história local de ativismo trabalhista radical nas greves da década de 1930. Ao mesmo tempo, o fato de a batalha política ter sido travada contra a câmara municipal, e não contra as elites do algodão, criou tanto uma divisão de status dentro da comunidade mexicana/chicana quanto um deslocamento das lutas econômico-políticas da esfera da produção para a esfera da representação.

Durante um período de dez anos, entre 1984 e 1994, a pequena cidade experimentou dois escândalos envolvendo os chefes da polícia: primeiro, um anglo-estadunidense acusado de aplicar seletivamente as leis sobre jovens de cor, e, posteriormente, um chicano acusado de assediar uma mulher anglo-estadunidense. As acusações e as defesas foram bastante relatadas no jornal semanal. Como era de se esperar, o anglo-estadunidense parece ter desfrutado da presunção de inocência, enquanto o mexicano-estadunidense enfrentou uma sombra de culpa presumida. Essa diferença forçou mobilizações particulares, com o pequeno quadro de profissionais da crescente classe gerencial chicana da cidade se unindo, em 1994, em torno da Coalizão de Cidadãos Interessados [*Coalition of Concerned Citizens*]. Em resposta, os membros da coalizão foram eles próprios acusados de irregularidades. O ponto aqui não é julgar se alguma das acusações foi ou não justificada, mas olhar para as formas peculiares nas quais o tema da raça e os processos de racismo se desenrolam. No contexto do desenvolvimento local, tanto em Corcoran quanto, de forma mais ampla, em toda a sociedade da época, o racismo era visto estritamente em termos do acesso relativo a certas oportunidades sociais e econômicas. Nessa visão, aqueles que negavam o racismo argumentavam que os ativistas antirracistas estavam apenas tentando obter "poder" – concebido como uma coisa, um pé-de-cabra que arrombaria portas anteriormente trancadas, e não como um novo arranjo de relações locais. O que escapou à discussão foi o modo como o desenvolvimento do lugar criou o terreno sobre o qual a crise emergiu (cf. James Ferguson, 1990). Assim como o oligopólio do algodão não estava na agenda desses debates, a discussão sobre comportamento ilícito, sua prevenção e respostas não se estendeu à consideração dos milhares que estariam mantidos sob custódia no futuro. Dessa forma, a prisão, nas bordas da cidade, embora parecesse ser uma solução relativamente autônoma para um problema de desigualdade estrutural de longa data no sul do Vale de San Joaquin, pode ter sido vista como uma ameaça iminente contra os futuros das crianças, tanto quanto uma perspectiva de emprego decepcionante para os jovens da cidade.

A principal justificativa da cidade para ambas as prisões se centrou na necessidade urgente de moldar um futuro para as crianças de Corcoran. A taxa de abandono do ensino médio da cidade disparou em meados da década de 1980, e a cidade não via a hora de encontrar motivos e meios para persuadir os jovens a permanecerem na escola. A chegada da primeira prisão permitiu que educadores, pais e líderes da cidade afirmassem que os empregos do CDC poderiam ser obtidos por jovens enérgicos com seus diplomas na mão. No entanto, dada a escassez de contratações no CDC de pessoas de qualquer idade da cidade, o conselho escolar criou um programa de crédito de trabalho para permitir que os alunos com os requisitos mínimos do curso completos permanecessem matriculados – e se formassem – enquanto também mantinham empregos de meio período ou de período integral, embora o ensino médio não tivesse um orientador em tempo integral para implementar o programa, ajudando os jovens a coordenarem suas vidas escolares e profissionais e a planejarem seu futuro. Quando o conselho escolar pediu permissão da câmara municipal para anunciar um profissional da educação para preencher essa vaga, a câmara rejeitou, alegando não ter dinheiro no orçamento para fazer a contratação.

Depois de mais de um ano de negociações intensas, e às vezes amargas, entre o conselho escolar e a câmara, bem como entre os membros chicanos e anglo-estadunidenses da câmara, o administrador da cidade chegou a uma solução. Uma vez que a justiça criminal era o "tema quente", e 70% dos subsídios derivados da prisão de Corcoran àquela época iam diretamente para uma força policial expandida da cidade, complementando, não substituindo, as verbas de outras receitas, o administrador persuadiu a câmara a contratar um policial à paisana para servir em tempo integral no ensino médio na dupla função de conselheiro de carreira e de abuso de substâncias.

A câmara justificou a despesa por tratar a orientação dentro da educação secundária – em vez da *educação* secundária propriamente dita – como controle criminal. Além disso, aqueles entusiasmados com a nova nomeação expressaram a esperança de que o policial-conselheiro ajudaria os alunos a aprenderem como falar respeitosamente com a polícia antes que se envolvessem em confusão e tivessem que falar com policiais não uniformizados menos simpáticos. Dada a aparente inevitabilidade de que negros, marrons e outros jovens pobres terão encontros com a lei, ativistas contra a criminalização da juventude escreveram e distribuíram panfletos e livros nas grandes cidades dos Estados Unidos aconselhando as pessoas sobre como serem presas – não como capitular, mas, ao contrário, como alcançar um resultado favorável e proteger os direitos e a vida de uma pessoa. Mas a institucionalização de Corcoran dessa prática ativista promoveu um desvio ao tentar educar os jovens para a vigilância e a submissão às autoridades – uma velha história para uma comunidade agrícola ameaçada pelo "fascismo rural" durante as guerras trabalhistas da década de 1930 (McWilliams, [1939] 1969; Bean, 1973).

Naquela época, alguns estudantes estavam cautelosos com o novo conselheiro e, muitos deles, extremamente cientes do próprio status de excedente no âmbito geral da economia política da Califórnia. A melhor evidência de que havia uma consciência coletiva sobre o que estava acontecendo ao redor dos estudantes foi a surpreendente paralisação de duzentos alunos do ensino médio de Corcoran em protesto contra a proposta anti-imigração da Califórnia, de outubro de 1994, conhecida como Proposição 187 [*Proposition 187*]. Dado o seu entendimento, por um lado, da Proposição 187 como um ataque a *toda a população* latina pobre – e não apenas aos trabalhadores que não são cidadãos nacionais – e, por outro, dos efeitos criminalizantes da ansiedade em relação às gangues juvenis e a cultura das drogas, como caracterizado pelo novo policial-conselheiro, esses jovens rurais se viram diante de poucas opções. Daquele momento em diante, a população jovem começou a se organizar, enquanto os governos regionais, como o do Condado de Fresno, deram início a enormes projetos de cadeias juvenis.[135]

Embora nas décadas de 1980 e 1990 Corcoran, assim como todo o estado da Califórnia, teve uma diminuição em suas taxas de criminalidade, que já eram baixas, quando a primeira prisão foi construída, vários milhões de dólares em fundos estaduais de mitigação foram usados para expandir a cadeia local e o tribunal do condado. A expansão não significou que houve uma explosão antecipada do crime em Corcoran; em vez disso, ela foi um apêndice externo necessário a uma cidade mais ou menos independente (a prisão) localizada na jurisdição da justiça criminal do condado. Toda prisão opera dentro de três esferas punitivas: regulamentos do CDC, lei estadual e lei federal. O CDC tem seus próprios regulamentos, que são aprovados pelo governo do estado, mas aplicados pelos guardas de cada unidade. Tal aplicação aos prisioneiros pode incluir privilégios restritos, realocação, tempo na unidade de habitação de segurança (confinamento solitário) e outras punições. No entanto, qualquer violação passível de punição pela lei estadual cometida dentro – seja por um funcionário do CDC ou um prisioneiro – deve ser encaminhada ao grande júri do condado e, se necessário, julgada no tribunal do condado perante um júri local convocado para tal. Além disso, os prisioneiros que desejam desafiar as condições de seu confinamento nos tribunais federais devem primeiro esgotar os recursos estaduais, começando no tribunal do condado local.[136]

135. O Condado de Fresno lançou um Complexo de Cadeias Juvenis em 2003; o projeto, em quatro estágios, terá sua conclusão em 2040, o que significa que o condado planejou uma cadeia para crianças cujos pais nem sequer haviam nascido.

136. Prisioneiros que contestassem as condições de sua prisão, condenação ou sentenças retornariam à jurisdição onde ocorreram o/os evento(s).

Visões alternativas

A justiça criminal é, literalmente, poder estatal. São as armas, a polícia, a prisão, a cadeira elétrica. O poder corrompe; e o poder também tem uma ânsia por suprimir.

— Lawrence M. Friedman,
Crime and Punishment in American History (1993)

A literatura contemporânea sobre a localização prisional, exemplificada em uma edição especial de *Crime and Delinquency* [Crime e Delinquência] (Gibbons, 1990; ver também Krause, 1992), aborda o problema a partir de uma questão bastante limitada, a saber, se todos os grupos envolvidos nas tomadas de decisões têm informações adequadas sobre as prisões. Nessa lógica, os limites da razoabilidade têm o contorno dado pela assunção de que as prisões têm de ir para algum lugar: a dimensão carcerária é um dado. O problema, assim, é relegado a um cálculo, um exercício técnico que coloca, de um lado da balança, o "medo", e, de outro, as "finanças", (Carlson, 1988; ver também Lake, 1992), com a oposição entendida como simples diferença cuja resolução deriva de conhecimentos concretos estritamente definidos, em vez de uma redefinição do problema a ser respondido. Em Corcoran, o registro público não inclui nenhuma investigação sobre a decisão do estado de expandir a capacidade prisional. Não havia uma onda de crimes nas redondezas para dar ao programa uma justificativa contextual localmente palpável. Quando se pediu que avaliassem as dificuldades que vislumbravam, muitas das pessoas só se lembraram de se preocupar se a prisão mitigaria a desigualdade local e regional; quando decidiram que sim, a decisão avançou. Porém, da mesma forma que aconteceu com a falta de críticas sobre a necessidade de mais prisões, não houve discussão sobre o que significaria para uma pequena cidade, dominada por um oligopólio de um único setor industrial, lidar com a desigualdade trazendo um empregador novo, enorme e que estivesse fora do controle direto de qualquer pessoa; tampouco as pessoas ponderaram sobre o que poderia acontecer se a prisão não conseguisse fazer o trabalho econômico.

De fato, na medida em que a localização prisional, como toda a localização industrial, é uma questão de uso do solo, ela também é uma questão de planejamento social e econômico, horizontal e vertical. Não surpreende, apesar de ser um pouco irônico, que o "planejamento" tenha uma fama tão ruim nos dias de hoje; no senso comum cotidiano, o "planejamento" carrega o sabor negativo daquilo que uma burocracia estatal alienante e pesada sugere. Mas, como todo geógrafo sabe, "planejamento" é o que torna a "globalização" possível e poderosa, e a perda do poder de planejar (de ter alguma noção de como assegurar o futuro) é o que torna pequenas cidades, pequenos produtores rurais e famílias de baixa renda desesperadas por ajuda.

Em várias comunidades ao redor do Vale Central e em outras áreas rurais do estado da Califórnia, ativistas de movimentos sociais de base impediram que as prisões chegassem às suas comunidades. De maneira geral, esses lugares têm fortes semelhanças com aqueles onde as prisões *foram* instaladas; e, em alguns casos, eles são cidades prisionais da nova (e da antiga) era. O que chama a atenção é como as comunidades, ao longo do tempo, em parte por meio da colaboração e da formação de redes, começaram a criar diferentes hipóteses sobre novas prisões e, portanto, a perguntar e responder outras perguntas para além daquelas que surgiriam em uma discussão limitada sobre a localização.

A primeira pergunta que todos fazem tem como foco o cálculo "medo *versus* finanças" (Carlson, 1988): se as prisões *são* seguras, elas *também* beneficiam as cidades distribuindo dinheiro nas mãos de pessoas que gastam localmente? A experiência de Corcoran é típica em pontos centrais: quando medida em empregos para os residentes, incorporação residencial, indústrias e serviços situados no local ou consumo no comércio, as prisões não cumpriram nem mesmo as modestas projeções de emprego e crescimento derivadas das garantias categóricas feitas pelo CDC. De fato, os maiores beneficiários individuais do dinheiro do comércio são os principais arquitetos do desenvolvimento do vale, as empresas concessionárias de serviços públicos. Para outros comerciantes, o bem-estar econômico e o potencial de crescimento das cidades prisionais estão em desvantagem ao longo do tempo quando comparados às localidade rurais economicamente deprimidas e que não construíram prisões (Hooks et al., 2004).[137]

A segunda questão, inseparável da primeira, concentra-se nos benefícios e malefícios que podem alcançar uma pequena cidade que, de repente, se vê como uma vizinha dependente de uma cidade de tamanho igual ou maior (uma prisão) cujos moradores não estão lá por vontade própria e cujos funcionários são, em sua maioria, trabalhadores pendulares; esta é uma questão sobre lugar – aquela levantada pela oposição à prisão de Corcoran que queria "salvar" sua cidade. As respostas a essa pergunta exigem melhor avaliação do que cálculo: por exemplo, pode parecer melhor do que nada que um punhado de novos empregos vá para os antigos residentes.

Para cidades que tiveram taxa de desemprego acima de 25% durante a maior expansão econômica da história dos Estados Unidos, um único novo emprego é um benefício. Tal era a hipótese oficial em Delano, antiga sede do Sindicato dos Trabalhadores Agrícolas [UFW], que a cidade estava programada para receber uma segunda prisão, com 5.160 vagas, muito disputada e adiada por ativistas (de 1999 a maio de 2005). O documento de planejamento de dez anos de Delano, de 1999, mal mencionou a prisão já existente – ou ainda as unidades correcionais comunitárias que a cidade

137. Robert Puls, um próspero e diligente fazendeiro do condado de Tulare, desenvolveu um estudo próprio para apoiar seu grupo, Pare Esta Prisão Ultrajante [*Stop This Outrageous Prison* – STOP], que lutou contra cinco prisões entre 1989 e 1998 (entrevista, setembro de 1998).

administra em nome do CDC –, além de notar que alguns moradores gostariam que ela não estivesse no local onde está, e não fizeram referência à nova, concentrando-se em outras atividades econômicas que supostamente induziriam o crescimento. O prefeito à época da batalha em torno da prisão não deu especial apoio a ela, mas não encontrou motivos – nenhum malefício evidente – para se opor a 72 novos empregos (de um total projetado de 1.600 novas contratações). No fim das contas, uma década após a abertura da primeira prisão, o desemprego saltou de 26% para 29% (U.S. Bureau of the Census, *Census*, 1990, 2000). A luta em torno da prisão tornou-se um símbolo estadual e nacional contra a expansão prisional.[138]

No ano de 1999, em Farmersville, a cerca de uma hora de Delano ou Corcoran, trabalhadores rurais *e* produtores se alinharam para barrar uma proposta de prisão – para bani-la da agenda da câmara municipal. O desemprego em Farmersville é pior do que em Delano; no entanto, na reunião da câmara, dois agrupamentos respeitáveis e classicamente contraditórios – as famílias de fazendeiros do Condado de Tulare e as famílias de trabalhadores rurais reunidas sob a bandeira do UFW – concordaram, a partir de várias perspectivas, que uma prisão não apenas não resolveria os problemas econômicos, mas também criaria novos. Na opinião dos moradores, a prisão proposta provavelmente colocaria em risco o abastecimento e a qualidade da água. Eles também argumentaram

138. A origem e a circulação do número de empregos projetados (72) lança um olhar interessante sobre a geopolítica do conhecimento. Na primavera do ano 2000, vasculhei o Relatório de Impacto Ambiental Suplementar da prisão Delano II [*Delano II prison's Supplemental Environmental Impact Report*] para descobrir o que os planejadores do CDC pensavam que aconteceria. Um pouco de matemática básica deu 72 de um total de 1.600 empregos. Em agosto, Evelyn Nieves do *New York Times* me entrevistou longamente sobre a controversa prisão. Posteriormente, ela entrevistou o então prefeito de Delano, Napoleon Madrid, compartilhando com ele a descoberta, e ele é a fonte do número em sua história (Nieves, 2000). Joan Didion cita-o, como relatado por Nieves, em seu livro de 2003, *Where I Was From* [De onde eu vinha].

que uma prisão certamente agravaria as desigualdades de raça e classe ao fixar na paisagem da cidade, sob a poluição luminosa da noite, as grandes expectativas da criminalidade racializada e empobrecida que as prisões dos Estados Unidos simbolizam. E, finalmente, eles expressaram temores de que sua comunidade sofreria transformações se acrescida por famílias com taxas de violência doméstica mais altas do que a média – como é o caso em lares de militares, de policiais e de guardas prisionais. Na verdade, as pessoas que se organizam contra as prisões invocam os mesmos beneficiários ("as crianças") que aqueles que se organizam *em favor* das prisões.

Na paisagem doméstica, as capacidades do estado em fazer a água fluir, o solo produzir, os trabalhadores trabalharem e os empregadores, por vezes, finalmente pagarem reverberam nos olhos e na memória como matéria para renovação. Assim, no condado de Tulare, uma análise produzida pela Rand Corporation no início dos anos 1990 (Greenwood et al., 1994) sobre o custo-benefício entre incentivos para os jovens se saírem bem (como se formar no ensino médio) e punição por terem feito algo errado circulou entre fazendeiros como um exemplo do que poderia ser feito. No Condado Imperial, os pais se mobilizaram contra a inclusão de mais filhos de guardas prisionais nas escolas públicas, observando um aumento no uso do medo de seus próprios filhos na resolução das divergências. Mas também mulheres e homens na Califórnia, juntamente com muitos que se auto-organizaram para salvar suas comunidades em torno dos Estados Unidos rural, começaram a ficar cansados de usar o medo para combater o medo. Em vez disso, essas mulheres e homens ampliaram seu escopo de análise, em grande parte a partir de um olhar atento aos vários tipos de lutas que chegavam até elas e eles por meio de conferências, documentários e encontros casuais durante os depoimentos realizados nos órgãos governamentais. Em particular, o ativismo pela justiça ambiental enfatizou a inseparabilidade entre bem-estar econômico, segurança física, saúde dos trabalhadores, prosperidade das crianças e lugares vibrantes. Essa visão ampliada substituiu, gradualmente, uma imagem unidimensional da segurança pública por uma agenda complexa baseada na identificação e desmantelamento dos impactos fatalmente cumulativos do abandono organizado. Em todo o Vale, surgiram novas formações compostas por todos os tipos de membros – pessoas da comunidade, ativistas remunerados e universitários graduados empregados em agências governamentais dedicadas ao bem-estar. Eles começaram a fazer novas perguntas sobre o desenvolvimento e controle das finanças e de outros recursos e começaram também a imaginar o que poderia ser o planejamento dos movimentos sociais de base.

Conclusão

Quando as pessoas falam sobre crianças, sobre "salvar" um lugar, do que elas estão falando? Longe de querer congelar uma paisagem no tempo e no espaço, o desejo parece ser exatamente o oposto – o de buscar tipos específicos de mudança a fim de produzir as condições sob as quais a reprodução social e cultural pode acontecer. Em outras palavras, elas estão se envolvendo na prática enferrujada do planejamento. Em vez de conhecimentos tecnocráticos que "mostram" como uma prisão pode se mesclar a uma comunidade, os ativistas que se opõem a tal solução para a crise política e econômica propõem critérios alternativos de planejamento que devem preceder qualquer decisão de localização industrial. Se as indústrias criam lugares, o planejamento também o faz; e, de fato, uma das ironias amargas e quase sempre reconhecidas dos últimos 25 anos é que, enquanto o planejamento – ao menos na Califórnia – perdeu seu lugar constitucionalmente obrigatório nas agendas governamentais, as forças corporativas e bancárias que determinam o movimento do capital na terra apresentam o planejamento centralizado como uma atividade fundamental de suas instituições e organizações.

Essa linha de argumentação transforma o pensamento sobre o local da prisão – enquanto um problema de localização – com a finalidade do desenvolvimento para pensar na prisão como um problema de desenvolvimento como um todo – ou talvez, mais precisamente, como um problema de *antidesenvolvimento* (cf. Ferguson, 1990). Certamente, uma rica literatura crítica dos pressupostos desenvolvimentistas nos países mais pobres do mundo chama a atenção para as maneiras pelas quais as formas e as relações particulares do desenvolvimentismo servem, deliberada ou involuntariamente (realmente, no final, faz pouca diferença), para promover o subdesenvolvimento das regiões. Os lugares mais pobres, ou o Sul global, também estão aqui no Norte global, tanto em áreas urbanas quanto rurais "desajustadas" pela fuga de capitais e pela reestruturação estatal. O desajuste não é, no entanto, um apagamento absoluto; o que é deixado para trás não é apenas resíduo industrial – trabalho desvalorizado, terra intoxicada, comércios fechados, a forma urbana do bairro ou da pequena cidade –, mas, por extensão, modos de vida inteiros que, tendo sido feito excedentes, desajustam pessoas: mulheres, homens, "as crianças". No curso da crise, as pessoas comuns não se abandonam, mas renovam as atividades já existentes. Renovação implica planejamento. Como as evidências acumuladas mostram que as prisões não são boas para as cidades onde vão, os ativistas antiprisionais rurais estão cada vez mais tomando o planejamento como o único meio pelo qual podem manter as prisões permanentemente fora da agenda local. Além disso, tais ativistas estão unindo forças com os seus pares urbanos, história a qual nos voltamos agora.

CINCO **MOTHERS RECLAIMING OUR CHILDREN**

Agora que vocês mexeram com as mulheres, vocês bateram em uma rocha, vocês deslocaram uma pedra, e serão esmagados.

Canto político das mulheres, movimento contra as leis de salvo-conduto, África do Sul, 1956, citado em
— Angela Y. Davis,
Mulheres, cultura e política (2017)

Mothers Reclaiming Our Children (Mothers ROC) [Mães Recuperando Nossos Filhos] começou a se organizar, em novembro de 1992, em resposta a uma crise crescente: a intensidade com que o estado vinha prendendo seus filhos, de todas as idades, no sistema de justiça criminal. No princípio, a Mothers ROC consistia em apenas algumas mães, além de outras mulheres e homens, lideradas por sua fundadora e presidente, Barbara Meredith, e pela ativista de longa data Francie Arbol. O projeto inicial era se mobilizar em defesa do filho de Meredith, um ex-membro de gangue, que tinha sido fundamental na histórica trégua das gangues de Los Angeles em 1992. A ROC perdeu o caso, mas ganhou com os aprendizados de um movimento. Na primavera de 1993, quando os Quatro de Los Angeles [*LA Four*] foram a julgamento, a Mothers ROC tinha desenvolvido uma rede em toda a Grande Los Angeles e alcançado reconhecimento como uma organização dedicada mais à ação do que ao discurso.[139]

A missão da Mothers ROC era "ser [uma organização] vista, ouvida e notada no âmbito da justiça". Para atingir esse objetivo,

139. Os Quatro de Los Angeles [*LA Four*] foram os jovens afro-estadunidenses acusados do espancamento amplamente televisionado de um motorista branco de caminhão, Reginald Denny, em 29 de abril de 1992, no primeiro dia da revolta. Os que se opuseram ao julgamento se centraram no uso ideológico do caso para justificar a absolvição dos quatro agentes da polícia de Los Angeles pelo espancamento televisionado de Rodney King. O próprio Reginald Denny se opôs à coerção sofrida por seus agressores *e* ao apagamento deliberado promovido pelo estado e pela mídia das dezenas de pessoas negras que o salvaram. (Observação: na maior parte dos casos, os nomes neste capítulo foram alterados.)

a Mothers ROC convocou seu ativismo para as diferentes etapas do sistema de justiça criminal. O grupo estendeu um convite incondicional a todas as mães, bem como às demais pessoas que lutam em nome de seus filhos, e atingiu seu público de várias maneiras. O método básico era a distribuição de folhetos nos espaços públicos ao redor de cadeias, prisões, delegacias e tribunais para anunciar a existência e o propósito do grupo. Ao distribuírem panfletos e cartões de visita, as integrantes envolviam as pessoas em conversas para explicar o propósito da Mothers ROC (cujas integrantes são conhecidas como ROCers). As ROCers davam palestras e oficinas no ensino fundamental e médio das escolas, em faculdades e universidades, igrejas, clubes e (no início, mas com frequência cada vez menor) nas prisões e cadeias. Elas também apareciam em programas de rádio e televisão regionais e locais. Usando esses meios, a Mothers ROC estabeleceu uma presença em muitos dos locais de toda a geografia política do sistema penal.

As ROCers atraíram centenas de mães para lutar em nome de seus próprios filhos dentro do sistema. Muitas já estavam realizando solitariamente o árduo trabalho de estar do lado de fora lutando por alguém – tentando equilibrar a alternância entre os muitos, e às vezes conflitantes, papéis exigidos de cuidadoras, trabalhadoras assalariadas e defensoras da justiça. Algumas compareciam a uma reunião e nunca mais voltavam; outras persistiam, independentemente de terem perdido ou ganhado nos casos de seus entes queridos. Muitas vezes, as recém-chegadas traziam alguém para a reunião para dar apoio moral – um(a) esposo(a) ou outro(a) parceiro(a), parente, filho(a) ou amigo(a) da igreja ou da vizinhança, e essa pessoa também se tornava ativa. Cada reunião semanal tinha, em média, 25 mulheres e homens. A maioria dessas pessoas ficava sabendo sobre a ROC a partir de uma das práticas de divulgação mencionadas acima ou de alguém conhecido que teve contato direto com uma integrante. As demais, entretanto, eram encaminhadas à organização por seus entes queridos que estavam sob custódia. Entre as dezenas de milhares de pessoas aguardando julgamento ou cumprindo pena nos campos e centros de detenção juvenil e nas cadeias para adultos dos condados em toda a Grande Los Angeles, o conhecimento sobre a Mothers ROC circulava de boca em boca, e uma parte padrão da mensagem era que as mulheres estavam dispostas a ajudar mesmo em casos aparentemente sem esperança.

Todos os panfletos proclamavam o princípio da ROC: "Nós dizemos que não há justiça. E o que vamos fazer a respeito? [...] **EDUCAR, ORGANIZAR, EMPODERAR**". A Mothers ROC não fazia nenhum julgamento sobre a inocência daquelas pessoas cujas famílias iam ao grupo em busca de ajuda. Não sendo uma organização prestadora de serviços, o grupo ajudava as mães a aprenderem como cada parte do sistema funciona e, como veremos, a entender as maneiras pelas quais a crise pode ser vista como uma oportunidade, e não como uma restrição. No processo de autoajuda cooperativa, as mães transformaram seu trabalho de cuidado ou reprodutivo em ativismo, que, então, se expandiu para o grande projeto de recuperar todos os filhos, independentemente de raça, idade, de onde moravam ou do suposto crime. As ROCers experientes se uniram às recém-chegadas para fazer solicitações a investigadores e advogados. Elas pesquisaram casos semelhantes e se familiarizaram com as políticas e as personalidades de promotores e juízes. Além disso, as ROCers participaram das audiências ou julgamentos umas das outras. Elas também observaram as práticas dos tribunais em geral, monitorando os funcionários da corte ou as testemunhas do estado que se acreditava estarem promovendo injustiça.[140] As manifestações periódicas do grupo do lado de fora dos tribunais e delegacias de polícia chamaram a atenção do público para práticas injustas. Finalmente, as ROCers patrocinaram oficinas jurídicas mensais com advogados e solicitaram relatórios de pesquisa de integrantes acadêmico-ativistas para ajudar as mães a se familiarizarem com os detalhes desorientadores do sistema em ação.

---

140. Os funcionários públicos dos tribunais incluem juízes, promotores, oficiais de justiça e advogados de acusação e defesa; testemunhas não confiáveis incluem informantes da polícia e da cadeia, que trocam tempo de pena por depoimentos.

Embora nunca tenha sido uma organização exclusivamente negra, a Mothers ROC presumiu, a princípio, que atrairia mais fortemente as mulheres afro-estadunidenses, já que o estado parecia se concentrar em tomar delas os seus filhos. No entanto, o caráter arrebatador das novas leis do estado, juntamente com as campanhas informativas espacialmente extensas da organização, trouxe a Mothers ROC chicanas, outras latinas e mulheres brancas que também buscavam ajuda. Alguns anos depois de sua criação, o grupo tinha mulheres negras, marrons, asiático-estadunidenses e brancas, além de alguns homens. A maioria das participantes tinha entes queridos sob custódia. As pessoas vinham às reuniões de todo o Condado de Los Angeles, dos Condados de San Bernardino e Riverside, a oeste, e do Condado de Orange, a norte, enquanto seus entes queridos estavam presos ao redor de toda a Califórnia.

A Mothers ROC identificou-se conscientemente com mães ativistas do Terceiro Mundo, com seu nome deliberadamente invocando as lutas das mulheres sul-africanas, palestinas e centro e sul-americanas. Como veremos, a organização não foi espontânea e ingênua, nem vanguardista e dogmática, mas, ao misturar métodos e conceitos, exemplificou o tipo de organização social de base que deve renovar e tornar "crítica a atividade já existente" (Gramsci, 1999, p. 101) tanto da ação quanto da análise para construir um movimento.

A base material para a luta delas era evidente: a profunda reestruturação político-econômica da Califórnia reconfigurou tanto a paisagem da reprodução social quanto o mundo do trabalho. A condição de trabalhador excedente recai, mais marcadamente, sobre homens de escolaridade baixa que estão na flor da idade, vindos de famílias negras e de outras famílias de cor de Los Angeles; tais homens também estão hiper-representados entre os prisioneiros do Departamento de Correções da Califórnia [*California Department of Corrections* – CDC]. Praticamente 40% dos prisioneiros estaduais vêm do Condado de Los Angeles e 70% da Grande Los Angeles. O que acontece nas comunidades de onde os presos fazem suas migrações involuntárias? Embora a expansão da punição industrializada na Califórnia tenha uma intensidade implacável, é importante não interpretar erroneamente a estrutura como também, de alguma forma, inevitável. Como vimos na conclusão do relato sobre o crescimento do CDC, a punição industrializada produz suas próprias contradições.

O trabalho da Mothers ROC ilumina uma contradição que vem de um outro recorte – o das mulheres trabalhadoras que recusam a criminalização e o sacrifício promovidos pelo estado de seus entes queridos despossuídos pela desindustrialização. Tanto o estado de emergência que comunidades como a do centro-sul de Los Angeles têm vivido por mais de uma geração quanto seu contexto histórico mais amplo são cruciais aqui. Do ponto de vista das mães, podemos ver como a expansão prisional e a oposição a ela fazem parte da longa história dos afro-estadunidenses, e de outros grupos, cuja luta pela libertação no estado racial nunca alcançou nem mesmo uma qualidade totalmente emancipada de ser *trabalho* livre. O desenvolvimento de respostas políticas para dilemas jurídicos indica quão profundamente a neutralização aprofunda, em vez de resolver, a crise social. Este capítulo é uma polêmica dentro da dramática tradição das narrativas escravas [*slave narratives*]; ele personaliza e generaliza o moralmente intolerável (Kent, 1972) para ressaltar as dimensões subjetivas *e* objetivas da expansão punitiva e prisional, do desaparecimento do débil estado de bem-estar social e da capacidade de liderança e organização das pessoas comuns.

Situando a Mothers ROC: algumas comparações históricas estratégicas

Achamos que as organizações têm que ser o primeiro passo para o movimento social.

— Paulo Freire e Myles Horton,
O caminho se faz caminhando: conversas sobre educação e mudança social (2011)

A Mothers Reclaiming Our Children faz parte de uma rica história de movimentos do século XX cujos sistemas, organizações e práticas ecoam a crítica das mulheres dos movimentos sociais de base de Los Angeles às condições sociais e sua abordagem pela mudança social. O objetivo das incursões históricas a seguir é mostrar como as remotas lutas espaciais, setoriais e temporais se cruzam na Mothers ROC e em organizações sociais semelhantes que surgem em todos os lugares. Para além de uma semelhança analítica formal, a convergência sugere conexões reais entre causas comuns que produzem resultados semelhantes.

Tal como acontece com a Mothers ROC, as organizações examinadas brevemente neste item misturam ideologias e estratégias reformistas e radicais; na visão e na essência de seus projetos políticos, elas colocam desafios ao sistema em questão *e* às perturbantes hierarquias e práticas inutilmente estreitas de organizações que são a base do movimento antissistema. Acredito que tal complexidade expressa uma relação orgânica entre essas lutas e o contexto específico das crises da qual elas emergem. Aqui, eu pretendo diferenciar especificidade de uma concepção estreita de localismo ou especialização. Assim, por "orgânico" quero dizer situado – a qualidade de estar em um determinado lugar. É uma qualidade material, não mística; e o que se faz dela pode ser maravilhoso ou terrível. A maneira como o conflito emerge em uma estrutura social não está dada, embora possa ser entendida, em um sentido geral, como uma expressão de um antagonismo fundamental – tal qual o conflito de classes. O que acontece no nível local tem tudo a ver com forças que operam em outras escalas, e é meu interesse aqui reconciliar o micro com o macro, mostrando como o drama da crise em certo local não é totalmente determinado, e nem de longe autônomo, da crise mais ampla. Eu não pretendo atribuir intenções ou dimensões às ações das pessoas onde as evidências indicam o contrário; em vez disso, minha intenção é tecer elaborações sobre as formas que questões práticas de método, argumento e/ou estrutura exercem um grande poder sobre a crise nos cenários material e ideológico onde se dão as condições da própria crise.

Assim, para a Mothers ROC, a resposta específica do grupo à crise estava organizada, com distintos graus de autoconsciência, em torno de três fatores principais. São eles: a incorporação de mães afro-estadunidenses, entre outras, da classe trabalhadora em um mundo praticamente restrito ao lar; o problema de organizar o não organizado nos Estados Unidos para além de categorias como as identidades parciais singulares (por exemplo, ocupação, raça, status parental); e o poder potencial da "maternidade" como uma base política a partir da qual se confronta um estado cada vez mais hostil e com políticas que legitimam essa hostilidade.

Mães Negras da Classe Trabalhadora Mulheres cujo trabalho remunerado é crucial para a economia familiar, e que são avaliadas no discurso dominante e no produto interno bruto de acordo com seu desempenho no mercado de trabalho segmentado por gênero, incorporam papéis diferentes – em relação à produção, reprodução e política – das mulheres que podem ignorar tais restrições materiais e ideológicas (Boris, 1989). Tal diferença nos Estados Unidos é ainda organizada hierarquicamente de acordo com a raça (Fields, 1990). Durante a Era Progressista (aproximadamente, entre 1893 e 1920), as mulheres afro-estadunidenses que se organizavam em torno das questões de gênero e de trabalho não podiam ecoar, em nome de suas irmãs, a retórica do lar e da dependência defendida por mulheres brancas reformistas (Linda Gordon, 1994; Giddings, 1984). Enquanto as mulheres imigrantes europeias da classe trabalhadora tinham, em geral, que trabalhar por salários, os padrões a partir dos quais as políticas feministas/de gênero brancas – dominadas pelas elites locais – se esforçavam para produzir a mulher "verdadeira" e, depois, a "estadunidense", baseavam-se na expectativa de que todas essas mulheres deveriam, na primeira oportunidade econômica, tornar-se donas de casa dependentes e de tempo integral (Boris, 1989; Carby, 1987; Fraser e Gordon, 1995). Uma vez que não havia probabilidade de que seu próprio trabalho remunerado se tornasse dispensável em um futuro próximo ou que seus companheiros pudessem ganhar um salário familiar seguro, o poder econômico generificado do racismo antinegro tornou impossível tal expectativa para as mulheres afro-estadunidenses (Linda Gordon, 1994; cf. Dalla Costa e James, 1972; W. J. Wilson, 1987). Naquele período, enquanto ativistas civis de elite desenvolviam novas agências estatais para promover a transformação de mulheres imigrantes e de suas famílias em estadunidenses, e os departamentos de justiça juvenil iniciavam um repertório particular de controle como reforma, a simultânea proliferação das leis *Jim Crow* excluiu a maioria dos negros do engajamento político ou econômico (Mink, 1995; Schlossman, 1995; Woodward, [1955] 2002).

A política dos clubes de ativistas afro-estadunidenses se concentrava em maneiras de melhorar as experiências cotidianas das mulheres da classe trabalhadora dentro e entre a casa e o trabalho, com a igreja servindo, geralmente, como uma arena semipública onde tais mulheres poderiam se reunir em relativa segurança para se organizar para a mudança social (Giddings, 1984; Gilkes, 1979, 1989; Long, 1986; Sterling, 1984). Os esforços se concentravam nos detalhes cotidianos da vida e incluíam aulas em áreas como higiene, alfabetização e faxina, fosse para a remuneração ou para a família. O clube de mulheres [*club women*] se utilizava de outras relações familiares similares para construir a consciência política das mulheres (G. E. Gilmore, 1996). As aulas de autoajuda eram estratégias por meio das quais as integrantes mais vulneráveis da força de trabalho poderiam se empoderar contra as assédios diários à sua integridade – assédios tipificados desde o estupro do patrão aos salários miseráveis (Angela Davis, 2016). Ativistas insistiram que as mulheres negras tinham que esperar atuar em um palco em que não houvesse uma cortina jurídica ou de costumes robusta separando a esfera pública da privada. O legado da escravidão (Angela Davis, 2016; White, 1985), a realidade das leis *Jim Crow* (Sterling, 1984; G. E. Gilmore, 1996) e a disciplina do linchamento (Ginzburg, [1962] 1988) afastaram qualquer ilusão de que as mulheres negras poderiam se retirar do mercado de trabalho – e dos controles sociais coercitivos determinando quando e onde elas o acessavam – ou recorrer ao estado para proteção ou auxílio.

Nesse contexto histórico, a maternidade funcionava por meio e como um atributo da mulher-enquanto-trabalhadora, tida como uma prática coletiva ou social, e não individualizada (Collins, 2019; ver também White, 1985; Kaplan, 1982). O clube de mulheres incluía aulas de maternação entre seus projetos de extensão, porque via, com razão, o futuro da raça dependente da preparação bem-sucedida das crianças para participarem de mercados de trabalho severamente restritos e altamente instáveis. Em outras palavras, a concepção específica do clube de mulheres sobre a política de maternidade exigia um bom serviço de limpeza para incluir, obviamente, o ato de criar os filhos deliberadamente para sobreviverem em vidas racialmente definidas e cheias de conflitos. Essas vidas seriam moldadas por uma constante "mudança com permanências" (Jones, 1967) das contingências negativas – exemplificadas pela acumulação multiescalar das leis *Jim Crow* e das práticas reais de segregação na Era Progressiva em todo o território da nação (Du Bois, [1935] 1992; Marks, 1989; Woods, 1998). A maioria dos filhos pode aprender, a rigor, a trabalhar em quaisquer nichos definidos para o enclave de mercado de sua geração (Willis, 1977). Ao mesmo tempo, entretanto, dado o posicionamento material e ideológico das pessoas negras no estado racial, a constante reorganização dos mercados de trabalho – principalmente durante os tempos de guerra – significou que as mães também estavam educando suas filhas e filhos dentro de formas de pensar que poderiam levar a uma consciência mais radical do que a mudança sem progresso significava (cf. Omi e Winant, 1986).

Embora o tipo de organização que o clube de mulheres adotou pareça ter caído diretamente no modelo Tuskegee de *apartheid* cooperativo, de Booker T. Washington, ele também abriu novas possibilidades para as mulheres ampliarem seu escopo de atividades por meio da ênfase, e não da minimização, da visibilidade das mulheres negras no mundo. Ainda que perigosa, a visibilidade também proporcionou às mulheres negras um peculiar acesso explorável a audiências potencialmente políticas por causa de seu trânsito regular pelo espaço público. Por exemplo, as mulheres estavam frequentemente na vanguarda do protesto contra o terrorismo de estado e o sancionado por ele – em parte porque os homens eram as principais vítimas (embora não exclusivas) do linchamento e da brutalidade policial (Carby, 1987; Ware, 1992). Da mesma forma, anos depois, o boicote ao ônibus de Montgomery – popularmente visto como um divisor de águas do movimento pelos direitos civis do pós-Segunda Guerra Mundial – ganhou estrutura e força vindos, em grande parte, de uma organização de mulheres baseada na igreja. Essas mulheres construíram a estrutura a partir da qual desmantelariam o *apartheid* jurídico dos Estados Unidos em torno da questão do transporte público para trabalhadore(a)s afro-estadunidenses e de outras origens (Powledge, 1991; Kelley, 1994). Tanto para quem presenciou o caso Montgomery quanto para os espectadores dos noticiários exibidos nas televisões e nos cinemas dos Estados Unidos, o boicote produziu uma imagem desconhecida e convincente de mulheres negras urbanas andando em grupos, de casa para o trabalho e do trabalho para casa, com sua aparente alegria que contrariava as condições temerosas em que enfrentavam as maneiras mais facilmente perceptíveis pelas quais o racismo dos Estados Unidos divide classe e gênero. Nessas mulheres, os inimigos reconheciam oponentes inesperadas; os aliados, no entanto, reconheciam, por meio das ações das mulheres, como as práticas familiares da vida cotidiana poderiam ser reorganizadas assumindo tarefas anteriormente inimagináveis (A.D. Morris, 1984).

O problema da identificação O ato de organizar-se está sempre limitado pelo reconhecimento: como as pessoas se identificam e agem ativamente por meio de um grupo de modo que sua trajetória ultrapasse características já consolidadas (por exemplo, política identitária) ou proteja um conjunto fixo de interesses (por exemplo, política corporativista) e, em vez disso, estenda-se na direção de um movimento social propositivo e em evolução (por exemplo, política de classe real)?[141] Essa questão tem particular importância quando se trata do antigo quebra-cabeça da organização de trabalhadores não sindicalizados. A história do trabalho nos Estados Unidos é dominada pelo local de trabalho e pela construção dos movimentos de ocupação, com as fronteiras entre os grupos estabelecidas pelos patrões ou por qualificações específicas (Wial, 1993; Johnston, 1994; Stone, 1981). Essas fronteiras, é claro, organizam negativamente – e até desorganizam – as pessoas que são excluídas, pois as ocupações e os locais de trabalho dos Estados Unidos estão historicamente segregados por gênero e raça (Cobble, 1991, 1994; Milkman, 1987; Roediger, 1991; Wial, 1993).

Em alguns casos, os movimentos trabalhistas dos Estados Unidos ampliaram suas práticas ao se envolverem com uma abordagem de classe em vez de uma abordagem corporativista. Enquanto a maioria desses esforços fracassou ao longo desse caminho – esmagados pelo policiamento e controle do estado capitalista, bem como pelo gerencialismo comandado pelos engenheiros das empresas –, algumas tentativas produziram resultados surpreendentes (Dubofsky, 1969; Phillip Foner, 1970; Wial, 1993). Quando o Partido Comunista dos Estados Unidos [*Communist Party of the United States of America* – CPUSA] tentou organizar os trabalhadores do relativamente novo distrito siderúrgico de Birmingham, no estado do Alabama, durante a década de 1930, deparou-se com um muro resistente de racismo que o impediu de forjar um movimento no qual os brancos pudessem reconhecer a si mesmos e as pessoas negras como trabalhadores igualmente explorados em vez de como estadunidenses, de fato, desiguais. No entanto, os organizadores que viajavam para as usinas urbanas e as minas rurais em busca de trabalhadores industriais descobriram, entre meeiros predominantemente negros, uma audiência para seus argumentos pela qual não esperavam. O Sindicato dos Meeiros [*Share Croppers*

141. Agradeço a Doracie Zoleta-Nantes pelas conversas de onde esses conceitos surgiram.

Union] adaptou a análise do CPUSA às suas próprias condições precárias, e o grupo cresceu rapidamente, formando uma rede de células em locais urbanos e rurais em toda a região. Não era preciso ser uma pessoa negra, um meeiro ou um empregado para participar do sindicato. Mais de 6.000 trabalhadores das minas e das usinas, além de fazendeiros despossuídos (ocupados ou ociosos), encontraram causa comum em um movimento social por meio de sua compreensão de "igualdade" coletiva – que era, à época, sua intercambialidade e descartabilidade individuais nas plataformas de produção agrícola e industrial do norte do Alabama (Kelley, 1990; Painter, 1979; B. M. Wilson, 2000).[142] As forças do estado acabaram esmagando o movimento, mas, de acordo com sua liderança indígena, os remanescentes do sindicato que estavam adormecidos deram forma às já existentes bases regionais da organização nos tempos de guerra e do ativismo antirracista no pós-guerra (C. L. R. James, 1980).

Hoje, o Justiça para Zeladores [*Justice for Janitors* – JfJ] é um movimento trabalhista inovador, no qual nem o local de trabalho nem a ocupação serviram como uma estrutura organizacional adequada na indústria de serviços de baixos salários (Johnston, 1994; Erickson et al., 2002). Ao aprender com a história, a estratégia do JfJ tem sido explorar as características restritivas do mercado de trabalho, buscando uma abordagem "geográfica" para a organização (Wial, 1993; Johnston, 1994). Nas demissões em massa do final dos anos 1970 e início dos anos 1980, as empresas quebraram os sindicatos de zeladores que os afro-estadunidenses e outros haviam, cuidadosamente, construído sob a égide do Congresso das Organizações Industriais [*Congress of Industrial Organizations* – CIO] durante e após a Segunda Guerra Mundial (C. L. R. James, 1980). A indústria subcontratou o serviço de manutenção e, assim, recusou os contratos de trabalho duramente conquistados no próprio local de trabalho.

142. Nos Estados Unidos, a palavra *igualdade* parece, frequentemente, conotar um nivelamento ascendente. Fortunati (1995) aponta que outras formas de "igualdade" (por exemplo, escravidão) têm peso analítico que requer atenção política e organizacional.

A subsequente proliferação de contratantes pequenos, e facilmente reorganizáveis, de serviços de zeladoria tornou os verdadeiros empregadores alvos móveis, e as formas tradicionais de negociação salarial tornaram-se impossíveis de serem levadas adiante ou de serem aplicadas.[143] Além disso, os zeladores que trabalham dentro dos novos arranjos, muitas vezes abaixo do salário mínimo, não eram as mesmas pessoas que, em 1980, lutaram e ganharam salários de US$10 ou mais por hora (em dólares de 1980). Assim, além de pressionar os empregadores por contratos, a solução do JfJ foi organizar o mercado atual de serviços de zeladoria (hotéis, por exemplo, em vez de contratantes) e o potencial mercado de trabalho para zeladores. Isso limita a flexibilidade dos empregadores, pois seus clientes atuais e potenciais concordam em fazer negócios apenas com contratantes sindicalizados. A solução também exigiu que a organização do trabalho fosse uma organização *comunitária*, tal como foi o caso do trabalho do CPUSA na década de 1930, na Grande Birmingham. Para atrair os antigos zeladores nas áreas-alvo e os potenciais zeladores onde quer que estejam, a abordagem do JfJ é uma estratégia de baixo para cima para desenvolver planos regionais compreensíveis que incluem, mas não se reduzem a, estabelecer padrões mínimos para os salários que os indivíduos empregados (zeladores ou não) podem esperar (Wial, 1993; Parker e Rodgers, 1995; ver também Faue, 1990).[144]

---

143. As empresas terceirizadas podem desaparecer da noite para o dia, graças à inexistência de um capital imobilizado ou a outras restrições que as mantenham no lugar. O trabalho, portanto, carece do poder que tinha quando, por exemplo, os zeladores negociavam contratos diretamente com os ex-empregadores (proprietários de hotéis, restaurantes, edifícios de escritórios, fábricas e assim por diante), que agora são clientes de empresas terceirizadas.

144. De acordo com uma apresentação feita por um comitê organizador do JfJ em Los Angeles, em março de 1993, a organização, em alguns casos, estendeu-se às cidades de origem dos zeladores imigrantes, no México e em El Salvador. Na medida em que é comum que pessoas de uma determinada região migrem para a mesma área ou nicho de mercado de trabalho que seus amigos e familiares que os precederam, o JfJ começou a trabalhar no percurso do caminho migratório na tentativa

Mães públicas As divisões entre casa e trabalho, público e privado, no palco da cultura capitalista, parecem, para muitos, os limites evidentes e naturais para certos tipos específicos de conflito. Quando os conflitos políticos mostram as brechas nesses limites, novas possibilidades de organização se abrem. Como vimos, as mulheres negras da classe trabalhadora politizaram a distância material e ideológica entre seu trabalho remunerado e não remunerado transitando entre o espaço público e privado. Mais recentemente, os zeladores dos Estados Unidos levaram sua exploração clandestina a público em diversas frentes, combinando a organização de base comunitária com a militância na linha de frente da esfera pública liderada por imigrantes que ganharam experiência como opositores, por exemplo, do terrorismo de estado salvadorenho (Pulido, 1996).

Na Argentina, sob o governo militar fascista (1977–1983), As Mães da Praça de Maio [*Las Madres de la Plaza de Mayo*] desafiaram o pressuposto de que as mulheres não deveriam se intrometer nos assuntos de estado – ou seja, na esfera pública ou masculina –, organizando-se com base em uma afirmação simples e culturalmente inquestionável de que as mães deveriam saber onde estão seus filhos e filhas (Fisher, 1989; Bouvard, 1994). Os sequestros noturnos de filhos e filhas, adolescentes e adultos, promovidos pelos fascistas – a maioria dos quais nunca mais foi vista – coagiram, efetivamente, os vizinhos que ainda não haviam sido levados a desviar os olhares e manter a boca fechada. No entanto, um grupo de mães, que se encontrou pela primeira

---

de incorporar, na esfera de influência do movimento, um mercado de trabalho mais amplo do que aquele do dia a dia. Durante essa mesma apresentação, quando desafiado por um grupo sandinista que fez uma pergunta aparentemente simples ("O que aconteceu com as pessoas que eram zeladoras?"), o JFJ reconheceu que a sua organização não tinha chegado aos trabalhadores antigos. O JfJ se comprometeu a expandir o seu escopo de atividade para além do sul da Califórnia e alcançar os ex-zeladores na comunidade, que são, como observado anteriormente, em sua maioria afro-estadunidenses, com um projeto que muitos esperavam que reviveria o conhecimento adormecido das lutas trabalhistas e antirracistas mais antigas.

vez nos interstícios do estado terrorista – salas de espera, tribunais e balcões de informações de cadeias e centros de detenção –, acabou levando seu questionamento para a Praça de Maio. Ali, com os olhos da nação e, possivelmente, do mundo sobre elas, as mães exigiram tanto o retorno de seus desaparecidos quanto os nomes daqueles que haviam perpetrado o terror. As mães se vestiam para serem reconhecidas, usando lenços de cabeça feitos de fraldas nos quais cada um deles levava escrito, ou bordado, o(s) nome(s) de seu(s) desaparecido(s) ou desaparecida(s) (M. E. Anderson, 1993; Bouvard, 1994; Femenía, 1987; Fisher, 1989; Mellibovsky, 1997; Sepúlveda, 1996).

A posição fundamental das *Madres*, ecoando e ecoada por movimentos similares em lugares como África do Sul, Palestina e El Salvador, era, e ainda é, que as crianças não são alienáveis (Harlow, 1992; Tula, 1994). A fim de tornar essa posição politicamente relevante, as *Madres*, diante do terror contínuo, removeram permanentemente a separação entre o público e o privado, tornando o ativismo "materno" em nome das filhas e filhos um trabalho diário conduzido da forma mais visível e metódica possível. A persistência das *Madres*, antes e depois do reconhecimento oficial de que as filhas e filhos haviam morrido de forma horrível, transformou a paixão do luto individual numa política de oposição coletiva (Mellibovsky, 1997). Traídas, nos primeiros anos, por funcionários do estado e da igreja, por militares, policiais, burocratas e sacerdotes, as *Madres* aprenderam a desafiar as instituições e os indivíduos e, à medida que sua análise se enriquecia com a experiência, elas situaram seus desaparecidos no contexto da crise político-econômica. Assim, quando surge uma Argentina redemocratizada, elas não voltaram ao lar, mas, em vez disso, expandiram seus horizontes políticos, deslocando seu foco para os efeitos do programa de ajuste estrutural do país, que ampliou e aprofundou a pobreza e reduziu as oportunidades para os jovens (Fisher, 1989; Sims, 1996).

Como veremos, a Mothers ROC surgiu em um clima político-econômico tão hostil quanto o que formou cada grupo que examinamos brevemente. As soluções da ROC para os problemas que constituem a luta diária para recuperar seus filhos se basearam nas características estruturais da autoajuda radical, nas estratégias de organização em todas as plataformas onde o conflito se dá e no argumento de que as mães devem estender suas técnicas como mães para além do véu das esferas domésticas tradicionais. Em uma palavra, elas compreenderam a "conscientização" (Freire, [1968] 2019) da maternidade, de modo que não é preciso ser mulher ou ter filhos para participar de uma crítica ativa da vulnerabilidade que esteja fundamentada nas condições locais, embora não limitada a elas.

Gilbert Jones livre: os primeiros anos da geografia política da Mothers ROC

> *As mães sofrem um outro tipo de dor quando seus filhos são encarcerados (perdidos para o cárcere). Foi a partir dessa dor e sofrimento que a Mothers ROC nasceu! Somos uma organização de mães (entre outros grupos) cujos filhos foram presos & encarcerados. Lutamos contra o abuso policial, as falsas prisões & condenações e o tratamento injusto em todo o Sistema de Justiça. Educamos a nós mesmas e aos nossos jovens sobre o funcionamento do Sistema de Justiça Criminal.*
>
> — *Mothers Reclaiming Our Children*, folheto de 1995

Ninguém contesta que, em 29 de novembro de 1991, uma guarda da Polícia de Los Angeles matou George Noyes a tiros no conjunto habitacional Imperial Courts, na frente das casas de sua mãe e avó. A controvérsia, ainda colérica, diz respeito a se ele estava armado, se estava de joelhos ou se implorava por sua vida. De acordo com membros do Comitê de Justiça George Noyes [*George Noyes Justice Committee*], ele foi executado por uma policial notoriamente brutal. De acordo com a Polícia de Los Angeles, ele era um membro de gangue inescrupuloso. Nenhuma acusação foi apresentada no caso.

O assassinato provocou um rearranjo do poder popular em todo o centro-sul de Los Angeles, produzindo, ao longo do tempo, tanto a trégua das gangues de Los Angeles, de 1992, quanto a Mothers Reclaiming Our Children. Antigo membro ativo de uma gangue, George havia se mudado recentemente para Sacramento para sair daquela vida. Ele morreu enquanto estava em casa para o feriado de Ação de Graças. Para seus amigos e familiares que começaram a se organizar, a natureza violenta do fim de George sintetizou a experiência coletiva e o pavor que eles sentiam da Polícia de Los Angeles.[145]

Dois dos primos do homem que morreu, Gilbert Jones e Jocelyn Jones, e sua mãe, Barbara Meredith, iniciaram o trabalho de descobrir como os mais vulneráveis à violência do estado poderiam começar a se proteger sistematicamente dela. Família, vizinhos e visitantes do Imperial Courts, em Los Angeles, incluindo a mãe de George, a avó, os irmãos, a tia e os primos, começaram a trocar testemunhos sobre o que tinham visto, o que tinham ouvido e como a morte só poderia ser explicada como assassinato. Discussões assim são comuns em todos os lugares em que as pessoas pobres são assediadas, feridas ou mortas pela polícia (ver, por exemplo, Piven e Cloward, 1971; Hall et al., 1978). O problema político está no que fazer com a energia que os medos e traumas produzem. A disciplina do estado funciona? Ela aterroriza a todos em silêncio, separando o "bom" do "mau", intensificando as ansiedades que levam a mortes prematuras devido ao alcoolismo e ao vício em drogas (incluindo cigarros), a

145. Tenha em mente que a polícia de Los Angeles inventou a SWAT (*Special Weapons and Tactics*) [Táticas e Armas Especiais] especificamente para policiar pessoas negras politicamente organizadas (cf. Bean, 1973; Sonenshein, 1993; Mike Davis, 2009). Mas o principal símbolo da força policial militarizada e capitalizada de Los Angeles são os helicópteros, que pulsam e pairam dia e noite, coordenando as forças terrestres motorizadas desde um ponto de vista flexível – um panóptico móvel sem a furtividade imaginada por Bentham. O pavor é renovado diariamente pelo barulho e pelos encontros individuais com a polícia.

doenças cardíacas, ao suicídio, aos crimes passionais e a outros assassinos que implacavelmente perseguem as pessoas pobres da cidade, com ou sem trabalho (ver Greenberg e Schneider, 1994; R. W. Gilmore, 2002a, 2002b).

A fim de persuadir o maior número possível de moradores de que a morte dizia respeito a todas e todos, a família formou o Comitê de Justiça George Noyes, que se reuniu no salão multiuso do Imperial Courts para planejar maneiras de combater a morte por negligência. Para marcar ainda mais o momento, Barbara, Gilbert e Jocelyn decidiram caminhar pelo bairro, a começar pelos três conjuntos habitacionais do centro-sul, e pediram às gangues que declarassem uma trégua de um dia para que toda a família e amigos de George – que viviam espalhados pela área – pudessem comparecer ao funeral. Os perigos da peregrinação eram muitos: Gilbert era um conhecido membro de gangue que não podia passar livremente pelas ruas. Sua irmã, Jocelyn, e sua mãe, Barbara, não podiam se identificar como parentes de George ou Gilbert sem simultaneamente revelarem suas conexões familiares com potenciais inimigos, ficando, assim, expostas como tal. E, finalmente, uma vez que nem Jocelyn ou Barbara viviam nos conjuntos habitacionais, os moradores poderiam facilmente vê-las como estranhas causando problemas em locais intensamente vigiados por uma série de meios, incluindo helicópteros, seguranças locais, assistentes sociais de programas de auxílio de renda e ataques periódicos da Polícia de Los Angeles (Mike Davis, 2009).

Para tranquilizar os moradores de que ela não era uma "agitadora externa", mas sim uma tia enlutada, mãe temerosa e boa irmã, Barbara começou a realizar reuniões no Imperial Courts para mulheres, especialmente para mães. Ela explica:

> *Eu acreditava que nós tínhamos que começar cuidando dos nossos filhos. A polícia não pensaria que poderia atirar em nossos filhos a sangue frio e ainda sair ilesa se nós cuidássemos deles melhor. Então, eu comecei [o que acabou se tornando] a Mothers ROC, no Imperial Courts. Nos reuníamos uma ou*

> *duas vezes por semana. Conversávamos sobre cuidados, sobre como escovar e trançar o cabelo das meninas. Como os seus filhos devem aparentar quando saem de casa. Como devem falar com a polícia, com estranhos, uns com os outros. Me parecia que cabia a nós mudar as coisas, fazendo o que já sabíamos fazer. As nossas mães tinham nos ensinado tudo. Assim como nossas avós, nossas tias e as senhoras que moravam perto da gente. Todas nos ensinaram para que pudéssemos ter uma vida melhor. E, por isso, nós temos que ensinar nossos filhos para que eles tenham uma vida melhor. Acho que nós os decepcionamos porque paramos de ensiná-los e de falar com eles. Meu [falecido] marido e eu trabalhávamos o dia todo, todos os dias, para que nossos filhos pudessem ter as coisas que nunca tivemos. Nós pensamos que era a coisa certa a se fazer, trabalhar duro e tornar a vida dos nossos filhos mais fácil do que as nossas. Mas nós não tornamos a vida deles mais fácil, nós as tornamos mais difíceis. E agora temos que ensiná-los, e deixá-los que nos ensinem onde foi que erramos.*

Nascida às vésperas da Segunda Guerra Mundial, Barbara cresceu em Louisiana, enredada por redes comunitárias formais e informais de familiares e amigos (ver, por exemplo, hooks, 2019, caps. 5 e 6). Ela se casou com um militar de carreira, viveu em bases dos Estados Unidos, incluindo no Alasca, e acabou se estabelecendo em Los Angeles, onde ficou viúva quando seus quatro filhos atingiram a idade adulta. Ao passo que muitos afro-estadunidenses em Los Angeles alcançaram certa prosperidade durante o *boom* da economia militar da Segunda Guerra Mundial, ao final da guerra, eles passaram a ser segregados dos bons empregos, e cada recessão posterior atingia a comunidade com severidade duradoura (Soja e Scott, 1996). Quando as antigas indústrias pesadas (aço, pneu, automóvel e, até certo ponto, petróleo) cortaram trabalhadores ou fecharam fábricas, e quando houve a mecanização da zona portuária, a perda direta desses empregos, combinada com o desaparecimento de empregos que dependiam desse núcleo industrial, deixou os homens negros da classe trabalhadora da cidade sem acesso a outras indústrias locais que pagavam altos salários (Grant et al., 1996; Oliver et al., 1993; Peery, 1994; Soja, 1993).

Muitas mulheres das "comunidades estagnadas" (Jacqueline Jones, 1992), concentradas nos conjuntos habitacionais, acolheram as reuniões de Barbara com entusiasmo. Elas podiam falar sobre si mesmas, suas esperanças e decepções, seus planos de vida interrompidos. Cerca de sessenta mães e filhas (e, às vezes, filhos pequenos, mas raramente meninos com mais de quatro ou cinco anos de idade) poderiam participar de uma das sessões, na qual, empolgadas, partilhavam as tarefas de fazer o cabelo umas das outras e de encenar desfiles de moda, enquanto falavam sobre seus entes queridos que morreram violentamente, que foram para a prisão ou que simplesmente desapareceram. De acordo com Barbara, a maioria das mulheres estava envolvida na economia informal, vendendo mercadorias lícitas ou fornecendo serviços legítimos que geravam uma renda não declarada (ver, por exemplo, Spalter-Roth et al., 1992; Hartmann, 1996). Ao mesmo tempo, a preocupação com o desemprego – o desempregos delas, dos pais de suas filhas e filhos, de suas filhas e filhos e, em especial, de seus filhos – dominava as discussões que não tinham como foco o cuidado, a nutrição ou as mortes prematuras violentas. As mulheres relatavam, por experiência própria, o que os estudiosos provam repetidamente: nos Estados Unidos, certos tipos de pessoas têm acesso a certos tipos de empregos. Para as pessoas negras que olhavam de dentro do complexo análogo ao cárcere do conjunto habitacional Imperial Courts, o cenário do trabalho formal era sombrio: uma vastidão de fábricas grandes e vazias, empregos de salário mínimo no comércio ou no cuidado com a saúde de pessoas em casa, transporte público caro, lento e não confiável e escolas ruins que não levavam a lugar nenhum em termos de formação e qualificações (ver também Sklar, 1995). Apesar do status de alguém que vinha de fora, Barbara construiu uma aliança entre as mulheres nos conjuntos habitacionais, apelando para uma capacidade que o grupo conquistou por meio de práticas maternas coordenadas; elas tornaram críticas as atividades de maternação, como necessárias, sociais e consequentes, fazendo, de forma coletiva, o que já sabiam como fazer individualmente (Collins, 2019).

Ao mesmo tempo, Barbara, Gilbert e Jocelyn conseguiram a trégua de um dia, persuadindo as gangues a unirem – temporariamente – as divisões do centro-sul de Los Angeles e a mudarem sua capacidade cotidiana de agir de maneira extralegal como "estados à sombra", realinhando suas práticas de rivalidades "interestaduais" de pequena escala em uma aliança que abrangia uma área bastante maior.[146] Elas caminharam e conversaram com as pessoas nos três conjuntos habitacionais, e pelas ruas entre eles, enfatizando como todas as pessoas poderiam ter relações com alguma família que havia perdido um ente querido e como todas elas poderiam contar uma história de violência policial. O espancamento de Rodney King em março daquele ano forneceu um referente pronto e politicamente potente que até mesmo uma audiência extremamente hostil pôde reconhecer, e isso transformou agrupamentos altamente segmentados em um "nós" provisório capaz de mediar as divisões controladas pelas gangues das ruas de Los Angeles. Pouco a pouco, os membros mais velhos das gangues começaram a reconhecer seu poder coletivo e o que isso poderia significar para Rodney King, para

146. Jennifer Wolch (1989) desenvolveu o conceito de "estado à sombra" para teorizar sobre as organizações não governamentais (ONGs) sancionadas pelo estado; eu uso esse conceito aqui para enfatizar como as gangues constituem organismos que produzem as regras ligadas a um determinado território para um mosaico que preenche vastas regiões abandonadas pelo estado legal, exceto na forma da ocupação militarizada e da vigilância a partir dos serviços sociais (R. W. Gilmore, 1993; Mike Davis, 2009; Vigil, 1996; ver também Fanon, 2022). O ponto não é romantizar as gangues, mas enfatizar que todas as formações sociais – mesmo as comunidades estagnadas dos centros urbanos desindustrializados – desenvolvem alguns meios para manter a ordem (Mann, 1988); às vezes, é necessário olhar por baixo da superfície de aparente *desordem* para entender a lógica de um sistema de ordem particular. Além disso, como argumenta Tilly (1985), o funcionamento das guerras, dos estados e do crime organizado são distintos entre si naquilo que se refere a quem produz e aplica a "lei", mas não se diferenciam tanto em suas práticas, relações e resultados reais.

George Noyes, para tantos outros e para si mesmos, caso decidissem permitir a passagem livre de um dia pelas ruas do centro-sul a todas as pessoas.

Os homens também concordaram com uma trégua em nome das mães enlutadas. Eles ampliaram a noção de senso comum que tinham das gangues como "famílias" e, assim, reconheceram a reivindicação de uma figura familiar central em seus cuidados. "Mãe" tornou-se, em nome, a mãe de George, para quem Barbara, sua irmã, era sua representante. A capacidade de Barbara de falar com o coração, de expressar a dor de uma mãe em perder um filho e de reconhecer o status de membro de gangue de seu próprio filho, sem glorificação ou vergonha, tocou os homens para quem a morte de George, ao menos no início, tinha tido pouca importância. Em nome da Barbara, da mãe de George, das "mães", os homens concordaram em redirecionar seu poder e instruir as gangues a policiarem suas ruas e a si mesmos a fim de que a família do morto se reunisse para um funeral grande e pacífico.

Os dois grupos – o das mães e o das gangues – rapidamente desenvolveram um processo de identificação, focado, a princípio, na realização de um mesmo interesse – um funeral comum para um homem que muitos deles não conheciam. Mas, enquanto eles se juntavam em nome dos filhos e das mães, seu objetivo se transformou em ação no contexto do interesse mais geral de lutar contra as condições que exigiam tamanha organização para preparar um assunto tão familiar quanto um enterro. A brutalidade cotidiana que levou Barbara e seus filhos a trazerem esse funeral específico ao primeiro plano da consciência forneceu forma material e simbólica para o que viria a seguir. O interesse incorporado por aqueles que participaram, ou que ajudaram a garantir, a passagem pacífica de George deu lugar a um senso de propósito que não se limitou a um local de sepultamento ou a um dia. O desenvolvimento de uma identidade de propósito coloca o estado legal espacialmente unificado como o objeto legítimo de resistência e oposição contra o qual futuras ações serão organizadas.

A etapa seguinte da organização aconteceu logo após o funeral de George, no dia 9 de dezembro. Durante o funeral, as mães e outros participantes que falaram em sua memória convocaram uma manifestação para protestar contra o assassinato cometido pela polícia. Ao mesmo tempo, o imã de uma mesquita independente das proximidades a ofereceu como um santuário em que os membros das gangues poderiam trabalhar para estender a trégua no tempo e no espaço. A reconciliação das gangues, então, juntou-se à manifestação: mais de quinhentas pessoas compareceram à delegacia da Rua 108 para acusar a polícia de assassinato e anunciar o fim da passividade, vulnerabilidade e cumplicidade da comunidade em relação ao tratamento brutal muitas vezes dispensado pelos braços da lei (Donner, 1990).[147]

Durante o inverno entre 1991 e 1992, Gilbert e vários outros membros de gangues, inspirados pelo desenrolar dos acontecimentos, continuaram o processo de pacificação, trazendo, a cada dia, mais pessoas de alguma região ainda mais distante do centro-sul de Los Angeles. A notícia se espalhou de todas as maneiras, deixando em alerta membros negros de gangues de todos os lugares sobre as possibilidades daquele momento histórico. Barbara participou de todos os encontros na mesquita e continuou a realizar os grupos de discussão de autoajuda no Imperial Courts, onde mulheres de outros conjuntos habitacionais, às vezes, apareciam para ver o que estava acontecendo. Membros das gangues que participavam das reuniões da trégua iam relatar seu progresso, e outras mulheres, para além de Barbara, também participavam das reuniões na mesquita para monitorar os procedimentos. O Comitê de Justiça George Noyes também

147. Notavelmente, entre os participantes da manifestação – ou da "reunião", como muitos participantes a chamaram – estavam os sobreviventes dos movimentos sociais da geração anterior, como o Partido dos Panteras Negras para Autodefesa. Assim, a "reunião" misturou os membros da comunidade – que estavam desenvolvendo sua consciência política naquele momento particular de raiva e tristeza poderosamente direcionadas – com ativistas que representavam tendências e tradições teóricas que foram formuladas nas lutas anteriores contra a violência direta do estado e a por ele sancionada.

continuou a se reunir com o objetivo de encontrar uma abertura na fortaleza da Polícia de Los Angeles por onde conseguisse lançar suas acusações de morte por negligência.

Pouco depois das 22h30 do dia 16 de fevereiro de 1992, quando um baile de arrecadação de fundos do Comitê de Justiça no salão multiuso de Imperial Courts estava prestes a terminar, a Polícia de Los Angeles apareceu na porta para prender Gilbert. Eles o acusaram de levar dez dólares durante um assalto à mão armada que teria supostamente ocorrido do lado de fora do prédio momentos antes. O problema da justiça para George imediatamente se ampliou para incluir seu primo, Gilbert. Barbara, convencida de que o propósito da prisão de seu filho era parar o trabalho que ela e seus filhos haviam iniciado, começou a mobilizar a organização também em seu nome.

Enquanto Gilbert estava sob custódia, lutando por sua liberdade, a revolta de Los Angeles (que ocorreu entre 29 de abril e 2 de maio) mudou o clima político da cidade. Três dias de "revoltas multiculturais" (Mike Davis, citado em Katz e Smith, 1993) produziram novas unidades e novas divisões. A revolta começou na parte da tarde, depois que um júri de Simi Valley absolveu os quatro homens da Polícia de Los Angeles que haviam espancado Rodney King, um motorista que aparentemente havia cometido várias contravenções.[148] Milhões tinham visto a fita de vídeo do espancamento, filmada por uma testemunha ocular, George Holiday, que foi ampla e intensivamente transmitida por mais de um ano (R. W. Gilmore, 1993; Madhubuti, 1993; Gooding-Williams, 1993).

A trégua foi amplamente atribuída à revolta, por amigos e inimigos. No entanto, de acordo com participantes e testemunhas, um mês antes, no dia 29 de março, os pacificadores dos mundos das gangues de Los Angeles se reuniram na mesquita

148. Simi Valley é uma cidade suburbana conservadora onde muitos militares e policiais, aposentados e da ativa, têm suas residências. Quando o julgamento foi transferido do centro de Los Angeles para lá, o ceticismo sobre algum resultado que não fosse a absolvição dominou as discussões corriqueiras sobre o caso no centro-sul.

independente do centro-sul para assinar sua declaração histórica. De fato, não foi a revolta que produziu a trégua; em vez disso, a trégua, a Mothers Reclaiming Our Children e o levante foram todos expressões das mesmas condições objetivas que caracterizaram as relações entre o estado e as pessoas negras, marrons e demais comunidades estagnadas de toda a Los Angeles desindustrializada.

Como no julgamento dos quatro guardas da Polícia de Los Angeles, o julgamento de Gilbert também mudou de local. Mas, enquanto o primeiro julgamento foi transferido para Simi Valley, onde eles estariam mais propensos a ter um júri formado por seus pares (policiais ou militares aposentados, por exemplo), o estado realocou o caso de Gilbert de Compton – onde acomodar um júri negro é bastante fácil – para o tribunal de Long Beach do juiz "antigangue" Marvin Doolittle. Apesar do depoimento de inúmeras testemunhas que estavam com ele no momento do roubo, o júri considerou Gilbert culpado, e, apesar de depoimentos adicionais na audiência de sentença do ex-governador Jerry Brown, da congressista Maxine Waters e de outros que relataram as conquistas de pacificação de Gilbert, o juiz levou o jovem para a custódia do Departamento de Correções da Califórnia (CDC) para cumprir sete anos por um roubo de dez dólares.

Para Barbara, a injustiça em ambos os casos deixou claro que o objeto de luta não era apenas a delegacia Sudeste da Divisão Sul da Polícia de Los Angeles. Era o estado, em muitos níveis, que havia tomado seu filho. Assim como era o estado, em muitos níveis, que havia permitido que a polícia tirasse a vida de seu sobrinho. O CDC transferiu seu filho para Susanville, uma prisão localizada a mais de 800 quilômetros de Los Angeles, onde o grupo supremacista branco Irmandade Ariana [*Aryan Brotherhood*] supostamente dominava a população prisional. Essa transferência aterrorizou a família por dois motivos. Em primeiro lugar, eles temiam que sua notoriedade como ativista pacifista negro das gangues o colocasse em conflito com os arianos. Em segundo, Barbara tinha sofrido um ataque cardíaco durante o outono de 1992, tornando-se incapaz de fazer a longa viagem para visitá-lo.

A Mothers ROC lançou uma campanha política bem-sucedida para que mudassem Gilbert para mais perto de sua casa, e ele passou cerca de metade de seu tempo em Tehachapi, pouco mais de 240 quilômetros ao norte de casa; foi posto em liberdade condicional depois de cumprir 3 anos e 11 meses.[149]

O projeto "Gilbert Jones Livre" também marcou o início da organização formal da Mothers ROC. Em aliança com várias outras mães do centro-sul, muitas das quais tinham filhos de todas as idades sob custódia como resultado da revolta, Barbara começou a realizar protestos regulares nas calçadas do centro da cidade: no principal Tribunal do Condado de Los Angeles e no Parker Center, sede da Polícia de Los Angeles. Durante essa fase, em novembro de 1992, Francie Arbol, uma ativista de Los Angeles, conheceu Barbara por intermédio de uma escritora de Los Angeles que ficou impressionada tanto com as realizações de Gilbert quanto com a persistência eloquente de Barbara. Juntas, Francie e Barbara fundaram a Mothers ROC.

---

149. Os prisioneiros são "unitizados" – que é o jargão do CDC para "segregados". Ao mesmo tempo em que os próprios diretores têm poder sobre a organização social de suas prisões, a política geral é manter os prisioneiros de cada unidade separados por "raça". As análises demográficas do CDC usam quatro categorias básicas: branco, negro, latino e "outro". "Outros" – nativos das ilhas do Pacífico e os nativos estadunidenses – não são alojados separadamente, mas distribuídos entre os três grupos principais, de modo que, por exemplo, os samoanos estão geralmente entre os negros; os filipinos entre os latinos; quem tem ascendência chinesa, hmong, lao ou vietnamita pode estar entre os brancos ou latinos, mas não entre os negros; e os nativos estadunidenses são geralmente alojados entre os latinos, mas às vezes também entre os negros. De acordo com o testemunho de alguns prisioneiros, a "unitização" ajuda a produzir e reforçar as animosidades, mantém intactas as hierarquias internas e desencoraja qualquer tipo de organização interracial substantiva em nome, por exemplo, dos direitos dos prisioneiros. Em fevereiro de 2005, a Suprema Corte dos Estados Unidos se opôs à prática do CDC, frequentemente negada por ele, e ordenou que um tribunal inferior submetesse as justificativas do departamento a um "escrutínio rigoroso" (Savage e Warren, 2005).

Do Imperial Courts às cortes do estado

A formação da Mothers ROC como um grupo político em busca de justiça coincidiu com a reestruturação do Partido Trabalhista Comunista [*Communist Labor Party*], que havia se organizado em várias cidades dos Estados Unidos na década de 1950. O revolucionário afro-estadunidense Nelson Peery fundou o pequeno partido. Sua consciência da opressão de raça e classe se desenvolveu enquanto ele andava de trem como um jovem trabalhador durante a Grande Depressão e evoluiu ainda mais quando ele serviu o exército nas batalhas do Pacífico durante a Segunda Guerra Mundial (Peery, 1994). O grupo era conhecido nos círculos radicais de Los Angeles pela organização de base orientada à organização de pessoas não vinculadas ao partido.

Francie Arbol, filha de imigrantes sírios e libaneses, havia se juntado ao partido na década de 1960, ainda adolescente. Enquanto criava suas duas filhas – praticamente sozinha – com um salário de contadora, ela sempre trabalhou com questões decorrentes da exploração e da injustiça baseadas no local de trabalho e na comunidade. Ela trouxe para a Mothers ROC uma análise sistemática das estruturas sociais e da economia política, colocadas em termos coloquiais, e um senso aguçado de como fazer as coisas acontecerem. Sem medo de se envolver em debates calorosos, ela também levou adiante qualquer projeto escolhido pelo grupo, independentemente de sua opinião sobre ele.

Quando Francie e Barbara se reuniram para planejar os contornos de um grupo de mães voltado para a ação, isso ocorreu no escritório da garagem da organização comunitária permanente do Partido Trabalhista Comunista, o Congresso dos Direitos Iguais [*Equal Rights Congress* – ERC]. O escritório ficava a menos de dois quilômetros ao norte do infame cruzamento onde Reginald Denny e os Quatro de Los Angeles tiveram seu fatídico encontro e 75 quarteirões a noroeste do local do assassinato de George Noyes. A garagem fica na propriedade que pertence à Sociedade dos Amigos [*Society of Friends*], e a sala de estar à frente da pequena casa se tornou o local de encontro regular da Mothers ROC. Já há muito tempo, a casa tem sido um local para os ativistas se encontrarem, um oásis surpreendentemente pacífico em um bairro em constante instabilidade. As pessoas que vivem no centro-sul de Los Angeles, bem como as de comunidades periféricas, não têm medo de ir até lá porque a casa não está no pedaço de nenhum grupo em particular.

Ao vincular a Mothers ROC a outros projetos do ERC, Barbara e Francie começaram com comodidades que outros têm de se esforçar para conseguir: um escritório, um telefone, uma das copiadoras mais antigas do mundo e um local de encontro conveniente em terreno neutro. Elas anunciaram reuniões regulares nas noites de quarta-feira, começando em novembro. As mães afro-estadunidenses vieram – seis, depois dez, depois vinte, depois 25 ou mais. Elas vieram para falar sobre a injustiça no caso da Polícia de Los Angeles em comparação ao caso dos Quatro de Los Angeles; elas vieram para falar sobre os casos de seus próprios filhos e de outros entes queridos; elas vieram porque ao menos havia alguém com quem poderiam falar sobre o que mais as preocupava e assustava.

A maioria das mulheres que havia participado tão entusiasticamente das sessões de maternação de Barbara, no conjunto habitacional Imperial Courts, não compareceu, embora a premissa central da Mothers ROC não tivesse mudado. Barbara permaneceu firme em sua invocação da maternação coletiva como a prática a partir da qual brota a ação política. No entanto, a política direta da organização formal aparentemente dissuadiu algumas pessoas, especialmente por causa de sua dedicação em confrontar o estado de frente. Esse aspecto parecia perigoso para as pessoas que vivem vidas intensamente policiadas. O papel de Francie desencorajou outras que, percebendo-a como branca, via de regra, não confiariam nela. E, finalmente, algumas vieram e foram embora porque rumores de que comunistas controlavam o novo grupo se espalharam rapidamente graças à intervenção talvez acidentalmente estratégica de dois policiais negros.

De acordo com a história que circulou amplamente dentro e fora da organização, os dois policiais visitaram a mãe de um dos réus dos Quatro de Los Angeles para avisá-la que o caso de seu filho se desenrolaria muito melhor se ela se dissociasse "daquelas comunistas" da Mothers ROC. Muitas debateram o propósito da visita: algumas disseram que os policiais estavam tentando separar o grupo, e outras sustentaram que eles estavam tentando ajudar uma mulher negra que passava por dificuldades, conhecida pessoalmente por um deles, e que não entendia as consequências de seu ativismo.[150] A notícia provocou uma crise na ROC. Algumas mulheres queriam que Francie fosse expulsa; outras, incluindo a mãe em questão, desistiram. Barbara e Francie realizaram reuniões especiais em um fim de semana, em vários locais da cidade e do condado, onde responderam a perguntas e se envolveram em debates inflamados sobre comunistas, racismo e justiça.

Francie discutiu abertamente suas razões para ter se tornado comunista e também descreveu como o partido, em sua opinião, seguia sendo útil. Ela também se recusou a sair da ROC e deixou claro para aquelas que planejavam evitar sua influência que, se ela fosse o maior problema de suas vidas, elas nem sequer teriam se juntado a Mothers ROC. A brutalidade da polícia, a ameaça dos promotores e a vileza dos juízes em relação aos seus

150. Uma ironia recorrente nos casos da Mothers ROC – especialmente nos casos dos afro-estadunidenses – é a frequência com que a família (estendida) conhece, ou está relacionada, a um policial, a um agente de liberdade assistida, de liberdade condicional ou a um carcereiro (a frequência está relacionada, é claro, à batalha histórica das pessoas negras em obterem acesso a empregos estaduais, que se tornaram um nicho de mercado de trabalho relativamente seguro até o ataque ao tamanho do governo lançado nas últimas duas décadas). A ironia tem sido bastante útil para ajudar as mães a terem uma visão sistêmica, em vez de individualizada, de sua luta. Sabendo, como elas sabem, que seu amigo/parente não é uma pessoa má, e provavelmente não é um racista (embora o racismo antinegro entre pessoas negras não seja incomum), elas, então, têm de descobrir outra explicação para o que está acontecendo com seus filhos, uma vez que elas se sentem representadas em pessoas "como" eles do outro lado (cf. Guérin, 1994).

filhos não eram uma resposta ao comunismo. Mas o espectro do comunismo poderia piorar as coisas? Barbara lembrou ao grupo que o propósito da ROC não impedia qualquer tipo de pessoa de se juntar e ser ativa – desde que trabalhassem em direção ao objetivo da justiça.

Os debates seguiram um padrão intrincado, demonstrando as ricas complexidades do senso comum nesse tempo e lugar específicos (cf. Gramsci, 1999; Stuart Hall, 2003). A crítica sistemática do poder do estado em relação aos filhos criminalizados exigiu que as mães também questionassem a autoridade dos representantes do estado – polícia, juízes, promotores e outros agentes legais. Deixando o comunismo de lado por um momento, as mães concordariam, em um só coro, que seu problema era, de fato, a violência e a injustiça sistêmica. No entanto, quando confrontadas com o fato de que tinham entre elas uma (ex)-comunista – mesmo com a União Soviética em colapso –, muitas das mulheres adotaram, por completo, a definição do governo do inimigo coletivo, na qual Francie, uma pequena ativista, era uma representante. A maioria das mulheres havia frequentado a escola primária durante a Guerra Fria, nos anos 1950, e as lições que aprenderam – fosse fazendo fila para exercícios de defesa civil ou estudando a geografia do "mundo livre" – formaram as bases do que hoje consideram o que é possibilidade e perigo. Além disso, a conexão entre comunismo e ateísmo causava desconforto entre as mulheres para quem, como veremos, Deus e oração são fontes vitais de orientação e força.

O que Barbara, Francie e suas aliadas tiveram que fazer foi ajudar as mulheres a verem e dizerem que seus próprios filhos – não os "comunistas" – eram, agora, o novo inimigo oficial (R. W. Gilmore, 1993). Mesmo que os policias não estivessem transmitindo uma mensagem secreta do promotor do condado, e que a fala sobre o comunismo fosse motivada por uma preocupação genuína com o bem-estar do réu, o resultado ainda assim foi o mesmo: disciplinar as mães e separá-las de uma comunidade de apoiadores que incluía muitos comunistas. Outras versadas nas tradições radicais também falaram durante os debates agonizantes, mas a pressão permaneceu principalmente sobre Francie, que a aceitou com firmeza. Ela não era a única que aparentava ser anglo-estadunidense no grupo à época, mas a combinação entre a raça atribuída a ela, suas raízes radicais e sua recusa em ceder – além de seu estilo de confronto contundente – manteve Francie no centro do palco durante a crise.

A crise se resolveu com uma trégua entre as que ficaram, forçando o grupo a amadurecer rapidamente em uma organização *para* si mesma, apesar de suas diferenças internas substanciais. O processo aumentou as suspeitas, mas também aumentou o senso de identidade política entre todas. Ou seja, embora discordando da "política" caracterizada por Francie e por outras, as mulheres colocaram em ação uma visão política alternativa, permanecendo na luta como Mothers ROC. Elas deixaram claro para todos os que perguntavam que eram as mães, e não um grupo oculto de comunistas brancas ou negras, que aberta e deliberadamente definiam as agendas de ação. A separação entre a ROC e o Congresso dos Direitos Iguais [ERC] deu ênfase simbólica à insistência na sua autonomia organizativa, embora o local de encontro, o escritório e o número de telefone não tenham mudado.

Nesse período, as ações do grupo, antes centradas nos casos de Gilbert Jones e dos Quatro de Los Angeles, tornaram-se generalizadas para que a ROC pudesse agir de forma rápida e consistente em novos casos. As integrantes criaram sistemas de monitoramento judicial e oficinas jurídicas. As mães passaram a comparecer às sessões do tribunal, fosse para os casos de outras mães ou, de forma aleatória, para ver o que acontecia com os réus. Com o tempo, esse sistema se tornou uma presença constante nos corredores dos tribunais da Grande Los Angeles – especialmente no Condado de Los Angeles. Oficiais de justiça, promotores, defensores públicos e juízes começaram a identificar que, nas palavras de Bernice Hatfield, "senhoras negras simpáticas, com grandes bolsas", estavam assistindo e fazendo anotações. De fato, alguns juízes ordenaram que as mulheres *não* escrevessem enquanto a sessão ocorria no tribunal. Elas rabiscavam uma ou duas anotações clandestinas para depois escreverem ou ditarem os procedimentos. Os juízes que emitiram tais ordens obtiveram mais, em vez de menos, observadoras em seus tribunais. Algumas mães que tinham dificuldade com a palavra escrita simplesmente fingiam tomar notas e confiavam às suas memórias incríveis a reconstrução dos eventos ao final do expediente jurídico.

As mães também monitoravam as relações entre os réus e seus advogados – geralmente defensores públicos – e começaram a realizar oficinas com advogados ativistas para aprenderem sobre a melhor maneira de trabalhar com a representação legal. As oficinas se tornaram referência para as pessoas aprenderem sobre como agir como um advogado, sobre aprimoramento de sentenças e outras questões relacionadas. Uma questão recorrente era a crença de que um advogado particular é melhor do que um defensor público – a crença está enraizada na noção de senso comum estadunidense de que "você recebe pelo que você paga". O fato de que todas as pessoas trabalhadoras, incluindo as integrantes da ROC, "pagam" por todos os defensores públicos por meio da tributação fica invisível neste esquema. No entanto, na ROC, a desconfiança automática em relação aos defensores públicos (conhecidos nas ruas como "fingidores públicos") gradualmente deu lugar a uma visão de como o rápido crescimento da punição industrializada produziu defensores públicos sobrecarregados e uma concomitante expansão de advogados particulares inescrupulosos em busca de dinheiro fácil.[151] Essa crítica

151. Muitas das novas integrantes da Mothers ROC contam a mesma história – elas hipotecam a casa ou vendem o carro para pagar um advogado e logo descobrem que o contrato limita os serviços às questões mais rotineiras de registros e aparições judiciais. Além disso, a questão da hipoteca ou da venda tem suas próprias contradições racializadas. Oliver e Shapiro (1995) mostram as maneiras pelas quais, para as pessoas negras, o *apartheid* residencial e o *redlining* [prática de usar linhas vermelhas nos mapas para demarcar as fronteiras de bairros considerados "de risco"] efetivamente limitam o acesso (bem como o crescimento) da fonte fundamental da riqueza das famílias dos Estados Unidos: a propriedade privada. No caso das integrantes da Mothers ROC que fazem hipoteca, elas hipotecam o patrimônio abaixo da média, a custos de empréstimo acima da média, para – na melhor das hipóteses – manterem o *status quo*

aguçou ainda mais a percepção da ROC sobre a crise enquanto uma questão política – como o estado deveria ser? – e também enquanto uma questão legal – como corrigimos as injustiças no tribunal?

A alteração da localização e do projeto – desde as reuniões no Imperial Courts até a própria Mothers ROC, agora totalmente capacitada e autoconfiante para enfrentar as batalhas nos tribunais estaduais – representou uma mudança na posição social das mulheres enquanto grupo. Quase todas as integrantes da ROC eram assalariadas da economia formal; e as que não o eram, estavam inválidas (geralmente por doenças exacerbadas pela pobreza e pelo estresse, como diabetes, doenças cardíacas e câncer) ou aposentadas. Muitas observaram a amarga ironia de que, para se tornarem mães em tempo integral pela primeira vez, elas tiveram que perder um ou mais filhos para o sistema. Mais da metade eram proprietárias que viviam em casas modestas de madeira ou ainda no reboco, ou mesmo em pequenos apartamentos. Todas estavam vivamente conscientes de que tinham algo a perder. A estrutura da Mothers ROC deu a elas um contorno para a esperança e para a ação, incentivando uma expansão do escopo político de soluções jurídicas imediatas para uma exposição mais ampla e um ataque ao sistema de justiça criminal como um todo.

O pedido de ajuda de uma mãe: lei, espaço e solidariedade

No início de uma manhã de quinta-feira, em 1992, pouco antes do longo fim de semana do Dia da Independência dos Estados Unidos daquele ano, uma dúzia de policiais dos Departamentos do Xerife dos Condados de San Bernardino e

(um ente querido mantido fora da prisão), em vez de "investir" no futuro com educação ou outro desenvolvimento familiar ou pessoal potencialmente remunerável.

Los Angeles e da Polícia de West Covina chutaram a porta da frente de Bernice Hatfield. Ouvindo o que parecia ser uma explosão, seguida por passos, móveis caindo e gritaria, Bernice correu para o topo das escadas de seu modesto apartamento suburbano e, olhando para baixo, teve uma visão de terror. Armas engatilhadas, a polícia em posição e com as duas mãos nos revólveres, preparada; tudo isso dizia a qualquer telespectador que as balas iam correr soltas. Os policiais pediam a rendição de seu filho de dezessete anos, "Stick", e gritavam para que ela colocasse as mãos onde pudessem vê-las. Bernice ergueu as mãos sobre a cabeça e desceu as escadas, tremendo e perguntando repetidamente: "O que vocês estão fazendo aqui? O que vocês querem?". Como se viu, eles queriam prender Stick com seis acusações de tentativa de homicídio. Os policiais levaram o adolescente embora naquela manhã; e, durante a década seguinte, Bernice lutou contra o que, em seu boletim periódico, *O pedido de ajuda de uma mãe*, ela chamou de "o sequestro legal do meu filho".

Não tendo nunca sido uma mulher ingênua, Bernice cresceu negra e da classe trabalhadora em uma cidade do sul da Nova Inglaterra durante o pós-guerra, vivendo a desigualdade e o racismo de maneiras bastante corriqueiras. Determinada a não ser pobre por toda a sua vida, ela estudou muito na escola, tornou-se enfermeira e trabalhou por vinte anos para tranquilizar e cuidar dos doentes e sofredores. Bernice achava que sabia como funcionava o sistema judicial. Embora ela não esperasse que fosse, de fato, imparcial, ela esperava que, quando alguém fosse acusado de um crime, provavelmente houvesse alguma prova, falsa ou verdadeira. Antes de tudo, o caso "do povo" contra seu filho consistia em depoimentos contraditórios e não havia ferimentos, arma, motivação e nenhuma razão clara para ele ter recebido as acusações. No entanto, ele foi acusado e como um membro de gangue.

Os poderes e as pressões sobre os principais atores do sistema de justiça criminal foram aumentados pela Lei de Aplicação e Prevenção do Terrorismo nas Ruas da Califórnia [*California Street Terrorism Enforcement and Prevention Act* – STEP], de

1988, e por uma série de leis relacionadas. A Califórnia declarou guerra às gangues durante a primeira fase do programa de expansão prisional, em meados da década de 1980, e mirou, mais precisamente, o Condado de Los Angeles, onde Bernice e sua família viviam, como a região onde novos programas seriam desenvolvidos. Sacramento, a capital do estado, orientou as agências locais de aplicação da lei a identificarem todos os membros de gangues de suas jurisdições para que o estado pudesse desenvolver um banco de dados abrangente e centralizado sobre eles.

Stick nunca havia estado sob custódia, mas cerca de um ano antes, depois de ter sido parado por uma infração de trânsito, seu nome foi inserido no banco de dados das gangues do estado. No início de 1993, depois que ele e sua mãe rejeitaram um acordo que lhe oferecia seis anos sob o regime de custódia juvenil, os promotores decidiram julgá-lo pelas seis acusações. Com o agravamento da pena, ou tempo extra por acusação, devido ao seu status de membro de gangue, o estado garantiu que ele pegasse 91 anos de prisão. Stick, que naquele momento já tinha completado 18, decidiu aceitar o acordo, que exigia que ele confessasse a culpa e renunciasse a qualquer direito de recurso; nesse ínterim, embora nada exceto a idade de Stick tivesse mudado no caso, o promotor aumentou o tempo mínimo de 6 para 19 anos. Bernice não pôde intervir legalmente, porque seu filho havia atingido a maioridade. Na opinião dela, ele havia sido coagido a confessar por aqueles que lhe prometeram uma vida atrás das grades caso ele fosse a julgamento e perdesse. Jovem e assustado, ele tentou agir como se fosse um homem adulto e experiente. Embora Stick fosse menor de idade no momento de sua prisão, o juiz da sentença o colocou em um um estabelecimento para adultos do CDC.

Na manhã em que a polícia levou seu filho mais novo embora, Bernice assumiu um papel que ela nunca poderia ter se imaginado desempenhar: o de uma mãe que se aproximaria de estranhos e pediria a qualquer um que pudesse ouvi-la para ajudá-la a recuperar seu filho. No início, ela fazia tudo sozinha, dirigindo oitenta quilômetros de ida e volta para o seu trabalho de enfermagem, todos os dias, além de viajar mais 65 quilômetros de ida e volta na direção oposta para ver Stick. Ela visitava o filho, encontrava-se com o defensor público, inspecionava o investigador particular, confrontava o promotor, interrogava os avaliadores psiquiátricos e imprimia uma expressão impassiva nas audiências.

Bernice descobriu que, enquanto ela lutava para libertar seu filho, posto que sua prisão havia sido um erro completo, o estado trabalhava, sistematicamente, para mantê-lo preso, pois sua prisão fazia parte de um programa para retirar da rua pessoas "como ele". Para Bernice, o dado crucial era que seu filho nunca havia tido problemas com a lei; para o estado, o dado crucial era sua identificação anterior como membro de gangue. Durante muito tempo, ela se recusou a enquadrar o estado em seus próprios termos, porque ela achava que as coisas deveriam funcionar de forma justa: "Eu acreditava que tinha direitos constitucionais. Quero dizer, eu *realmente* pensei que eu tinha direitos constitucionais. Mas eu descobri... no tribunal... que sou uma cidadã de segunda classe. A Constituição não funciona para mim".

Para os afro-estadunidenses, não há nada de novo em se dar conta, uma vez mais, do status de cidadão de segunda classe (Du Bois, [1935] 1992; Sykes, 1988; Fields, 1990). Mas, enquanto a repetição é parte do drama mortal de viver em um estado racial, o desafio particular é trabalhar os realinhamentos específicos da estrutura social em um período de rápida mudança.

Perto do fim de um de seus dias longos e solitários, antes da confissão e do acordo, Bernice se dirigiu para casa depois de uma visita a Stick, com medo de que eles estivessem perdendo e incapaz de entender o porquê. Ela acabou sintonizando em um programa de rádio que falava sobre o julgamento dos Quatro de Los Angeles e ouviu a mãe de um réu falando sobre a Mothers ROC. Embora Bernice tivesse mergulhado no caso de seu filho porque era sua mãe, ela nunca havia pensado em formar alianças com mães em circunstâncias semelhantes. Profundamente ciente de que o fato de poder reivindicar sua relação materna com Stick fazia alguma diferença – oficiais de justiça e burocratas podem retornar a ligação de uma mãe ou atender uma mãe que passa horas esperando nos assentos de plástico duro das antessalas ou em pé nos corredores –, Bernice decidiu participar de uma reunião da Mothers ROC para ver se elas poderiam ajudá-la.

As integrantes da ROC a encorajaram a divulgar sua história, a começar um novo capítulo em sua área do condado e a procurar outras mães como ela nos lugares onde ela passava tanto tempo em nome de Stick. Bernice logo escreveu a primeira edição de *O pedido de ajuda de uma mãe*. Ela visitou várias gráficas à procura de preços acessíveis e encontrou um estabelecimento administrado por um homem que se tornou simpático à sua causa depois que ela explicou sua situação. Ele concordou em deixá-la usar suas máquinas a preços mais baratos; e ela começou a produzir seu jornal em papel colorido brilhante (geralmente laranja, e, às vezes, azul-turquesa) para atrair os olhos do futuro leitor. Combinando narrativa, passagens bíblicas e desenhos, as críticas agudas de duas a seis páginas de Bernice atraíram a atenção de mães e de outras pessoas envolvidas no trabalho reprodutivo não remunerado de recuperar o futuro salvando seus filhos.

Por fim, Bernice estabeleceu uma reunião regional em Inland Empire (a área metropolitana que abrange a conexão entre os condados de Los Angeles, San Bernardino e Riverside). Todos os sábados, novas mães e outras pessoas chegavam a uma cafeteria na cidade de Pomona com uma grande variedade de problemas; algumas estavam tentando coibir os traficantes de drogas em suas ruas; outras haviam perdido seus filhos para o Departamento de Juventude e Serviços Familiares [*Department of Youth and Family Services*] e os queriam de volta. Homens de igrejas, da Nação do Islã e de várias organizações fraternais negras locais vieram observar e oferecer ajuda. Eles também vieram para que as integrantes da ROC soubessem que as políticas da cidade e das ruas já estavam sob a jurisdição informal das antigas organizações de coalizão urbana, como a NAACP[152] e as igrejas; assim, qualquer nova organização precisava ter a bênção de determinados figurões politicamente influentes. Rapidamente ficou claro que os cenários e as bases das velhas lutas – igrejas, prefeitura, escolas, serviço público – seriam úteis, mas dificilmente se adequariam à nova luta. A cautela implícita e o desafio das velhas elites dos direitos civis, então, não deram em nada por duas razões. Primeiro, o desenvolvimento de um forte localismo tem pouca utilidade contra um projeto de criminalização organizado pelo estado, que consiste na combinação e sobreposição de jurisdições. Em segundo lugar, sob o peso da atual crise político-econômica da região, as coalizões entre pessoas negras e brancas da era de ouro estavam desmoronando, e, ao mesmo tempo, a conquista de cargos eleitos e nomeados pelos chicanos e chicanas sinalizava mudanças que estavam por vir, ainda que imprevisíveis (cf. Sonenshein, 1993).

As integrantes da ROC decidiram que tinham que entender sobre a lei STEP, sob a qual Stick havia sido acusado e condenado. Num sábado à tarde, um grupo se reuniu na biblioteca de um advogado da Califórnia para ler sobre a lei. Nenhuma das participantes era advogada, mas elas tinham uma vasta experiência em pesquisa e escrita, e assumiram que levaria, no máximo, uma ou duas horas para encontrar a lei e escrever uma declaração sobre ela em um folheto. Depois de várias horas de busca, todas perceberam que o enigma do texto jurídico já está no nível mais fundamental de organização; uma pessoa leiga não conseguiria simplesmente deslizar o dedo por um índice ou uma tabela de conteúdos para encontrar uma lei. Um subcomitê do grupo encontrou o texto da lei na semana seguinte em uma

152. N.T.: A Associação Nacional para o Avanço das Pessoas de Cor [*National Association for the Advancement of Colored People* – NAACP] é uma das mais antigas e influentes instituições em favor dos direitos civis nos Estados Unidos. Fundada em 1905 pelo notório intelectual negro W. E. B. Du Bois, entre outros, a associação tinha como um dos principais objetivos a revogação das leis *Jim Crow*.

biblioteca com um serviço de banco de dados jurídicos eletrônico, fazendo buscas sobre o assunto.[153]

A lei STEP, e os eventos que levaram à sua implementação, deixaram bem claro o que as mães temiam: o "sistema" já indicava há anos um perfil de jovens cujos direitos e perspectivas eram legalmente diferentes dos de outros da mesma faixa etária. A Força-Tarefa Estadual sobre Violência de Gangues Juvenis [*State Task Force on Youth Gang Violence*] havia estipulado que a região que mais precisava de vigilância e controle era a da Grande Los Angeles, e que os jovens negros e marrons estavam mais propensos a ser membros de gangues (California State Task Force, 1986). Embora tenha ampliado a análise da violência de gangues para englobar as inclinações suicidas das gangues brancas de classe média "*Heavy Metal*" e "*Satanic*", a força-tarefa ignorou completamente, por exemplo, as crescentes gangues *skinheads* e neonazistas concentradas na Grande Los Angeles (R. W. Gilmore, 1993b).

A diretiva da lei, que obrigava o policiamento local a identificar todos os membros de gangues em suas jurisdições, pareceu às mães capaz de produzir listas indiscriminadas que incluiriam pessoas com base na raça e no espaço, e que isso, por sua vez, transformaria qualquer tipo de transgressão juvenil em grandes confrontos com o sistema. Atuando com seu novo conhecimento sobre a lei STEP, as integrantes da ROC decidiram expandir seu palco de ativismo para preparar o público e futuros atores para o que realmente era aquele teatro todo. Elas produziram um panfleto intitulado *MÃES, INFORMEM SEUS FILHOS,* alertando os responsáveis a proibirem seus dependentes de assinarem papéis ou permitirem que a polícia registre suas fotos nas ruas. Os menores devem insistir para que os pais sejam chamados. Os adultos devem contestar educadamente, mas com firmeza. Os panfletos eram maneiras extremamente eficazes

153. Desde então, essa biblioteca restringiu o acesso; pessoas sem afiliação formal com a instituição devem pagar para entrar, e o banco de dados jurídicos é restrito a professores e alunos, que devem ter um código de acesso pessoal, atribuído pela universidade, para usá-lo.

para iniciar conversas em pontos de ônibus, sob o sol escaldante no estacionamento da cadeia do condado e do lado de fora de escolas, tribunais e delegacias de polícia. Homens e mulheres pegavam os panfletos – muitas vezes prometendo copiá-los e distribuí-los na igreja ou no trabalho. Com o folheto em mãos, novas pessoas chegavam à reunião em Inland Empire para saber mais sobre a lei.

Bernice teve que expandir as suas atividades diárias. Os eventos combinados da confissão de Stick e a descoberta da lei STEP aumentaram seu trabalho; além dos deveres de casa, trabalho e do complexo tribunal/cadeia, ela agora tinha que aprender mais sobre como aquela lei, e outras leis relacionadas, funcionavam política e juridicamente, e se alguém conseguiu se opor com sucesso àquela situação jurídica. Desanimada pela tarde na biblioteca do advogado, ela começou a passar seus dias livres na biblioteca da Faculdade de Direito da UCLA. Ao navegar e fazer perguntas estratégicas ao bibliotecário de referência, Bernice descobriu como encontrar resumos de casos e de julgamentos recentes, como encontrar os argumentos completos desses casos e como comparar as pilhas crescentes de papel ao caso de Stick.

No curto prazo, nem os novos conhecimentos ou os novos camaradas facilitaram a luta de Bernice; ao contrário, ela se deu conta de que teria que trabalhar mais duro e mais horas sendo a mãe de um filho sequestrado. Uma vez que os cúmplices de Stick nunca foram acusados de nada, pois as pessoas não inscritas nos bancos de dados de gangues, quando acusadas de crimes semelhantes, recebem penas muito mais leves, e considerando também que jovens em diferentes posições raciais, de classe ou regionais são frequentemente redirecionados para programas de reabilitação, Bernice decidiu entrar com um processo de discriminação, acrescido com outras alegações, como a dos conselhos ineficazes. De fato, Bernice compreendeu o que já havia sido uma fissura identificada pelo estado em sua própria armadura, uma geração antes, quando o primeiro conjunto de leis federais antigangue de crime de rua do pós-guerra foi promulgado entre

1968 e 1970.[154] À época, os responsáveis pela aplicação da lei hesitaram em executá-la por causa das preocupações com os direitos civis – especialmente no que tange a processos sobre crimes de discriminação. No entanto, mais de duas décadas de crise político-econômica, juntamente com um intensivo e extensivo sensacionalismo do crime na mídia (campanhas políticas, programas de notícias, *reality shows*, filmes e séries de televisão), havia produzido a noção de que os direitos de algumas pessoas deveriam ser restringidos com base em padrões anteriores de comportamento, que agora era tido como senso comum.[155]

154. A Lei de Controle de Crimes Violentos e Aplicação da Lei [*Violent Crime Control and Law Enforcement Act*], de 1968, assinada por Lyndon Baines Johnson, e a Lei de Controle do Crime Organizado [*Organized Crime Control Act*], de 1970, assinada por Richard M. Nixon. Essas leis foram desenhadas para lidar com os manifestantes urbanos da década de 1960, organizações revolucionárias como o Partido dos Panteras Negras para Autodefesa e a Máfia e, de fato, para fundir esses diferentes agrupamentos rebeldes em um inimigo indiferenciado. Dada a centralidade do diretor do FBI, J. Edgar Hoover, nessas deliberações, bem como sua coalizão com certos elementos do crime organizado (branco), podemos ver nessas duas leis o conflito e a contradição internos do estado. Ver Donner, 1990.

155. A síndrome de Willie Horton, que sou tentada a chamar de fascismo da escolha racional. Stuart Hall (1986), seguindo Antonio Gramsci (1999) e outros, argumenta que o senso comum merece a maior atenção em qualquer estudo ou movimento de mudança social (progressista ou repressiva). No momento atual, tem havido uma elisão aterrorizante no senso comum através de três estágios conceituais: a proteção e promoção de grupos cujos direitos e oportunidades foram historicamente minados ou suprimidos (a lista de sempre) são atualmente vilipendiados em troca de favoritismos e esmolas imerecidos, para os quais se considera que a solução adequada seja, na melhor das hipóteses, o mérito individualmente avaliado, a privacidade e assim por diante. Ligado a esse pivô individualizado, no entanto, está a noção de que certas pessoas decidiram tornar-se membros de agrupamentos fora da lei (novamente, a lista de sempre); segue-se que todos esses agrupamentos, independentemente da diferenciação individual dentro deles, devem ser uniformemente coagidos, sancionados e neutralizados. A parte mais assustadora, é claro, é que os membros do primeiro grupo e os do último compartilham semelhanças demográficas impressionantes – por causa de um *continuum* objetivo, se não estratégico, da "guerra à pobreza" à "guerra ao crime".

A intensificação dos anseios e dos trabalhos de Bernice em nome de seu filho, juntamente com sua nova ocupação ajudando e tranquilizando outras mães em situações semelhantes, impediu sua atuação na enfermagem. Ela sempre obteve grande satisfação em cuidar de pessoas doentes. No entanto, não muito antes dos problemas de Stick começarem, um paciente racista no hospital regional onde ela havia trabalhado por vários anos informou a um supervisor de seu andar que ele não queria que a enfermeira negra tocasse nele. Bernice decidiu encontrar um novo emprego em que se dedicasse a uma clientela predominantemente afro-estadunidense, e ela adorava cuidar de "meus pacientes negros", a maioria dos quais sofria de doenças crônicas e, muitas vezes, terminais. Como é o caso dos tantos trabalhos "de mulher", a enfermagem requer trabalho físico, intelectual e emocional (Cobble, 1991; Duffy, 2005). Isso, além da difícil situação de Stick, desgastou Bernice – especialmente na parte emocional. Ironicamente, ela desistiu do trabalho remunerado "de mulher" para fazer o trabalho não remunerado "de mulher", e sua impossibilidade de trabalhar como enfermeira permitiu que ela se tornasse uma mãe em tempo integral. Mas a maternação em tempo integral significava ser uma "comãe" (Tula, 1994) com as integrantes da ROC, uma defensora de seu filho e de todos os outros – adultos e crianças – capturados pelo sistema.

A teia de leis e mandatos em que as integrantes da ROC se encontravam emaranhadas era tão complexa que, para muitas mães, parecia como se os defensores públicos que *podiam* separar um tempo para explicar as coisas estavam contando-lhes fábulas. No final, no entanto, as histórias revelaram padrões a serem investigados. O testemunho de Gilda Garcia exemplificou muitas restrições socioespaciais da vida cotidiana para as integrantes da ROC e suas famílias:

> *E, então, ela [a defensora pública] disse: "A razão pela qual o promotor pode adicionar tempo extra à pena é porque seu filho estava a menos de 150 metros de uma escola quando ele foi pego". Meu filho tinha ido pegar seu irmãozinho na escola*

> *pra levar ele pra casa! É por isso que ele estava na escola. La migra [a imigração] espera perto das escolas para pegar pessoas sem green cards, e eles detêm qualquer um que se pareça conosco. Qualquer um. Enviamos nosso filho porque ele não tem emprego, e, por isso, se o pararem, não perdemos dinheiro. Foi só por isso. Não podemos nos dar ao luxo de perder o trabalho só porque o Serviço de Imigração e Naturalização [Immigration and Naturalization Service – INS] precisa passar uma boa impressão para... Não quero ofender, mas... eles precisam passar uma boa impressão para as pessoas brancas. Eles não se importam conosco, que tenhamos empregos. É tudo um espectáculo. Mas logo pela manhã, assim que meu marido e eu saímos para o trabalho, a polícia [da cidade] já está na nossa rua, começando os trabalhos, deixando nossos filhos malucos, falando pra eles que vão pegá-los. Um dia eu voltei porque me esqueci de algo, e a polícia estava lá, do lado de fora dos carros. Perguntei a eles: "Tem algo errado? O que vocês querem aqui?" E este policial, o nome dele é ——— [risos de quem o conhece na sala], me disse: "Nós vamos pegar o seu filho", e chamou ele pelo nome. Ele me disse que o meu filho estava numa gangue. Mas veja, eu sei que ele não está numa gangue, porque a gangue que eles disseram que ele está é de outro bairro. O meu filho não podia viver conosco e estar naquela gangue. Eu tenho parentes naquela gangue, que têm uma oficina de automóveis, e às vezes meu filho faz algum bico para eles pra ganhar uma grana. Mas ele nunca poderia se juntar a essa gangue por causa de onde moramos. Todo mundo sabe disso.*

Quando as recém-chegadas, como Gilda, compartilharam suas histórias e começaram a ajudar umas às outras nos casos, Bernice começou a entender por que ela havia ficado tão perplexa. Embora ela não tivesse dúvidas de que ela e Stick estavam contra um *sistema*, ficou cada vez mais claro como o sistema visava, especificamente, filhos como os dela, de Gilda e de Barbara. Ela havia imaginado que o sistema de justiça criminal estava do outro lado de uma fronteira fixa da lei, e não que a fronteira da lei havia se mudado para incluir ela e sua família em seu espaço legal e social.

A expansão do sistema de justiça criminal da Califórnia sobrecarregou a paisagem em reestruturação do estado com novas prisões, novas leis direcionadas a pessoas em áreas específicas, novos mandatos para aplicação da lei, promotores e juízes; essas regiões territoriais e discursivas constituíram a geografia política do sistema através da qual as mães estavam tentando encontrar seu caminho. Suas técnicas de maternação, dentro e como integrantes da Mothers ROC, estenderam-se para além dos limites do lar, parentesco e vizinhança para abarcar o projeto político de recuperar filhos de todas as idades cujas mães os estavam perdendo para o sistema prisional a uma taxa líquida de 55 pessoas por dia útil, em todo o estado.

Um estado + duas leis = *three-strikes*

> *Quando as desgraças dos pobres pressionam mais perigosamente os ricos, uma época, então, procura escavar o futuro de forma mais enérgica em busca de esperança.*
>
> — Peter Linebaugh,
> *The London hanged* (1992)

As orações davam forma a todas as reuniões da Mothers ROC. No início e no final de cada sessão, o grupo dava as mãos em círculo para pedir proteção e orientação. As mulheres que lideravam as orações tinham o dom da pregação. Suas invocações abriam e fechavam a agenda aparentemente interminável de recuperação dos filhos dentro de um contexto material de esperança espiritualizada, colocada em movimento por meio da ação humana. A oração ajudava a estreitar as distâncias sociais visíveis e invisíveis entre as pessoas para quem, na maioria dos casos, a religião formal era um aspecto vital. A oração também mostrou o poder da escuta atenta para a construção do grupo. Durante uma oração, qualquer pessoa no grupo poderia comentar afirmativamente sobre a trajetória devocional da líder, e tal encorajamento da oradora estimulava a coletividade, pois uma e, então, várias vozes surgiam, elevando a voz da oradora ainda mais alto. Por fim, ressaltando a dificuldade e a urgência da situação que as uniu, a oração renovava e fortalecia a unidade provisória das mães. As diferenças individuais, que poderiam produzir incidentes, não tinham a necessidade de se tornarem impedimentos organizacionais duradouros – fosse em uma casa de culto ou na Mothers ROC.

Em um mundo em rápida mudança, a reflexão em grupo sobre poder e impotência estabeleceu o cenário em que as mães são capazes de se identificarem umas com as outras. Em 1994, o FBI registrou 11.500.000 detenções feitas por policiais federais, estaduais e municipais. Em 1995, o número aumentou para 14.500.000 (U.S. Bureau of the Census, *Statistical Abstract*, 1995, 1996). O encarceramento é comum nos Estados Unidos, mas aqueles que entram em contato com a aplicação da lei são tão segregados, de tantas maneiras diferentes, que a experiência de confronto com o sistema legal não produz, por si só, qualquer tipo de identificação social forte. Na ROC, bem como em outros lugares, a semelhança entre as histórias das mães poderia produzir um sentimento de comunhão, mas sem garantias de que tal sentimento pudesse servir de base para a ação coletiva. No interior de uma ordem social com ampla e profunda desigualdade – mais fortemente expressa como desigualdade racial –, as mães estavam cautelosas porque nem todos os filhos são igualmente vulneráveis às duras punições da lei.

Quando o filho de 31 anos de Pearl Daye ligou da delegacia de polícia para dizer que havia sido preso por, supostamente, roubar um pacote de lâminas de barbear de uma farmácia de conveniência, ela ficou confusa – ele tinha um emprego estável – e angustiada – ele não se metia em nenhum tipo de problema há mais de oito anos. Chegando na delegacia para pagar a fiança, Pearl deu de cara com o valor absolutamente inatingível de US$650.000, pois a Procuradoria Distrital do Condado de Los Angeles [*Los Angeles County District Attorney*] havia acusado Harry Daye de um crime pela terceira vez [*third strike*] em vez de uma contravenção pelo furto de bem de pequeno valor. De repente, o homem afro-estadunidense se deparou com uma pena que vai de um tempo mínimo obrigatório de 25 anos à prisão perpétua sem possibilidade de liberdade condicional.

Enquanto Pearl relatava a sequência dos eventos que compunham a prisão e a acusação de Harry em sua primeira reunião na Mothers ROC, ela muitas vezes teve que fazer uma pausa por causa da ansiedade brutal em revelar circunstâncias familiares adversas aparentemente inacreditáveis para pessoas estranhas. No entanto, a sala cheia de mulheres reconheceu o drama da família Daye não como um erro burocrático nem um pesadelo, mas como um conflito cada vez mais comum entre famílias como as delas e a lei. Um ano após a implementação da lei *three strikes* da Califórnia, a trama já havia se tornado tão familiar que, em certos momentos, várias mulheres, como se fossem um coro, falavam juntas com Pearl o que o defensor público e outras pessoas lhe haviam dito – especialmente a certeza de uma sentença de 25 anos à pena de prisão perpétua sem a possibilidade de liberdade condicional, conhecida nas ruas, mais brevemente, como "vinte e cinco... sem" [*"twenty-five to... without"*].

Harry Daye assistiu à morte da liberdade porque, naquela época, a política oficial da Procuradoria Distrital do Condado de Los Angeles era a de aplicar vigorosamente a lei *three strikes*. Tal vigor incluía acusar os réus de forma a garantir as sentenças de prisão mais longas possíveis, independentemente do caráter atual da vida desse réu. O suposto furto de Harry constituiu o que a lei da Califórnia designa como "*wobbler*"[156] – uma acusação que pode ser tratada tanto como uma contravenção quanto como um crime. As *three-strikes* e outras leis de pena mínima obrigatória, convencionalmente programadas para funcionarem com um desprezo automático pelas circunstâncias individuais, na verdade, permitem explicitamente que promotores

156. N.E.: Sobre esse termo, ver nota número 85 desta edição.

e juízes atuem de forma discricionária "no interesse da justiça". No entanto, em toda a Califórnia – especialmente nos condados do sul que produzem a maioria dos prisioneiros –, a prática da discricionariedade acusatória ou judicial em favor dos réus com dois ou três crimes era tão rara ao longo da década de 1990 que é digna de notícia (ver, por exemplo, Gorman, 1996).

Pearl terminou seu testemunho introdutório à Mothers ROC com uma observação sobre todo o sistema: "Do meu ponto de vista, há duas leis, uma para as pessoas negras e outra para as brancas". Leticia Gonzales, uma chicana cujo marido tinha começado a cumprir uma pena de "vinte e cinco anos... sem liberdade condicional" alguns meses antes, discordou. "Não. Acho que há uma lei para as pessoas de cor e outra lei para as brancas." A essa altura, todas falavam. Francie Arbol propôs outra estrutura: "Pessoas pobres e ricas". Mas pobre e rico não conseguia explicar o caso do estado contra O. J. Simpson. Por que a Procuradoria Distrital do Condado de Los Angeles gastou tanto tempo e dinheiro para condenar um réu negro?[157] A distinção, portanto, não poderia ser entre pessoas ricas e pobres. Ao mesmo tempo, tendo em vista que praticamente todos os prisioneiros que alguém naquela sala conhecia, ou podia imaginar, eram pessoas de famílias com poucos recursos e da classe trabalhadora, a questão do dinheiro simplesmente não poderia ser descartada. O racismo antinegro parecia explicar muito, mas não podia explicar toda a pobreza, impotência e vulnerabilidade perante a lei.

Mais ou menos um ano antes de Pearl Daye levar seu caso para a ROC, os prisioneiros latinos (principalmente chicanos e mexicanos) superaram os afro-estadunidenses como o maior grupo em números absolutos sob a custódia do CDC.[158] A con-

157. O julgamento de Simpson não tinha chegado a uma resolução até o fim dessa discussão; mas mesmo sua absolvição e as consequências apoiaram o senso das integrantes da ROC de que o julgamento de um homem negro é completamente diferente do julgamento de um homem branco.

158. Entre 1977 e 1982, o número de prisioneiros brancos aumentou 50%, enquanto os prisioneiros negros dobraram, produzindo números absolutos quase iguais entre os dois grupos; a partir daí, os prisioneiros

sequência desigual para as pessoas de cor reside tanto nos padrões de policiamento quanto no crime do qual os réus são acusados. Por exemplo, no Condado de Los Angeles, os réus brancos estão muito mais propensos a ter as acusações completamente retiradas ou reduzidas de crime para contravenção, enquanto as pessoas de cor estão mais propensas a receber a acusação mais dura possível contra elas (Schiraldi e Godfrey, 1994; ver também Nasar, 1994). Tanto as leis federais quanto as da Califórnia permitem um tratamento radicalmente diferente das pessoas que fizeram, em essência, a mesma coisa. Tal competência policial, acusatória e judicial – que, desde sua introdução no início dos anos 1980, permaneceu fundamentalmente impermeável a objeções com base na "proteção igualitária" e em outros princípios constitucionais – fornece os meios e o incentivo para a aplicação de regras e punições substancialmente diferentes a vários tipos de réus (ver, por exemplo, Butler, 1995).

Não surpreende, portanto, que as integrantes da ROC tenham tido dificuldade em desenvolver uma síntese sobre como a lei discrimina aqueles que são mais vulneráveis ao sistema. A capacidade da lei de pender para um lado ou para outro tornou possíveis punições rotineiramente desiguais. Ao mesmo tempo, essa flexibilidade da lei dificultou muito o desenvolvimento de uma definição de senso comum sobre como essa desigualdade é alcançada e reproduzida caso a caso. Todas as pessoas que falaram – quase todas na sala – não tinham dúvidas de que o sistema operava em uma via dupla. Mas como cada réu era encaminhado?

Leticia Gonzales entendia a história de terror de Pearl. Seu marido tinha sido julgado e condenado por roubar um par de calças durante os dias agitados das compras de Natal. Ela estava convencida de que ninguém havia levado nada, ou de que uma outra pessoa, parecida com seu marido, havia levado os itens. "Por que ele levaria as calças? Ele podia comprá-las. E, no Natal, há guardas por toda parte perto das lojas. Ele não é burro." No

---

negros excederam todos os outros grupos até 1994, quando o aumento constante do encarceramento latino mudou esse equilíbrio. Ver Tabela 5.

entanto, uma vez que em seu passado longínquo ele havia sido condenado por duas acusações de roubo, o pequeno furto de um par de calças baratas se tornou, no seu caso, roubo, prendendo-o por "vinte e cinco anos... sem liberdade condicional".

Leticia ouviu falar da ROC por meio de seu marido, que soube da organização na cadeia do condado. No início, ela estava com medo de ir à reunião, pois não conhecia ninguém, morava em San Pedro e tinha medo de não ser bem-vinda. Para sua surpresa, o grupo, ainda composto predominantemente por afro-estadunidenses, acolheu-a e, com o passar dos meses, mais e mais latinas apareceram na porta. Mães de jovens de 16 anos acusados de homicídio. Esposas de réus com dois ou três crimes [*three strikes*]. Avós de jovens acusados pela lei STEP. Como era de se esperar, os grupos das *abuelas* [avós] negras e marrons começaram a realizar convenções políticas ocasionais – à maneira das avós da Plaza de Mayo, da Argentina – para discutirem seus problemas particulares, que muitas vezes se concentravam em sua condição de indocumentadas e de principais responsáveis pelos filhos de seus filhos.

Conforme o promotor do Condado de Los Angeles estendia a aplicação vigorosa das 1.200 novas leis criminais da Califórnia a réus negros e marrons, o número de latinas presentes nas reuniões aumentava. Na noite da primeira visita de Pearl Daye, o debate da ROC sobre a aplicação desigual da lei continuou até tarde da noite e se estendeu para a calçada depois que a reunião regular chegou ao fim. A questão central para resolver o problema tinha a ver com a manutenção da solidariedade organizacional, que a oração de encerramento enfatizou como o assunto inacabado da sessão. Finalmente, uma das mulheres propôs uma solução. Há, como disse Pearl, duas leis – uma para as pessoas negras e outra para as brancas. Dada a forma como os promotores tinham começado a acusar mais e mais réus pobres e marrons sob as novas leis, especialmente a lei *three strikes*, então, talvez, a explicação pudesse se dar da seguinte maneira: você tem que ser uma pessoa branca para ser processada sob a lei branca, mas você não tem que ser uma pessoa negra para ser processada sob a lei negra. A resolução satisfez as debatedoras daquela noite, pois forneceu uma maneira para que as mulheres se reconhecessem na extensão das práticas acusatórias, sem ignorar a experiência indiscutível dos afro-estadunidenses na aplicação mais intensiva dessas novas leis.

Não muito tempo depois da descoberta da solução da lei negra e da lei branca, um figurão local politicamente influente entrou em contato com a ROC. O homem afro-americano, que tinha feito uma pequena fortuna gerenciando unidades de reabilitação de drogas (em esquema prisional) para o estado, queria a bênção da ROC para construir uma prisão privada (de sua propriedade) no bairro, para onde o CDC enviaria prisioneiros selecionados para cumprirem o último ano de suas sentenças. Uma vez que a cidade não concederia uma permissão de uso para a localidade sem a aprovação da comunidade, ele garantiu às mulheres que a prisão seria administrada de acordo com os desejos delas. Para muitas integrantes da ROC, a visita cristalizou a contradição dinâmica no sistema que elas vinham enfrentando. Se a ROC estava certa, então a prisão era desnecessária. Porém, se a prisão chegasse acompanhada de "empregos", parte da crítica da ROC – a pobreza – estaria sendo enfrentada com a expansão do objeto específico de oposição da ROC – as grades.

À medida em que o empreendedor carcerário – ele mesmo um ex-prisioneiro – explicava o quanto a prisão traria de positivo para o centro-sul de Los Angeles, as integrantes da ROC ouviam atentamente. Então, em uma demonstração ordenada de paixão política, cada uma lhe disse os porquês, desde a perspectiva delas, pelos quais a ROC jamais endossaria a unidade. Sua alegação de que, de alguma forma, a comunidade poderia controlar o funcionamento interno de uma prisão por causa do local onde ela está pareceu ridícula para elas; essas mulheres aprenderam que a distância não é medida apenas em quilômetros, e que a prisão não seria uma unidade de bairro ou comunitária, mas, ao contrário, uma unidade de neutralização estatal administrada de acordo com as regras estaduais. Sua promessa de que, talvez, seus próprios filhos pudessem estar na prisão provocou, a princípio, um instante emocional de esperança por parte de algumas mulheres que dirigiam carros velhos aos sábados, em viagens de ida e volta de mais de 640 quilômetros, para ver seus filhos. Mas a lembrança dos fracassos em muitas das campanhas para que elas tivessem seus filhos transferidos para mais próximo de suas famílias indicava que as pessoas na prisão proposta para o centro-sul de Los Angeles provavelmente não viriam daquela área. A ROC disse ao empreendedor, repetidas vezes, que eles não solucionariam o desaparecimento de empregos da GM, Firestone e Kaiser colocando metade da população em prisões para que a outra metade pudesse ganhar dinheiro vigiando-os. Elas o mandaram embora, o que foi, de alguma maneira, um pouco sentido pelas palavras contundentes que ouviu delas.

A visita provocou as integrantes da ROC a se perguntarem o que mais elas deveriam estar fazendo para impedir a chegada da prisão ao centro-sul. Elas sabiam que a prisão iria para algum lugar – o figurão tinha garantido isso a elas – e, portanto, protestar no nível local não resolveria o problema. Evidentemente, a ROC tinha que expandir suas atividades para uma escala adequada. Na reunião seguinte, elas decidiram enfrentar a brutal lei *three strikes* a fim de construirem uma coalizão estadual de pessoas que provavelmente ajudariam a combater a expansão das prisões como a solução multifuncional da Califórnia para os problemas sociais envolvendo os pobres. Esse projeto, inaugurado em janeiro de 1996, foi construído lentamente ao longo de um ano, culminando, por fim, no "Mês de Conscientização sobre a Lei *Three Strikes*" [*Three Strikes Awareness Month*], durante o qual os ensinamentos, as aparições no rádio e na televisão e a panfletagem do lado de fora dos tribunais aumentaram a consciência a respeito dos efeitos da legislação. Embora a escala de atividade tenha crescido, também aumentaram os desconfortos e antagonismos à medida que a ROC entrava em uma nova fase organizacional, na qual o lugar onde havia começado suas atividades – o escritório do Congresso dos Direitos Iguais [ERC] – seguiu sendo o centro simbólico, ainda que não mais necessariamente o centro político do grupo.

Vocês não vão ganhar dinheiro vendendo bolos: novas situações, novas estratégias

Enquanto a Mothers Reclaiming Our Children já começou com os tipos de comodidades – escritório, telefone, fax, copiadora – que a maioria dos grupos de movimentos sociais não têm, a escassa vantagem inicial criou a base para necessidades futuras. Em particular, a capacidade da organização de planejar a divulgação e a estratégia em torno da lei *three strikes* repousava no fato de que ela tinha um lugar, podia fazer e receber chamadas telefônicas, produzir panfletos e trocar comunicados entre outros ativistas interessados – incluindo alguns dentro das principais agências estaduais –, que seriam impressos razoavelmente rápido. Para algumas integrantes da ROC, entretanto, essa enxurrada de atividades – embora importante – ameaçava o propósito central e constituinte da organização, desviando recursos materiais e dispendendo demasiada atenção para uma categoria de réu/prisioneiro.

A fim de alcançar estabilidade nesta última crise, as integrantes de ambas as tendências concordaram em formalizar a ROC como uma organização sem fins lucrativos. A partir da divisão, as ativistas concordaram que uma declaração de princípios seria um padrão objetivo com base no qual todos os empreendimentos coletivos poderiam ser medidos, e elas também concordaram que os projetos atuais e futuros precisariam de uma renda substancial. Uma vez que parte das integrantes tentava moldar as declarações de princípios de acordo com o que elas achavam que o grupo deveria se tornar, os acordos produziram discordâncias duradouras. O debate alterou os rumos de uma boa parte do trabalho cotidiano, indo da política voltada à ação para a política voltada à organização. Em outras palavras, o retrabalho interno rumo a um formato institucional – com regras escritas, um conselho de administração e despesas detalhadas – tornou-se, por um momento, *a* atividade da ROC.

A espantosa maleabilidade dos primeiros dias da ROC deu lugar, neste período, a métodos mais lentos e deliberados; era como se o imperativo estrutural que todas desejavam satisfazer excluísse um futuro em que as mulheres e os homens pudessem depender de invocações de sentido, experiência e alma *ad hoc* para resolver os problemas e as diferenças. O que elas esperavam ganhar em troca do sacrifício da espontaneidade era a solidez da reprodutibilidade: não um futuro incerto, mas um futuro previsível. É evidente, garantir um futuro significava tornar-se legítima, procurar proteção em um canto do estado enquanto trava batalhas em muitos outros. Mas estar tão protegido também significava tornar-se "legal" – seguir regras, e, portanto, leis, com o fantasma do descumprimento pairando como um policial infiltrado. Antes de tudo, a pobreza e o subdesenvolvimento persistem, porque a saída se dá através das próprias barreiras solidificadas nas infraestruturas, que tornam possível reconhecer as regiões pobres, os bairros, raças ou gêneros; estar preso do lado de dentro ou do lado de fora são dois lados da mesma moeda. Uma boa parte do entusiasmo inicial com a perspectiva de se registrar como uma organização sem fins lucrativos se centrou no mal-entendido esperançoso de que alcançar o status de isenção de impostos sob a Seção 501(c)(3) do Código Tributário Federal era, em si, um plano de desenvolvimento – como se a elegibilidade para certos tipos de dinheiro fosse uma força de atração fiscal. Dado o potencial variado de práticas sem fins lucrativos da ROC, aquelas com diferentes entendimentos – de experiência anterior ou de estudos atuais – começaram a pensar, de maneira prática, sobre fontes de financiamento. Subsídios? Remuneração para palestrantes? Serviços? Camisetas?

Um consultor especializado em ajudar na constituição dos movimentos sociais de base encorajou o grupo a pensar criativamente, mas, ao mesmo tempo, fez advertências de que elas não ganhariam um dinheiro significativo vendendo bolos. O alerta de que o voluntarismo da vizinhança não conseguiria garantir o futuro da ROC forçou todas elas a pensarem sobre a variedade de opções de financiamento que poderiam surgir de maneira mais realista. Em outras palavras, sempre que o trabalho se concentrava na construção do orçamento – o "negócio" do ativismo juridicamente legítimo –, as discussões eram atraídas em direção ao modo cooperativo de autoajuda que deu à ROC, em seu local, seu apelo e força iniciais, deixando de lado estratégias políticas mais abrangentes que o grupo preocupado com a lei *three strikes* se esforçava para colocar em prática.

Quando pesquisadas informal e separadamente, todas as integrantes da ROC queriam salvar todos os envolvidos no sistema de justiça criminal, mas, quando pesquisadas formal e coletivamente, a maioria dizia que sua atenção organizacional deveria se concentrar na juventude. Em meados da década de 1990, organizar-se em nome dos jovens "em risco" ganhou prestígio entre as pequenas fundações regionais das quais a ROC poderia obter dinheiro de subsídio. Ao mesmo tempo, agências governamentais, como o Departamento de Justiça dos Estados Unidos [*U.S. Department of Justice*], distribuíram dinheiro para organizações comunitárias em cidades que concordassem em entregar "ervas daninhas" (adultos ou jovens criminalizáveis) à aplicação da lei em troca de "sementes" (subsídios).[159] A desindustrialização e o desmoronamento das instituições do estado de bem-estar social se combinaram para criar emergências que foram confrontadas pelo setor oficial – quando foram – por meio do crescimento do sistema de criminalização ou, de uma maneira menor (pelo menos quando medido pelos gastos por jovem, se não em números absolutos), por meio das intervenções de organizações sem fins lucrativos alimentadas por dinheiro pré ou pós-arrecadação de impostos. O futuro da ROC não dependia de financiamentos. No entanto, ela se constituiu num momento em que o abandono público de jovens fazia pressões crescentes em toda a

159. Graças a uma campanha popular surpreendentemente bem-sucedida, a cidade de Los Angeles recusou o financiamento "*Weed and Seed*" ["ervas daninhas e semente"] do Departamento de Justiça. Ela, porém, estava inclinada a aceitá-lo antes que a população criticasse o programa e suas implicações nefastas em audiências públicas nos bairros que provavelmente ficariam com o peso da "remoção de ervas daninhas" (Urban Strategies Group, 1992).

comunidade de cuidados semiprivada. Portanto, juntar-se "oficialmente" a essa comunidade significava suportar essa pressão e, como resultado, "naturalmente", assumir esse trabalho.

Embora popular, a campanha para derrubar a lei *three strikes* teve, entre as mulheres que mais pretendiam estabelecer a estrutura formal da ROC, um apelo menos natural do que salvar as crianças. Uma vez que o caráter da luta é redefinido na prática da produção de consentimentos, o árduo trabalho da construção de coalizões – o primeiro passo de qualquer campanha – requer a constante construção de acordos e compromissos. Ou, como a cantora e ativista Bernice Johnson Reagon gostava de dizer: "Se você está numa coalizão e está confortável, você não está em... uma coalizão" (Reagon, 1983). Como a ROC estava no processo de definir a si mesma, negociar para fora parecia, precisamente, ameaçar a estabilidade e a autonomia que suas integrantes buscavam solidificar internamente.

A tensão entre ceder e ganhar deveria ter fortalecido o núcleo, como no passado, particularmente porque a ROC era a força indiscutível por trás do novo movimento contra a lei *three strikes*, que ia, pouco a pouco, aglutinando mais gente. De certa forma, o desafio provou ser fortalecedor, mas não de maneiras previsíveis ou anteriormente experienciadas. No fim das contas, a Mothers seguiu adiante com duas frentes: a nova ROC, constituída e voltada para a juventude; e o coração de uma organização estadual emergente (que se constituiu após dois anos de luta) chamado Famílias para Alterar a Lei *Three Strikes* da Califórnia [*Families to Amend California's Three Strikes* – FACTS].

No esforço de institucionalizar uma identidade – para garantir uma cara confiável, reprodutível e pública –, as tensões e os estresses, às vezes, transformavam-se em conflitos pessoais. Acusações de desrespeito eram disparadas furiosamente, e era bastante comum, durante os encontros, que as pessoas saíssem, fizessem reuniões políticas na garagem e retornassem com rostos endurecidos e olhares severos. Como aconteceu nos primeiros dias em torno do medo comunista, alguns policiais fizeram sugestões informais e amigáveis às integrantes da ROC sobre como poderiam melhorar sua legitimidade ao se distanciarem de extremistas.

Em que constituía o extremismo? Para a polícia, extremismo significava qualquer disposição para enfrentar (e afrontar) alguma autoridade, particularmente uma autoridade uniformizada. Mas, dentro da lógica do grupo, extremismo também parecia significar qualquer combinação entre ambição e compromisso. Assim, cada lado via o outro como extremo. As mulheres contra a lei *three strikes* denunciavam como "indispostas a fazer qualquer coisa" aquelas que davam ênfase à conservação da identidade com base no estatuto da organização e por meio do trabalho local, reprodutível e repetitivo, que seria o resultado do sucesso na empreitada. O outro grupo, por sua vez, balançava as cabeças e ficava com as línguas inquietas diante do esquema aparentemente impossível de quem era contra a lei *three strikes* de implantar uma oposição familiar às leis draconianas e aos medos inflados pela mídia que essas leis produziram na vastidão da Califórnia.

Enquanto aquelas que trabalhavam na campanha contra a lei *three strikes* inicialmente se esforçaram para formar uma coalizão de organizações já existentes, a divulgação que rendeu os períodos mais estáveis ao redor da Califórnia usou os métodos da ROC. Não deveria ser surpreendente perceber que as pessoas que dirigem longas distâncias para verem seus entes queridos terão pequenas conversas em estacionamentos e descobrirão uma identidade em seu propósito imediato, que, então, pode ser amplificada na organização e na defesa públicas. O que é surpreendente, talvez, é que a camaradagem temporária desses encontros emotivos se tornou a base para a confiança, permitindo que os coletivos recém-formados de pessoas com poucos recursos, principalmente mulheres, fizessem as coisas em uma escala com ainda menos recursos. Elas aprenderam a fazer planos de longo prazo, usar os serviços de e-mail da biblioteca, elaborar agendas, coletar assinaturas para petições e, eventualmente, reunir-se, fazer *lobby* com autoridades eleitas, realizar comícios na capital do estado e, num prazo de dois anos, formar uma nova entidade – dessa vez uma organização sem fins lucrativos, isenta de impostos, com um propósito político expresso, embora limitado, inscrita na Seção 501(c)(3) do Código Tributário Federal.

Enquanto a FACTS vinha acumulando membros em todo o estado – incluindo muitos entre os mais de 50.000 prisioneiros sob custódia do CDC, em 1998, por causa do segundo ou terceiro crime sob a lei *three strikes* –, a ROC mudou de escritório duas vezes. A primeira vez foi mais ao norte da cidade, do outro lado da rodovia, fora do centro-sul, no Wilshire Boulevard. Por mais chique que pareça o endereço, o local é aquele em que várias organizações sem fins lucrativos e de baixo orçamento se concentraram em edifícios que já foram de domínio exclusivo de fornecedores de serviços de altos salários, como escritórios de advocacia e contabilidade. Mid Wilshire, até aquele momento, era uma remanescente da antiga economia espacial, com belos edifícios *art déco* apodrecendo no limbo do capital, antes de sua redescoberta pela próxima rodada de investimentos.

Embora as reuniões da ROC continuassem todas as quartas-feiras no local original, a realocação do escritório, mesmo que a uma curta distância, rompeu severamente a coesão do grupo. Em retrospecto, parece que as camadas de formalidades – tornando-se uma organização sem fins lucrativos e estabelecendo-se em um escritório comercial – revigoraram algumas pessoas ao passo que afastaram tantas outras. As pessoas simplesmente não iam lá. Barbara Meredith, que continuou como presidenta durante toda a transição, achou a nova configuração desanimadora depois de um tempo. A última coisa que ela queria fazer era se sentar sozinha num grande escritório à espera de que algo acontecesse. Aconteceu que a energia da ROC foi drenada; algumas pessoas se afastaram, enquanto outras, incluindo Francie Arbol, transferiram grande parte de seu ativismo para a construção da FACTS.

Com seu filho Gilbert finalmente liberto da prisão, Barbara Meredith decidiu que seu trabalho diário deveria se voltar para aqueles a quem ela havia feito sua primeira organização social – os jovens (pais e filhos) do conjunto habitacional Imperial

Courts, a quem ela via como os que seriam pegos futuramente pela lei *three strikes*, especialmente pelo aumento do uso da tolerância zero e da polícia nas escolas públicas, assim como pelo recurso cada vez mais comum à repressão e à judicialização, em vez de sanções informais, quando os jovens fazem algo fora da lei. Depois que ela e Gilbert persuadiram a Autoridade Habitacional a conceder-lhes um apartamento para o ativismo local, Barbara Meredith fechou o escritório de Wilshire e abriu o novo cem quarteirões ao sul, por onde eles haviam andado pelas ruas quase dez anos antes para realizarem a trégua de um dia das gangues. E, enquanto Gilbert trabalhava durante o dia para um senador estadual, trabalhava 24 horas por dia para manter a trégua em homenagem a seu primo morto e aos muitos homens e mulheres que cumpriam longas penas, tal como ele havia feito.

Da crise do lugar à política do espaço

A prisão é a habilidade política de individualizar a desordem.
— Allen Feldman,
Formations of Violence (1991)

Para milhões de pessoas nos Estados Unidos, todos os anos, a natureza individual da prisão produz fragmentação em vez de conexão, porque cada pessoa e cada família, lidando com cada prisão, tem de descobrir como desfazê-la – o que aparenta ser nada mais do que um confronto altamente específico entre o indivíduo e a aplicação da lei. A desordem maior é, então, distorcida para refletir apenas uma parte das fragilidades sociais, e medida, igualmente ao desemprego, como se sua taxa de mudança em uma sociedade fosse uma força da natureza (ver, por exemplo, Greenwood et al., 1994; Wilson e Herrnstein, 1985). As integrantes da ROC se recusaram, gradual mas decisivamente, a ficarem isoladas e começaram a desenvolver habilidades políticas de oposição centradas na criação de uma ordem diferente da que é construída pelo estado a partir de mais e maiores prisões. Elas alcançaram essa habilidade por meio da ação crítica. A ação, crucialmente, inclui o difícil trabalho de identificação – que implica a produção, não a descoberta, de uma "sutura ou de um posicionamento" (Stuart Hall, 1990).

Ao reviverem as práticas afro-estadunidenses da maternação social, as integrantes da ROC envolveram uma comunidade expandida em sua preocupação com as circunstâncias e o destino dos prisioneiros. Essa abertura social forneceu caminhos para todos os tipos de mães (entre outras pessoas) se juntarem ao trabalho, pois o enorme trabalho enfrentado por cada mãe tendia a encorajar todos e todas a aceitarem e estenderem ajuda. Eu não reivindico a "maternação social" como uma prática cultural exclusiva ou universal das mulheres afro-estadunidenses; não é uma nem outra. No entanto, a invocação do senso comum de Barbara Meredith da maternação como ação coletiva tornou possível a integração do grupo de mães mesmo com pressupostos maternalistas semelhantes ou bastante diferentes (Kaplan, 1982; Collins, 2019; ver também Traugott, 1995). Em outras palavras, técnicas desenvolvidas ao longo de gerações em nome dos filhos, filhas e das famílias negras, dentro de enclaves demarcados pelo terror e definidos pela raça, forneceram meios contemporâneos para coreografar a solidariedade política inter-racial entre todos os tipos de pessoas que são responsáveis pelos seus entes queridos e que os perdem para o sistema prisional. Essas mães, bem como outras pessoas responsáveis, identificaram-se nos pequenos espaços públicos entre seus locais de moradia socialmente segregados e os bairros carcerários unitizados em que seus entes queridos estão presos. Algumas estavam tímidas em se lançarem no processo, enquanto outras vinham à ROC em busca de ajuda apenas em seus casos individuais; mas todas as que persistiram praticavam a abordagem "cada uma ensina a outra".[160]

---

160. Um tema recorrente nas discussões entre muitas das mães mais tímidas era a confissão e a explicação sobre sua própria inadequação. Elas recusavam as explicações dominantes – elas não usam drogas, não

O processo de integrar diferentes tipos de mães e de outras pessoas na ROC envolveu uma extensa divulgação projetada para permear a organização social do espaço. Esses projetos também capturaram pessoas nos "entrepostos" das vidas segregadas: no trabalho, por exemplo, ou no ônibus. No entanto, como a cruzada do Justiça para Zeladores de Los Angeles, essa abordagem trouxe um problema mais geral de identificação. As integrantes da ROC se reconheciam facilmente nos espaços do sistema de justiça criminal. Fora dessas áreas, como ver semelhança entre as pessoas? Se não somos todas pessoas negras, e se todas as ativistas não são mães, e se todos os prisioneiros não são filhos (menores de idade), então, quem somos nós? Pessoas pobres que trabalham. Como uma comunidade de propósito, a Mothers ROC atuou com base em uma simples inversão: nós não somos pobres porque nossos entes queridos estão na prisão; ao contrário, nossos entes queridos estão na prisão porque nós somos pobres. Posto isso, a divulgação deveria visar aos trabalhadores pobres e seus jovens. Classe, então, enquanto o contexto para esta análise e ação, não pode deslocar ou subsumir as definições e o papel de mudança da raça: pessoas pobres de cor são as que mais têm seus entes queridos na prisão.

Na verdade, a primazia da classe é completamente generificada: as mulheres que trabalham para sustentar suas famílias e libertar seus entes queridos se encontram como trabalhadoras

---

dependem do estado de bem-estar nem trabalham na indústria do sexo. Mas o que persistia era a dúvida se elas, como mulheres (e homens) que podem ter dificuldade na leitura ou que tinham medo de enfrentar a lei, podem ser as mães adequadas para os entes queridos presos em um sistema em que o conhecimento formal e vários tipos de intimidação – tanto intelectual quanto física – são características centrais nos resultados dos casos. Muitas me pediam para acompanhá-las em reuniões com funcionários do governo porque elas se sentiam mais fortes sabendo que eu conhecia todas as *palavras* – bem como a demografia, estatísticas, história e assim por diante. Ao ensinarem umas às outras o que aprendiam, todas as integrantes da ROC ganharam confiança; na verdade, aquelas que não sabiam ler bem se destacavam usando suas memórias incríveis para traçar e comparar os casos (cf. R. W. Gilmore, 1991, sobre os meninos na California Youth Authority).

com jornadas triplas de trabalho – trabalho, casa, justiça. Além disso, as mães que rejeitam o descarte de seus filhos e questionam as razões pelas quais elas mesmas não deveriam ser compensadas por lutarem contra o estado colocam um desafio do ponto de vista do declínio do estado de bem-estar social e das incertezas do trabalho reprodutivo, tanto para as desvalorizações de seus filhos quanto para suas próprias (Dalla Costa e James, 1972; Fortunati, 1995; Quick, 1992).[161] As influências organizacionais e analíticas comunistas dentro da ROC mantiveram essas complicadas questões interrelacionadas no primeiro plano do ativismo. No contexto da oposição compartilhada, as ativistas "descobriram" (Kaplan, 1982) – ou seja, criaram – valores compartilhados; por extensão, aquele trabalho coletivo produziu solidariedade comunitária, ou integração política, permitindo outras ações. A solidariedade aumentou com o aumento do conhecimento sobre a complexidade de como os blocos de poder construíram o novo estado por meio da construção de prisões. Assim, uma delegacia de polícia não mais aparecia como a presença total do estado, reduzindo-se à sua real posição – o posto avançado do bairro que tanto as integrantes da ROC quanto da FACTS caracterizavam como uma ocupação militar.[162] Se é preciso um povoado para criar uma criança, certa-

161. Compare a exposição estridentemente clara do deslocamento e da subsunção de gênero feita por Catherine MacKinnon (1989). As integrações são, certamente, frágeis; tudo está em risco, e as velhas estruturas e hábitos de desigualdade preenchem facilmente os espaços sociais deixados vulneráveis pela incerteza. Por exemplo, em diversas reuniões da Mothers ROC, homens que não tinham sido ativos na organização muitas vezes atropelavam as discussões quando as integrantes da ROC estavam tentando descobrir algo; e elas deixavam isso acontecer, reencenando outras relações de amor, respeito e medo.

162. A análise de Markusen e Yudken (1992) da economia da Guerra Fria deve ser estendida à economia de guerra doméstica; ver também Fanon, 2022. Ao mesmo tempo em que a Mothers ROC se expandia, a trégua das gangues de Los Angeles também o fez. Em meados de 2003, a trégua de Los Angeles incluiu uma série de gangues latinas e chicanas da parte central, leste e oeste da cidade. A camiseta do quarto aniversário (1996) tinha um desenho estampado de Malcolm X e Emiliano Zapata,

mente é preciso um movimento para desfazer uma ocupação. À medida que a Mothers ROC se aprofundava e a FACTS se ampliava, ambas procuraram mergulhar em outras comunidades de ativismo, aproximando-se de organizações nacionais e internacionais semelhantes.[163] Tal movimento, naquele momento e agora, aumenta o potencial de conexões entre as mulheres que lutam contra a expansão prisional e as mulheres da força de trabalho global que lutam diariamente contra os processos e efeitos reais dos ajustes estruturais em todo o mundo.[164]

A Mothers ROC usou criticamente o poder ideológico da maternidade para desafiar a legitimidade de um estado em transformação. Todos os prisioneiros são filhos de alguém, e filhos não são alienáveis (ver Cornell, 1995). A divisão social racial e generificada do trabalho exigiu que as mães dos prisioneiros vivessem vidas com bastante visibilidade; as integrantes da ROC transformaram essa visibilidade em uma presença, voz e movimento politicamente potentes contra a injustiça, de modo que seu ativismo se tornou a peça central de seu trabalho reprodutivo e socialmente produtivo (ver Fisher, 1989). Tal como acontece com os movimentos de mães na América Latina, África do Sul e Palestina, a relação frontal da Mothers ROC com o estado não era como a de uma aspirante a uma parte do salário social, mas sim como uma oponente da mudança de forma

---

com a legenda abaixo de suas representações dizendo "*X y Z*." Observe também que as gangues envolvidas na pacificação mudaram nacionalmente sua alcunha de "gangues" para "organizações de rua".

163. Por exemplo, uma recém-chegada a Mothers ROC foi uma imigrante salvadorenha que trabalhava à noite como zeladora; como observado anteriormente, os principais quadros entre os militantes de sindicatos trabalhistas em Los Angeles incluíam refugiados salvadorenhos com experiência em lidar com o terror de estado e em desafiar a legitimidade do estado.

164. De acordo com a Organização Internacional do Trabalho da ONU, as mulheres fazem dois terços do trabalho do mundo, recebem 5% da renda e possuem 1% dos ativos. Margaret Prescod, da Campanha de Salários para o Trabalho Doméstico [*Wages for Housework Campaign*], interpreta esses números como dados que iluminam tanto o sexismo quanto o racismo em escala global (R. W. Gilmore, 1993).

e de propósito do estado no que diz respeito às oportunidades de vida de seus familiares e semelhantes. A insistência nos direitos das mães aos filhos e dos filhos às mães não era uma defesa da domesticidade tradicional como uma esfera separada; em vez disso, ela representava uma ativação política em torno da crescente conscientização sobre as maneiras específicas que o lar da classe trabalhadora contemporânea é um local saturado pelo estado racial neoliberal.

A Mothers Reclaiming Our Children evoluiu de um grupo de autoajuda, que se formou em resposta a uma crise de lugar – um assassinato policial no centro-sul de Los Angeles –, para tornar-se duas organizações políticas buscando construir um movimento poderoso através dos espaços do militarismo doméstico.

Um grupo pequeno, pobre e multirracial de pessoas da classe trabalhadora, sobretudo de mães de prisioneiros, mobilizou-se nos interstícios do estado de bem-estar social em declínio, oficialmente abandonado e fortemente policiado. Elas se aproximaram, em primeira instância, porque não podiam deixar seus filhos irem embora. Elas permaneceram em evidência nos espaços criados pelo aprisionamento intensificado de seus entes queridos porque encontraram muitas mães, e outras pessoas, nos mesmos locais, ansiosas por se juntarem ao projeto de recuperação [de seus filhos]. E elas avançaram ainda mais, pois, a partir dessas brechas, elas viram e tentaram ocupar posições, a partir das quais desafiavam coletivamente seu não desenvolvimento político, econômico e cultural provocado pela migração involuntária e individualizada da "população excedente" urbana, e dos valores potenciais que acompanham essa população, para dentro das prisões rurais. Para que a ROC e a FACTS conseguissem se opor ao descarte de seus entes queridos, elas se organizaram para desafiar o poder total das forças estatais (e civis) armadas contra elas. Trabalhando a partir dos casos judiciais, elas construíram alianças de grupos multirraciais – e enquanto tais grupos – que criam e sustentam centros sólidos de ativismo ao longo e através das "escalas encaixadas" (Smith, 2000, p. 144) do crescente estado prisional. Assim, ambos os grupos demonstram as possibilidades e as dificuldades urgentes de organização social através das muitas fronteiras que racionalizam e reforçam o *apartheid* estadunidense. De fato, o trabalho das duas organizações pode exemplificar muito bem o que é a utopia hoje em dia – a perfeição social reconhecível em algo tão simples quanto o ato das pessoas entrarem em um ônibus.

RC

SEIS **O QUE SE PODE FAZER?**

A leitora e o leitor, pacientes, trilharam um longo caminho em um curto livro. A jornada, como a que foi empreendida pelos viajantes no Prólogo, é uma aventura de possibilidades, não de certezas. Embora os resultados dos esforços humanos cooperativos nunca sejam garantidos, eu certamente acredito no seguinte: as lições que tirei da pesquisa e da escrita dessas páginas enquanto me engajava no trabalho político nos aconselham a abandonar as divisões, antigas e novas, que nos aprisionam em métodos falidos de análise e ação. Existem divisões óbvias que, como vimos ao longo dos episódios da Mothers ROC do Vale Central, podem e devem ser superadas. Mais urgentemente, devemos elevar nossa capacidade de reconhecer como criar campanhas que construam organizações sólidas e promovam coalizões robustas entre as organizações já existentes. As teses a seguir – que sugerem materiais para amplificar o trabalho – são uma tentativa modesta para nos impulsionar a uma escala diferente, mostrando tanto uma miríade de locais onde o ativismo pode criar raízes e florescer quanto o potencial para conectar esses lugares a algo maior. O resultado dessa aventura pode ser simplesmente uma maneira mais geral e, portanto, mais abrangente de agir sobre os problemas da geografia político-econômica que prevalecem atualmente. Ou uma escala diferente pode sinalizar o desenvolvimento de relações e capacidades sociais e espaciais inovadoras para a ação – exatamente como o "Terceiro Mundo" e o "Pan-Africanismo" fizeram para as gerações anteriores.

A proliferação de grupos antiprisionais durante a década em que este livro estava em elaboração indica que muitos tipos de pessoas entendem que a prisão não é um edifício "logo ali", mas um conjunto de relações que mais enfraquece do que estabiliza as vidas cotidianas em todos os lugares. Infelizmente, muitas das soluções propostas para o uso genérico das prisões para resolver problemas sociais, políticos e econômicos são capturadas pela lógica do próprio sistema, de modo que uma reforma não arrefece o domínio da prisão, mas, ao contrário, fortalece-o. Em certo sentido, a profissionalização do ativismo tornou muitas pessoas comprometidas tão especializadas e amarradas aos fluxos de financiamento que elas se tornaram efetivamente desqualificadas quando é necessário pensar e fazer o que mais importa. Quais são as possibilidades de uma reforma não reformista – de mudanças que, no final das contas, desfaçam, em vez de ampliarem, a rede de controle social tramada pela criminalização?

Se levarmos a sério o fato de que produzimos os lugares, as coisas e a nós mesmos, mas não sob condições de nossa própria escolha, então é mais fácil tomarmos o risco de conceber a mudança como algo tão curto quanto e, ao mesmo tempo, mais longo do que um único evento cataclísmico. De fato, as crônicas das revoluções mostram como as mudanças pequenas, mas persistentes, e as consolidações completamente inesperadas, somam peso suficiente, ao longo do tempo e do espaço, para causar uma ruptura da velha ordem. Certamente, as forças políticas que detêm o poder governamental nos Estados Unidos no início do século XXI descobriram isso e persistiram por décadas, até vencerem. Com persistência, práticas e teorias circulam, permitindo que as pessoas vejam os problemas e suas soluções de maneiras diferentes – o que, então, cria a possibilidade de outras ações, por vezes inovadoras.

Essa mudança não é apenas uma mudança de ideias, de vocabulário ou de fundamentos, mas, ao contrário, uma mudança em toda a estrutura de significados e sentimentos (a ideologia vivida ou "levada a sério") por meio da qual nós ativamente entendemos o mundo e, nele, depositamos nossas ações (Williams, 1961). A ideologia é importante em toda a sua extensão, do senso comum ("onde as pessoas estão") às filosofias (de onde as pessoas imaginam que vem a coerência de seu entendimento: de Jesus, Maomé, Buda, Marx, Malcolm X ou do mercado).

A conclusão é a seguinte: se o século XX foi a era do genocídio em escala planetária, então, para evitar que a história se repita, nós devemos priorizar o combate à desumanização. A desumanização considera os deslocamentos ideológicos, deliberados ou causados por revoltas coléricas, centrais para a capacidade de qualquer grupo de aniquilar outro em nome de território, riqueza, etnia, religião. A desumanização também é um fator necessário na aceitação de que milhões de pessoas (incluindo, às vezes, a si mesmo) devem passar parte ou a totalidade de suas vidas atrás das grades.

No mundo contemporâneo, o racismo é o meio comum através do qual a desumanização atinge a normalidade ideológica, enquanto, ao mesmo tempo, a prática de desumanizar as pessoas produz categorias raciais. Antigas raças morrem, via extermínio ou assimilação, e novas raças surgem. O processo, no entanto, não é biológico, mas resultado de encontros fatais que fundamentam a cultura política contemporânea. Essa cultura, por sua vez, está baseada na dependência que o estado secular moderno tem da classificação combinada com o militarismo como um meio pelo qual a classificação mantém a coerência. Um sinal do abraço ideológico do militarismo é o fato de que todos os tipos de pessoas residentes nos Estados Unidos acreditam, sem restrições, que, de uma forma geral, "a chave para a segurança está na agressão" (Bartov, 1996; R. W. Gilmore, 2002a). Onde a classificação e o militarismo discordam é no campo da identificação de um inimigo. "Os japoneses são uma raça inimiga", escreveu um funcionário do Departamento de Estado, em 1941, no auge do *Jim Crow* e do serviço militar obrigatório, como um prelúdio para o envio de 120.000 pessoas aos campos de concentração no sul e no oeste.

Infelizmente, mesmo os ativistas comprometidos com a organização antirracista renovam as divisões do senso comum, objetificando certos tipos de pessoas em uma categoria pre-determinada que, então, se torna automaticamente oprimida. Qual é a alternativa? Ver como *produzimos* as raças ao lutarmos para que nossas próprias capacidades tenham outros propósitos, tornando algumas pessoas, e seus parentes biológicos e não biológicos, vulneráveis a forças que tornam a morte prematura provável e, de certa forma, diferenciada. A racialização dos muçulmanos na era atual cumpre duas funções: estabelecer um inimigo cuja existência pode ser projetada por meio da alegação de uma herança inabalável (fundamentalmente, o que a ficção da raça é, na melhor das hipóteses) e renovar a ordem racial da política dos Estados Unidos como algo normal, mesmo quando ela muda. Dadas essas práticas, não deveria ser tão surpreendente que centenas de milhares de homens brancos também estejam na prisão; embora eles possam ser, como Pem Buck os descreve incisivamente, um "exército de reserva da branquitude" (Buck, 2001; ver também Roediger, 2002), eu não contaria com isso – não quando o século XXI ainda não encerrou o que chamo de era do sacrifício humano. Tais homens, e seus diversos irmãos atrás das grades, poderiam alternativamente ser, como os ativistas prisioneiros da prisão de Lucasville, de Staughton Lynd, passaram a se chamar, a "raça dos condenados" (Lynd, 2004). Como sempre, a solidariedade no presente é uma condição prévia para qualquer futuro menos sombrio do que o último quarto de século.

Dez teses

1. Um novo tipo de estado – um estado antiestado – está sendo construído sobre as fundações das prisões. O estado antiestado depende da rejeição ideológica e retórica de qualquer agência ou capacidade que o "governo" possa usar para garantir o bem-estar social. Partindo da premissa de que os salários sociais, na medida em que os produzimos na forma do dinheiro dos impostos, pertencem a todos nós, as pessoas podem se organizar em alguns níveis político-geográficos para assumir o controle dos recursos e direcioná-los para usos de melhoria da vida.

2. Os capitalistas não são igualmente livres de amarras espaciais, e o emprego do excedente futuro dos trabalhadores (que é o pagamento da dívida pública) é uma decisão política. Os financistas do setor público tiveram uma crise na década de 1980 – acúmulos crescentes de dinheiro para investimentos, mas com canais de escoamento cada vez menores, que só puderam ser resolvidos na arena *política*. O problema, então, não é

a dívida, mas os usos para os quais o endividamento público é direcionado.

3. A partir da década de 1980, o governo federal reduziu sua participação no financiamento de programas sociais dos governos estaduais e locais, repassando às unidades administrativas menores, assim, a tarefa de compensar os cortes dos impostos federais concedidos a grandes empresas e a indivíduos ricos. Essa prática perdura até o início do século XXI, e essa redução – "repasse" – caracteriza as relações econômicas entre os estados e suas respectivas cidades e condados. Esses desmontes exigem atenção para a dinâmica do abandono e para a possibilidade de ativismo, e exigem ação para fomentar alianças maiores entre lugares empobrecidos que atualmente não se encontram geográfica ou politicamente alinhados.

4. A implementação compensatória de impostos regressivos, como o imposto sobre vendas e taxas de uso de serviços e instalações públicas, ajudou a garantir que, à medida que os governos locais reduziam suas reservas e apertavam seus cintos, os pobres tivessem custos relativos mais elevados e menos serviços do que seus vizinhos mais ricos. Como esse complicado emaranhado do *apartheid* fiscal não conseguiu produzir adequadamente os objetivos desejados, certos tipos de projetos de redesenvolvimento fracassados, baseados na fiscalização da terra e em isenções fiscais, sugerem uma nova regionalização da produção e dos serviços, convidando ativistas a considerar meios e maneiras de intervirem na tomada de decisões.

5. Eleitores e legisladores decidiram prender os imigrantes fora dos serviços sociais, prender mais pessoas dentro da prisão, por parte ou pela totalidade de suas vidas, e colocar um impedimento pessoal nas oportunidades no setor público de educação, emprego e contratos. Esse ataque triplo contra os trabalhadores demonstra o potencial para identificar as conexões entre o ativismo imigrante, trabalhista e antiprisional. Mais especificamente, se os sindicatos do setor público e de trabalhadores de baixos salários fizeram os maiores avanços nos últimos vinte anos, seus membros, então, estão limitados pelo crescimento das

prisões. Os empregos prisionais são poucos frente à pletora de empregos que não dependem das prisões, que surgem quando o investimento do setor público é maximizado para bens sociais, como escolas, parques, museus e transporte de massa.

6. Em um lugar onde a pesquisa indica que poderiam ter acontecido outras coisas, a Mothers ROC construiu uma organização que estimulou a fundação e o crescimento de organizações ainda maiores. A capacidade de atravessar as divisões sociais e espaciais veio do uso que a Mothers fez do poder ideológico da maternidade para desafiar a legitimidade do estado em transformação. Esse ativismo, que tem raízes nas rodadas anteriores de lutas antirracistas feitas tanto por essas mulheres quanto por suas gerações anteriores, mostra como o uso de familiares abre a possibilidade de identificação por meio da elaboração de ações propositivas que passam por uma revisão contínua.

7. A relação que a Mothers ROC criou com o estado não era a de requerente de uma parcela dos salários sociais disponíveis, mas a de opositora à forma e ao propósito do estado no que diz respeito às oportunidades de vida dos membros das famílias das mães e de seus semelhantes. Ao pensarmos nos detalhes gerais desse antagonismo, podemos ver como outros tipos de oposição se tornam possíveis. Tais respostas imaginativas abrem o caminho às novas solidariedades baseadas no reconhecimento dos danos com risco à vida que as novas e antigas estruturas racistas produzem em todos os tipos de famílias, de todas as raças e etnias.

8. Os lugares onde as prisões são construídas compartilham muitas semelhanças com os lugares de onde os prisioneiros vêm. Comunidades rurais, estagnadas em economias que definharam por mais de vinte anos, não lucraram com as prisões como era esperado; em vez disso, elas continuam a lutar pelos mesmos tipos de oportunidades e proteções que as mães urbanas querem para seus parentes biológicos e não biológicos. Esses lugares esquecidos, bem como suas contrapartes urbanas, podem ser entendidos como parte de um mesmo universo político, abandonado, mas dificilmente derrotado.

9. Racismo é a produção e exploração extralegal ou sancionada pelo estado da vulnerabilidade de um grupo específico à morte prematura. A expansão prisional é uma reiteração desse tema. As prisões, bem como outros usos localmente indesejados da terra, aceleram a mortalidade de todos os tipos de trabalhadores de baixa escolaridade, tanto em ambientes urbanos quanto rurais, e mostram como a justiça econômica e ambiental são centrais para o antirracismo.

10. O poder não é uma coisa, mas, ao contrário, uma capacidade composta por relacionamentos ativos e mutáveis que permitem que uma pessoa, grupo ou instituição leve os outros a fazerem coisas que não fariam por conta própria (como ser feliz, pagar impostos ou ir à guerra). Normalmente, os ativistas se concentram em *tomar* o poder, como se toda a configuração política fosse realmente uma questão de "ela" (estrutura) contra "nós" (agência). Mas, se a oposição estrutura/agência não é como as coisas realmente funcionam, a política, então, talvez seja mais complicada e, portanto, aberta a ações mais esperançosas. As pessoas podem e realmente *criam* poder através, por exemplo, do desenvolvimento de capacidades nas organizações. Mas isso não é suficiente, porque tudo o que uma organização individual pode fazer por conta própria é adiar o fim do mundo. Quando as capacidades resultantes da ação intencional são combinadas para fins maiores do que as declarações de princípios ou outros limites provisórios, alinhamentos poderosos começam a agitar o terreno. Em outras palavras, o *movimento* acontece.

EPÍLOGO OUTRO ÔNIBUS

Em 2001, um grupo de pessoas embarcou em outro ônibus no centro-sul de Los Angeles, dessa vez com destino a Fresno para uma conferência chamada Unindo Forças: a luta pela justiça ambiental e contra as prisões [*Joining Forces: The Fight for Environmental Justice and against Prisons*]. Poucos estavam na viagem dessa vez, mas sua determinação não era menos feroz. Elas estavam a caminho da segunda pequena conferência na Califórnia que reunia pessoas da zona rural tentando impedir a construção de prisões e ativistas urbanos tentando impedir a produção de prisioneiros. A reunião não foi fácil, porque, por algum tempo, cada grupo imaginou que o outro, de maneira geral, era a razão de suas lutas. As pessoas da cidade presumiam que todas as pessoas dos municípios rurais queriam prisões, e os ativistas rurais temiam que ninguém nos centros urbanos estivesse tentando chegar às causas fundamentais que enviavam tantas pessoas para atrás das grades.

O reconhecimento que forjou a solidariedade entre aliados improváveis de Farmersville e Los Angeles não foi espontâneo. No entanto, algo mágico pareceu acontecer. Na conferência, os ativistas falaram sobre como suas organizações identificaram os problemas, formularam boas perguntas, procuraram encontrar as causas e embarcaram – muitas vezes aos solavancos – nos cursos da ação. Juana Gutierrez, fundadora da Mothers of East Los Angeles [Mães do Leste de Los Angeles], um grupo que impediu Sacramento, a capital do estado, de construir uma prisão em seu bairro, descreveu como ela e as outras "mulheres loucas" com quem trabalhou começaram a levantar questões sobre por que tantas pessoas presumiam que seus filhos acabariam na prisão.

Gutierrez expôs o cenário – identificando o que os tecnocratas chamariam de "fatores de risco" – e fez uma pausa em cada um para fazer uma pergunta sobre o problema. Por exemplo, escola. As crianças que faltam muito à escola geralmente não se formam, e os jovens sem diplomas do ensino médio estão mais propensos a acabarem atrás das grades do que os formados. Ela e suas amigas perguntaram por que seus filhos estavam mais propensos a faltar na escola e, por meio da observação, chegaram a uma causa: eles estavam muito doentes. Que tipo de doença? Asma. Por que as crianças no leste de Los Angeles têm taxas mais altas do que o normal de asma; em outras palavras, por que a asma é uma doença dos pobres? O raciocínio delas as levou mais longe, e, ao estudarem sobre o distúrbio respiratório, elas descobriram que a doença que bloqueia as vias aéreas é causada por certos contaminantes ambientais – substâncias tóxicas que são comuns naquela área, que faz contato com o distrito das usinas siderúrgicas de aço de Los Angeles.

Trabalhadores rurais, famílias de prisioneiros, ativistas dos direitos dos imigrantes, organizadores de movimentos da justiça ambiental e abolicionistas prisionais reconheceram no argumento de Gutierrez algumas práticas fundamentais e verdades bem-vindas. Como Gutierrez mostrou, as famílias urbanas e rurais lutam, ao longo de toda a paisagem prisional, de posições objetivamente semelhantes, mas subjetivamente diferentes. Elas podem e vão unir forças quando o propósito for comum e a questão não for apenas local. A maioria dos que lutam nas trincheiras tem pouco tempo para o ativismo motivado apenas pela retórica política ou a ética abstrata. Em vez disso, eles estão lutando por suas vidas, de suas famílias e de suas comunidades. A solução para os impactos negativos acumulados deve ser maior e mais atraente do que um simples ajuste tecnocrático. Um senso mortal de urgência leva ativistas de movimentos sociais de base para as reuniões, faz com que embarquem nos ônibus e inspira esperança. Talvez seja isso que a política de classe *deveria* ser, em contraste com a noite iluminada mas sem estrelas das prisões do CALIFÓRNIA GULAG.

BIBLIOGRAFIA E REFERÊNCIAS

A lista de pessoas entrevistadas durante a escrita deste livro está logo após a bibliografia.

Abramovitz, Mimi. *Regulating the Lives of Women: Social Welfare Policy from Colonial Times to the Present.* Boston: South End Press, 1988.

Abu-Jamal, Mumia. *Live from Death Row.* Reading, Pa.: AddisonWesley, 1995. [ed. bras.: *Ao vivo do corredor da morte*. Tradução de Edison Cardoni. São Paulo: Editora Conrad, 2001].

Acoli, Sundiata. *A Brief History of the New Afrikan Prison Struggle.* Harlem: Sundiata Acoli Freedom Campaign, 1992.

Acuña, Rudolfo F. *A Community under Siege: A Chronicle of Chicanos East of the Los Angeles River, 1945–1975.* Los Angeles: Chicano Studies Research Center Publications, UCLA, 1984.

———. *Anything but Mexican: Chicanos in Contemporary Los Angeles.* New York: Verso, 1996.

Adams, Jane (ed.). *Fighting for the Farm: Rural America Transformed.* Philadelphia: University of Pennsylvania Press, 2003.

Adams, John. "Institutional Economics and Social Choice Economics: Commonalities and Conflicts". *Journal of Economic Issues*, vol. 24, n. 3, 1990, p. 845–59.

Agamben, Giorgio. *Remnants of Auschwitz: The Witness and the Archive.* Translated by Daniel Heller-Roazen. New York: Zone Books, 1999. [ed. bras.: *O que resta de Auschwitz: o arquivo e testemunha*. Tradução de Selvino J. Assmann. São Paulo: Boitempo, 2015].

———. *Means without End: Notes on Politics.* Minneapolis: University of Minnesota Press, 2000. [ed. bras.: *Meios sem fim. Notas sobre política.* Tradução de Davi Pessoa. São Paulo: Autêntica, 2017].

Ahmad, Ajaz. *In Theory.* New York: Verso, 1992.

———. "Politics, Literature and Postcoloniality". *Race & Class,* vol. 36, n. 3, 1995, p. 1–20.

Ahmed, Eqbal. "Fundamentalism, Secularism and the War". *Polygraph,* n. 5, 1992, p. 240–41.

Aho, James. *The Politics of Righteousness.* Seattle: University of Washington Press, 1990.

Albert, Michael & Robin Hahnel. "Yes, Socialism without Markets!". *Socialist Review,* vol. 22, n. 3, 1992, p. 131–38.

Allen, Robert. *Black Awakening in Capitalist America.* Trenton, N.J.: Africa World Press, 1969.

Allen, Theodore W. *The Invention of the White Race.* Vol. 1: *Racial Oppression and Social Control;* vol. 2: *The Origin of Racial Oppression in Anglo-America.* New York: Verso, 1994–97.

Almaguer, Tomás. *Racial Fault Lines: The Historical Origins of White Supremacy in California.* Berkeley: University of California Press, 1994.

Althusser, Louis. "On Marx and Freud". *Rethinking Marxism,* vol. 4, n. 1, 1991, p. 17–30. [ed. bras.: In. id. "Marx e Freud". *Freud e Lacan. Marx e Freud: introdução crítica história.* Tradução de Walter José Evangelista. Rio de Janeiro: Edições Graal, 1984, p. 75–93.

"American Lockdown: The Prison Struggle and Revolution". *People's Tribune* (Chicago), 21 de agosto de 1994.

Amin, Samir. "US Militarism in the New World Order". *Polygraph,* vol. 5, 1992, p. 13–37.

Amott, Teresa L. & Julie A. Matthaei. *Race, Gender, and Work: A Multicultural Economic History of Women in the United States.* Boston: South End Press, 1991.

Amsden, Alice. "The State and Taiwan's Economic Development". In. Peter B. Evans, Dietrich Rueschemeyer & Theda Skopol (ed.), *Bringing the State Back In.* Cambridge: Cambridge University Press, 1985, p. 78–106.

Anderson, Benedict. *Imagined Communities: Reflections on the Origin and Spread of Nationalism.* New York: Verso, 1983. [ed. bras.: *Comunidades imaginadas: reflexões sobre a origem e a expansão do nacionalismo.* Tradução de Denise Bottman. São Paulo: Companhia das Letras, 2008].

Anderson, David C. *Crime and the Politics of Hysteria: How the Willie Horton Story Changed American Justice.* New York: Times Books, 1995.

Anderson, Martin Edwin. *Dossier Secreto: Argentina's Desaparecidos and the Myth of the "Dirty War."* Boulder, Colo.: Westview Press, 1993.

Anderson, Susan. "A City Called Heaven: Black Enchantment and Despair in Los Angeles". In. Allen J. Scott & Edward W. Soja (ed.). *The City: Los Angeles and Urban Theory at the End of the Twentieth Century.* Berkeley: University of California, 1996, p. 336–64.

Arax, Mark & Rick Wartzman. *The King of California: J. G. Boswell and the Making of a Secret American Empire.* New York: Public Affairs, 2003.

Archer, Dane & Rosemary Gartner. *Violence and Crime in Cross-National Perspective.* New Haven, Conn.: Yale University Press, 1984.

Armstrong, Louise. *Solomon Says: A Speakout on Foster Care.* New York: Pocket Books, 1989.

Arnesen, Eric. "Following the Color Line of Labor: Black Workers and the Labor Movement before 1930". *Radical History Review,* 1993, vol. 55, p. 53–87.

Arnold, Robert K. & Stephen Levy. *The Outlook for the California Economy.* Palo Alto, Calif.: Center for the Continuing Study of the California Economy, 1992–2001, published annually.

Arrighi, Giovanni. *The Long Twentieth Century: Money, Power, and the Origins of Our Times.* New York: Verso, 1994. [ed. bras.: *O longo século XX: dinheiro, poder e as origens do nosso tempo.* Tradução de Vera Ribeiro. Rio de Janeiro: Contraponto, 2007].

Arrighi, Giovanni, Terence K. Hopkins & Immanuel Wallerstein. *Antisystemic Movements.* New York: Verso, 1989.

Ashley, David & Melvin Ramey. *California Prison Capital Cost Reduction Study.* Berkeley: University of California, Office of the President, 1996.

Austin, James. *America's Growing Correctional-Industrial Complex.* Washington, D.C.: National Council on Crime and Delinquency, 1990.

Baker, Bob. "Jobless Turnkeys Punished by Delay in Prison Openings". *Los Angeles Times,* 16 de junho de 1987.

Baldwin, Sidney. *Poverty and Politics.* Chapel Hill: University of North Carolina Press, 1968.

Balibar, Etienne. "For Althusser". *Rethinking Marxism,* vol. 4, n. 1, 1991, p. 9–12. [ed. bras.: "Para Louis Althusser". Tradução de Rodrigo Gonsalves. São Paulo, Lavrapalavra: 2020. https://lavrapalavra.com/2020/07/20/para-louis-althusser/].

———. "Europe after Communism". *Rethinking Marxism,* vol. 5, n. 3, 1992, p. 29–49.

Bandele, Asha. *The Prisoner's Wife.* New York: Scribner, 1999.

Barak, Gregg (ed.). *Crimes by the Capitalist State.* Albany: State University of New York Press, 1991.

Baran, Paul A. & Paul M. Sweezy. *Monopoly Capital: An Essay on the American Economic and Social Order.* New York: Monthly Review Press, 1966. [ed. bras.: *Capitalismo monopolista: ensaio sobre a ordem econômica e social americana.* Tradução de Waltensir Dutra. São Paulo: Editora Zahar, 1974].

Barrera, Mario. *Race and Class in the Southwest: A Theory of Racial Inequality.* Notre Dame, Ind.: University of Notre Dame Press, 1979.

Bartik, Timothy J. "The Market Failure Approach to Regional Economic Development". *Economic Development Quarterly,* vol. 4, n. 4, novembro de 1990, p. 361–70.

———. *Who Benefits from State and Local Economic Development Policies?* Kalamazoo, Mich.: W. E. Upjohn Institute for Employment Research, 1991.

Bartov, Omer. *Murder in Our Midst: The Holocaust, Industrial Killing, and Representation.* New York: Oxford University Press, 1996.

Baum, Dan. *Smoke and Mirrors: The War on Drugs and the Politics of Failure.* Boston: Little, Brown, 1996.

Bayley, David H. *Patterns in Policing.* New Brunswick, N.J.: Rutgers University Press, 1985. [ed. bras.: *Padrões de policiamento.* Tradução de Renê A. Belmonte. São Paulo: EDUSP, 2a ed., 2006].

Bean, Walton E. *California: An Interpretive History.* New York: McGraw-Hill, 2a ed., 1973.

Beckett, Katherine. *Making Crime Pay: Law and Order in Contemporary American Politics.* New York: Oxford University Press, 1997.

Beckett, Katherine & Theodore Sasson. *The Politics of Injustice: Crime and Punishment in America.* Thousand Oaks, Calif.: Pine Forge Press, 2000.

Benaria, Lourdes & Shelley Feldman. *Unequal Burden: Economic Crises, Persistent Poverty and Women's Work.* Boulder, Colo.: Westview, 1992.

Benjamin, Walter. *Reflections: Essays, Aphorisms, Autobiographical Writings.* Translated by Edmund Jephcott. New York: Harcourt Brace Jovanovich, 1978.

Bennett, William J., John J. DiIulio & John P. Walters. *Body Count.* New York: Simon & Schuster, 1996.

Benton, F. Warren. "State Prison Expansion: An Explanatory Model". *Journal of Criminal Justice*, vol. 11, 1983, p. 121–28.

Bergman, Peter M. *The Chronological History of the Negro in America.* New York: Harper & Row, 1969.

Berlin, Ira & Herbert Gutman. "Natives and Immigrants, Free Men and Slaves: Urban Workingmen in the Antebellum American South". *American Historical Review,* vol. 88, dezembro de 1983, p. 1175–1200.

Berman-Santana, Déborah. *Kicking Off the Bootstraps: Environment, Development, and Community Power in Puerto Rico.* Tucson: University of Arizona Press, 1996.

———. Resisting Toxic Militarism: Vieques versus the U.S. Navy. *Social Justice,* vol. 29, n. 1–2, p. 37–47.

Bin-Wahad, Dhoruba, Mumia Abu-Jamal & Assata Shakur. *Still Black, Still Strong: Survivors of the War against Black Revolutionaries.* Brooklyn, N.Y.: Semiotexte, 1993.

Bing, Léon. *Do or Die.* New York: Harper Perennial, 1991.

———. *Smoked: A True Story of Murder and the American Dream.* New York: HarperCollins, 1993.

Black, Jack. *You Can't Win.* Edinburgh: AK Press, [1926] 2000.

Black Panther Collective. *It's On!!! Steps to Dealing with the Pigs.* New York: Black Panther Collective Folheto, sem data.

Blaut, James. *The Colonizer's Model of the World.* New York: Guilford Press, 1993.

———. *Eight Eurocentric Historians.* New York: Guilford Press, 2000.

Blee, Kathleen. *Women of the Klan: Racism and Gender in the 1920s.* Berkeley: University of California Press, 1991.

———. *No Middle Ground.* New York: New York University Press, 1998.

Bluestone, Barry & Bennett Harrison. *The Deindustrialization of America.* New York: Basic Books, 1982.

Boland, Mary L. *Crime Victim's Guide to Justice.* Naperville, Ill.: Sourcebooks, 1997.

Bonczar, Thomas P. & Allen J. Beck. *Lifetime Likelihood of Going to State or Federal Prison.* Special Report NCJ-160092. Washington, D.C.: U.S. Dept. of Justice, Office of Justice Programs, Bureau of Justice Statistics, 1997.

Bookspan, Shelley. *A Germ of Goodness: The California State Prison System, 1851–1944.* Lincoln: University of Nebraska Press, 1991.

Boris, Eileen. "The Power of Motherhood: Black and White Activist Women Redefine the 'Political' ". *Yale Journal of Law and Feminism,* outono de 1989, p. 25–49.

Bortner, M. A. & Linda M. Williams. *Youth in Prison: We the People of Unit Four.* New York: Routledge, 1997.

Bouvard, Marguerite Guzman. *Revolutionizing Motherhood: The Mothers of the Plaza de Mayo.* Wilmington, Del.: Scholarly Resources, Inc, 1994.

Bowles, Samuel. "Power and Profits: Social Structure of Accumulation and the Profitability of the Postwar U.S. Economy". *Review of Radical Political Economics,* vol. 18, n. 1 e 2, 1986, p. 132–67.

Bradshaw, Ted K. "Growth Control and the Failure of Planning". *California Policy Choices.* In. John J. Kirlin (ed.), vol. 8, p. 61–83. Publicado anualmente pelo Sacramento Public Affairs Center, School of Public Administration, University of Southern California, Los Angeles, 1992.

———. In. "Shadow of Urban Growth: Bifurcation in Rural California Communities." In. Thomas A. Lyson & William W. Falk. *Forgotten Places: Uneven Development in Rural America.* Lawrence: University Press of Kansas, 1993, p. 218–56.

Braithwaite, John. "Crime and the Average American". *Law & Society Review,* vol. 27, n. 1, 1993, p. 215–31.

Braverman, Harry. *Labor and Monopoly Capital: The Degradation of Work in the Twentieth Century.* New York: Monthly Review Press, 1974. [ed. bras.: *Trabalho e capital monopolista: a degradação do trabalho no século XX.* Tradução de Nathanael C. Caixeiro. Rio de Janeiro: LTC, 2021].

Brenner, Robert. *The Boom and the Bubble: The U.S. in the World Economy.* New York: Verso, 2002. [ed. bras.: *O boom e a bolha: os Estados Unidos na economia mundial.* Tradução de Maria Alice Máximo. São Paulo: Record, 2003].

Brewer, Cynthia A. & Trudy A. Suchan. *Mapping Census 2000: The Geography of U.S. Diversity.* Redlands: ESRI Press, 2001. Originalmente publicado em junho de 2001 pelo U.S. Bureau of the Census, como parte do Census 2000 Special Reports Series.

Brimelow, Peter. *Alien Nation: Common Sense about America's Immigration Disaster.* New York: Random House, 1995.

Broadway, Michael J. Hogtowns & Rural Economic Development. *Rural Development Perspectives*, vol. 9, n. 1, 1994, p. 44–50.

———. "Planning for Change in Small Towns, or Trying to Avoid the Slaughterhouse Blues". *Journal of Rural Studies*, vol. 16, 2000, p. 37–46.

Brody, David. *In Labor's Cause: Main Themes on the History of the American Worker.* New York: Oxford University Press, 1992.

———. *Workers in Industrial America: Essays on the TwentiethCentury Struggle.* Oxford: Oxford University Press, 1993.

Brown, Richard Maxwell. *Strain of Violence: Historical Studies of American Violence and Vigilantism.* New York: Oxford University Press, 1975.

———. *No Duty to Retreat: Violence and Values in American History and Society.* Norman: Oklahoma University Press, 1991.

Brown, Warren H. "A Negro Looks at the Negro Press". *Saturday Review,* 19 de dezembro de 1942, p. 5–6.

Brown, Wendy. *States of Injury: Power and Freedom in Late Modernity.* Princeton, N.J.: Princeton University Press, 1994.

Brown, Wilmette. *No Justice, No Peace: The 1992 Los Angeles Rebellion from a Black/women's Perspective.* London: International Black Women for Wages for Housework, 1992.

Browne, Harry & Beth Sims. *Runaway America: U.S. Jobs and Factories on the Move.* Albuquerque: Resource Center Press, 1993.

Buck, Pem Davidson. *Worked to the Bone: Race, Class, Power, & Privilege in Kentucky.* New York: Monthly Review Press, 2001.

Bullard, Robert D., J. Eugene Grigsby III & Charles Lee (ed.). *Residential Apartheid: The American Legacy.* Los Angeles: University of California at Los Angeles Center for African American Studies, 1994.

Bulosan, Carlos. *America Is in the Heart.* Seattle: University of Washington Press, [1943] 1973.

Bunker, Edward. *Education of a Felon.* New York: St. Martin's Press, 2000.

Butler, Paul. "Racially Based Jury Nullification: Black Power in the Criminal Justice System". *Yale Law Journal* vol. 105, n. 3, 1995, p. 677–726.

Butterfield, Fox. "New Prisons Cast Shadow over Higher Education". *New York Times,* 12 de abril de 1995, p. A21.

Buttitta, Sandra L. "AB 971: 'Three Strikes and You're Out' Bill. General Office Memorandum". Office of the District Attorney of Los Angeles County, 1994, p. 94–20.

Calavita, Kitty. *Inside the State: The Bracero Program, Immigration, and the I.N.S.* New York: Routledge, 1992.

Calavita, Kitty, Henry Pontel, and Robert Tillman. *Big Money Crime: Fraud and Politics in the Savings and Loan Crisis.* Berkeley: University of California Press, 1997.

Calhoun, Craig. "Civil Society and the Public Sphere". *Public Culture*, vol. 5, n. 2, 1993, p. 267–80.

California. Blue Ribbon Commission on Inmate Population and Management. *Final Report.* Sacramento: BRC, 1990.

California Correctional Peace Officers' Association. *Meeting the Challenge of Affordable Prisons: A Plan to Reduce the Cost of Building and Operating California Prisons to Ensure Incarceration of Violent and Habitual Offenders without Bankrupting Taxpayers.* West Sacramento: CCPOA, [1996] sem data.

California. Department of Corrections. *Characteristics of Population in California State Prisons by Institution.* Sacramento: CDC, Publicado anualmente, 1971–2002.

———. Department of Corrections. *Historical Trends, 1971–1991.* Sacramento: CDC, 1992.

———. *California Prisoners and Parolees, 1991.* Sacramento: CDC, 1993.

———. *Proposed Medium/Maximum Prison Project.* Sacramento: CDC, 1994a.

———. *Population and Fiscal Estimate of the "Three Strikes" Initiative.* Sacramento: CDC, 1994b.

California. Department of Finance. *California Economic Indicators.* Sacramento: CDF. Publicado seis vezes ao ano, 1975–2000.

———. *A Performance Review of California Department of Corrections.* Sacramento: Performance Review Unit, CDF, 1996.

———. *A Performance Review of California Department of Corrections.* Sacramento: Performance Review Unit, CDF, 2000.

California. Department of Justice. Criminal Justice Information Services Division. https://oag.ca.gov/sites/all/files/agweb/pdfs/cjsc/publications/candd/cd00-full-report.pdf (acessado em janeiro de 2023).

California. Governor's Commission on the Los Angeles Riots. *Violence in the City—An End or a Beginning?* Los Angeles: Governor's Commission on the Los Angeles Riots, 1965.

California. Legislative Analyst's Office. *The New Prison Construction Program at Midstream.* Sacramento: LAO, 1986.

———. *Proposition 172: How Did It Affect Spending for Public Safety? Policy Brief.* Sacramento: LAO, 1994.

———. *Bonds and the November 1994 Ballot. Policy Brief.* Sacramento: LAO, 1994.

———. *Accommodating Prison Population Growth. Status Check.* Sacramento: LAO, 1995a.

———. *Accommodating the State's Inmate Population Growth. Policy Brief.* Sacramento: LAO, 1995b.

———. *Judiciary and Criminal Justice.* Sacramento: LAO, 1996.

California. Prison Industry Authority. Annual reports. Folsom, Calif.: PIA, 1994–1999.

California. Prison Reform Conference Committee. *Report to the Prison Reform Conference Committee.* Sacramento: PRCC, 1996.

California. State Board of Equalization. *Taxable Sales in California.* Sacramento: Board of Equalization, 1970–2000.

———. *Top 25 Sales and Use Tax Accounts by City.* Sacramento: State Board of Equalization, 1990–2000.

California. "State Controller". *Annual Report.* Sacramento: Office of the Controller of the State of California, 1982–2000.

California. State Legislature. Joint Legislative Committee on Prison Construction and Operations. California Senate debate on SB 2156. Sacramento: Joint Legislative Committee on Prison Construction and Operations, 16 de abril de 1996.

———. Joint Select Committee on Corcoran. Hearings. State Capitol, Sacramento. Agosto–outubro de 1998.

California. State Public Works Board. *Lease Revenue Bonds (Department of Corrections) 1985 Series A (Southern Maximum Security Complex). Official Statement.* Sacramento: SPWB, 1985.

———. *Lease Revenue Bonds (Department of Corrections) 1986 Series A (State Prison—Amador County). Official Statement.* Sacramento: SPWB, 1986a.

———. *Lease Revenue Bonds (Department of Corrections) 1986 Series A* [*sic*] *(State Prison—Corcoran). Official Statement.* Sacramento: SPWB,1986b.

———. *Lease Revenue Bonds (Department of Corrections) 1987 Series A (State Prison—Del Norte). Official Statement.* Sacramento: SPWB, 1987.

———. *Lease Revenue Bonds (Department of Corrections) 1990 Series A (State Prison—Madera County). Official Statement.* Sacramento: SPWB, 1990.

———. *Lease Revenue Bonds (Department of Corrections) 1991 Series A (State Prisons—Imperial County). Official Statement.* Sacramento: SPWB, 1991.

———. *Lease Revenue Refunding Bonds (Department of Corrections) 1993 Series A (Various State Prisons). Lease Revenue Bonds (Department of Corrections) 1993 Series B (California State Prison—Fresno County, Coalinga). Official Statement.* Sacramento: SPWB, 1993a.

———. *Lease Revenue Refunding Bonds (Department of Corrections) 1986 Series C (Del Norte). Official Statement.* Sacramento: SPWB, 1993b.

———. *Lease Revenue Bonds (Department of Corrections) 1993 Series D (California State Prison—Lassen County, Susanville). Official Statement.* Sacramento: SPWB, 1993c.

———. *Lease Revenue Bonds (Department of Corrections) 1993 Series E (California State Prison—Madera County (II)). Official Statement.* Sacramento: SPWB, 1993d.

———. *Lease Revenue Bonds (Department of Corrections). 2001 Series A (California State Prison—Lassen County Susanville), and 2001 Series B (California Substance Abuse Treatment Facility and State Prison at Corcoran [Corcoran II]). Official Statement.* Sacramento: SPWB, 2001.

California. "State Task Force on Youth Gang Violence. Final Report". Sacramento: California Council on Criminal Justice, 1986.

Carby, Hazel V. *Reconstructing Womanhood: The Emergence of the Afro-American Woman Novelist.* Oxford: Oxford University Press, 1987.

———. "Policing the Black Woman's Body in an Urban Context". *Critical Inquiry,* vol. 18, n. 4, 1992, p. 738–55.

Carlson, Katherine. "Understanding Community Opposition to Prison Siting: More Fear Than Finances". *Corrections Today,* abril de 1988, p. 84–90.

———. "Doing Good and Looking Bad: A Case Study of Prison/Community Relations". *Crime and Delinquency*, vol. 38, n. 1, 1992, p. 56–69.

Carr, James. *Bad: The Autobiography of James Carr.* New York: Carroll & Graf, 1975.

Castells, Manuel. *The Informational City: Information Technology, Economic Restructuring, and the Urban-Regional Process.* Oxford: Basil Blackwell, 1989.

Castells, Manuel & Peter Hall. *Technopoles of the World: The Making of 21st Century Industrial Complexes.* New York: Routledge, 1994.

Caughey, John Walton. *California.* New York: Prentice-Hall, 1940.

Cell, John W. *The Highest Stage of White Supremacy: The Origins of Segregation in South Africa and the America South.* Cambridge: Cambridge University Press, 1982.

Central California Futures Institute Staff. *Five Cities Economic Development Authority: A Study of Agriculturally Related Businesses.* Fresno, Calif.: Central California Futures Institute, 2000.

Cerrill Associates. *Political Difficulties Facing Waste-to-Energy Conversion Plant Siting 43.* Preparado para o California Waste Management Board. Los Angeles: Cerrill Associates, 1984.

Chabotar, Kent John. Financing Alternatives for Prison and Jail Construction. *Government Finance Review,* vol. 1, n. 3, 1985, p. 7–14.

Chabram, Angie C. "Chicana/o Studies as Oppositional Ethnography". *Cultural Studies,* vol. 4, n. 3, 1990, p. 228–47.

Chabram, Angie C. & Rosa Linda Fregoso. "Chicana/o Cultural Representations: Reframing Alternative Critical Discourses". *Cultural Studies*, vol. 4, n. 3, 1990, p. 203–12.

Chabrán, Richard. "The Emergence of Neoconservatism in Chicano/Latino Discourses". *Cultural Studies,* vol. 4, n. 3, 1990, p. 217–27.

Chambliss, William J. "Don't Confuse Me with Facts: Clinton 'Just Says No.' " *New Left Review*, vol. 204, 1994, p. 113–26.

———. *Power, Politics, and Crime.* Boulder, Colo.: Westview Press, 1999.

Chandler, Alfred D. *The Visible Hand: The Managerial Revolution in America.* Cambridge, Mass.: Harvard University Press, 1977.

———. *Scale and Scope: The Dynamics of Industrial Capitalism.* Cambridge, Mass.: Harvard University Press, 1990.

Chapman, Jeffrey I. "The Fiscal Context". In. John J. Kirlin & Donald R. Winkler (ed.). *California Policy Choices.* Publicado anualmente pelo Sacramento Public Affairs Center, School of Public Administration, University of Southern California, Los Angeles, 1991, vol. 7, p. 13–36.

Cheng, Lucie & Edna Bonacich (ed.). *Labor Immigration under Capitalism: Asian Workers in the United States before World War II.* Berkeley: University of California Press, 1984.

Chinitz, Benjamin. "Contrasts in Agglomeration: New York and Pittsburgh". *American Economic Association Papers and Proceedings,* 1960, p. 279–89.

Chinn, Sarah E. *Technology and the Logic of American Racism.* New York: Continuum Press, 2000.

Chomsky, Noam. "International Terrorism: Image and Reality". In. Alexander George (ed.). *Western State Terrorism.* New York: Routledge, p. 12–38, 1991.

Christaller, Walter. *Central Places in Southern Germany.* Englewood Cliffs, N.J.: Prentice-Hall, 1966.

Christian, Barbara. "The Race for Theory". *Cultural Critique*, vol. 6, 1987, p. 51–61.

Christianson, Scott. *With Liberty for Some: 500 Years of Imprisonment in America.* Boston: Northeastern University Press, 1998.

Christie, Nils. *Crime Control as Industry: Towards Gulags Western Style?* New York: Routledge, 1993. [ed. bras.: *A indústria do controle do crime. A caminho dos gulags em estilo ocidental?* Tradução de Luis Leiria. Rio de Janeiro: Forense, 1998].

Christopher, Warren. *Report of the Independent Commission on the Los Angeles Police Department.* Los Angeles: The Commission, 1991.

Churchill, Ward & Jim Vander Wall. *Agents of Repression: The FBI's Secret Wars against the Black Panther Party and the American Indian Movement.* Boston: South End Press, 1990.

——— (ed.). *The Cointelpro Papers: Documents from the FBI's Secret Wars against Dissent in the United States.* Boston: South End Press, 1990.

Clark, Gordon. "A Theory of Local Autonomy". *Annals of the Association of American Geographers*, vol. 74, 1984, p. 195–208.

———. *Unions and Communities under Siege.* Cambridge: Cambridge University Press, 1991.

Clark, Gordon & Michael Dear. "The State in Capitalism and the Capitalist State". In. Michael Dear & Allan Scott (ed.). *Urbanization and Urban Planning in Capitalist Society.* New York: Methuen, 1981, p. 45–61.

Clark, John, James Austin & D. Alan Henry. *"Three Strikes and You're Out": A Review of State Legislation.* Research in Brief. NCJ 165369. Washington, D.C.: U.S. Department of Justice, National Institute of Justice, 1996.

Clark, Septima. *Ready from Within: Septima Clark and the Civil Rights Movement.* Navarro, Calif.: Wild Trees Press, 1986.

Clarke, Stuart Alan. "Fear of a Black Planet: Race, Identity Politics and Common Sense". *Socialist Review*, vol. 21, n. 3 e 4, 1991, p. 37–59.

Clear, Todd. "The Problem with 'Addition by Subtraction': The Prison-Crime Relationship in Low-Income Communities". In. Marc Mauer & Meda Chesney-Lind (ed.). *Invisible Punishment.* New York: New Press, 2002, p. 184–94.

Clear, Todd, Dina R. Rose, Elin Waring & Kristin Scully. Coercive "Mobility and Crime: A Preliminary Examination of Concentrated Incarceration and Social Disorganization". *Justice Quarterly*, vol. 20, n. 1, 2001, p. 33–64.

Coalition for Effective Public Safety. *Lower Costs, Greater Safety: A Common-Sense Plan to Reform the California Department of Corrections to Save Money and Make Our Communities Safer.* Sacramento: Coalition for Effective Public Safety, 2004.

Cobble, Dorothy Sue. *Dishing It Out: Waitresses and Their Unions in the Twentieth Century.* Urbana: University of Illinois Press, 1991.

———. "Making Postindustrial Unionism Possible". In. Sheldon Friedman et al (ed.). *Restoring the Promise of American Labor Law.* Ithaca, N.Y.: ILR Press, 1994, p. 285–302.

——— (ed.). *Women and Unions: Forging a Partnership.* Ithaca, N.Y.: ILR Press, 1993.

Cohen, Lizabeth. *Making a New Deal.* Cambridge: Cambridge University Press, 1990.

Cohen, Mark. "Pain, Suffering and Jury Awards: A Study of the Cost of Crime to Victims". *Law and Society Review*, vol. 22, 1988, p. 537–55.

Cohen, Robin. *The New Helots: Migrants in the International Division of Labour.* Aldershot, Hants, UK: Avebury; Brookfield, Vt.: Gower Pub. Co, 1987.

Cole, David. "Courting Capital Punishment". *Nation,* 22 de fevereiro de 1996, p. 20–22.

Cole, Luke & Sheila Foster. *From the Ground Up.* New York: New York University Press, 2001.

Collins, Patricia Hill. *Black Feminist Thought.* Boston: Unwin Hyman, 1990. [ed. bras.: *Pensamento feminista negro: conhecimento, consciência e a política do empoderamento.* Tradução de Natália Luchini. São Paulo: Boitempo, 2019].

Comfort, Megan. "Papa's House: The Prison as Domestic and Social Satellite." *Ethnography*, vol. 3, n. 4, 2002, p. 467–99.

Connery, Robert H. (ed.). *Urban Riots: Violence and Social Change.* New York: Vintage Books, 1969.

Conover, Ted. *Newjack: Guarding Sing Sing.* New York: Random House, 2000.

Cook, Fred J. *The Warfare State.* New York: Macmillan, 1962. [ed. bras.: *O estado militarista. O que há por trás da morte de Kennedy.* Tradução de Fernando de Castro Ferro. Rio de Janeiro: Civilização Brasileira, 1964].

Cooke, R. U. *Geomorphological Hazards in Los Angeles.* London: Allen Unwin, 1984.

Corbridge, Stuart. "Plausible Worlds: Friedman, Keynes and the Geography of Inflation". In. Stuart Corbridge, Nigel Thrift & Ron Martin (ed.). *Money, Power and Space.* Oxford: Basil Blackwell, 1994, p. 63–91.

Cornell, Drucilla. *The Imaginary Domain: Abortion, Pornography & Sexual Harassment.* New York: Routledge, 1995.

Cox, Oliver C. *Race, Class, and the World System: The Sociology of Oliver C. Cox.* Herbert M. Hunter & Sameer Y. Abraham (ed.). New York: Monthly Review, 1987.

Critical Resistance–INCITE. "Gender Violence and the Prison Industrial Complex", *Social Justice*, vol. 30, n. 3, 2003, p. 141–150.

Critical Resistance Publications Collective (ed.). "Critical Resistance to the Prison-Industrial Complex". Edição especial do *Social Justice*, vol. 27, n. 3, 2000.

Cruikshank, Barbara. "The Will to Empowerment: Technologies of Citizenship and the War on Poverty". *Socialist Review*, vol. 23, n. 4, 1994, p. 29–55.

Cullenberg, Stephen. *The Falling Rate of Profit: Recasting the Marxian Debate.* London: Pluto Press, 1994.

Cummins, Eric. *The Rise and Fall of California's Radical Prison Movement.* Stanford: Stanford University Press, 1994.

Curry, Janel M. "Community Worldview and Rural Systems: A Study of Five Communities in Iowa". *Annals of the Association of American Geographers*, vol. 90, n. 4, 2000, p. 693–712.

Curtin, Mary Ellen. *Black Prisoners and Their World, Alabama, 1865–1900.* Charlottesville: University Press of Virginia, 2000.

Dalla Costa, Mariarosa & Selma James. *The Power of Women and the Subversion of the Community.* London: Falling Wall Press, 1972.

Daniel, Cletus E. *Bitter Harvest: A History of California Farmworkers, 1870–1941.* Berkeley: University of California Press, 1981.

Davis, Angela Y. (ed.). *If They Come in the Morning: Voices of Resistance.* A Joseph Okpaku Book. New York: Third Press, 1971.

———. *Women, Race & Class.* New York: Vintage Books, 1981. [ed. bras.: *Mulheres, raça e classe.* Tradução de Heci Regina Candiani. São Paulo: Boitempo, 2016].

———. *Women, Culture & Politics.* New York: Random House, 1989. [ed. bras.: *Mulheres, cultura e política?* Tradução de Heci Regina Candiani. São Paulo: Boitempo, 2017].

———. *Are Prisons Obsolete?* New York: Seven Stories Press, 2003. [ed. bras.: *Estarão as prisões obsoletas?* Tradução de Marina Vargas. Rio de Janeiro: Difel, 2018].

Davis, Christopher, Richard Estes & Vincent Schiraldi. *"Three Strikes": The New Apartheid.* San Francisco: Center on Juvenile and Criminal Justice, 1996.

Davis, David Brion. *From Homicide to Slavery: Studies in American Culture.* New York: Oxford University Press, 1986.

Davis, Mike. *Prisoners of the American Dream.* New York: Verso, 1986.

———. *City of Quartz.* New York: Verso, 1990. [ed. bras.: *Cidade de Quartzo: escavando o futuro em Los Angeles.* Tradução de Renato Aguiar e Marco Rocha. São Paulo: Boitempo, 2009].

———. "Blacks Are Dealt Out". *Nation,* 6 de julho de 1992a, p. 7–10.

———. "The L.A. Inferno". *Socialist Review,* vol. 22, n. 1, 1992b, p. 57–80.

———. "Uprising and Repression in Los Angeles". In. Robert GoodingWilliams (ed.). *Reading Rodney King, Reading Urban Uprising.* New York: Routledge, 1993a, p. 142–54.

———. "Who Killed Los Angeles? A Political Autopsy". *New Left Review,* vol. 197, 1993b, p. 3–28. [ed. bras.: "Quem matou Los Angeles? Uma autópsia política". In. id. *Cidades Mortas.* Tradução Alves Calado. Rio de Janeiro: Record, 2007, p. 277–315].

———. "Who Killed Los Angeles: Part Two: The Verdict Is Given". *New Left Review,* vol. 199, 1993c, p. 29–54.

———. "Hell's Factories in the Fields". *Nation,* janeiro de 1995, p. 32–37.

———. *Ecology of Fear.* New York: Metropolitan Books, 1998. [ed. bras.: *Ecologia do medo.* Tradução de Manuela Garcia Valdés. São Paulo: Record, 2001].

Dawson, Robert & Gray Brechin. *Farewell, Promised Land: Waking from the California Dream.* Berkeley: University of California Press, 1999.

Dayan, Joan. "Held in the Body of the State". In. Austin Sarat & Thomas R. Kearns (ed.). *History, Memory, and the Law.* Ann Arbor: University of Michigan Press, 1999, p. 183–248.

De Certeau, Michel. *The Practice of Everyday Life.* Berkeley: University of California Press.

De Janvry, Alain. *The Agrarian Question and Reformism in Latin America.* Baltimore: Johns Hopkins University Press, 1981.

De Landa, Manuel. *War in the Age of Intelligent Machines.* New York: Zone Books, 1991.

Delone, Miriam Anne. "Labor and County-Level Punishment Patterns in Florida during the 1980s". Ph.D. diss., Florida State University, 1992.

Derber, Charles. *The Wilding of America: How Greed and Violence Are Eroding Our Nation's Character.* New York: St. Martin's Press, 1996.

Derrida, Jacques. "But, beyond... (Open Letter to Anne McClintock and Rob Nixon)". *Critical Inquiry*, vol. 13, n. 1, 1986, p. 155–70.

Deutsche, Rosalyn. "Architecture of the Evicted". *Strategies,* n. 3, 1990a, p. 159–83.

———. "Men in Space". *Strategies*, n. 3, 1990b, p. 130–37.

———. "Art and Public Space: Questions of Democracy". *Social Text*, n. 33, 1992, p. 34–53.

Dickens, Edwin. "U.S. Monetary Policy in the 1950s: A Radical Political Economic Approach". *Review of Radical Political Economics*, vol. 27, n. 4, 1995, p. 83–111.

———. "The Federal Reserve's Low Interest Rate Policy in 1970–72: Determinants and Constraints". *Review of Radical Political Economics*, vol. 28, n. 3, 1996, p. 115–25.

Didion, Joan. *Where I Was From.* New York: Knopf, 2003.

DiIulio, John J. *No Escape: The Future of American Corrections.* New York: Basic Books, 1991.

———. "The Question of Black Crime". *Public Interest,* outono de 1994, p. 3–32.

———. "Are Voters Fools? Crime, Public Opinion, and Representative Democracy". *Corrections Management Quarterly*, vol. 1, n. 3, 1997, p. 1–5.

Dill, Bonnie Thornton. *Across the Boundaries of Race and Class: An Exploration of Work and Family among Black Female Domestic Servants.* New York: Garland, 1994.

Dittmer, John. *Local People: The Struggle for Civil Rights in Mississippi.* Urbana: University of Illinois Press, 1994.

Doherty, Joe, Elspeth Graham & Mo Malek (ed.). *Postmodernism and the Social Sciences.* London: Macmillan, 1992.

Donner, Frank J. *The Age of Surveillance: The Aims and Methods of America's Political Intelligence System.* New York: Knopf, 1980.

———. *Protectors of Privilege: Red Squads and Police Repression in Urban America.* Berkeley: University of California Press, 1990.

Don't Talk! Reprint of *Revolutionary Worker,* n. 42. New York: Revolution Books, 1980.

Dowd, Doug. *Blues for America: A Critique, a Lament, and Some Memories.* New York: Monthly Review Press, 1997.

Downey, Sheridan. *They Would Rule the Valley.* San Francisco: Office of Senator Sheridan Downey, 1947.

Drew, Jerry. New Prison. *Coalinga Record,* vol. 1, 1° de fevereiro de 1984.

Dubofsky, Melvyn. *We Shall Be All: A History of the Industrial Workers of the World.* Chicago: Quadrangle Books, 1969.

———. *The State and Labor in Modern America.* Chapel Hill: University of North Carolina Press, 1994.

DuBois, Page. *Torture and Truth.* New York: Routledge, 1991.

Du Bois, W. E. B. *Black Reconstruction in America, 1860–1880.* New York: Atheneum, [1935] 1992.

Duff, Antony & David Garland (ed.). *A Reader on Punishment.* Oxford: Oxford University Press, 1994.

Duffy, Migon. "Reproducing Labor Inequalities: Challenges for Feminists Conceptualizing Care at the Intersections of Gender, Race and Class". *Gender and Society,* vol. 19, n. 1, 2005, p. 66–82.

Dugger, William M. "A Research Agenda for Institutional Economics". *Journal of Economic Issues,* vol. 22, n. 4, 1988, p. 983–1002.

Duncan, James & Trevor Barnes (ed.). *Writing Worlds: Discourse, Text and Metaphor in the Representation of Landscape.* New York: Routledge, 1992.

Dunne, Bill. *The New Plantation.* Fairfield, Conn.: Free Yourselves Collective. Folheto, 1997.

Dyer, Joel. *Harvest of Rage: Why Oklahoma City Is Only the Beginning.* Boulder, Colo.: Westview Press, 1998.

———. *The Perpetual Prisoner Machine: How America Profits from Crime.* Boulder, Colo.: Westview Press, 1999.

Edid, Marilyn. *Farm Labor Organizing: Trends and Prospects.* Ithaca, N.Y.: ILR Press, 1994.

Edsall, Thomas. *The New Politics of Inequality.* New York: Norton, 1988.

Edwards, Richard & Michael Podgursky. "The Unravelling Accord: American Unions in Crisis". In. Richard Edwards, Paolo Garonna & Franz Todtling (ed.). *Unions in Crisis and Beyond: Perspectives from Six Countries.* Dover, Mass.: Auburn House, 1986, p. 14–59.

Egerton, John. *Speak Now against the Day: The Generation before the Civil Rights Movement in the South.* New York: Knopf, 1994.

Eitzen, D. Stanley & Maxine Baca Zinn. *The Reshaping of America: Social Consequences of the Changing Economy.* Englewood Cliffs, N.J.: Prentice-Hall, 1989.

Ekland-Olson, Sheldon et al. "Crime and Incarceration: Some Comparative Findings from the 1980s". *Crime and Delinquency,* vol. 38, n. 3, 1992, p. 392–416.

El-Ashry, Mohamed T. & Diana C. Gibbons (ed.). *Water and Arid Lands of the Western United States: a World Resources Institute book*. New York: Cambridge University Press, 1988.

Engelhardt, Tom. *The End of Victory Culture: Cold War America and the Disillusioning of a Generation.* New York: Basic Books, 1995.

Engler, Robert. "Progress and Power Post-Industrial Style". *Monthly Review*, vol. 46, n. 3, 1994, p. 114–22.

Epstein, Edward Jay. *Agency of Fear.* Rev ed. New York: Verso, 1990.

Erickson, Christopher L., Catherine Fisk, Ruth Milkman, Daniel J. E. Mitchell & Kent Wong. *California's Revolt of the Bottom of the Wage Scale,* 2002. www.sppsr.ucla.edu/calpolicy02/page1.cfm (acessado em agosto de 2005).

Escobar, Arturo. "Imagining a Post-Development Era? Critical Thought, Development and Social Movements". *Social Text*, vol. 31/32, 1992, p. 30–56.

———. *Encountering Development.* Princeton, N.J.: Princeton University Press, 1995.

Esteva, Gustavo & Madhu Suri Prakash. *Grassroots PostModernism: Remaking the Soil of Cultures.* London: Zed Books, 1998.

Ethington, Philip J. *Segregated Diversity: Race-Ethnicity, Space, and Political Fragmentation in Los Angeles County, 1940–1994. Final Report to the John Randolph Haynes and Dora Haynes Foundation.* Los Angeles: Haynes Foundation, 2000.

Eu, March Fong. *California Ballot Initiatives.* Sacramento: Office of the Secretary of State, 1993.

Families against Mandatory Minimums [FAMM]. "Crack and Marijuana Top Sentencing Commission Agenda". *FAMMgram,* n. 1, 1995.

Fanon, Frantz. *The Wretched of the Earth.* New York: Grove Press, 1961. [ed. bras.: *Os Condenados da Terra.* Tradução de Lígia Fonseca. Rio de Janeiro: Zahar, 2022].

Farr, Kathryn Ann. "Revitalizing the Drug Decriminalization Debate". *Crime & Delinquency*, vol. 36, n. 2, 1990, p. 223–37.

Farrigan, Tracey L. & Amy K. Glasmeier. "The Economic Impact of the Prison Development Boom on Persistently Poor Rural Places". *Sage Journals,* vol. 30, n. 3, 2002.

Faue, Elisabeth. *Community of Suffering and Struggle: Women, Men and the Labor Movement in Minneapolis, 1915–1945.* Chapel Hill: University of North Carolina Press, 1990.

Feldman, Allen. *Formations of Violence: The Narrative of the Body and Political Terror in Northern Ireland.* Chicago: University of Chicago Press, 1991.

———. "On Cultural Anesthesia: From Desert Storm to Rodney King". *American Ethnologist,* vol. 21, n. 2, 1994, p. 404–18.

———. "The Event and Its Shadow: Post-Ethnographic Receptions of Violence". *Transforming Anthropology,* vol. 8, n. 1–2, 1999, p. 4–18.

———. "Philoctetes Revisited: White Public Space and the Political Geography of Public Safety". *Social Text,* vol. 19, n. 38, 2001, p. 57–89.

———. "Ground Zero Point One: On the Cinematics of History". *Social Analysis*, vol. 46, n. 1, 2002a, p. 110–17.

———. "Strange Fruit". *Social Analysis*, vol, 46, n. 3, 2002b, p. 234–65.

Feldman, Daniel L. "Twenty Years of Prison Expansion: A Failing National Strategy". *Public Administration Review*, vol. 53, n. 6, 1993, p. 561–70.

Femenía, Nora Amelia. "Argentina's Mothers of the Plaza de Mayo: The Mourning Process from Junta to Democracy". *Feminist Studies*, vol. 13, n. 1, 1987, p. 9–18.

Ferguson, Ann. "The Intersection of Race, Gender, and Class in the United States Today". *Rethinking Marxism*, vol. 3, n. 3–4, 1990, p. 45–64.

Ferguson, James. *The Anti-Politics Machine: "Development," Depoliticization and Bureaucratic Power in Lesotho.* Minneapolis: University of Minnesota Press, [1990] 1994.

Fernandes, Leela. *Producing Workers: The Politics of Gender, Class, and Culture in the Calcutta Jute Mills.* Philadelphia: University of Pennsylvania, 1997.

Ferrari, Paul L., Jeffrey W. Knopf & Raúl L. Madrid. *U.S. Arms Exports: Policies and Contractors.* Washington, D.C.: Investor Responsibility Research Center, 1987.

Fields, Barbara Jeanne. "Slavery, Race and Ideology in the United States of America". *New Left Review*, vol. 181, 1990, p. 95–118.

Fischer, Michael M. J. "Is There a Difference between Public Culture 1789 and 1989? A Reply to Greg Urban". *Public Culture* vol. 5, n. 2, 1993, p. 39–44.

Fisher, Jo. *Mothers of the Disappeared.* Boston: South End Press, 1989.

Flanigan, James. "A Contradictory Economy Driven by Steady Investors". *Los Angeles Times,* 14 de janeiro de 1996, p. D-1.

Flateau, John. *The Prison Industrial Complex: Race, Crime & Justice in New York.* New York: Medgar Evers College, CUNY/DuBois Bunche Center, 1996.

Fogelson, Robert M. *America's Armories: Architecture, Society, and Public Order.* Cambridge, Mass.: Harvard University Press, 1989.

———. *The Fragmented Metropolis.* Berkeley: University of California Press, [1967] 1993.

Foglesong, Richard E. *Planning the Capitalist City: The Colonial Era to the 1920s.* Princeton, N.J.: Princeton University Press, 1986.

Foner, Eric. *Nothing but Freedom: Emancipation and Its Consequences.* Baton Rouge: Louisiana State University Press, 1983. [ed. bras.: *Nada além da liberdade.* São Paulo: Paz e Terra, 1988].

Foner, Phillip S. "The IWW and the Black Worker". *Journal of Negro History*, vol. 54, n. 4, 1970, p. 45–64.

Forbath, William E. *Law and the Shaping of the American Labor Movement.* Cambridge, Mass.: Harvard University Press, 1991.

Fortunati, Leopoldina. *The Arcane of Reproduction: Housework, Prostitution, Labor and Capital.* Translated by Hilary Creek. Brooklyn, N.Y.: Autonomedia, 1995.

Foucault, Michel. *Madness and Civilization.* New York: Random House, 1965.

———. *The Order of Things: An Archaeology of the Human Sciences.* New York: Vintage Books, 1970.

———. *The Birth of the Clinic: An Archaeology of Medical Perception.* New York: Vintage Books, 1975. [ed. bras.: *O nascimento da clínica.* Tradução de Roberto Machado. São Paulo: Forense Universitária, 2003].

———. *Discipline and Punish: The Birth of the Prison.* Translated by Alan Sheridan. New York: Pantheon Books, 1977. [ed. bras.: *Vigiar e Punir: Nascimento da Prisão.* Tradução de Raquel Ramalhete. Rio de Janeiro: Editora Vozes, 42° ed., 2014].

———. "Space, Power and Knowledge: An Interview with Michel Foucault by Paul Rabinow". *Skyline,* março de 1982, p. 16–20.

———. "Faire vivre et laisser mourir: La Naissance du racisme". *Les Temps Modernes,* vol. 535, 1991, p. 37–61.

Fraad, Harriet. "Anorexia Nervosa: The Female Body as a Site of Gender and Class Transition". *Rethinking Marxism,* vol. 3, n. 3–4, 1990, p. 79–100.

Fraad, Harriet, Stephen Resnick & Richard Wolff. *Bringing It All Back Home: Class, Gender & Power in the Modern Household.* London: Pluto Press, 1994.

Franklin, H. Bruce. *Prison Literature in America.* Westport, Conn.: Lawrence Hill, 1982.

———. *Prison Writing in Twentieth Century America.* New York: Penguin Books, 1998.

Fraser, Joelle. "An American Seduction: Portrait of a Prison Town". In. Tara Herivel & Paul Wright (ed.). *Prison Nation.* New York: Routledge, 2003, p. 73–84.

Fraser, Nancy & Linda Gordon. "Contract versus Charity: Why Is There No Social Citizenship in the United States?". *Socialist Review,* vol. 22, n. 3, 1992, p. 45–67. [ed. bras.: "Contrato *versus* caridade: por que não existe cidadania social nos Estados Unidos?". *Revista Crítica de Ciências Sociais,* n. 42, tradução de Ângela Maria Moreira, maio de 1995, p. 27–52].

Fraser, Steve & Gary Gerstle (ed.). *The Rise and Fall of the New Deal Order, 1930–1980.* Princeton, N.J.: Princeton University Press, 1989.

Freedman, Carl. "Louisiana 'Duce': Notes toward a Systematic Analysis of Postmodern Fascism in America". *Rethinking Marxism,* vol. 5, n. 1, 1992, p. 19–31.

Freedman, Estelle B. *Maternal Justice: Miriam van Waters and the Female Reform Tradition.* Chicago: University of Chicago Press, 1996.

Freeman, Richard B. "The Supply of Youths to Crime". In. Susan Pozo (ed.). *Exploring the Underground Economy.* Kalamazoo, Mich.: W. E. Upjohn Institute, 1996, p. 57–81.

Fregoso, Rosa Linda. " 'Born in East LA' and the Politics of Representation". *Cultural Studies,* vol. 4, n. 3, 1990, p. 264–80.

Freire, Paulo. *Pedagogy of the Oppressed.* New York: Seabury Press, 1970. [ed. bras.: *Pedagogia do oprimido.* São Paulo: Paz & Terra, [1968] 2019].

Freyfogle, Eric T. (ed.). *The New Agrarianism: Land, Culture, and the Community of Life.* Washington, D.C.: Island Press, 2001.

Frieden, Bernard J. & Lynne B. Sagalyn. *Downtown, Inc.* Cambridge, Mass.: MIT Press, 1989.

Friedman, Lawrence M. *Crime and Punishment in American History.* New York: Basic Books, 1993.

Friedman, Sheldon, Richard W. Hurd, Rudolph A. Oswald & Ronald L. Seeber (ed.). *Restoring the Promise of American Labor Law.* Ithaca, N.Y.: ILR Press, 1994.

Friedmann, John & Clyde Weaver. *Territory and Function: The Evolution of Regional Planning.* Berkeley: University of California Press, 1979.

Froines, Ann. "Renewing Socialist Feminism". *Socialist Review,* vol. 22, n. 2, 1992, p. 125–31.

Fuller, Lisa G. "Visitors to Women's Prisons in California: An Exploratory Study". *Federal Probation,* vol. 57, n. 4, 1993, p. 41–47.

Fusfeld, Daniel R. *The Age of the Economist.* Rev. ed. Glenview, Ill.: Scott Foresman, 1972. [ed. bras.: *A era do economista.* Tradução de Fábio D. Waltenberg. São Paulo: Saraiva, 2001].

Gabriel, Satyananda. "The Continuing Significance of Race: An Overdeterminist Approach to Racism". *Rethinking Marxism,* vol. 3, n. 3–4, 1990, p. 65–78.

Galbraith, John Kenneth. *The New Industrial State.* New York: New American Library, 1967. [*O novo estado industrial.* Tradução de Leônidas Gontijo de Carvalho. São Paulo: Nova Cultural, 1997].

Gallagher, Tom. "Massachusetts: Miracle to Debacle". *Socialist Review,* vol. 21, n. 1, 1991, p. 155–76.

"Gang Truce Leader: From Peacemaker to Prisoner". *Los Angeles Times,* 20 de dezembro de 1992, p. B-1.

Garcia, Matt. *A World of Its Own: Race, Labor, and Citrus in the Making of Greater Los Angeles, 1900–1970.* Chapel Hill: University of North Carolina Press, 2001.

Garland, David. *Punishment and Modern Society: A Study in Social Theory.* Chicago: University of Chicago Press, 1990.

———. *The Culture of Control: Crime and Social Order in Contemporary Society.* Chicago: University of Chicago Press, 2002. [ed. bras.: *A Cultura do Controle: crime e ordem social na sociedade contemporânea.* Tradução André Nascimento. Rio de Janeiro: Editora Revan, 2008].

Garnham, Nicholas. "The Mass Media, Cultural Identity, and the Public Sphere in the Modern World". *Public Culture,* vol. 5, n. 2, 1993, p. 251–66.

Gay, Paul du. "Enterprise Culture and the Ideology of Excellence". *New Formations,* vol.13, 1991, p. 45–61.

Geiger, Roger L. *To Advance Knowledge.* New York: Oxford University Press, 1985.

———. *Research and Relevant Knowledge.* New York: Oxford University Press, 1993.

Geohegan, Thomas. *Which Side Are You On? Trying to Be for Labor When It's Flat on Its Back.* New York: Farrar Straus Giroux, 1991.

George, Alexander (ed.). *Western State Terrorism.* New York: Routledge, 1991.

Gest, Ted. *Crime and Politics: Big Government's Erratic Campaign for Law and Order.* New York: Oxford University Press, 2001.

Gibbons, Don. "From the Editor's Desk: A Call for Some 'Outrageous' Proposals for Crime Control in the 1990s". *Crime and Delinquency*, vol. 36, n. 2, 1990, p. 195–203.

Giddens, Anthony. *A Contemporary Critique of Historical Materialism.* Vol. 2: *The Nation-State and Violence.* Berkeley: University of California Press, 1987. [ed. bras.: *O Estado-Nação e a violência.* Vol. 2: *Uma Crítica Contemporânea ao Materialismo Histórico.* Tradução de Beatriz Guimarães. São Paulo: Edusp, 2001].

Giddings, Paula. *When and Where I Enter: The Impact of Black Women on Race and Sex in America.* New York: William Morrow, 1984.

Gilbert, Melissa. " 'Race,' Space, and Power: The Survival Strategies of Working Poor Women". *Annals of the Association of American Geographers*, vol. 88, n. 4, 1998, p. 595–621.

Gilkes, Cheryl Townsend. *Black Women's Work as Deviance: Social Sources of Racial Antagonism.* Wellesley, Mass.: Wellesley College Center for Research on Women, 1979.

———. "Dual Heroisms and Double Burdens: Interpreting AfroAmerican Women's Experience and History". *Feminist Studies*, vol. 15, n. 3, 1989, p. 573–90.

Gill, Richard T. "The Importance of Deterrence". *Public Interest,* outono de 1994, p. 51–56.

Gillespie, Ed & Bob Schellhas (ed.). *Contract with America: The Bold Plan by Rep. Newt Gingrich, Rep. Dick Armey and the House Republicans to Change the Nation.* New York: Times Books, 1994.

Gilmore, Glenda Elizabeth. *Gender and Jim Crow: Women and the Politics of White Supremacy in North Carolina, 1896–1920.* Chapel Hill: University of North Carolina Press, 1996.

Gilmore, Ruth Wilson. "Decorative Beasts: Dogging the Academy in the Late 20th Century". *California Sociologist*, vol. 14, n. 1–2, 1991, p. 113–35.

———. "Public Enemies and Private Intellectuals: Apartheid USA". *Race & Class*, vol. 35, n. 1, 1993a, p. 69–78.

———. "Terror Austerity Race Gender Excess Theater". In. Robert Gooding Williams (ed.). *Reading Rodney King, Reading Urban Uprising.* New York: Routledge, 1993b, p. 23–37.

———. "Capital, State and the Spatial Fix: Imprisoning the Crisis at Pelican Bay". Ms. não publicado, 1994.

———. "Globalisation and U.S. Prison Growth: From Military Keynesianism to Post-Keynesian Militarism". *Race and Class*, vol. 40, n. 2–3, 1998, p. 171–87.

———. "'You Have Dislodged a Boulder': Mothers and Prisoners in the Post Keynesian California Landscape". *Transforming Anthropology*, vol. 8, n. 1–2, 1999, p. 12–38.

———. "Fatal Couplings of Power and Difference: Notes on Racism and Geography". *Professional Geographer*, vol. 54, n. 1, 2002a, p. 15–24.

———. "Race and Globalization". In. R. J. Johnstone, P. J. Taylor & M. Watts (ed.). *Geographies of Global Change*. Oxford: Basil Blackwell, 2a ed., 2002b, p. 261–74.

Gilmore, Ruth Wilson & Craig Gilmore. "The Other California". In. David Solnit (ed.). *Globalizing Liberation*. San Francisco: City Lights Books, 2004, p. 381–96.

Gilpin, Kenneth N. "Corporate Profits Are Robust, Despite Slowing Growth". *New York Times*, 4 de agosto de 1995, p. D-3.

Gilroy, Paul. *There Ain't No Black in the Union Jack*. London: Hutchinson, 1987.

———. *The Black Atlantic: Modernity and Double Consciousness*. Cambridge, Mass.: Harvard University Press, 1993. [*O Atlântico negro: modernidade e dupla consciência*. Tradução de Cid Knipel Moreira. São Paulo: Editora 34, 2012].

———. *Against Race*. Cambridge, Mass.: Harvard University Press, 2000.

Gilroy, Paul, Lawrence Grossberg & Angela McRobbie. *Without Guarantees: In Honour of Stuart Hall*. New York: Verso, 2000.

Ginzburg, Ralph. *100 Years of Lynchings*. Baltimore: Black Classic Press, [1962] 1988.

Glassner, Barry. *The Culture of Fear*. New York: Basic Books, 2000. [ed. bras.: *Cultura do medo*. São Paulo: Editora Francis, 2003].

Glazer, Nathan. *We Are All Multiculturalists Now*. Cambridge, Mass.: Harvard University Press, 1997.

Glenn, Evelyn Nakano. "Racial Ethnic Women's Labor: The Intersection of Race, Gender and Class Oppression". *Review of Radical Political Economics*, vol. 17, n. 3, 1985, p. 86–108.

———. *Unequal Freedom: How Race and Gender Shaped American Citizenship and Labor*. Cambridge, Mass.: Harvard University Press, 2002.

Glenn, Evelyn Nakano, Grace Chang & Linda Rennie Forcey (ed.). *Mothering: Ideology, Experience, and Agency*. New York: Routledge, 1994.

Glenn, Myra C. *Campaigns against Corporal Punishment: Prisoners, Sailors, Women and Children in Antebellum America*. Albany: State University of New York Press, 1984.

Glickman, Lawrence. "Wages and the Gendering of Need". *Socialist Review*, vol. 21, n. 2, 1991, p. 185–91.

Glyn, Andrew, Alan Hughes, Alain Lipietz & Ajit Singh. "The Rise and Fall of the Golden Age". In. Stephen J. Marglin & Juliet B. Schor. *The Golden Age of Capitalism: Reinterpreting the Post-War Experience*. WIDER Studies in Economic Development. Oxford: Clarendon Press, 1990, p. 39–125.

Godlewska, Anne & Neil Smith (ed.). *Geography and Empire*. Oxford: Basil Blackwell, 1994.

Goldberg, Carey. "Alarm Bells Sounding as Suburbs Gobble Up California's Richest Farmland". *New York Times*, 20 de junho de 1996, p. A-10.

Goldberg, David Theo. *The Racial State.* Oxford: Blackwell, 2002.

Goldberg, Eve & Linda Evans. *The Prison Industrial Complex and the Global Economy.* Berkeley, Calif.: Agit Press, 1998.

Goldman, George. "Agricultural Policy". In. John J. Kirlin (ed.). *California Policy Choices,* vol. 8. Publicado anualmente por Sacramento Public Affairs Center. Los Angeles: School of Public Administration, University of Southern California, 1991, p. 181–97.

Goldschmidt, Walter. *Small Business and the Community: A Study in Central Valley of California on Effects of Scale of Farm Operations.* Report of the Special Committee to Study Problems of American Small Business. U.S. Senate, 79th Cong., 2nd sess. Washington, D.C.: Government Printing Office, 1946.

Goodall, Merrill R., John D. Sullivan & Timothy De Young. *California Water: A New Political Economy.* Montclair, N.J.: Allanheld, Osmun, 1978.

Gooding-Williams, Robert (ed.). *Reading Rodney King, Reading Urban Uprising.* New York: Routledge, 1993.

Gordon, David M. *Fat and Mean: The Corporate Squeeze of Working Americans and the Myth of Managerial Downsizing.* New York: Free Press, 1996.

Gordon, David M., Richard Edwards & Michael Reich. *Segmented Work, Divided Workers.* Cambridge: Cambridge University Press, 1982.

Gordon, Diana R. *Justice Juggernaut: Fighting Street Crime, Controlling Citizens.* New Brunswick, N.J.: Rutgers University Press, 1990.

———. *The Return of the Dangerous Classes: Drug Prohibition and Policy Politics.* New York: Norton, 1994.

Gordon, Linda. *Pitied but Not Entitled: Single Mothers and the History of Welfare.* New York: Free Press, 1994.

Gorman, Tom. "Lawyer Fired over '3 Strikes' Switches Sides". *Los Angeles Times,* 25 de abril de 1996, p. A-3.

Gottlieb, Robert. *A Life of Its Own: The Politics and Power of Water.* San Diego: Harcourt Brace Jovanovich, 1988.

———. "A Question of Class: The Workplace Experience". *Socialist Review*, vol. 22, n. 4, 1992, p. 131–65.

Gottman, Jean. *Megalopolis: The Urbanized Northeastern Seaboard of the United States.* New York: 20th Century Fund, 1961.

Gottschalk, Marie. *The Shadow Welfare State.* Ithaca, N.Y.: ILR Press, 2000.

———. "Black Flower: Prisons and the Future of Incarceration". *Annals of the American Academy of Political and Social Science*, vol. 582, 2002, p. 195–227.

Graham, Julie. "Fordism/Post-Fordism, Marxism/Post-Marxism: The Second Cultural Divide". *Rethinking Marxism*, vol. 4, n. 1, 1991, p. 39–58.

Gramlich, Edward M. "The 1991 State and Local Fiscal Crisis". *Brookings Papers on Economic Activity*, vol. 2, 1991, p. 249–87.

———. "Infrastructure and Investment: A Review Essay". *Journal of Economic Literature*, vol. 32, setembro de 1994, p. 1176–96.

Gramsci, Antonio. *Selections from the Prison Notebooks*. New York: International Publishers, 1971. [ed. bras.: *Cadernos do cárcere*. Tradução de Carlos Nelson Coutinho. Rio de Janeiro: Civilização Brasileira, 1999].

Granovetter, Mark. "Economic Action and Social Structure: The Problem of Embeddedness". *American Journal of Sociology*, vol. 91, n. 3, 1985, p. 481–510.

Grant, David, Melvin L. Oliver & Angela D. James. "African Americans: Social and Economic Bifurcation". In. Roger Waldinger & Mehdi Bozorgmehr. *Ethnic Los Angeles*,, New York: Russell Sage Foundation, 1996, p. 379–413.

Grant, James. *Money of the Mind: Borrowing and Lending in America from the Civil War to Michael Milken*. New York: Farrar, Straus & Giroux, 1992.

Greenberg, David (ed.). *Crime and Capitalism*. Palo Alto, Calif.: Mayfield Publishers, 1981.

Greenberg, Michael & Dona Schneider. "Violence in American Cities: Young Black Males Is the Answer, but What Was the Question?". *Social Science and Medicine*, vol. 39, n. 2, p. 179–87.

———. "Gender Differences in Risk Perception: Effects Differ in Stressed vs. Non-Stressed Environments". *Risk Analysis*, vol. 15, n. 4, 1995, p. 503–11.

Greene, Judy. "Bailing Out Private Jails". *American Prospect*, vol. 12, n. 16, 2001, p. 23–27.

Greenhouse, Linda. "Related Acquittal Needn't Be Bar to Tougher Sentence, Court Says". *New York Times*, 7 de janeiro de 1997, p. A1.

Greenhouse, Steven. "U.S. Surveys Find Farm Worker Pay Down for 20 Years". *New York Times*, 31 de março de 1997, p. A1.

Greenwood, Peter & Angela Hawken. *An Assessment of the Effects of California's Three Strikes Law*. Santa Monica: Greenwood and Associates, 2002.

Greenwood, Peter W. et al. *Three Strikes and You're Out: Estimated Benefits and Costs of California's New Mandatory-Sentencing Law*. Santa Monica: Rand Corporation, 1994.

Gregory, James N. *American Exodus: The Dust Bowl Migration and Okie Culture in California*. New York: Oxford University Press, 1989.

Gruchy, Allan G. "Three Different Approaches to Institutional Economics: An Evaluation". *Journal of Economic Issues*, vol. 24, n. 2, 1990, p. 361–69.

Guérin, Daniel. *The Brown Plague: Travels in Late Weimar and Early Nazi Germany*. Durham, N.C.: Duke University Press, 1994.

Gutiérrez, Ramón A. "Community, Patriarchy and Individualism: The Politics of Chicano History and the Dream of Equality". *American Quarterly*, vol. 45, n. 1, 1993, p. 44–72.

Gutman, Herbert. *Work, Culture and Society in Industrializing America*. New York: Vintage Books, 1977.

Haag, Ernest van den. "Crime/Criminal Justice". Racism and Public Policy Conference. New Brunswick, N.J.: Rutgers University, 19 de abril de 1996.

Habermas, Jürgen *Conhecimento e interesse*. Tradução de John Neck. Rio de Janeiro: Zahar Editores, 1982.

Hadjor, Kofi Buenor. *Another America: The Politics of Race and Blame.* Boston: South End Press, 1995.

Hall, Peter. *Cidades do amanhã: uma história do planejamento e projetos urbanos no século XX.* Tradução de Pérola de Carvalho. São Paulo: Editora Perspectiva, 4a ed., 2016.

Hall, Stuart. "Race, Articulation, and Societies Structured in Dominance". In. UNESCO (ed.). *Sociological Theories: Race and Colonialism.* Paris: UNESCO, 1980, p. 305–46.

———. "Gramsci's Relevance for the Study of Race and Ethnicity". *Journal of Communication Inquiry*, vol. 10, n. 2, 1986, p. 5–27. [ed. bras.: "A relevância de Gramsci para o estudo de raça e etnicidade". In. Stuart Hall. *Da diáspora: identidades e mediações culturais.* Belo Horizonte: UFMG, 2003, p. 294-334].

———. *The Hard Road to Renewal: Thatcherism and the Crisis of the Left.* New York: Verso, 1988a.

———. "New Ethnicities". In. Kobena Mercer et al. (ed.). *Black Film, British Cinema.* London: Institute of Contemporary Arts, 1988b, p. 27–31.

———. "The Toad in the Garden: Thatcherism among the Theorists". In. Cary Nelson and Lawrence Grossberg (ed.). *Marxism and the Interpretation of Culture.* Urbana: University of Illinois Press, 1988c, p. 35–57.

———. "The Whites of Their Eyes: Racist Ideologies and the Media". In. Manuel Alvarado and John O. Thompson (ed.). *The Media Reader.* London: British Film Institute, 1990, p. 7–23.

———. "Brave New World". *Socialist Review*, vol. 21, n. 1, 1991, p. 57–64.

———. "Race, Culture, and Communications: Looking Backward and Forward at Cultural Studies". *Rethinking Marxism*, vol. 5, n. 1, 1992, p. 10–18. [ed. bras.: "Raça, cultura e comunicações: olhando para trás e para frente dos estudos culturais". Tradução de Helen Hughes. *Revista Do Programa De Estudos Pós-Graduados De História da PUC-SP*, vol. 31, n. 2, 2009.].

———. "Negotiating Caribbean Identities". *New Left Review*, vol. 209, 1995, p. 3–14.

Hall, Stuart & Bill Schwartz. "State and Society". In. *The Hard Road to Renewal.* New York: Verso, 1988, p. 95–122.

Hall, Stuart, Chas Cricher, Tony Jefferson, John Clarke & Brian Roberts. *Policing the Crisis: Mugging, the State, and Law and Order.* New York: Holmes & Meier, 1978.

Hallinan, Joseph T. *Going up the River: Travels in a Prison Nation.* New York: Random House, 2001.

Halttunen, Karen. "Humanitarianism and the Pornography of Pain". *American Historical Review*, vol. 100, n. 2, 1995.

Hamel, Gary & C. K. Phahalad. "Competing for the Future". *Harvard Business Review*, julho–agosto de 1994, p. 122–28.

Hamilton, David. "Is Institutional Economics Really 'Root and Branch' Economics?" *Journal of Economic Issues*, vol. 25, n. 1, 1991, p. 179–86.

Hamm, Theodore. *Rebel and a Cause: Caryl Chessman and the Politics of the Death Penalty in Postwar California, 1948–1974*. Berkeley: University of California Press, 2001.

Hammer, Michael & James Champy. *Reengineering the Corporation*. New York: HarperBusiness, 1993. [ed. bras.: *Reengenheria*. São Paulo: Editora Campus, 1994].

Hammer, Rhonda & Peter McLaren. "The Spectacularization of Subjectivity: Media Knowledges, Global Citizenry and the New World Order". *Polygraph*, vol. 5, 1992, p. 46–66.

Haney, Craig. "Riding the Punishment Wave: On the Origins of Our Devolving Standards of Decency". *Hastings Women's Law Journal*, vol. 9, 1998, p. 27–78.

———. "Ideology and Crime Control". *American Psychologist*, vol. 54, 1999a, p. 786–88.

———. "Reflections on the Stanford Prison Experiment: Genesis, Transformations, Consequences". In. Thomas Blass (ed.). *Obedience to Authority: Current Perspectives on the Milgram Paradigm*. Hillsdale, N.J.: Erlbaum, 1999b, p. 221–37.

———. "Afterword". In. J. Evans (ed.). *Undoing Time*. Boston: Northeastern University Press, 2001, p. 245–56.

Haney, Craig & Philip G. Zimbardo. "The Past and Future of U.S. Prison Policy: Twenty-five Years after the Stanford Prison Experiment". *American Psychologist*, vol. 53, 1998, p. 709–27.

Hansen, Miriam. "Unstable Mixtures, Dilated Spheres: Negt and Kluge's the Public Sphere and Experience, Twenty Years Later". *Public Culture*, vol. 5, n. 2, 1993, p. 179–212.

Haraway, Donna J. "Situated Knowledges: The Science Question in Feminism and the Privilege of the Partial Perspective". In. id., *Simians, Cyborgs and Women: The Reinvention of Nature*. New York: Routledge, 1991. [ed. bras.: "Saberes localizados: a questão da ciência para o feminismo e o privilégio da perspectiva patriarcal". Tradução de Mariza Corrêa. *Cadernos Pagu*, vol. 5, 1995, p. 7–41].

Hardt, Michael & Antonio Negri. *Labor of Dionysus: A Critique of the State-Form*. Translated by Michael Hardt. Minneapolis: University of Minnesota Press, 1994. [ed. bras.: *O trabalho de Dionísio: para a crítica ao Estado pós-moderno*. Juiz de Fora, M.G.: Editora UFJF, 2004].

———. *Empire*. Cambridge, Mass.: Harvard University Press, 2000. [ed.: bras.: *Império*. Tradução de Berilo Vargas. Rio de Janeiro: Editora Record, 8a ed., 2006].

Harlow, Barbara. *Resistance Literature*. New York: Methuen, 1987.

———. "Constructions of the Intifada". *Polygraph*, vol. 4, 1990, p. 35–38.

———. *Barred: Women, Writing, and Political Detention*. Hanover, N.H.: University Press of New England, 1992a.

———. "Drawing the Line: Cultural Politics and the Legacy of Partition". *Polygraph*, vol. 5, 1992b, p. 84–112.

———. *After Lives: Legacies of Revolutionary Writing.* New York: Verso, 1996.

Harrington, Michael. "The Invisible Mass Movement". In. id. *Socialism.* New York: Bantam Books, 1972.

Harris, Cheryl. "Whiteness as Property". *Harvard Law Review*, vol. 106, 1993, p. 1707–91.

Harrison, Bennett. *Lean and Mean: The Changing Landscape of Corporate Power in the Age of Flexibility.* New York: Basic Books, 1994.

Hart, Gillian. "Development Critiques in the 1990s: Culs de Sac and Promising Paths". *Progress in Human Geography*, vol. 25, n. 4, 2001, p. 649–58.

———. *Disabling Globalization.* Berkeley: University of California Press, 2002.

Hart-Landsberg, Martin. *The Rush to Development: Economic Change and Political Struggle in South Korea.* New York: Monthly Review Press, 1993.

Hartmann, Heidi. "The Family as the Locus of Gender, Class and Political Struggle: The Example of Housework". *Signs*, vol. 6, n. 3, 1981, p. 366–94.

———. "How Are Women Faring in the New Economy?" Keynote address at the Women Work Conference, Rutgers Institute for the Study of Women, New Brunswick, N.J., 1996.

Hartsock, Nancy C. M. "Louis Althusser's Structural Marxism: Political Clarity and Theoretical Distortions". *Rethinking Marxism*, vol. 4, n. 4, 1991, p. 10–40.

Harvey, David. *The Limits to Capital.* Midway Reprints. Chicago: University of Chicago Press, [1982] 1989. [ed. bras.: *Limites do capital.* Tradução de Magda Lopes. São Paulo: Boitempo, 2013].

———. *The Condition of Postmodernity.* Oxford: Basil Blackwell, 1989a. [ed. bras.: *A Condição pós-moderna.* Tradução Adail Ubirajara e Maria Stela Gonçalves. São Paulo: Edições Loyola, 17°ed., 2008].

———. *The Urban Experience.* Baltimore: Johns Hopkins University Press, 1989b.

———. "Flexibility: Threat or Opportunity?" *Socialist Review*, vol. 21, n. 1, 1991, p. 65–77.

———. "Class Relations, Social Justice and the Politics of Difference". In. Michael Keith & Steve Pile (ed.). *Place and the Politics of Identity.* New York: Routledge, 1993, p. 41–66.

———. "Militant Particularism and Global Ambition: The Conceptual Politics of Place, Space and Environment in the Work of Raymond Williams". *Social Text*, vol. 42, 1995, p. 69–98.

———. "Plenary address. Socialist Scholars Conference". Borough of Manhattan Community College, New York City, 29 de março de 1997.

———. *Spaces of Hope.* Berkeley: University of California Press, 2000. [ed. bras.: *Espaços de esperança.* São Paulo: Loyola, 2004].

Healey, Dorothy Ray & Maurice Isserman. *California Red: A Life in the American Communist Party.* Urbana: University of Illinois Press, 1993.

Heller, Matthew. "The Prison Prosperity Myth". *Los Angeles Times Sunday Magazine.* Cover story. 1° de setembro de 2001.

Henwood, Doug. *Wall Street: How It Works and for Whom.* New York: Verso, 1997.

Herbert, Steve. *Policing Space: Territoriality and the Los Angeles Police Department.* Minneapolis: University of Minnesota Press, 1997.

Herivel, Tara & Paul Wright (ed.). *Prison Nation: The Warehousing of America's Poor.* New York: Routledge, 2003.

Hill, Elizabeth G. *Making Government Make Sense.* Sacramento: LAO, 1993.

———. *Crime in California.* Sacramento: LAO, 1994.

———. *Juvenile Crime: Outlook for California.* Sacramento: LAO, 1995.

———. "Fiscal Impact of Corrections Master Plan". Memorandum to State Senator Bill Lockyer. Prison Reform Conference Committee. Sacramento: LAO, 1996.

Hill, Polly. *Development Economics on Trial: The Anthropological Case for the Prosecution.* Cambridge: Cambridge University Press, 1986.

Hillinger, Charles. "Tiny County Has Welcome Mat for Prison". *Los Angeles Times,* 1987, p. 1–3.

Hillyard, Paddy. *Suspect Community: People's Experience of the Prevention of Terrorism Acts in Britain.* London: Pluto Press, 1993.

Himes, Chester. *If He Hollers Let Him Go.* New York: Thunder's Mouth Press, [1945] 1986. [ed. bras.: *Se ele chiar, deixa rolar.* Tradução de Wladir Dupont. São Paulo: Marco Zero, 1988].

———. *Lonely Crusade.* New York: Thunder's Mouth Press, [1947] 1986.

———. *Cast the First Stone.* New York: New American Library/Signet, [1952] 1972.

———. *The Quality of Hurt: The Autobiography of Chester Himes.* New York: Doubleday, 1971.

———. *Plan B.* Jackson: University Press of Mississippi, 1993.

Hirsch, Joachim. "The Fordist Security State and New Social Movements". *Kapitalistate,* vol. 10/11, 1983, p. 75–87.

Hobsbawm, Eric J. *Primitive Rebels: Studies in Archaic Forms of Social Movement in the 19th and 20th Centuries.* New York: Norton, 1959. [ed. bras.: *Rebeldes Primitivos: estudo sobre as formas arcaicas dos movimentos sociais nos séculos XIX e XX.* Tradução de Nice Rissone. Rio de Janeiro: Zahar Editores, 1970].

———. "Gramsci and Marxist Political Theory". In. Anne Showstack Sassoon (ed.). *Approaches to Gramsci.* London: Writers and Readers, 1982, p. 20–36.

Hogg, Russell & David Brown. *Rethinking Law and Order.* Annandale, NSW: Pluto Press, 1998.

Hogshire, Jim. *You Are Going to Prison.* Port Townsend, Wash.: Loompanics Unlimited, 1994.

Holland, Stuart. *Capital versus the Regions.* London: Macmillan, 1976.

hooks, bell. *Ain't I a Woman: black women and feminism.* Boston: South End Press, 1981. [ed. bras.: *E eu não sou um mulher?: Mulheres negras e feminismo.* Tradução de Bhuvi Libanio. Rio de Janeiro: Rosa dos Tempos, 2019].

———. *Yearning: Race, Gender and Cultural Politics.* Boston: South End Press, 1990. [ed. bras.: *Anseios: raça, gênero e políticas culturais*. Tradução de Jamille Pinheiro. São Paulo: Editora Elefante, 2019].

Hooks, Gregory. *Forging the Military-Industrial Complex: World War II's Battle of the Potomac.* Urbana: University of Illinois Press, 1991.

Hooks, Gregory, Clayton Mosher, Thomas Rotolo & Lina Lobao. "The Prison Industry: Carceral Expansion and Employment in U.S. Counties, 1969–1994". *Social Science Quarterly*, vol. 85, 2004, p. 37–57.

Hornor, Edith R. (ed.). *California Cities, Towns, and Counties.* Palo Alto, Calif.: Hornwood Press. Publicado anualmente, 1988–2001.

Horton, Myles & Paulo Freire. In. Brenda Bell, John Gaventa & John Peters (ed.). *We Make the Road by Walking: Conversations on Education and Social Change.* Philadelphia: Temple University Press, 1990. [ed. bras.: *O caminho se faz caminhando: conversas sobre educação e mudança social.* Tradução de Vera Josceline. São Paulo: Editora Vozes, 2011].

House, Gloria. *Tower and Dungeon: A Study of Place and Power in American Culture.* Detroit: Casa de Unidad, 1991.

Howitt, Richard E. & Charles V. Moore. "Water Management". In. John J. Kirlin & Jeffrey I. Chapman (ed.). *California Policy Choices.* Publicado anualmente por Sacramento Public Affairs Center, School of Public Administration, University of Southern California, Los Angeles, vol. 9, 1994, p. 115–141.

Huet, Marie-Hélène. *Rehearsing the Revolution.* Chicago: University of Chicago Press, 1982.

Huling, Tracy. "Prisoners of the Census". *Mojowire,* 10 de maio de 2000.

———. "Building a Prison Economy in Rural America". In. Marc Mauer & Meda Chesney-Lind (ed.). *Invisible Punishment.* New York: New Press, 2002.

Humes, Edward. *Mean Justice: A Town's Terror, a Prosecutor's Power, a Betrayal of Innocence.* New York: Simon & Schuster, 1999.

Hundley, Norris. *The Great Thirst: Californians and Water, 1770s–1990s.* Berkeley: University of California Press, 1992.

Hunt, E. K. & Howard J. Sherman. *Economics: An Introduction to Traditional and Radical Views.* New York: Harper & Row, 1972. [ed. bras.: *História do pensamento econômico.* Tradução de Jaime Larry Benchimol. Petrópolis, RJ: Editora Vozes, 26a ed., 2013].

Hunter, Allen. "Prefigurative Politics". *Socialist Review*, vol. 22, n. 2, 1992, p. 133–40.

Hurst, John. "1.5 Billion Savings Seen as Prison Admissions Drop". *Los Angeles Times,* 8 de outubro de 1991a, p. A-3.

———. "Drop in Prison Admissions Startles Officials". *Los Angeles Times,* 1° de setembro de 1991b, p. A-1.

Hurst, John & Dan Morain. "A System Strains at Its Bars". *Los Angeles Times*, 17 de outubro de 1994, p. A-1.

Hurtado, Robert. "Prices Regain Some Ground; Shorter Maturities Weaker". *New York Times,* 25 de julho de 1995, p. D-9.

Hyde, Lewis. *The Gift: Imagination and the Erotic Life of Property.* London: Vintage Books, [1979] 1999.

Igler, David. *Industrial Cowboys: Miller & Lux and the Transformation of the Far West, 1850–1920.* Berkeley: University of California Press, 2001.

Ignatieff, Michael. *A Just Measure of Pain: The Penitentiary and the Industrial Revolution, 1750–1850.* New York: Columbia University Press, 1978.

International Black Women for Wages for Housework. *Legal Defense Information Sheet.* Los Angeles: International Black Women for Wages for Housework, 1992.

Irwin, John. *The Jail: Managing the Underclass in American Society.* Berkeley: University of California Press, 1985.

Isard, Walter et al. *Methods of Regional Analysis: An Introduction to Regional Science.* Cambridge, Mass.: Technology Press of the Massachusetts Institute of Technology; New York: Wiley, 1960.

Ives, George. *A History of Penal Methods: Criminals, Witches, Lunatics.* Montclair, N.J.: Patterson Smith, [1914] 1970.

Ivy, Marilyn. "(Ef)facing Culture: A Reply to Greg Urban". *Public Culture,* vol. 5, n. 2, 1993, p. 245–48.

Jackson, George. *Soledad Brother: The Prison Letters of George Jackson.* New York: Bantam Books, 1970.

Jackson, Peter (ed.). *Race and Racism: Essays in Social Geography.* London: Allen & Unwin, 1987.

Jacobs, James B. "The Prisoners' Rights Movement and Its Impacts, 1960–1980". In. Norval Morris & Michael Tonry (ed.). *Crime and Justice.* Chicago: University of Chicago Press, 1980, p. 429–70.

Jacobs, Jane. *The Economy of Cities.* New York: Vintage Books, 1969.

Jacobs, Paul. "Sale of Property Clouds Outlook for L.A. Prison". *Los Angeles Times,* 31 de dezembro de 1986, p. 1–1.

Jacobs, Paul & Janet Clayton. "Deukmejian Vows to Fight for Downtown Prison Site". *Los Angeles Times,* 1° de janeiro de 1987, p. 2–1.

Jacobs, Paul & Leo C. Wolinsky. "4 Alternative Plans Tossed into Fray in Battle over Los Angeles Prison Site". *Los Angeles Times,* 12 de setembro de 1986, p. 1–3.

James, C. L. R. *Fighting Racism in World War Two.* New York: Pathfinder Press, 1980.

James, Joy. *Resisting State Violence: Radicalism, Gender, and Race in U.S. Culture.* Minneapolis: University of Minnesota Press, 1996.

——— (ed.). *Imprisoned Intellectuals.* Lanham, Md.: Rowman & Littlefield, 2003.

James, Selma. *Sex, Race, and Class.* London: Falling Wall, 1986.

Jargowsky, Paul A. *Poverty and Place: Ghettos, Barrios, and the American City.* New York: Russell Sage Foundation, 1997.

Jaynes, Gerald David. *Branches without Roots: The Genesis of the Black Working Class in the American South, 1862–1882.* New York: Oxford University Press, 1986.

Jeffreys-Jones, Rhodri. *Violence and Reform in American History.* New York: New Viewpoints, 1978.

Jencks, Christopher. *Rethinking Social Policy: Race, Poverty and the Underclass.* Cambridge, Mass.: Harvard University Press, 1992.

Jennings, Ann & William Waller. "Constructions of Social Hierarchy: The Family, Gender and Power". *Journal of Economic Issues*, vol. 24, n. 2, 1990, p. 623–31.

Jessop, Bob. "Accumulation Strategies, State Forms, and Hegemonic Projects". *Kapitalistate*, vol. 10/11, 1983, p. 89–111.

Jezierski, Louise. "The Politics of Space". *Socialist Review*, vol. 21, n. 2, 1991, 177–84.

Johnson, Charles. *The Sorcerer's Apprentice.* New York: Macmillan, 1986.

Johnson, Toni E. *Handcuff Blues: Helping Teens Stay Out of Trouble with the Law.* West Hollywood, Calif.: Goofyfoot Press, 1999.

Johnston, Paul. *Success While Others Fail: Social Movement Unionism and the Public Workplace.* New York: ILR Press, 1994.

Jones, Jacqueline. *Labor of Love, Labor of Sorrow: Black Women, Work and the Family from Slavery to the Present.* New York: Basic Books, 1985.

———. *The Dispossessed: America's Underclass from the Civil War to the Present.* New York: Basic Books, 1992.

Jones, LeRoi. "The Changing Same (R&B and New Black Music)". In. id. *Black Music.* New York: William Morrow, 1967, p. 180–211.

———. *Black Music.* New York: William Morrow, 1970.

Jordan, Winthrop. *White over Black: American Attitudes toward the Negro, 1550–1812.* Baltimore: Penguin Books, [1968] 1969.

Josi, Don A. "Site Selection and Construction of Prisons". In. Marilyn McShane & Frank Williams (ed.). *The Encyclopedia of American Prisons.* New York: Garland, 1996, p. 446–49.

Kaplan, Temma. "Female Consciousness and Collective Action: The Case of Barcelona, 1910–1918". *Signs*, vol. 7, n. 31, 1982, p. 545–66.

Katrak, Ketu. *Wole Soyinka and Modern Tragedy.* Westport, Conn.: Greenwood Press, 1986.

Katz, Cindi. "A Cable to Cross a Curse: Everyday Cultural Practices of Resistance and Reproduction among Youth in New York City". MS, 1991.

———. "All the World Is Staged: Intellectuals and the Projects of Ethnography". *Environment and Planning D: Society & Space*, vol. 10, 1992, p. 495–510.

———. "Disintegrating Developments: Global Economic Restructuring and the Eroding Ecologies of Youth". In. T. Skelton & G. Valentine (ed.). *Cool Places.* New York: Routledge, 1997.

———. "On the Grounds of Globalization: A Topography for Feminist Political Engagement". *Signs*, vol. 26, n. 4, 2001a, p. 1213–34.

———. "Vagabond Capitalism and the Necessity of Social Reproduction". *Antipode*, vol. 33, n. 4, 2001b, p. 709–28. [ed. bras.: "Capitalismo vagabundo e a necessidade da reprodução social". *Espaço e Tempo (Online)*. GEOUSP, vol. 23, n. 2, 2019, p. 435-452].

Katz, Cindi & Janice Monk (ed.). *Full Circles: Geographies of Women over the Life Course.* New York: Routledge, 1993.

Katz, Cindi & Neil Smith. "L.A. Intifada: Interview with Mike Davis". *Social Text*, n. 33, 1992, p. 19–33.

Katzenberger, Elaine (ed.). *First World, Ha, Ha, Ha! The Zapatista Challenge.* San Francisco: City Lights Books, 1995.

Katznelson, Ira. "Working Class Formation and the State: Nineteenth Century England in American Perspective". In. Peter B. Evans, Dietrich Rueschemeyer & Theda Skocpol (ed.). *Bringing the State Back In.* Cambridge: Cambridge University Press, 1985, 257–84.

Kauffman, L. A. "The Left vs. the Law: An Interview with Frank Deale". *Socialist Review*, vol. 21, n. 1, 1991, p. 31–39.

Kazin, Michael. "Struggling with the Class Struggle: Marxism and the Search for a Synthesis of U.S. Labor History". *Labor History*, vol. 28, 1987, p. 497–514.

Keil, Roger. "The Urban Future Revisited: Politics and Restructuring in L.A. after Fordism". *Strategies*, vol. 3, 1990, p. 105–37.

Keith, Michael. *Race, Riots and Policing: Lore and Disorder in a Multi-Racist Society.* London: UCL Press, 1993.

Keith, Michael & Steve Pile (ed.). *Place and the Politics of Identity.* New York: Routledge, 1993.

Kelley, Robin D. G. *Hammer and Hoe: Alabama Communists during the Great Depression.* Chapel Hill: University of North Carolina Press, 1990.

———. " 'We are not what we seem': Rethinking Black Working-Class Opposition in the Jim Crow South". *Journal of American History*, vol. 80, n. 1, 1993, p. 75–112.

———. *Race Rebels: Culture, Politics and the Black Working Class.* New York: Free Press, 1994.

———. *Yo' Mama's Disfunktional! Fighting the Culture Wars in Urban America.* Boston: Beacon Press, 1997.

———. *Freedom Dreams: The Black Radical Imagination.* Boston: Beacon Press, 2002.

Kent, George. *Blackness and the Adventure of Western Culture.* Chicago: Third World Press, 1972.

Kerner, Otto et al. *Report of the National Advisory Committee on Civil Disorders.* New York: Dutton, 1968.

Keynes, John Maynard. *General Theory of Employment, Interest and Money.* London: Macmillan, [1936] 1973. [ed. bras.: *A teoria geral do emprego, do juro e da moeda*. Tradução de Mário R. da Cruz. São Paulo: Editora Nova Cultural, 1996].

Kidd-Hewett, David & Richard Osborne (ed.). *Crime and the Media: The Postmodern Spectacle.* London: Pluto Press, 1995.

Kim, Claire Jean. "The Racial Triangulation of Asian Americans". *Politics & Society*, vol. 27, n. 1, 1999, p. 105–38.

Kinealy, Christine. *A Death-Dealing Famine: The Great Hunger in Ireland.* London: Pluto Press, 1997.

King, Ryan S., Marc Mauer & Tracy Huling. *Big Prisons, Small Towns: Prison Economics in Rural America.* Washington, D.C.: Sentencing Project, 2003.

Kirlin, John J. (ed.). *California Policy Choices.* Vol. 8. Publicado anualmente por Sacramento Public Affairs Center, School of Public Administration, University of Southern California, Los Angeles, 1992.

Kirlin, John J. & Jeffrey I. Chapman (ed.). *California Policy Choices.* Vol. 9. Publicado anualmente por Sacramento Public Affairs Center, School of Public Administration, University of Southern California, Los Angeles, 1994.

Kirlin, John J. & Donald R. Winkler (ed.). *California Policy Choices.* Vol. 1. Publicado anualmente por Sacramento Public Affairs Center, School of Public Administration, University of Southern California, Los Angeles, 1984.

——— (ed.). *California Policy Choices.* Vol. 7. Publicado anualmente por Sacramento Public Affairs Center, School of Public Administration, University of Southern California, Los Angeles, 1991.

Knopp, Fay & John Regier. *Instead of Prisons.* Oakland, Calif.: Critical Resistance, [1976] 2005.

Koetting, Mark & Vincent Schiraldi. "Singapore West: The Incarceration of 200,000 Californians". *Social Justice*, vol. 24, 1997, p. 44–50.

Kornbluh, Felicia. "Subversive Potential, Coercive Intent: Women, Work and Welfare in the 90's". *Social Policy*, vol. 21, n. 4, 1991, p. 23–39.

Kotz, David. "Neoliberalism and the U.S. Economic Expansion of the 90's". *Monthly Review*, vol. 54, n. 11, 2003, p. 15–33.

Krause, Jerrald D. "The Effects of Prison Siting Practices on Community Status Awareness: A Framework Applied to Siting of California State Prisons". *Crime and Delinquency*, vol. 38, n. 1, 1992, p. 27–55.

Krier, Beth Ann. "Life near a Prison: Weighing the Good, the Bad". *Los Angeles Times,* 19 de setembro de 1986, p. 5–1.

Kroll, Cynthia & Mary Corley. "Recovering from Defense Cuts". In. John J. Kirlin & Jeffrey I. Chapman (ed.). *California Policy Choices*. Publicado anualmente por Sacramento Public Affairs Center, School of Public Administration, University of Southern California, Los Angeles, vol. 9, 1994, p. 51–94.

Krugman, Paul. *Peddling Prosperity.* New York: Norton, 1994. [ed. bras.: *Vendendo Prosperidade: sensatez e insensatez econômica na era do conformismo*. Tradução de Maria Luiza Newlands Silveira. Rio de Janeiro: Campus, 1997].

———. *Development, Geography, and Economic Theory.* Cambridge, Mass.: MIT Press, 1995.

———. *The Return of Depression Economics.* New York: Norton, 1999.

Kugelmass, Jack. "The Fun Is in Dressing Up": The Greenwich Village Halloween Parade and the Reimagining of Urban Space". *Social Text*, vol. 36, 1993, p. 138–52.

Kuletz, Valerie L. *The Tainted Desert: Environmental and Social Ruin in the American West.* New York: Routledge, 1998.

Kuminoff, Nicolai V., Alvin D. Sokolow & Daniel A. Sumner. *Farmland Conversion: Perceptions and Realities.* Agricultural Issues Brief 16. Davis, Calif.: University of California Agricultural Issues Center, 2001.

Kupers, Terry. *Prison Madness.* San Francisco: Jossey-Bass, 1999.

LaBotz, Dan. *Mask of Democracy: Labor Suppression in Mexico Today.* Boston: South End Press, 1992.

LaGuardia, Maria L. "New Prisons No Panacea for Ills of Rural California". *Los Angeles Times,* 18 de outubro de 1994, p. A-1.

Lake, Robert W. "Structural Constraints and Pluralist Contradictions in Hazardous Waste Regulation". *Environment and Planning,* vol. A 24, 1992, p. 663–81.

———. "Negotiating Local Autonomy". *Professional Geographer,* vol. 13, n. 5, 1994, p. 423–42.

Landis, John D. "Regional Growth Management Reform". John J. Kirlin (ed.). *California Policy Choices.* Publicado anualmente por Sacramento Public Affairs Center, School of Public Administration, University of Southern California, Los Angeles, vol. 8, 1992, p. 83–126.

Langan, Patrick A. "No Racism in the Justice System". *Public Interest,* outono de 1994, p. 48–51.

Langley, Winston. "What Happened to the New International Economic Order?" *Socialist Review,* vol. 20, n. 3, 1990, p. 47–62.

Lapido, David. "The Rise of America's Prison-Industrial Complex". *New Left Review,* n. 7, 2001, p. 109–23.

Lash, Scott. "Disintegrating Firms". *Socialist Review,* vol. 21, n. 3 e 4, 1991, p. 99–110.

Lawson, Bill E. (ed.). *The Underclass Question.* Philadelphia: Temple University Press, 1992.

Lea, John & Jock Young. *What Is to Be Done about Law and Order?* London: Pluto Press, 1993.

Lee, Benjamin. "Going Public". *Public Culture,* vol. 5, n. 2, 1993, p. 165–78.

Leiman, Melvin M. *The Political Economy of Racism.* London: Pluto Press, 1993.

Lemelle, Sidney J. "Ritual, Resistance and Social Reproduction". *Journal of Historical Sociology,* vol. 5, n. 2, 1992, p. 161–82.

Lemelle, Sidney & Robin D. G. Kelley (ed.). *Imagining Home: Class, Culture, and Nationalism in the African Diaspora.* New York: Verso, 1994.

LeRoy, Greg. *The Great American Jobs Scam: Corporate Tax Dodging and the Myth of Job Creation.* San Francisco: Berrett-Koehler, 2005.

Lesce, Tony. *The Big House: How American Prisons Work.* Port Townsend, Wash.: Loompanics Unlimited, 1991.

Levinas, Emmanuel. "As If Consenting to Horror". *Critical Inquiry,* vol. 15, n. 2, 1989, p. 485–88.

Lewis, Mike. "Economic Lockdown". *Fresno Bee,* 9 de janeiro de 2000, p. A-1.

Lewis, W. David. *From Newgate to Dannemora: The Rise of the Penitentiary in New York, 1769–1848.* Ithaca, N.Y.: Cornell University Press, 1965.

Lichtenstein, Alex. *Twice the Work of Free Labor: The Political Economy of Convict Labor in the New South.* New York: Verso, 1996.

Lichtenstein, Nelson. *Labor's War at Home: The CIO in World War II.* Cambridge: Cambridge University Press, 1982.

Linebaugh, Peter. *The London Hanged: Crime and Civil Society in the Eighteenth Century.* Cambridge: Cambridge University Press, 1992.

———. "Gruesome Gertie at the Buckle of the Bible Belt". *New Left Review*, vol. 209, 1995, p. 15–33.

Linebaugh, Peter & Marcus Rediker. *The Many-Headed Hydra: Sailors, Slaves, Commoners, and the Hidden History of the Revolutionary Atlantic.* Boston: Beacon Press, 2000.

Lipsitz, George. *A Life in the Struggle: Ivory Perry and the Culture of Opposition.* Philadelphia: Temple University Press, 1987.

———. *Rainbow at Midnight: Labor and Culture in the 1940s.* Urbana: University of Illinois Press, 1994.

———. *The Possessive Investment in Whiteness.* Philadelphia: Temple University Press, 1998.

Liu, Laura Y. "The Place of Immigration in Studies of Geography and Race". *Social and Cultural Geography*, vol. 1, n. 2, 2000, p. 169–82.

Livingstone, David N. *The Geographical Tradition.* Cambridge, Mass.: Blackwell, 1992.

Lofting, Everard M. & Oliver B. Linton. *Economic and Fiscal Impacts of the Proposed State Prisons in Kings County.* Sacramento: California Department of Corrections, 1985.

Lomax, Adrian. "Prison Jobs and Free World Unemployment". *Prison Legal News*, vol. 9, n. 5, 1998, p. 14–15.

Long, Charles. *Significations: Signs, Symbols, and Images in the Interpretation of Religion.* Philadelphia: Fortress Press, 1986.

Lotchin, Roger W. *Fortress California, 1910–1961: From Warfare to Welfare.* New York: Oxford University Press, 1992.

Loury, Glenn C. "Listen to the Black Community". *Public Interest,* outono de 1994, p. 33–37.

Lubiano, Wahneema (ed.). *The House That Race Built.* New York: Pantheon Books, 1997.

Lusane, Clarence. *Pipe Dream Blues: Racism and the War on Drugs.* Boston: South End Press, 1991.

———. "We Are the World: Race and the International War on Drugs". In. C. P. Henry (ed.). *Foreign Policy and the Black (Inter)national Interest.* Albany: State University of New York Press, 2000, p. 51–73.

Lutz, Catherine. *Homefront: A Military City and the American Twentieth Century.* Boston: Beacon Press, 2001.

Luxemburg, Rosa. *The Accumulation of Capital.* Translated by Agnes Schwarzchild. New York: Monthly Review Press, 1968. [ed. bras.: *A acumulação do capital: estudos sobre a interpretação econômica do imperialismo.* Tradução de Luiz Alberto Moniz Bandeira. Rio de Janeiro: Civilização Brasileira, 2021].

Lynd, Staughton. *Lucasville: The Untold Story of a Prison Uprising.* Philadelphia: Temple University Press, 2004.

Lyson, Thomas A. & William W. Falk (ed.). *Forgotten Places: Uneven Development in Rural America.* Lawrence: University Press of Kansas, 1993.

MacKinnon, Catherine. *Toward a Feminist Theory of the State.* Cambridge, Mass.: Harvard University Press, 1989.

Madhubuti, Haki R. (ed.). *Why L.A. Happened.* Chicago: Third World Press, 1993.

Makdisi, Saree S. "The Empire Renarrated: Season of Migration to the North and the Reinvention of the Present". *Critical Inquiry*, vol. 18, n. 4, 1992, p. 804–20.

Males, Mike A. *The Scapegoat Generation: America's War on Adolescents.* Monroe, Maine: Common Courage Press, 1996.

———. *Framing Youth: 10 Myths about the Next Generation.* Monroe, Maine: Common Courage Press, 1999.

Mann, Michael. *Sources of Social Power.* Oxford: Blackwell, 1986. [ed. bras.: *As fontes do poder social.* Tradutor Caesar Souza. Petrópolis, RJ: Editora Vozes, 2022].

———. *States, War, and Capitalism.* Oxford: Blackwell, 1988.

Mann, Susan A. "Slavery, Sharecropping, and Sexual Inequality". *Signs*, vol. 14, n. 4, 1989, p. 774–832.

Manza, Jeff. "Postindustrial Economics". *Socialist Review*, vol. 22, n. 1, 1992, p. 107–12.

Marable, Manning. "The Third Reconstruction: Black Nationalism and Race in a Revolutionary America". *Social Text*, n. 4, 1981, p. 3–27.

———. *How Capitalism Underdeveloped Black America.* Boston: South End Press, 1982.

———. *Race, Reform and Rebellion.* 2nd ed. Jackson: University of Mississippi Press, 1991.

Marcos, Subcomandante. *Shadows of Tender Fury: The Letters and Communiqués of Subcomandante Marcos and the Zapatista Army of National Liberation.* Translated by Frank Bardacke and Leslie López of the Watsonville Human Rights Committee. New York: Monthly Review Press, 1995. [ed. bras.: *A revolução invencível - cartas e comunicados Subcomandante Marcos e o Exército Zapatista de Libertação Nacional.* Tradução de Cláudia Schilling e Valter Pomar. São Paulo: Boitempo, 1998].

Marks, Carol. *"Farewell—We're Good and Gone": The Great Black Migration.* Bloomington: Indiana University Press, 1989.

Markusen, Ann R. *Profit Cycles, Oligopoly, and Regional Development.* Cambridge, Mass.: MIT Press, 1985.

———. *Regions: The Economics and Politics of Territory.* Totowa, N.J.: Rowman & Littlefield, 1987.

———. "American Federalism and Regional Policy". *International Regional Science Review*, vol. 16, n. 1 e 2, 1994, p. 3–15.

Markusen, Ann R. & Karen McCurdy. "Chicago's Defensebased High Technology: A Case Study of the 'Seedbeds of Innovation' Hypothesis". *Economic Development Quarterly*, vol. 3, n. 1, 1989, p. 15–31.

Markusen, Ann R. & Joel Yudken. *Dismantling the Cold War Economy.* New York: Basic Books, [1992] 1993.

Markusen, Ann R., Peter Hall, Scott Campbell & Sabina Deitrick. *The Rise of the Gunbelt: The Military Remapping of Industrial America.* New York: Oxford University Press, 1991.

Markusen, Ann R., Yong-Sook Lee & Sean DiGiovanna (ed.). *Second Tier Cities: Rapid Growth beyond the Metropolis.* Minneapolis: University of Minnesota Press, 1999.

Martin, Hugo. "California Elections". *Los Angeles Times,* 10 de novembro de 1994, p. A-26.

Martinot, Steve. *The Rule of Racialization: Class, Identity, Governance.* Philadelphia: Temple University Press, 2003.

Marvell, Thomas B. & Carlisle E. Moody. "Prison Population Growth and Crime Reduction". *Journal of Quantitative Criminology*, vol. 10, n. 2, 1994, p. 109–40.

Marx, Karl. "The Eighteenth Brumaire of Louis Bonaparte". In *Marx/Engels Selected Works*, 398–487. Moscow: Progress Publishers, [1852] 1969. [ed. bras.: *O 18 de Brumário de Luís Bonaparte.* Tradução de Nélio Schneider. São Paulo: Boitempo, 2011].

———. *Capital.* Vol. 1. New York: International Publishers, [1867] 1967. [ed. bras.: *O capital: crítica da economia política.* 3 volumes. Tradução de Flávio Kothe e Regis Barbosa. São Paulo: Nova Cultural, 1996].

Massey, Doreen. *Spatial Divisions of Labor: Social Structures and the Geography of Production.* London: Macmillan, 1984.

———. *Space, Place and Gender.* Minneapolis: University of Minnesota Press, 1994.

Massey, Douglas & Nancy Denton. *American Apartheid: Segregation and the Making of the Underclass.* Cambridge, Mass.: Harvard University Press, 1993.

Mattera, Philip & Mafruza Khan. *Jail Breaks: Economic Development Subsidies Given to Private Prisons.* Washington, D.C.: Good Jobs First, 2001.

Mauer, Mark. *Race to Incarcerate.* New York: New Press, 1999.

Mauer, Mark & Meda Chesney-Lind (ed.). *Invisible Punishment.* New York: New Press, 2002.

Mauss, Marcel. *The Gift.* New York: Norton, [1950] 2000.

Mayer, Margit. "Politics in the Post-Fordist City". *Socialist Review*, vol. 21, n. 1, 1991, p. 105–24.

McAfee, Ward M. "A History of Convict Labor in California". MS, 1989.

McClellan, Dorothy S. "Coming to the Aid of Women in U.S. Prisons". *Monthly Review*, vol. 54, n. 2, 2002, p. 33–44.

McClintock, Anne. " 'No Longer in a Future Heaven': Women and Nationalism in South Africa". *Transition*, vol. 51, 1991, p. 105–24.

———. "The Angel of Progress: Pitfalls of the Term 'Post-Colonial'." *Social Text*, vol. 31/32, 1992, p. 84–98.

McClintock, Anne & Rob Nixon. "No Names Apart: The Separation of Word and History in Derrida's 'Le Dernier Mot du Racisme'." *Critical Inquiry*, vol. 13, n. 1, 1986, p. 140–54.

McCold, Paul E. "The Role of Fiscal Policy in Producing Prison Population Dynamics: A Trend Analysis and Dynamic Simulation of Felony Offender Processing in New York State, 1975–1988". Ph.D. diss., State University of New York at Albany, 1993.

McDowell, Linda. *Gender, Identity & Place*. Minneapolis: University of Minnesota Press, 1999.

McGee, Terry G. "The Emergence of Desakota Regions in Asia: Expanding a Hypothesis". In. N. Ginsburg, B. Koppel & T. G. McGee. *The Extended Metropolis: Settlement Transition in Asia*. Honolulu: University of Hawai'i Press, 1991.

McGirr, Lisa. *Suburban Warriors: The Origins of the New American Right*. Princeton, N.J.: Princeton University Press, 2001.

McIntyre, Richard. "Theories of Uneven Development and Social Change". *Rethinking Marxism*, vol. 5, n. 3, 1992, p. 75–105.

McIntyre, Richard & Michael Hillard. "Stressed Families, Impoverished Families: Crises in the Household and in the Reproduction of the Working Class". *Review of Radical Political Economics*, vol. 24, n. 2, 1992, p. 17–25.

McKanna, Clare V., Jr. *Homicide, Race, and Justice in the American West, 1880–1920*. Tucson: University of Arizona Press, 1997.

McLanahan, Sara S., Annemette Sorenson & Dorothy Watson. "Sex Differences in Poverty, 1950–1980". *Signs*, vol. 15, n. 1, 1989, p. 102–22.

McRobbie, Angela. "New Times in Cultural Studies". *New Formations*, vol. 13, 1991, p. 1–17.

McShane, Marilyn D. & Frank P. Williams (ed.). *Encyclopedia of American Prisons*. New York: Garland, 1996.

McWilliams, Carey. *Factories in the Field*. Hamden, Conn.: Archon Books, [1939] 1969.

———. *Southern California: An Island on the Land*. New York: Duell, Sloan & Pearce, 1946.

———. *California: The Great Exception*. Santa Barbara, Calif.: Peregrine Smith, [1949] 1976.

Mellibovsky, Matilde. *Circle of Love over Death: The Story of the Mothers of the Plaza de Mayo*. Willimantic, Conn.: Curbstone Press, 1997.

Melman, Seymour (ed.). *The War Economy of the United States: Readings on Military Industry and Economy*. New York: St. Martin's Press, 1971.

———. *The Permanent War Economy: American Capitalism in Decline.* New York: Simon & Schuster, 1974.

———. *Pentagon Capitalism: The Political Economy of War.* New York: McGraw-Hill, 1979.

———. *Profits without Production.* New York: Knopf, 1983.

Meranze, Michael. *Laboratories of Virtue: Punishment, Revolution and the Transformation of Authority in Philadelphia, 1760–1835.* Chapel Hill: University of North Carolina Press, 1996.

Mészáros, István. *Beyond Capital: Toward a Theory of Transition.* New York: Monthly Review Press, 1995. [ed. bras.: *Para além do capital: rumo a uma teoria da transição.* Tradução de Sérgio Lessa. São Paulo: Boitempo, 2002].

Mies, Maria. *Patriarchy and Accumulation on a World Scale: Women in the International Division of Labor.* London: Zed Books, 1986. [ed. bras.: *Patriarcado & acumulação em escala mundial: mulheres na divisão internacional do trabalho.* Tradução do Coletivo Sycorax. São Paulo: Editora Timo, 2022].

Milkman, Ruth. *Gender at Work.* Urbana: University of Illinois Press, 1987.

Miller, Jerome G. *Last One over the Wall: The Massachusetts Experiment in Closing Reform Schools.* Columbus: Ohio State University Press, 1991.

———. *Search and Destroy: African-American Males in the Criminal Justice System.* New York: Cambridge University Press, 1996.

Mink, Gwendolyn. *The Wages of Motherhood: Inequality in the Welfare State, 1917–1942.* Ithaca, N.Y.: Cornell University Press, 1995.

Mintz, Sidney W. *Sweetness and Power: The Place of Sugar in Modern History.* New York: Viking Press, 1985.

Mitchell, Don. *The Lie of the Land: Migrant Workers and the California Landscape.* Minneapolis: University of Minnesota Press, 1996.

Mitchell, Greg. *The Campaign of the Century: Upton Sinclair's Race for Governor of California and the Birth of Media Politics.* New York: Random House, 1992.

Moe, Nelson J. "Production and Its Others: Gramsci's 'Sexual Question'." *Rethinking Marxism*, vol. 3, n. 3–4, 1990, p. 218–37.

Moore, Charles V. & Richard E. Howitt. "The Central Valley of California". In. Mohamed T. El-Ashry & Diana C. Gibbons (ed.). *Water and Arid Lands in the Western United States.* New York: Cambridge University Press/World Resources Institute, 1988, p. 85–126.

Moore, Jack B. *Skinheads Shaved for Battle: A Cultural History of American Skinheads.* Bowling Green, Ohio: Bowling Green State University Popular Press, 1993.

Morain, Dan. "Costs to Soar under '3 Strikes' Plan, Study Says". *Los Angeles Times,* 1° de março de 1994a, p. A-1.

———. "Small Investment Pays Off Big for Construction Management Firm". *Los Angeles Times,* 16 de outubro de 1994b, p. A-17.

———. "California's Profusion of Prisons". *Los Angeles Times,* 16 de outubro de 1994c, p. A-1.

———. "Long-Term Investments: 'Three Strikes' Law Will Boost Wall Street Firms That Sell Bonds to Finance Construction'." *Los Angeles Times,* 16 de outubro de 1994d, p. A-16.

———. "Inmate Jobs Harder to Find as Prison Population Soars". *Los Angeles Times,* 17 de outubro de 1994e, p. A-20.

Morgan, Dan. *Rising in the West: The True Story of an "Okie" Family from the Great Depression through the Reagan Years.* New York: Knopf, 1992.

Morris, Aldon D. *The Origins of the Civil Rights Movement: Black Communities Organizing for Change.* New York: Free Press, 1984.

Morris, Norval. "The Contemporary Prison". In. Norval Morris & David J. Rothman (ed.). *The Oxford History of the Prison.* New York: Oxford University Press, 1995, p. 227–62.

Morris, Norval & David J. Rothman (ed.). *The Oxford History of the Prison.* New York: Oxford University Press, 1995.

Morrison, Toni. *Beloved.* New York: Knopf, 1986. [ed. bras.: *Amada.* Tradução de José Rubens Siqueira. São Paulo: Companhia das Letras, 2018].

Mosley, Walter. *Devil in a Blue Dress.* New York: Norton, 1990. [ed. bras.: *O diabo vestia azul.* São Paulo: Companhia das Letras, 1994].

———. *A Red Death.* New York: Norton, 1991. [ed. bras.: *Uma morte em vermelho.* Tradução de Luiz Antônio Aguiar. São Paulo: Record, 2001].

———. *White Butterfly.* New York: Norton, 1992. [ed. port.: *Borboleta branca.* Alfragide: Editora Caminho, 1997].

———. *Black Betty.* New York: Norton, 1994.

———. *A Little Yellow Dog.* New York: Norton, 1996.

———. *Gone Fishin'.* Baltimore: Black Classic Press, 1997.

Muhammed, Al-Hajj Idris A. *What Should You Do If You Are Arrested or Framed by the Cops?* New York: Nubian Heritage Society, 1990.

Mumford, Lewis. *The City in History.* New York: Harcourt, [1961] 1989. [ed. bras.: *A cidade na história.* Tradução de Neil R. da Silva. São Paulo: Martins Fontes, 2001].

Murashige, Michael S. "Race, Resistance, and Contestations of Urban Space in Los Angeles". Ph.D. diss., University of California, Los Angeles, 1995.

Murphy, Craig N. "Freezing the North-South Bloc(k) after the East-West Thaw". *Socialist Review,* vo. 20, n. 3, 1990, p. 25–46.

Murphy, John W. & Jack E. Dison (ed.). *Are Prisons Any Better? Twenty Years of Correctional Reform.* Beverly Hills, Calif.: Sage Publications, 1983.

Murray, Charles. *Losing Ground: American Social Policy, 1950–1980.* New York: Basic Books, 1984.

———. "Drug Free Zones". *Current,* vol. 326, outubro de 1990, p. 19–24.

Murray, Charles & Richard Herrnstein. *The Bell Curve.* New York: Free Press, 1994.

Myers, Martha A. *Race, Labor, and Punishment in the New South.* Columbus: Ohio State University Press, 1998.

Myers, Samuel L. "Crime, Entrepreneurship, and Labor Force Withdrawal". *Contemporary Policy Issues*, vol. 10, 1992, p. 84–97.

Myrdal, Gunnar. *Economic Theory and Underdeveloped Regions*. London: Duckworth, 1957. [ed. bras.: *Teoria econômica e regiões subdesenvolvidas*. 2a. ed. Rio de Janeiro: Editora Saga, 1968].

Naples, Nancy (ed.). *Community Activism and Feminist Politics*. New York: Routledge, 1998a.

———. *Grassroots Warriors: Activist Mothering, Community Work, and the War on Poverty*. New York: Routledge, 1998b.

Narotzky, Susana. *New Directions in Economic Anthropology*. London: Pluto Press, 1997.

Nasar, Sylvia. "More Men in Prime of Life Spend Less Time Working". *New York Times*, 1° de dezembro de 1994, p. A-1.

Negri, Antonio [veja também Negri, Toni]. *The Politics of Subversion: A Manifesto for the 21st Century*. Translated by James Newell. Cambridge: Polity Press, 1989.

———. *Marx beyond Marx: Lessons on the Grundrisse*. Translated by Harry Cleaver, Michael Ryan, and Maurizio Viano. Edited by Jim Fleming. New York: Autonomedia, 1991. [ed. bras.: *Marx além de Marx: ciência da crise e da subversão. Caderno de trabalho sobre os Grundrisse*. Traduzido por Bruno Cava. São Paulo: Autonomia Literária, 2019].

———. "Twenty Theses on Marx: Interpretations of the Class Situation Today". *Polygraph*, vol. 5, 1992, p. 136–70.

Negri, Toni [veja também Negri, Antonio]. "Marx on Cycle and Crisis". In. id. *Revolution Retrieved: Selected Writings on Marx, Keynes, Capitalist Crisis and New Social Subjects, 1967–1983*. London: Red Notes, [1968] 1988, p. 43–90.

———. "Crisis of the Crisis State". In. id. *Revolution Retrieved: Selected Writings on Marx, Keynes, Capitalist Crisis and New Social Subjects, 1967–1983*. London: Red Notes, [1980] 1988, p. 177–98.

———. *Revolution Retrieved: Selected Writings on Marx, Keynes, Capitalist Crisis and New Social Subjects, 1967–1983*. London: Red Notes, 1988.

Ness, Manny & Keith Brooks. "Organizing the Homeless". *Social Policy*, vol. 21, n. 4, 1991, p. 2–4.

Nevins, Joseph. *Operation Gatekeeper: The Rise of the "Illegal Alien" and the Making of the U.S.-Mexico Boundary*. New York: Routledge, 2001.

Newton, Huey P. *The War against the Panthers: A Study of Repression in America*. New York: Harlem River Press, 1996.

Nieto, Marcus. *Community Correction Punishments: An Alternative to Incarceration for Nonviolent Offenders*. Sacramento: California Research Bureau, California State Library, 1996.

Nieves, Evelyn. "Storm Raised by Plan for a California Prison". *New York Times*, 27 de agosto de 2000, p. 1–16.

Noponen, Helzi, Julie Graham & Ann R. Markusen (ed.). *Trading Industries, Trading Regions: International Trade, American Industry, and Regional Econo-*

mic Development. Perspectives on Economic Change. New York: Guilford Press, 1993.

Nordstrom, Carolyn & JoAnn Martin (ed.). *The Paths to Domination, Resistance and Terror.* Berkeley: University of California Press, 1992.

Norris, Frank. *The Octopus.* New York: Library of America [1901] 1987.

"Notes from the Brown Underground". *Criminalization, the Xicana/o Movement, & Decoding Mass Media.* Folheto, [1997] sem data.

O'Connor, James. *The Fiscal Crisis of the State,* [1973] 2000. London: Transaction Publishers. [ed. bras.: *USA: a Crise do Estado Capitalista.* Tradução de João Maia. Rio de Janeiro: Editora Paz e Terra, 1977].

Oden, Michael, Ann Markusen, Dan Flaming & Mark Drayse M. *Post cold war frontiers: defense downsizing and conversion in Los Angeles.* WP-105. Center for Urban Policy Research, Rutgers University, New Brunswick, NJ, 1996.

Odum, Howard W. *Race and Rumors of Race: The American South in the Early Forties.* Baltimore: Johns Hopkins University Press, [1943] 1997.

Odum, Howard W. & Harry Estill Moore. *American Regionalism: A Cultural History of National Integration.* New York: Holt, 1938.

Ohmae, Kenichi. "The Global Logic of Strategic Alliances". *Harvard Business Review,* março–abril de 1989, p. 143–54.

Okazawa-Rey, Margo & Gwyn Kirk. "Maximum Security". *Social Justice*, vo. 27, n. 3, 2000, p. 120–32.

Oliver, Melvin L., Jr., James H. Johnson & Walter C. Farrell Jr. "Anatomy of a Rebellion: A Political-Economic Analysis". In. Robert Gooding Williams (ed.). *Reading Rodney King, Reading Urban Uprising.* New York: Routledge, 1993, p. 117–41.

Oliver, Melvin L., Jr. & Thomas M. Shapiro. *Black Wealth/White Wealth.* New York: Routledge, 1995.

Omi, Michael & Howard Winant. *Racial Formation in the United States: From the 1960s to the 1980s.* New York: Routledge, 1986.

Ong, Paul & Evelyn Blumenberg. "Income and Racial Inequality in Los Angeles". In. Allen J. Scott and Edward W. Soja. *The City: Los Angeles and Urban Theory at the End of the Twentieth Century.* Berkeley: University of California Press, 1996, p. 311–35.

Ong, Paul & Abel Valenzuela Jr. "The Labor Market: Immigrant Effects and Racial Disparities". In. Roger Waldinger & Mehdi Bozorgmehr (ed.). *Ethnic Los Angeles.* New York: Russell Sage Foundation, 1996, p. 165–91.

Orland, Leonard. *Prisons: Houses of Darkness.*New York: Free Press, 1975.

Ortiz, Vilma. "The Mexican-Origin Population: Permanent Working Class or Emerging Middle Class?" In. Roger Waldinger & Mehdi Bozorgmehr (ed.). *Ethnic Los Angeles.* New York: Russell Sage Foundation, 1996, p. 247–77.

Oshinsky, David. *"Worse than Slavery": Parchman Farm and the Ordeal of Jim Crow Justice.* New York: Free Press, 1996.

Owen, Barbara. *"In the Mix": Struggle and Survival in a Women's Prison.* Albany: State University of New York Press, 1998.

Paddock, Richard C. "Governor Risks Latinos' Support on Prison Issue". *Los Angeles Times,* 14 de setembro de 1986, p. 1–3.

Paddock, Richard C. & Leo C. Wolinsky. "Workfare Passes". *Los Angeles Times,* 15 de setembro de 1985, p. 1–1.

Painter, Nell Irvin. *The Exodusters.* New York: Knopf, 1977.

———. *The Narrative of Hosea Hudson.* Cambridge, Mass.: Harvard University Press, 1979.

Pardo, Mary. *Mexican American Women Activists.* Philadelphia: Temple University Press, 1998.

Parenti, Christian. "Making Prison Pay: Business Finds the Cheapest Labor of All". *Nation,* 29 de janeiro de 1996, p. 11–14.

———. "Crescent City's 'Colonial Master'." *San Francisco Bay Guardian,* 10 de setembro de 1997, p. 17–19.

———. *Lockdown America.* New York: Verso, 1999.

Parker, Eric & Joel Rodgers. *The Wisconsin Regional Training Partnership: Lessons for National Policy.* Washington, D.C.: National Center on the Workforce, 1995.

Parker, Mike & Jane Slaughter. *Working Smart: A Union Guide to Participation Programs and Reengineering.* Detroit: Labor Notes, 1994.

Parks, Loren L., Jill M. Weigt, Everard M. Lofting & Oliver B. Linton. *The Economic Impacts of State Prisons in Kings County, California.* Sacramento: California Department of Corrections, 1990.

Pastor, Manuel, James L. Sadd & J. Hipp. "Which Came First? Toxic Facilities, Minority Move-in, and Economic Justice". *Journal of Urban Affairs,* vol. 23, n. 1, 2001, p. 1–21.

Patterson, Orlando. *Slavery and Social Death.* Cambridge, Mass.: Harvard University Press, 1982. [ed. bras.: *Escravidão e morte social. Um estudo comparativo.* Tradução de Fábio Duarte Joly. São Paulo: EDUSP, 2008].

Payne, Charles. "Ella Baker and Models of Social Change". *Signs,* vol. 14, n. 4, 1989, p. 885–99.

Peake, Linda & Audrey Kobayashi. "Policies and Practices for an Antiracist Geography at the Millennium". *Professional Geographer,* vol. 54, n. 1, 2002, p. 50–61.

Peery, Nelson. *Black Fire: The Making of an American Revolutionary.* New York: New Press, 1994.

Petchesky, Rosalind P. "At Hard Labor: Penal Confinement and Production in Nineteenth-Century America". In. David Greenberg (ed.). *Crime and Capitalism.* Palo Alto, Calif.: Mayfield, 1981, p. 341–57.

Petersilia, Joan. "Crime and Punishment in California: Full Cells, Empty Pockets, and Questionable Benefits". In. James Steinberg et al. (ed.). *Urban America: Policy Choices for Los Angeles and the Nation.* Los Angeles: Rand Corporation, 1992, p. 175–205.

Phelps, Margaret Dorsey. "Idled Outside, Overworked Inside: The Political Economy of Prison Labor during Depressions in Chicago, 1871–1897". Ph.D. diss., University of Iowa, 1992.

Philibosian, Robert H. "Statement of the Chairman". In. *California State Task Force on Youth Gang Violence: Final Report.* Vi. Sacramento: California Council on Criminal Justice, 1986.

Phillips, Kevin. *The Emerging Republican Majority.* New Rochelle, N.Y.: Arlington House, 1969.

———. *The Politics of Rich and Poor: Wealth and the American Electorate in the Reagan Aftermath.* New York: Random House, 1990.

Phillips, Llad. "The Political Economy of Drug Enforcement in California". *Contemporary Policy Issues*, vol. 10, janeiro de 1992, p. 91–100.

Pike, Michael S. *The Principles of Policing.* London: Macmillan, 1985.

Pincetl, Stephanie S. *Transforming California: A Political History of Land Use and Development.* Baltimore: Johns Hopkins University Press, 1999.

Piore, Michael. *Birds of Passage: Migrant Labor and Industrial Societies.* Cambridge, Mass.: Cambridge University Press, 1979.

Pisani, Donald J. *From the Family Farm to Agribusiness: The Irrigation Crusade in California and the West, 1850–1931.* Berkeley: University of California Press, 1984.

Piven, Frances Fox. "Reforming the Welfare State". *Socialist Review*, vol. 22, n. 3, 1992, p. 69–81.

Piven, Frances Fox & Richard A. Cloward. *Regulating the Poor.* New York: Vintage Books, 1971.

Platt, Anthony. *The Politics of Riot Commissions.* New York: Collier, 1971.

Platt, Anthony & Lynn Cooper. *Policing America.* Englewood Cliffs, N.J.: Prentice-Hall, 1974.

Polanyi, Karl. *The Great Transformation.* New York: Farrar & Reinhart, 1944. [ed. bras.: *A grande transformação.* Tradução de Fanny Wrabel. 2a. ed. Rio de Janeiro: Editora Campus, 2000].

"Police and Racial Violence Project". *Stop Police Brutality/Know Your Rights.* Brooklyn: Center for Law and Social Justice, Medgar Evers College, sem data.

Potts, Lydia. *The World Labor Market: A History of Migration.* Translated by Terry Bond. London: Zed Books, 1990.

Powledge, Fred. *Free at Last? The Civil Rights Movement and the People Who Made It.* Boston: Little, Brown, 1991.

Prashad, Vijay. *Keeping Up with the Dow Joneses.* Boston: South End Press, 2003.

Preston, William L. *Vanishing Landscapes: Land and Life in the Tulare Lake Basin.* Berkeley: University of California Press, 1981.

Pulido, Laura. *Environmentalism and Economic Justice.* Tucson: University of Arizona Press, 1995a.

———. "The Mothers of East Los Angeles". Apresentação no encontro anual da Association of American Geographers, Chicago, Ill. Março de 1995b.

———. "The Geography of Militant Labor Organizing in Los Angeles". Artigo entregue no encontro bianual da Association for Economic and Social Analysis, Amherst, Mass. Dezembro de 1996.

———. "Rethinking Environmental Racism: White Privilege and Urban Development in Southern California". *Annals of the Association of American Geographers*, vo. 90, n. 1, 2000, p. 12–40.

———. "Reflections on a White Discipline". *Professional Geographer*, vol. 54, n. 1, 2002, p. 42–49.

———. *Black, Brown, Yellow and Left: Radical Activism in Los Angeles.* Berkeley: University of California Press, 2005.

Quick, Paddy. "Capitalism and the Origins of Domestic Labor". *Review of Radical Political Economics*, vol. 24, n. 2, 1992, p. 1–7.

Quinn, Tom (ed.). *Maximum Security University: A Documentary History of Death and Cover-up at America's Most Violent Prison.* San Francisco: California Prison Focus, 1999.

Radhakrishnan, R. "Ethnicity in an Age of Diaspora". *Transition*, vol. 54, 1991, p. 104–15.

Ranger, Terence O. & Eric Hobsbawm (ed.). *The Invention of Tradition.* Cambridge, Mass.: Cambridge University Press, 1983.

Reagon, Bernice Johnson. "Coalition Politics: Turning the Century". In. Barbara Smith (ed.). *Home Girls: A Black Feminist Anthology*. Albany, N.Y.: Kitchen Table: Women of Color Press, 1983, p. 343–56.

Reed, Deborah. *Poverty in California.* Occasional Papers. San Francisco: Public Policy Institute of California, 2002.

Reich, Robert. *The Work of Nations: Preparing Ourselves for 21st Century Capitalism.* New York: Vintage Books, 1991. [ed. bras.: *O trabalho das nações*. São Paulo: Editora Educator, 1994].

Reisner, Mark. *Cadillac Desert: The American West and Its Disappearing Water.* New York: Viking Press, 1986.

Reiss, Edward. *Marx: A Clear Guide.* London: Pluto, 1997.

Resnick, Stephen & Richard Wolff. "Between State and Private Capitalism: What Was Soviet 'Socialism'?" *Rethinking Marxism*, vol. 7, n. 1 , 1994, p. 9–30.

Reynolds, Mike, Bill Jones & Dan Evans. *Three Strikes and You're Out! . . . a Promise to Kimber.* Fresno, Calif.: Quill Driver Books, 1996.

Richardson, Harry W. *Regional Economics.* New York: Praeger, 1969. [ed. bras.: *Economia regional.* Traduzido por Fausto Guimarães Cupertino. Rio de Janeiro: Zahar, 1975].

Richie, Beth. *Compelled to Crime: The Gender Entrapment of Battered Black Women.* New York: Routledge, 1998.

Ridgeway, James. *Blood in the Face: The Ku Klux Klan, Nazi Skinheads, and the Rise of a New White Culture.* New York: Thunder's Mouth Press, 1990.

Rierden, Andi. *The Farm: Life inside a Women's Prison.* Amherst: University of Massachusetts Press, 1997.

Robinson, Cedric J. *Black Marxism: The Making of the Black Radical Tradition.* London: Zed Books, 1983. [ed. bras.: *Marxismo Negro: a criação da tradição radical negra.* Tradução de Fernanda Silva e Sousa, Caio Netto dos Santos, Margarida Goldsztajn e Daniela Gomes. São Paulo: Editora Perspectiva, 2023].

———. "Oliver Cromwell Cox and the Historiography of the West". *Cultural Critique*, n. 17, 1990–91, p. 5–19.

———. *Black Movements in America.* New York: Routledge, 1997.

———. *Anthropology of Marxism.* Aldershot, Hants, UK: Ashgate, 2001.

Robinson, Paul H. "A Failure of Moral Conviction?" *Public Interest,* outono de 1994, p. 40–48.

Rocco, Raymond. "The Theoretical Construction of the 'Other' in Postmodernist Thought: Latinos in the New Urban Political Economy". *Cultural Studies,* vol. 4, n. 3, 1990, p. 321–30.

Rodgers, Daniel. *The Work Ethic in Industrial America, 1850–1920.* Chicago: University of Chicago Press, 1974.

Rodney, Walter. *How Europe Underdeveloped Africa.* Washington, D.C.: Howard University Press, 1982. [ed. bras.: *Como a Europa subdesenvolveu a África.* Tradução de Heci Regina Candiani. São Paulo: Boitempo, 2022].

Rodriguez, Luis J. *Always Running: La Vida Loca: Gang Days in L.A.* Willimantic, Conn.: Curbstone Press, 1993.

Roediger, David. *The Wages of Whiteness.* New York: Verso, 1991.

———. *Towards the Abolition of Whiteness.* New York: Verso, 1994.

———. *Colored White: Transcending the Racial Past.* Berkeley: University of California Press, 2002.

Roediger, David R. & Philip S. Foner. *Our Own Time: A History of American Labor and the Working Day.* New York: Greenwood Press, 1989.

Rollins, Judith. *Between Women: Domestics and Their Employers.* Philadelphia: Temple University Press, 1985.

Rolston, Bill. " 'When You're Fighting a War, You've Gotta Take Setbacks': Murals and Propaganda in the North of Ireland". *Polygraph*, vol. 5, 1992, p. 113–35.

Rommel, Bart. *Dirty Tricks Cops Use (and Why They Use Them).* Port Townsend, Wash.: Loompanics Unlimited, 1993.

Rooney, Ellen. "Marks of Gender". *Rethinking Marxism*, vol. 3, n. 3–4, 1990, p. 190–201.

Rose, Dina R. & Todd Clear. *Incarceration, Reentry, and Social Capital: Social Networks in the Balance.* https://www.urban.org/sites/default/files/publication/60671/410623-Incarceration-Reentry-and-Social-Capital.PDF (acessado em julho 2023), 2002.

Rose, Nancy E. *Put to Work: Relief Programs in the Great Depression.* Cornerstone Books. New York: Monthly Review Press, 1994.

Rosenblatt, Elihu (ed.). *Criminal Injustice: Confronting the Prison Crisis.* Boston: South End Press, 1996.

Rosser, Paul C. "Justice Technology and Architecture". *Corrections Today,* abril de 1983, p. 122–23.

Rotman, Edgardo. "The Failure of Reform: United States, 1865–1965". In. Norval Morris & David Rothman (ed.). *The Oxford History of the Prison.* New York: Oxford University Press, 1995, p. 169–98.

Rouse, Roger. "Thinking through Transnationalism: Notes on the Cultural Politics of Class Relations in the Contemporary United States". *Public Culture*, vol. 7, n. 2, 1995, p. 353–402.

Ruddick, Susan. "Heterotopias of the Homeless: Strategies and Tactics of Place-making in Los Angeles". *Strategies*, n. 3, 1990, p. 184–201.

———. *Homeless in Hollywood: Mapping Social Identities.* New York: Routledge, 1995.

Rude, George. *The Crowd in History: A Study of Popular Disturbances in France and England, 1730–1848.* London: Serif, 1995. [ed. bras.: *A multidão na História: estudo dos movimentos populares na França e na Inglaterra, 1730–1848.* Tradução de Waltensir Dutra. Rio de Janeiro: Editora Campus, 1991].

Rudman, Cary J. & John Berthelsen. *An Analysis of the California Department of Corrections' Planning Process: Strategies to Reduce the Cost of Incarcerating State Prisoners.* Sacramento: California State Assembly Office of Research, 1991.

Sabagh, Georges & Mehdi Bozorgmehr. "Population Change: Immigration and Ethnic Transformation". In. Roger Waldinger & Mehdi Bozorgmehr (ed.). *Ethnic Los Angeles.* New York: Russell Sage Foundation, 1996, p. 79–107.

Sabo, Don, Terry A. Kupers & Willie London. *Prison Masculinities.* Philadelphia: Temple University Press, 2001.

Said, Edward W. "Travelling Theory". *Raritan*, vol. 1, n. 3, 1982, p. 41–67.

———. "Representing the Colonized: Anthropology's Interlocutors". *Critical Inquiry*, vol. 15, n. 2, 1989, p. 205–25. [ed. bras.: "A representação do colonizado: os interlocutores da antropologia". In. id. *Reflexões sobre o exílio.* Tradução de Pedro Maia Soares. São Paulo: Companhia das Letras, 2003, p. 46–60].

———. "Figures, Configurations, Transfigurations". *Polygraph*, vol. 4, 1990a, p. 9–34.

———. "Third World Intellectuals/Metropolitan Culture". *Raritan*, vol. 9, n. 3, 1990b, p. 27–50.

———. "Identity, Authority, and Freedom: The Potentate and the Traveler". *Transition*, n. 54, 1991, p. 4–18. [ed. bras.: "Identidade, autoridade e liberdade". In. id. *Reflexões sobre o exílio*. Tradução de Pedro Maia Soares. São Paulo: Companhia das Letras, 2003].

———. "Nationalism, Human Rights, and Interpretation. *Raritan*, vol. 12, n. 3, 1993, p. 26–51.

Samuel, Raphael. "British Marxist Historians". *New Left Review*, vol. 124, 1980, p. 28.

Sanchez, Rosaura. "Ethnicity, Ideology and Academia". *Cultural Studies*, vol. 4, n. 3, 1990, p. 295–301.

Sandmeyer, Elmer Clarence. *The Anti-Chinese Movement in California.* Urbana: University of Illinois Press, [1939] 1991.

Santos, Boaventura de Sousa. "Law and Community: The Changing Nature of State Power in Late Capitalism". *International Journal of the Sociology of Law*, vol. 8, 1980, p. 379–97. [ed. port.: "O direito e a comunidade: as transformações recentes na natureza do poder do Estado nos países capitalistas avançados". *Revista Crítica de Ciências Sociais*, Coimbra, n. 10, 1982, p. 9–40].

Sarabi, Brigette & Edwin Bender. *The Prison Payoff: The Role of Politics and Private Prisons in the Incarceration Boom.* Portland, Ore.: Western Prison Project, 2000.

Sassen, Saskia. *The Mobility of Labor and Capital: A Study in International Investment and Labor Flow.* New York: Cambridge University Press, 1988.

Sassoon, Anne Showstack (ed.). *Approaches to Gramsci.* London: Writers and Readers, 1982.

———. "Gramsci's Subversion of the Language of Politics". *Rethinking Marxism*, vol. 3, n. 1, 1990, p. 14–25.

Savage, David G. & Jennifer Warren. "Justices Reject Segregation in State's Prisons". *Los Angeles Times,* 24 de fevereiro de 2005, p. A-1.

Saxenian, Annalee. *Regional Advantage: Culture & Competition in Silicon Valley and Route 128.* Cambridge, Mass.: Harvard University Press, 1994.

Saxton, Alexander. *The Indispensable Enemy: Labor and the AntiChinese Movement in California.* Berkeley: University of California Press, 1971.

———. *The Rise and Fall of the White Republic.* New York: Verso, 1990.

Sayer, Andrew & Richard Walker. *The New Social Economy.* Oxford: Basil Blackwell, 1992.

Sayer, Derek. *The Violence of Abstraction.* Oxford: Blackwell, 1989.

———. *Capitalism and Modernity: An Excursus on Marx and Weber.* New York: Routledge, 1991.

Sbragia, Alberta M. *Debt Wish: Entrepreneurial Cities, U.S. Federalism, and Economic Development.* Pittsburgh: University of Pittsburgh Press, 1996.

Scherrer, Christoph. "Industrial Policy Internationalism: Maintaining the Commitment to a Liberal World Market Order". *Socialist Review*, vol. 23, n. 4, 1994, p. 79–98.

Schiraldi, Vincent & M. Godfrey. *Racial Disparities in the Charging of Los Angeles County's Third "Strike" Cases.* San Francisco: Center on Juvenile and Criminal Justice, 1994.

Schlossman, Steven. Delinquent Children: The Juvenile Reform School. In *The Oxford History of the Prison,* ed. Norval Morris and David J. Rothman. Oxford: Oxford University Press, 1995, p. 325–49.

Schor, Juliet. *The Overworked American.* New York: Basic Books, 1991.

Schroeder, Rick. "Alfalfa and Water Subsidies in California: The Realization of Value in Irrigated Agriculture". MS, 1988.

Schulman, Bruce J. *From Cotton Belt to Sunbelt: Federal Policy, Economic Development, and the Transformation of the South, 1938–1980.* Durham, N.C.: Duke University Press, 1994.

Scott, Allen J. & Edward W. Soja (ed.). *The City: Los Angeles and Urban Theory at the End of the Twentieth Century.* Berkeley: University of California Press, 1996.

Scott, James. *Seeing Like a State.* New Haven, Conn.: Yale University Press, 1998.

Scull, Andrew. *Decarceration, Second Edition.* New Brunswick, N.J.: Rutgers University Press, 1984.

Scull, Andrew & Stanley Cohen (ed.). *Social Control and the State.* New York: St. Martin's Press, 1983.

Sechrest, Dale K. "Locating Prisons: Open versus Closed Approaches to Siting". *Crime and Delinquency*, vol. 38, n. 1, 1992, p. 88–104.

Seidman, Ann. *Apartheid, Militarism, and the U.S. Southeast.* Trenton: Africa World Press, 1990.

Sengupta, Somini. "$3 Million Grant to Help Authorities in Gang Crackdown". *Los Angeles Times,* 10 de outubro de 1992, p. B-3.

Sepúlveda, Emma. *We, Chile: Personal Testimonies of the Chilean Arpilleistas.* Falls Church, Va.: Azul Editions, 1996.

Sexton, Patricia Cayo. *The War on Labor and the Left: Understanding America's Unique Conservatism.* Boulder, Colo.: Westview Press, 1991.

"S.F. Prosecutor Vows to Limit '3 Strikes' Cases". *Los Angeles Times,* 17 de janeiro de 1996, p. A-3.

Shaikh, Anwar. *The Current Economic Crisis: Causes and Implications.* Detroit: Against the Current. Folheto, [1983] 1989.

———. "Inflation and Unemployment". Artigo apresentado em Brecht Forum, New York. Março de 1996.

Shakur, Abdul Olugbala. *Poverty, Crime, and Government: New Afrikan Resource Guide.* Folheto, sem data.

Shapiro, Bruce. "One Violent Crime". *Nation,* 3 de abril de 1995, p. 437–52.

Sharp, John. "A Report from the Texas Performance Review: Behind the Walls: The Price and Performance of the Texas Department of Criminal Justice". Texas Comptroller of Public Accounts, 1994.

Shaylor, Cassandra & Angela Y. Davis. "Race, Gender, and the Prison-Industrial Complex: California and Beyond". *Meridians: Feminism, Race, Transnationalism*, vol. 2, n. 1, 2001, p. 1–15.

Sherman, Howard J. "Theories of Cyclical Profit Squeeze". *Review of Radical Political Economics*, vol. 29, n. 1, 1997, p. 139.

Shichor, David. "Myths and Realities in Prison Sitings". *Crime and Delinquency*, vol. 38, n. 1, 1992, p. 70–87.

Shihadeh, Edward S. & Graham C. Ousey. "Metropolitan Expansion and Black Social Dislocation: The Link between Suburbanization and Center-City Crime". *Social Forces*, vol. 75, n. 2, 1996, p. 649–66.

Shohat, Ella. "Notes on the 'Post-Colonial'." *Social Text*, vol. 31/32, 1992, p. 99–113.

Shutkin, William A. *The Land That Could Be: Environmentalism and Democracy in the Twenty-First Century.* Cambridge, Mass.: MIT Press, 2000.

Silver, Paul. "Crossroads of Correctional Architecture". *Corrections Today,* abril de 1983, p. 118–19.

Simon, Jonathan. *Poor Discipline: Parole and the Social Control of the Underclass, 1890–1990.* Chicago: University of Chicago Press, 1993.

Simonsen, William & Mark D. Robbins. "Does It Make Any Difference Anymore? Competitive versus Negotiated Municipal Bond Issuance". *Public Administration Review*, vol. 56, n. 1, 1996, p. 57–64.

Sims, Calvin. "The Rock, Unyielding, of the Plaza de Mayo". *New York Times*, 2 de março de 1996, p. A-4.

Sivanandan, A. *A Different Hunger: Writings on Black Resistance.* London: Pluto Press, 1982.

———. *Communities of Resistance: Black Struggles for Socialism.* New York: Verso, 1990.

———. "Fighting Our Fundamentalisms: An Interview with A. Sivanandan". *Race & Class*, vol. 36, n. 3, 1995, p. 73–81.

———. "Heresies and Prophecies: The Social and Political Fallout of the Technological Revolution". *Race & Class*, vol. 37, n. 4, 1996, p. 1–11.

Sivanandan, A. & Ellen Meiksins-Wood. "Globalization and Epochal Shifts: An Exchange". *Monthly Review*, vol. 48, n. 9, 1997, p. 19–32.

Sklar, Holly. *Chaos or Community? Seeking Solutions Not Scapegoats.* Boston: South End Press, 1995.

Skocpol, Theda. "Bringing the State Back In: Strategies of Analysis in Current Research". In. Peter B. Evans, Dietrich Rueschemeyer & Theda Skocpol (ed.). *Bringing the State Back In.* Cambridge: Cambridge University Press, 1985, p. 3–43.

Small, Stephen. *Racialized Barriers: The Black Experience in the United States and England in the 1980s.* New York: Routledge, 1994.

Smith, Neil. *Uneven Development: Nature, Capital and the Production of Space.* Oxford: Basil Blackwell, 2a. ed., [1984] 1990. [ed. bras.: *Desenvolvimento Desigual: natureza, capital e a produção do espaço.* Tradução de Eduardo de Almeida Navarro. Rio de Janeiro: Bertrand Brasil, 1988].

———. "Geography as Museum". In. N. Entrikin & S. Brunn (ed.). *Reflections on Richard Hartshorne's "The Nature of Geography".* Washington, D.C.: Association of American Geographers, 1989, p. 91–120. [ed. bras.: *Geografia como museu: história privada e idealismo conservador em "The Nature of Geography".* Traduzido por Larissa Alves de Lira. *Revista GEOgrafias*, vol. 17, n. 1, jan–jun de 2021, p. 262–303].

———. "Contours of a Spatialized Politics: Homeless Vehicles and the Production of Geographical Scale". *Social Text*, n. 33, 1992a, p. 54–81. [ed. bras.: "Contornos de uma política espacializada: veículos dos sem-teto e produção de escala geográfica". In. Antônio Arantes (ed.). *O espaço da diferença.* São Paulo: Papirus Editora, 2000, p. 133–175].

———. "Geography, Difference and the Politics of Scale". In. Joe Doherty, Elspeth Graham & Mo Malek (ed.). *Postmodernism and the Social Sciences.* London: Macmillan, 1992b, p. 57–79.

———. *The New Urban Frontier: Gentrification and the Revanchist City.* New York: Routledge, 1996.

———. *American Empire: Roosevelt's Geographer and the Prelude to Globalization.* Berkeley: University of California Press, 2003.

Smith, Neil & Cindi Katz. "Grounding Metaphor: Towards a Spatialized Politics". In. Michael Keith & Steve Pile (ed.). *Place and the Politics of Identity*. New York: Routledge, 1993, p. 67–83.

Soja, Edward W. *Postmodern Geographies: The Reassertion of Space in Critical Social Theory.* New York: Verso, 1989. [ed. bras.: *Geografias pós-modernas: a reafirmação do espaço na teoria social crítica.* Tradução de Vera Ribeiro. Rio de Janeiro: Zahar, 1993].

———. "Heterotopologies: A Remembrance of Other Spaces in Citadel-LA". *Strategies*, vol. 3, 1990, p. 6–39.

Soja, Edward W. & Barbara Hooper. "The Spaces that Difference Makes: Some Notes on the Geographical Margins of the New Cultural Politics". In. Michael Keith & Steve Pile (ed.). *Place and the Politics of Identity*. New York: Routledge, 1993, p. 183–205.

Soja, Edward W. & Allen J. Scott. "Introduction to Los Angeles: City and Region". In. Allen J. Scott & Edward W. Soja (ed.). *The City: Los Angeles and Urban Theory at the End of the Twentieth Century*. Berkeley: University of California, 1996, p. 1–21.

Sokolow, Alvin D. & Julie Spezia. "Farmland Protection Policy". In. John J. Kirlin (ed.). *California Policy Choices*. Publicado anualmente por Sacramento Public Affairs Center, School of Public Administration, University of Southern California, Los Angeles, vol. 8, 1992, p. 151–68.

Sonenshein, Raphael J. *Politics in Black and White: Race and Power in Los Angeles.* Princeton, N.J.: Princeton University Press, 1993.

Spalter-Roth, Roberta M., Heidi Hartmann & Linda Andrews. *Combining Work and Welfare: An Alternative Anti-Poverty Program.* Washington, D.C.: Institute for Women's Policy Research, 1992.

Spelman, Elizabeth V. *Inessential Woman.* Boston: Beacon, 1990.

Spelman, William. *Criminal Incapacitation.* New York: Plenum Press, 1994.

Spivak, Gayatri Chakravorty. "Can the Subaltern Speak?" In. Cary Nelson & Lawrence Grossberg (ed.). *Marxism and the Interpretation of Culture*. Urbana: University of Illinois Press, 1988, p. 271–313. [ed. bras.: *Pode o subalterno falar?* Traduzido por Sandra Regina Goulart Almeida, Marcos Pereira Feitosa e André Pereira Feitosa. Belo Horizonte: Editora UFMG, 2010].

———. "Gayatri Spivak on the Politics of the Postcolonial Subject". *Socialist Review*, vol. 20, n. 3, 1990, p. 81–97.

Stabile, Carol. "Media's Crime Wave: Legitimating the Prison Industrial Complex". Artigo entregue ao Behind Bars: Prisons and Communities in the United States, George Mason University, Fairfax, Va, 1996.

Stack, Carol. *All Our Kin.* New York: Harper & Row, 1974.

———. *Call to Home: African Americans Reclaim the Rural South.* New York: Basic Books, 1996.

Stannard, David. *American Holocaust: The Conquest of the New World.* Oxford: Oxford University Press, 1992.

Steffensmeier, Darrell & Miles D. Harer. "Bulging Prisons, an Aging U.S. Population, and the Nation's Violent Crime Rate". *Federal Probation*, vol. 57, n. 2, 1993, p. 3–10.

Steinberg, Stephen. *Turning Back: The Retreat from Racial Justice in American Thought and Policy.* Boston: Beacon Press, 1995.

Sterling, Dorothy (ed.). *We Are Your Sisters: Black Women in the Nineteenth Century.* New York: Norton, 1984.

Stoll, Steven. *The Fruits of Natural Advantage: Making the Industrial Countryside in California.* Berkeley: University of California Press, 1998.

Stone, Katherine. "The Postwar Paradigm in American Labor Law". *Yale Law Journal*, vol. 80, junho de 1981, p. 1511–80.

Storper, Michael & Richard Walker. "The Spatial Division of Labor: Labor and the Location of Industries". In. William K. Tabb & Larry Sawyers (ed.). *Sunbelt/Snowbelt: Urban Development and Regional Restructuring.* Oxford: Oxford University Press, 1984, p. 19–47.

———. *The Capitalist Imperative: Territory, Technology, and Industrial Growth.* Oxford: Oxford University Press, 1989.

Streek, Wolfgang. "On the Institutional Conditions of Diversified Quality Production". In. Egon Matzner & Wolfgang Streek. *Beyond Keynesianism: The Socio-Economics of Production and Employment.* London: Edgar Elgar, 1991, p. 21–61.

Sugrue, Thomas. *The Origins of the Urban Crisis.* Princeton, N.J.: Princeton University Press, 1996.

Summers, Lawrence. "The Memo". (acessado em julho de 2023), 1991. chrome-extension://efaidnbmnnnibpcajpcglclefindmkaj/http://www.personal.ceu.hu/corliss/CDST_Course_Site/Readings_old_2012_files/Our%20Words_%20The%20Lawrence%20Summers%20Memo.pdf.

Sussman, Tina & John Howard. "2 Idle Prisons Remain Silent Hostages in Political Fight over L.A". *Los Angeles Times*, 29 de março de 1987, p. 1–3.

Sweezy, Paul M. "The Triumph of Financial Capital". *Monthly Review*, vol. 46, n. 2, 1994, p. 1–11. [ed. bras.: *O triunfo do capital financeiro*. Tradução de Luzia Monteiro Araújo Soares. https://www.marxists.org/portugues/sweezy/1994/06/triunfo.htm. (acessado em julho de 2023)].

Sykes, Mary. "From 'Rights' to 'Needs': Official Discourse and the 'Welfarization' of Race". In. Geneva Smitherman Donaldson & Teun A. van Dijk (ed.). *Discourse and Discrimination.* Detroit: Wayne State University Press, 1988, p. 176–205.

Tabb, William. "Vampire Capitalism". *Socialist Review*, vol. 22, n. 1, 1992, p. 81–93.

Tadman, Michael. *Speculators and Slaves: Masters, Traders, and Slaves in the Old South.* Madison: University of Wisconsin Press, 1990.

Takaki, Dana Y. "The Retreat from Race". *Socialist Review*, vol. 22, n. 4, 1992, p. 167–89.

Takaki, Ron. *Violence in the Black Imagination.* New York: Putnam, 1972.

———. *Iron Cages.* New York: Knopf, 1979.

Talamentez, Bato (ed.). *Donny: Life of a Lifer. A Prisoner's Odyssey.* San Francisco: California Prison Focus, 2001.

Teitz, Michael B. "The California Economy: Changing Structure and Policy Responses". In. John J. Kirkland & Donald R. Winkler (ed.). *California Policy Choices*. Publicado anualmente por Sacramento Public Affairs Center, School of Public Administration, University of Southern California, Los Angeles, vol. 1, 1984, p. 37–59.

Thelan, David. "Social Tensions and the Origins of Progressivism". *Journal of American History*, vol. 56, 1969, p. 323–41.

Thurston, Linda M. (ed.). *A Call to Action: An Analysis and Overview of the United States Criminal Justice System, with Recommendations.* Chicago: Third World Press, 1993.

Tilly, Charles. "War Making and State Making as Organized Crime". In. Peter B. Evans, Dietrich Rueschemeyer & Theda Skocpol (ed.). *Bringing the State Back In.* Cambridge: Cambridge University Press, 1985, p. 169–91.

———. "Contentious Repertoires in Great Britain, 1758–1834". In. Charles Traugott (ed.). *Repertoires and Cycles of Collective Action*. Durham N.C.: Duke University Press, 1995, p. 15–42.

———. "The Politics of the New Inequality". *Socialist Review*, vol. 20, n. 1, 1990, p. 103–20.

Tomlins, Christopher. *The State and the Unions: Labor Relations, Law and the Organized Labor Movement in America, 1880–1960.* Cambridge: Cambridge University Press, 1985.

Tonry, Michael. *Malign Neglect: Race, Crime, and Punishment in America.* New York: Oxford University Press, 1995.

Tonry, Michael & Richard Frase (ed.). *Sentencing and Sanctions in Western Countries.* New York: Oxford University Press, 2001.

Tonry, Michael & Joan Petersilia (ed.). *Prisons*. Crime and Justice, Chicago: University of Chicago Press, vol. 26, 1999.

Traugott, Charles (ed.). *Repertoires and Cycles of Collective Action.* Durham, N.C.: Duke University Press, 1995.

Travis, Kevin & Francis J. Sheridan. "Community Involvement in Prison Siting". *Corrections Today,* abril de 1983, p. 14–15.

———. "New York State Site Problems? Not Here!" *Corrections Today,* abril de 1986, p. 10–16.

Truell, Peter. "Underwriting on Wall Street Remained Sluggish in Quarter". *New York Times,* 3 de abril de 1995, p. D-10.

Trujillo, Charley. *Soldados: Chicanos in Viet Nam.* San Jose, Calif.: Chusma House, 1990.

Tula, Maria Teresa. *Hear My Testimony.* Traduzido por Lynn Stephen. Boston: South End Press, 1994.

Turgeon, Lynn. *Bastard Keynesianism: The Evolution of Economic Thinking and Policymaking since World War II.* Westport, Conn.: Greenwood Press, 1996.

Turner, Robin Lanette & Diana Pei Wu. *Environmental Justice and Environmental Racism: An Annotated Bibliography and General Overview, Focusing on U.S.*

Literature, 1996–2002. Berkeley: Institute of International Studies, University of California, 2002.

Twine, France Winddance & Kathleen Blee (ed.). *Feminism and AntiRacism.* New York: New York University Press, 2001.

United States. "Bureau of the Census". *Census.* Washington, D.C.: U.S. Department of Commerce, Economics and Statistics Administration, Bureau of the Census, vários anos.

———. *County Business Patterns.* Washington, D.C.: U.S. Department of Commerce, Economics and Statistics Administration, Bureau of the Census, vários anos.

———. *Statistical Abstract of the United States.* Washington, D.C.: U.S. Dept. of Commerce, Economics and Statistics Administration, Bureau of the Census, vários anos.

United States. "Department of Agriculture". *Census of Agriculture.* Washington, D.C.: U.S. Dept. of Agriculture, National Agricultural Statistics Service, 1977–2002.

United States. "Kerner Commission". *The Kerner Report: The 1968 Report of the National Advisory Commission on Civil Disorders.* New York: Pantheon Books, 1968.

United States. "National Resources Committee". *Regional Factors in National Planning.* Washington, D.C.: U.S. Government Printing Office, 1935.

Urban, Greg. "Culture's Public Face". *Public Culture*, vol. 5, n. 2, 1993, p. 213–38.

———. "Rube Replies". *Public Culture*, vol. 5, n. 2, 1993, p. 249–50.

Urban Strategies Group. *A Call to Reject the Federal Weed and Seed Program.* Los Angeles: Labor/Community Strategy Center, 1992.

Valle, Victor & Rudolfo D. Torres. "Latinos in a 'Post-Industrial' Disorder: Politics in a Changing City". *Socialist Review*, vol. 23, n. 4, 1994, p. 1–28.

Vigil, James Diego. "Youth Gang Subcultures in a Changing Los Angeles". Conference of Ford Fellows, National Research Council, Irvine, Calif. Outubro de 1996.

Viramontes, Helena María. *Under the Feet of Jesus.* New York: Dutton, 1995.

Voorheis, Valerie. "Jobs from Jails". *Dollars and sense,* novembro–dezembro de 1994, p. 16–17.

———. "Decreasing Opportunity in the U.S.: Prison Policy and Unemployment". Ms. não publicado.

Wacquant, Loïc. "From Slavery to Mass Incarceration: Rethinking the 'Race Question' in the US". *New Left Review,* vol. 13, 2002, p. 41–60.

Wagner-Pacifici, Robin Erica. *The Moro Morality Play.* Chicago: University of Chicago Press, 1986.

Waldie, D. J. *Holy Land: A Suburban Memoir.* New York: Norton, 1996.

Waldinger, Roger & Mehdi Bozorgmehr (ed.). *Ethnic Los Angeles.* New York: Russell Sage Foundation, 1996.

Walker, Richard. "California Rages against the Dying of the Light". *New Left Review*, vol. 209, 1995, p. 42–74.

———. "Putting Capital in Its Place: Globalization and the Prospects for Labor". *Geoforum*, vol. 30, 1999, p. 263–84.

Wallace, Henry Scott. "Mandatory Minimums and the Betrayal of Sentencing Reform: A Legislative Dr. Jekyll and Mr. Hyde". *Federal Probation*, vol. 57, n. 3, 1993, p. 9–19.

Waller, William & Ann Jennings. "On the Possibility of a Feminist Economics: The Convergence of Institutional and Feminist Methodology". *Journal of Economic Issues*, vol. 24, n. 2, 1990, p. 613–21.

Wallerstein, Immanuel. *Geopolitics and Geoculture: Essays on the Changing World-System.* New York: Cambridge University Press, 1991a.

———. *Unthinking Social Science: The Limits of Nineteenth Century Paradigms.* Cambridge, Mass.: Polity Press in association with B. Blackwell, 1991b.

———. "Post-America and the Collapse of Leninism". *Rethinking Marxism*, vol. 5, n. 1, 1992, p. 93–99.

———. "The Agonies of Liberalism: What Hope Progress?" *New Left Review*, vol. 204, 1994, p. 3–17. [ed. bras.: "As angústias do liberalismo: que esperança tem o progresso". In. id. *Após o liberalismo: em busca da reconstrução do mundo.* Tradução de Ricardo Anibal Rosenbusch. Petrópolis, RJ: Editora Vozes, 2002, p. 254–271].

Walters, Dan. *The New California: Facing the 21st Century.* 2a. ed. Sacramento: California Journal Press, [1986] 1992.

Ware, Vron. *Beyond the Pale: White Women, Racism, and History.* New York: Verso, 1992.

Ware, Vron & Les Back. *Out of Whiteness.* Chicago: University of Chicago Press, 2002.

Wark, McKenzie. *Virtual Geography: Living with Global Media Events.* Bloomington: Indiana University Press, 1994.

Warsh, David. *The Idea of Economic Complexity.* New York: Penguin Books, 1984.

Watts, Michael. "On the Poverty of Theory: Natural Hazards Research in Context". In. K. Hewitt (ed.). *Interpretations of Calamity*. Boston: Allen & Unwin, 1983, p. 231–62.

———. "Development I: Power, Knowledge, Discursive Practice". *Progress in Human Geography*, vol. 17, n. 2, 1993, p. 257–72.

———. "Development II: Markets, States and the Privatization of Everything". *Progress in Human Geography*, vol. 18, n. 3, 1994a, p. 371–83.

———. "Life under Contract: Contract Farming, Agrarian Restructuring and Flexible Accumulation". In. Peter Little & Michael Watts (ed.). *Living under Contract: Contract Farming and Agrarian Transformation in Sub-Saharan Africa*. Madison: University of Wisconsin Press, 1994b, p. 21–77.

Wayne, Leslie. "Court Upholds Donations Ban in Bond Market". *New York Times,* 5 de agosto de 1995, p. A-31.

Weber, Devra. *Dark Sweat, White Gold: California Farm Workers, Cotton and the New Deal.* Berkeley: University of California Press, 1994.

Welch, Michael. *Detained: Immigration Laws and the Expanding I.N.S. Jail Complex.* Philadelphia: Temple University Press, 2002.

Wells, Miriam. *Strawberry Fields: Politics, Class and Work in California Agriculture.* Ithaca, N.Y.: Cornell University Press, 1996.

West, Cornel. "Marxist Theory and the Specificity of AfroAmerican Oppression". In. Cary Nelson & Lawrence Grossberg. *Marxism and the Interpretation of Culture.* Urbana: University of Illinois Press, 1988, p. 17–29.

"West Hills Community College District". *Catalog.* Publicado anualmente, 1996–2000.

Western, Bruce & Kathy Beckett. "The Penal System and the U.S. Labor Market". *Prison Legal News*, vol. 11, n. 10, 2000, p. 1–4.

Weymouth, Toni D. & Maria Telesco. *Outsiders Looking In: How to Keep from Going Crazy When Someone You Love Goes to Jail.* Fresno, Calif.: OLINC Publishing, sem data.

Whalen, Charles J. "John R. Common's Institutional Economics: A Re-Examination". *Journal of Economic Issues*, vol. 23, n. 2, 1989, p. 443–54.

"What's News Worldwide". *Wall Street Journal*, 8 de agosto de 1997, p. A-1.

White, Deborah Gray. *Ar'n't I a Woman? Female Slaves in the Plantation South.* New York: Norton, 1985.

Wial, Howard. "The Emerging Organizational Structure of Unionism in Low-Wage Services". *Rutgers Law Review*, vol. 45, 1993, p. 671–738.

Wicker, Tom. *A Time to Die: The Attica Prison Revolt.* Lincoln: University of Nebraska Press, [1974] 1994.

Wilentz, Sean. *Chants Democratic.* New York: Oxford University Press, 1984.

Williams, Brackette F. *Stains on My Name, War in My Veins: Guyana and the Politics of Cultural Struggle.* Durham, N.C.: Duke University Press, 1991.

——— (ed.). *Women out of Place: The Gender of Agency and the Race of Nationality.* New York: Routledge, 1996.

Williams, Eric. *Capitalism and Slavery.* Chapel Hill: University of North Carolina Press, 1944. [ed. bras.: *Capitalismo e escravidão.* Tradução de Denise Bottmann. São Paulo: Companhia das Letras, 2012].

———. *From Columbus to Castro: The History of the Caribbean.* New York: Vintage Books, [1970] 1984.

Williams, Patricia J. "On Being the Object of Property". *Signs*, vol. 14, n. 1, 1988, p. 5–24.

Williams, Raymond. *The Long Revolution.* New York: Columbia University Press, 1961.

———. *Problems in Materialism and Culture: Selected Essays.* London: Verso, 1980. [ed. bras.: *Cultura e Materialismo.* Tradução de André Glaser. São Paulo: Editora Unesp, 2011].

Willis, Paul. *Learning to Labor: How Working Class Kids Get Working Class Jobs.* New York: Columbia University Press, 1977.

Wilson, Bobby M. *America's Johannesburg: Industrialization and Racial Transformation in Birmingham.* Lanham, Md.: Rowman & Littlefield, 2000a.

———. *Race and Place in Birmingham.* Lanham, Md.: Rowman & Littlefield, 2000b.

———. "Critically Understanding Race-Connected Practices: A Reading of W. E. B. Du Bois and Richard Wright". *Professional Geographer*, vol. 54, n. 1, 2002, p. 31–41.

Wilson, James Q. "Prisons in a Free Society". *Public Interest*, outono de 1994, p. 37–40.

Wilson, James Q. & Richard Herrnstein. *Crime and Human Nature*. New York: Simon & Schuster, 1985.

Wilson, William Julius. *The Declining Significance of Race: Blacks and Changing American Institutions.* Chicago: University of Chicago Press, 2a. ed., 1980.

———. *The Truly Disadvantaged.* Chicago: University of Chicago Press, 1987.

———. "Foreword". William Lawson (ed.). *The Underclass Question.* Philadelphia: Temple University Press, 1992.

Winant, Howard. "Postmodern Racial Politics: Difference and Inequality". *Socialist Review*, vol. 20, n. 1, 1990, p. 121–47.

Winslow, George. *Capital Crimes.* New York: Monthly Review Press, 1999.

Wirt, Frederick M. *"We ain't what we was": Civil Rights in the New South.* Durham, N.C.: Duke University Press, 1997.

Wisely, Willie. "Corcoran". In. Tara Herivel & Paul Wright (ed.). *Prison Nation.* New York: Routledge, 2003, p. 245–51.

Wolch, Jennifer. *The Shadow State: Government and Voluntary Sector in Transition.* New York: Foundation Center, 1989.

Wolff, Richard D. "David Harvey, Marxist Economics, and Geography—A Review Essay". *Economic Geography,* verão de 1984, p. 81–85.

Wolinsky, Leo C. " '82 Prison Law Symbolizes Distrust between L.A. and Rest of California". *Los Angeles Times,* 18 de janeiro de 1987, p. 1–3.

Wood, Ellen Meiksins. *The Pristine Culture of Capitalism: A Historical Essay on Old Regimes and Modern States.* New York: Verso, 1991.

———. "From Opportunity to Imperative: The History of the Market". *Monthly Review*, vol. 46, n. 3, 1994, p. 14–40.

———. *Democracy against Capitalism: Renewing Historical Materialism.* Cambridge: Cambridge University Press, 1995. [ed. bras.: *Democracia contra o capitalismo: a renovação do materialismo histórico*. Traduzido por Paulo Castanheira. São Paulo: Boitempo, 2003].

Wood, Ellen Meiksins & Neal Wood. *A Trumpet of Sedition: Political Theory and the Rise of Capitalism, 1509–1688.* London: Pluto Press, 1997.

Woodiwiss, Michael. *Organized Crime and American Power: A History.* Toronto: University of Toronto Press, 2001.

Woods, Clyde. *Development Arrested.* New York: Verso, 1998.

———. "Life after Death". *Professional Geographer*, vol. 54, n. 1, 2002, p. 62–66.

Woodward, C. Vann. *The Strange Career of Jim Crow.* Oxford: Oxford University Press, [1955] 2002.

Wright, Gwendolyn & Paul Rabinow. "Spatialization of Power: A Discussion of the Work of Michel Foucault". *Skyline,* 14 de março de 1982, p. 14–15.

Wright, Paul. " 'Victims' Rights' as a Stalking-horse for State Repression". In. Tara Herivel & Paul Wright (ed.). *Prison Nation*. New York: Routledge, 2003, p. 60–64.

Yates, Michael. *Longer Hours, Fewer Jobs: Employment and Unemployment in the United States.* Cornerstone Books. New York: Monthly Review Press, 1994.

Yee, Min S. *The Melancholy History of Soledad Prison.* New York: Harper's Magazine Press, 1973.

Yogi, Stan (ed.). *Highway 99: A Literary Journey through California's Great Central Valley.* Berkeley: Heyday Books/California Council for the Humanities, 1996.

Youth Force. *Yo! On the Serious Tip/If You Get Stopped by a Cop.* New York: Youth Force Pamphlet, sem data.

Zedlewski, Edwin. *Making Confinement Decisions.* Washington, D.C.: U.S. Department of Justice, National Institute of Justice, 1987.

Zimring, Franklin E. "Research on the Death Penalty: On the Liberating Virtues of Irrelevance". *Law & Society Review,* vol. 27, n. 1, 1993, p. 9–17.

Zimring, Franklin E. & Gordon Hawkins. *Crime Is Not the Problem: Lethal Violence in America.* New York: Oxford University Press, 1997.

Zimring, Franklin, Sam Kamin & Gordon Hawkins. *Crime and Punishment: The Impact of Three Strikes and You're Out.* Berkeley, Calif.: Institute for Governmental Studies Press, 1999.

Zinn, Maxine Baca. "Family, Race and Poverty in the Eighties". *Signs*, vol. 14, n. 4, 1989, p. 856–74.

Entrevistas

Conrad Andrews, Los Angeles, 1995, 1996
Constance Andrews, Los Angeles, 1995, 1996
Francie Arbol, Los Angeles, 1995, 1996, 1997, 1999, 2000, 2002
Berndt Beutenmueller, Sacramento, 1995
Gwynnae Bird, Sacramento, 1999, 2000, 2002, 2003
Pearl Daye, Los Angeles, 1995, 1996
Tom Dumphy, Sacramento, 1996
Mona Estrada, Los Angeles, 1995, 1996
June Fernandez, Los Angeles, 1995, 1996
Gilda Garcia, Pomona, 1995, 1996
Belle Gillespie, Los Angeles, 1996
Leticia Gonzales, Los Angeles, 1995, 1996
Melissa W. Harriman, Avenal, 1996
Bernice Hatfield, Covina, 1995, 1996
Paris Jackson, Los Angeles, 1995, 1996
John C. Lum, Sacramento, 2003
Barbara Meredith, Los Angeles, 1995, 1996, 1997, 1998, 2000
Dan Morain, Sacramento, 1995
R. Bernard Orozco, Sacramento, 1995, 1996
Andrew Parks, Modesto, 1995
Frederic Prager, San Francisco, 1996
J. Edward Tewes, Modesto, 1995
Jeanette Todd, Corcoran, 1995
Charley Trujillo, San Jose, 1999
Graciela Vega, Claremont, 1995, 1997

QUEM FEZ ESTE LIVRO

Allan de Campos Silva

É geógrafo e tradutor, com mestrado e doutorado em Geografia Humana. Atualmente realiza pós-doutorado pela UNESP. Traduziu *Pandemia e Agronegócio: doenças infecciosas, capitalismo e ciência*, de Rob Wallace, pela editora Igrá Kniga (2020).

Bruno Xavier

Graduado em Geografia pela USP e em Ciências Econômicas pela PUC-SP. É mestre em Geografia Humana pela USP e pela Center University of New York, onde travou contato, a partir da participação no seminário *Center for Place, Culture and Politics*, com as discussões que entrelaçam as crises econômicas à problemática do cárcere na história estadunidense – naquele momento realizadas presencialmente com Ruth Gilmore, David Harvey e outros pesquisadores. Traduziu os livros *Capitalismo carcerário*, de Jackie Wang, e *Califórnia Gulag*, de Ruth W. Gilmore, ambos da coleção "Raça e Capitalismo".

Danielle Sales

Revisora, editora e tradutora. Bacharel e licenciada em Letras (Inglês e Português). Mestranda em Estudos da Tradução pela Universidade de São Paulo. Integrante do GRETAS (Grupo de Estudos, Pesquisa e Ação em Feminismos, Gênero e Tradução).

Dudu Ribeiro

É formado em História pela Universidade Federal da Bahia e especialista em Gestão Estratégica de Políticas Públicas pela UNICAMP/FPA. Atualmente é Diretor Executivo da Iniciativa Negra por Uma Nova Política sobre Drogas, organização da sociedade civil que atua, desde 2015, pela construção de uma agenda de justiça racial e econômica promovendo ações de *advocacy* em Direitos Humanos e propondo reformas na atual política de combate às drogas.

Gabriel Kerhart

É poeta, artista visual, tradutor e atua no campo das artes gráficas, sobretudo como capista e diagramador. Entre seus últimos trabalhos estão o projeto gráfico do disco PAGODE BLACK TIE, de Nei Lopes, e do livro *Capitalismo carcerário*, de Jackie Wang. Traduziu o livro *Revolução Ocular do Globo*, escritos ópticos de Bob Brown.

Guilherme Estevão dos Santos

É graduado e mestre em Geografia Humana pela Universidade de São Paulo. Pesquisador da área de geografia urbana e relações raciais, compõe o NEPEN – Núcleo de Estudantes e Pesquisadoras Negras do Departamento de Geografia da USP. Atua como professor da rede municipal de Mogi das Cruzes.

Helena Barbosa

Mestra e doutoranda em Estudos da Tradução pela Universidade de São Paulo, onde integra o Grupo de Estudos, Pesquisa e Ação em Feminismos, Gênero e Tradução. É tradutora, advogada indigenista, intérprete forense e batuqueira nas horas vagas.

Maria Luisa Mendonça

Doutora em Geografia Humana (USP), pesquisadora do *Center for Place, Culture and Politics* (CUNY) e codiretora da Rede Social de Justiça e Direitos Humanos (www.social.org.br). É autora do livro *Economia Política do Agronegócio* (Annablume, 2018) / *Political Economy of Agribusiness* (Fernwood, 2023).

REVISTACOMANDO

É um coletivo de artes gráficas formado pelos artistas Guilherme Boso e Frederico Heer. Seus trabalhos são construídos a quatro mãos, propondo uma mistura de referências do universo da política, história da arte e cultura pop. Frequentemente, fazem uso das técnicas tradicionais da arte impressa, especialmente xilogravura e serigrafia, misturando e ampliando essas mídias, para construção de murais, álbuns, séries de cartazes, revistas e livros de artista, aproximando as artes visuais e o desenho gráfico.

Ruth Wilson Gilmore

É geógrafa e estudiosa do abolicionismo [não só] penal, do capitalismo racial, do encarceramento em massa, do racismo ambiental, da violência e do abandono organizados pelo estado e dos movimentos sociais de resistência que vão na direção da libertação social. Ela é diretora do *Center for Place, Culture, and Politics* e professora no Departamento de Earth and Environmental Sciences no centro de pós-graduação da CUNY [Center University of New York]. Gilmore foi cofundadora de muitas organizações sociais de base, incluindo a "Critical Resistance" (juntamente com Angela Y. Davis, Rose Braz e diversos outros ativistas), o "California Prison Moratorium Project" e a "Central California Environmental Justice Network", e esteve presente no início das mobilizações do movimento abolicionista de mães do sul de Los Angeles (a Mothers ROC – Mothers Reclaiming Our Children), pioneiro em todo o país e largamente abordado no capítulo 5 do livro. Já lecionou na Ásia, África, Europa e América do Norte. É autora, entre outros, do premiado *Califórnia Gulag* (UCPress, 2007; Igrá Kniga, 2023).

Dados Internacionais de Catalogação na Publicação (CIP)
(Câmara Brasileira do Livro, SP, Brasil)

Gilmore, Ruth Wilson
Califórnia gulag : prisões, crise do capitalismo e abolicionismo penal / Ruth Wilson Gilmore ; tradução Bruno Xavier. -- São Paulo : Igrá Kniga, 2024. -- (Raça & capitalismo ; 2)

Título original: Golden gulag : prisons, surplus, crisis, and opposition in globalizing California.
Bibliografia.
ISBN 978-65-997941-1-7

1. Abolicionismo 2. Economia política 3. Encarceramento 4. Justiça criminal 5. Prisões - Problemas sociais 6. Racismo I. Título. II. Série.

24-189287 CDD-365

Índices para catálogo sistemático:

1. Prisões : Problemas sociais 365

Tábata Alves da Silva - Bibliotecária - CRB-8/9253

Fazem parte da Coleção Raça & Capitalismo os livros:

Ruth Wilson Gilmore,
Califórnia Gulag: prisões, crise do capitalismo e abolicionionismo penal.

Jackie Wang,
Capitalismo Carcerário.

Este livro foi composto em Adobe
Garamond Pro, Helvetica Neue e
impresso em papel Pólen Natural 70 grs.

1ª edição: Janeiro de 2024.
Tiragem: 2000 exemplares.
São Paulo, Brasil